Dieter Klebelsberg

Verkehrspsychologie

Mit 60 Abbildungen

Springer-Verlag
Berlin Heidelberg New York 1982

Prof. Dr. Dieter Klebelsberg
Institut für Psychologie der Universität Innsbruck
Innrain 52, A-6020 Innsbruck

ISBN 3-540-11713-X Springer-Verlag Berlin Heidelberg New York
ISBN 0-387-11713-X Springer-Verlag New York Heidelberg Berlin

CIP-Kurztitelaufnahme der Deutschen Bibliothek
Klebelsberg, Dieter:
Verkehrspsychologie / Dieter Klebelsberg. – Berlin; Heidelberg; New York: Springer, 1982.
ISBN 3-540-11713-X (Berlin, Heidelberg, New York)
ISBN 0-387-11713-X (New York, Heidelberg, Berlin)

Satz u. Bindearbeiten: G. Appl, Wemding, Druck: aprinta, Wemding
2126/3140-543210

Inhaltsverzeichnis

1 Verkehrspsychologie als wissenschaftliche Disziplin und als Berufsfeld

Eine zusammenfassende Kennzeichnung der Verkehrspsychologie wird zwei verschiedene Gesichtspunkte zu berücksichtigen haben: einerseits die Verkehrspsychologie als wissenschaftliche Disziplin und andererseits die Verkehrspsychologie als Berufsfeld.

1.1 Verkehrspsychologie als wissenschaftliche Disziplin

Verkehrspsychologie als wissenschaftliche Disziplin wird nach ganz überwiegender Auffassung als **Disziplin der angewandten Psychologie** betrachtet. Diese Zuordnung hat aber nur geringen Informationswert, solange nicht geklärt ist, was unter angewandter Psychologie zu verstehen ist.

1.1.1 Was bedeutet angewandte Psychologie?

An Versuchen, „angewandte Psychologie" zu definieren, besteht kein Mangel; ihr Ertrag erscheint aber insofern sehr bescheiden, als darin mehr persönliche Interpretationen als zwingende Argumentationen zum Ausdruck kommen. Aus diesem Grund soll auch hier kein weiterer Versuch einer solchen Definition unternommen werden. Dennoch erscheint es zweckmäßig, den Begriff der angewandten Psychologie wenigstens soweit zu klären, wie dies für eine Kennzeichnung der Verkehrspsychologie als angewandter Psychologie erforderlich ist.

Schwierigkeiten im Umgang mit dem Ausdruck „angewandte Psychologie" können durch dessen Mehrdeutigkeit entstehen. Nicht zuletzt durch diesen Umstand bedingt, ist der **Anwendungsbegriff** in der Psychologie aktueller Diskussionsgegenstand.

Anwendung setzt einerseits etwas voraus, was unabhängig ist von dem, worauf es angewandt werden soll (z. B. Erkenntnisse und Gesetzmäßigkeiten der allgemeinen Psychologie); in diesem Sinn kann von Anwendungsinhalten gesprochen werden. Andererseits setzt Anwendung etwas voraus, worauf angewandt werden soll (z. B. bestimmte Verhaltensformen in bestimmten Lebensbereichen); in diesem Sinn kann von Anwendungsbereichen gesprochen werden.

Die in der Literatur vorzufindenden Definitionen von angewandter Psychologie orientieren sich mit unterschiedlichen Schwerpunkten an diesen beiden Gesichtspunkten:

a) an **Anwendungsinhalten;** dann handelt es sich beispielsweise um angewandte Lern- oder angewandte Wahrnehmungspsychologie;
b) an **Anwendungsbereichen;** dann gelangt man unschwer zu 50 und mehr (vgl. Benesch 1971) psychologischen Berufsdisziplinen. Dafür erscheint allerdings eine Wissenschaftsdisziplin „angewandte Psychologie" bzw. angewandte psychologische Forschung kaum erforderlich, weil hier die bereichsspezifische Umsetzung und somit der praktische Gesichtspunkt eindeutig im Vordergrund stehen.

Eine solche alternative Orientierung an Anwendungsinhalten oder an Anwendungsbereichen kann aber einer modernen Auffassung von angewandter Psychologie nicht angemessen sein. Vielmehr erscheint es heute gerade als kennzeichnende Aufgabe der angewandten Psychologie, die **Wechselbeziehungen zwischen Anwendungsinhalten und Anwendungsbereichen** mit wissenschaftlichen Methoden zu untersuchen. Das bedeutet eine systematische Analyse von Erlebens- und Verhaltensformen, wie sie für bestimmte Lebensbereiche charakteristisch sind. Dabei erfolgt nicht mehr „Anwendung" im ursprünglichen Sinn, indem allgemeine Tatbestände von Erleben und Verhalten auf direktem Weg zur Beantwortung einer Frage aus der Praxis verwendet werden, sondern hier werden die für bestimmte Lebensbereiche spezifischen Erscheinungsformen des Erlebens und Verhaltens erforscht und damit Grundlagen bereitgestellt, auf denen auch praktische Problemstellungen in differenzierterer Weise bearbeitet werden können.

Die Betonung eines Gegensatzes zwischen allgemeiner und angewandter Psychologie erscheint demnach sachlich unangebracht. Ähnlich wie bei der Unterscheidung von allgemeiner und differentieller Psychologie weitgehend gleiche, wenn nicht überhaupt gleiche Fragestellungen unter verschiedenen Gesichtspunkten verfolgt werden, verhält es sich auch bei der **Unterscheidung zwischen allgemeiner und angewandter Psychologie:** Interessiert sich die allgemeine Psychologie beispielsweise bei den Phänomenen der Wahrnehmungstäuschung dafür, welches die allgemeinen Bedingungen, Verlaufsformen und Gesetzmäßigkeiten beim Menschen schlechthin sind, so interessiert sich die differentielle Psychologie dafür, wie sich einzelne Individuen oder Gruppen von Individuen hinsichtlich von Wahrnehmungstäuschungen unterscheiden, und so interessiert sich die angewandte Psychologie dafür, wie es zu Wahrnehmungstäuschungen in bestimmten Verhaltensbereichen kommt, auf welche situationsspezifischen Bedingungen sie zurückzuführen und welche bereichsspezifischen Gesetzmäßigkeiten dabei festzustellen sind.

Auch die Betonung eines Gegensatzes zwischen „Grundlagenforschung" (wie z. B. in der allgemeinen Psychologie) und „angewandter Forschung" (wie z. B. in der angewandten psychologischen Forschung) erscheint wenig sinnvoll, insbesonders dann, wenn damit bestimmte Wertungen verbunden werden. Vielmehr ist die Bedeutung beider Forschungsschwerpunkte nicht zuletzt darin zu sehen, daß sie sich in ihren Fragestellungen gegenseitig ergänzen und in ihren Ergebnissen gegenseitig bereichern.

Wenn dennoch nach Unterschieden zwischen angewandter Psychologie und nichtangewandter Psychologie – insbesonders auf dem Gebiet der Forschung – gesucht wird, so wird dies ertragreicher sein, wenn dabei nach Merkmalen des jeweiligen wissenschaftlichen Vorgehens unterschieden wird. Dazu können Merkmale der Zielsetzung, methodische Gesichtspunkte und Merkmale der Ergebnisverwertung herangezogen werden.

1.1.2 Unterschiede zwischen nichtangewandter psychologischer und angewandter psychologischer Forschung hinsichtlich ihrer Zielsetzungen

Die nichtangewandte Psychologie sieht eine ihrer wesentlichen Zielsetzungen in der Suche nach *allgemeinen* Gesetzmäßigkeiten und Erklärungsmöglichkeiten für *allgemeine* psychologische Sachverhalte. Unter allgemeinen Gesetzmäßigkeiten und Erklärungsmöglichkeiten sind dabei solche zu verstehen, die repräsentativ für alle Individuen, nicht für Einzelindividuen oder bestimmte Gruppen von Individuen sind. Unter allgemeinen psychologischen Sachverhalten sind dabei solche zu verstehen, die nicht situationsspezifisch sind.

Die angewandte Psychologie sucht demgegenüber nach Gesetzmäßigkeiten und Erklärungsmöglichkeiten von psychologischen Gegebenheiten, wie sie in Realsituationen bestimmter Lebens- bzw. Verhaltensbereiche anzutreffen sind. Weil es sich dabei um Realsituationen handelt, sind ihre Gegenstände nicht allgemeine, sondern situationsspezifische Gegebenheiten.

1.1.3 Unterschiede nichtangewandter psychologischer und angewandter psychologischer Forschung hinsichtlich methodischer Gesichtspunkte

Die Art des methodischen Vorgehens ist in beiden Fällen vom jeweiligen theoretischen Standpunkt des einzelnen Forschers abhängig. Ob dabei empirische, experimentelle, phänomenologische, hermeneutische, klinische oder andere Methoden bevorzugt werden, ist kein Unterscheidungsmerkmal zwischen nichtangewandter Psychologie und angewandter Psychologie.

Unterschiede lassen sich aber in der Behandlung des **Stichprobenproblems** erkennen. Die nichtangewandte Psychologie steht vor der Notwendigkeit, Ergebnisse in größerem Ausmaß zu verallgemeinern, weil ihre Stichprobenergebnisse für extrem große Grundgesamtheiten (Populationen) repräsentativ sein sollen, nämlich für *den* Menschen schlechthin. Darin liegt ihre besondere Bedeutung, aber auch ihre besondere Schwierigkeit. Dies wird besonders in dem Sachverhalt deutlich, daß ein erheblicher Anteil allgemeinpsychologischer Erkenntnisse aus Untersuchungen an Stichproben von (sogar Psychologie-)Studenten stammen, ohne differentiell-psychologische Gesichtspunkte angemessen berücksichtigen zu können.

Die angewandte Psychologie hat es diesbezüglich insofern leichter, weil sie es mit Problemen kleinerer und meist homogenerer Grundgesamtheiten zu tun hat, nämlich mit Personengruppen in bestimmten Situationen. Dadurch ist der Verallgemeinerungsabstand zwischen Stichprobe und Grundgesamtheit kleiner; in Fällen, bei denen Stichprobe und Grundgesamtheit identisch sind, entfällt das Verallgemeinerungsproblem sogar (z. B. bei Untersuchungen psychischer Leistungsmerkmale von Raumfahrtpiloten unmittelbar nach der Landung). Das eigentliche Stichprobenproblem in der angewandten Psychologie liegt demgegenüber im Versuchspersonenproblem bei Felduntersuchungen. Die klassische **„freiwillige Versuchsperson“** ist in der angewandten Psychologie in den meisten Fällen keine geeignete Versuchsperson, weil sie kein Bestandteil einer Realsituation ist. An ihre Stelle tritt die **„angetroffene Versuchsperson“**, die – in vielen Fällen unwissentlich – Gegenstand der Untersuchung ist. Sobald diese angetroffene Versuchsperson bestimmte Voraussetzungen des experimentellen Versuchsplans erfüllen soll, ergeben sich unter Umständen große Durchführungsschwierigkeiten (so z. B., wenn das Überholverhalten von zwei Fahrern des gleichen Fahrzeugtyps beobachtet werden soll).

1.1.4 Unterschiede zwischen nichtangewandter psychologischer und angewandter psychologischer Forschung hinsichtlich der Verwertung ihrer Ergebnisse

Für die nichtangewandte Psychologie hat die Frage nach Verwertungsmöglichkeiten ihrer Ergebnisse für bestimmte Realsituationen nicht primäre Bedeutung. Ergebnisse werden dabei überwiegend ihrer selbst wegen gesucht, wobei als vorherrschendes Motiv die wissenschaftliche Neugierde angenommen werden kann. Ob bzw. wie diese Ergebnisse darüber hinaus auch noch „praktisch verwertet“ werden können, müßte erst Gegenstand weiterer – meist angewandter psychologischer – Untersuchungen sein.

Für die angewandte psychologische Forschung ist die unmittelbare Verwertungs*möglichkeit* ihrer Ergebnisse für konkrete, auf Realsituationen bezogene Fragestellungen meist bereits in ihrer Zielsetzung enthalten, weil die Zielsetzung aus einer Fragestellung abgeleitet wird, die sich in dem betreffenden Lebens- bzw. Verhaltensbereich ergibt. Beispiel: Untersuchungen zur Geschwindigkeitsschätzung in Überholsituationen können das Ziel haben, die für Geschwindigkeitsschätzungen bedeutsamen Informationsbedingungen zu verbessern; diese Zielsetzung ist zurückzuführen auf die aus der Praxis abzuleitende Frage, welche Ursachenkomponenten an Überholunfällen beteiligt sind. Nichtangewandte psychologische Forschung würde in einem solchen Fall gar nicht den Anstoß von seiten der Praxis benötigen, um sich dafür zu interessieren, wie Geschwindigkeitsschätzungen *überhaupt* zustande kommen. Das Beispiel verdeutlicht allerdings gleichzeitig, daß sich mit „Anwendung“ solche Fragestellungen nicht lösen lassen, weil beispielsweise im Fall der Geschwindigkeitsschätzungen keine Ergebnisse aus der nichtangewandten psychologischen Forschung vorliegen.

Gegenüber einer derartigen Unterscheidung von nichtangewandter und angewandter psychologischer Forschung sind **zwei Extrempositionen** denkbar:

Position A

Forschungsstand und Ergebnisse nichtangewandter psychologischer Forschung sind vorläufig noch nicht so umfassend und ihre Theorie noch nicht so weit entwickelt, daß – im ursprünglichen Anwendungssinn – situationsspezifische Vorhersagen ermöglicht werden. Daher muß vorerst noch auf praxisbezogene Aussagen verzichtet werden.

Position B
Die Analysen von ganz spezifischem Situationsverhalten stehen noch so sehr in ihren Anfängen, daß eine Verallgemeinerung ihrer Ergebnisse noch nicht möglich ist. Daher muß zunächst auf eine entsprechende Theorienbildung verzichtet werden.

Eine alternative Gegenüberstellung dieser Positionen hat meist wertenden Charakter, indem der jeweils anderen Position mangelnde Bereitschaft und/oder Befähigung bzw. Praxis- bzw. Theoriefeindlichkeit vorgeworfen wird. Konstruktiver und auch ökonomischer wird aber eine Mittelposition sein:

Position C
Hypothesen, die aus dem Erkenntnisbestand der nichtangewandten Psychologie abgeleitet werden können, werden durch Grundlagenforschung in den speziellen Verhaltensbereichen (angewandte psychologische Grundlagenforschung) überprüft und modifiziert. In diesem Fall besteht keinerlei Veranlassung zu unterschiedlicher Bewertung, wohl aber zur notwendigen Verbindung beider Forschungsschwerpunkte. Nur in diesem Sinn wird eines der häufigsten Zitate in der Psychologie, wonach nichts so praktisch ist wie eine gute Theorie [in der Psychologie meist Lewin zugeschrieben, tatsächlich aber vom Physiker Boltzmann (1890; zit. nach Broda 1955) zuerst geprägt] seine volle Bedeutung und Berechtigung erfahren.

Bezogen auf die verkehrspsychologische Forschung bedeutet dies:

Ausgehend von Hypothesen, die aus Einzelerkenntnissen, Gesetzmäßigkeiten und Theorien der nichtangewandten Psychologie, aber auch aus überwiegend hypothesenfreien Erkundungsexperimenten abgeleitet werden, untersucht die Verkehrspsychologie Grundformen des Verhaltens und Erlebens im Straßenverkehr sowie Möglichkeiten zur Verwertung von Ergebnissen aus dieser Grundlagenforschung für Fragestellungen der Praxis.

Allerdings kann es die Neuartigkeit der Verhaltens- und Erlebensbedingungen mancher Erlebensbereiche (wofür der Straßenverkehr ein sehr typischer ist) mit sich bringen, daß zunächst eine Hypothesenbildung verfrüht und u. U. sogar ungünstig sein kann. Dieser Fall kann dann gegeben sein, wenn es um eine – strenggenommen zwar kaum je mögliche – maximale Unvoreingenommenheit der Tatbestandsaufnahme geht und letztlich der Untersuchungsgegenstand durch Kriterien der Beobachtbarkeit eingegrenzt wird (z. B. bei der Analyse des Fahrverhaltens).

1.2 Verkehrspsychologie als Berufsfeld

Ein Rückblick auf die Geschichte der Verkehrspsychologie (vgl. Dorsch 1963) läßt erkennen, daß die verkehrspsychologische Praxis wesentlich älter ist als die verkehrspsychologische Wissenschaft. Diese Anfänge der praktisch-verkehrspsychologischen Tätigkeit liegen in den ersten beiden Jahrzehnten dieses Jahrhunderts. Auch wenn es sich dabei noch nicht um die Tätigkeit von Verkehrsspsychologen gehandelt hat, sondern um einzelne praxisbezogene Arbeiten einzelner Psychologen (Münsterberg in den USA, Lahy in Frankreich, Patrizi in Italien, Stern in Berlin; vgl. Dorsch 1963). Im Mittelpunkt aller dieser Anfänge stand das Problem der Fahreignung des Personals bei Eisenbahn, Straßenbahn und Droschken. Auch wenn dabei erste Hypothesen über das Konstrukt „Fahreignung" gebildet und Prädiktoren für dessen Erfassung entwickelt wurden, so stand dabei noch das praktische Interesse ganz eindeutig im Vordergrund gegenüber dem theoretischen. Die Bezeichnung „Verkehrspsychologie" erscheint dafür deshalb nicht ganz angemessen, weil es sich dabei mehr um einen Spezialfall der Eignungsdiagnostik gehandelt hat.

Trotzdem ist die Bedeutung dieses Vorstadiums der Verkehrspsychologie für die weitere Entwicklung und teilweise sogar auch noch für die Gegenwart der Verkehrspsychologie nicht zu unterschätzen. Obwohl der Hinweis von Giese (1927), daß innerhalb des gesamten Wirschaftslebens die Personalauslese nur eine bescheidene Rolle gegenüber anderen psychologischen Aufgaben spiele, auch für die Verkehrspsychologie volle Gültigkeit haben dürfte, folgte die Entwicklung der Verkehrspsychologie durch rund 40 Jahre hindurch dieser ursprünglichen Schwerpunktsetzung. Während dieser Zeit, also bis in die 50er Jahre, bedeutete das Wort „Verkehrspsychologie" Fahrerausleese. In dieses Jahrzehnt fallen dann aber die Errichtungen von Institutionen wie psychologisch-medizinische bzw. medizinisch-psychologische Institute bei den Technischen Überwachungsvereinen in der Bundesrepublik Deutschland und des Verkehrspsychologischen Instituts des Kuratoriums für Verkehrssicherheit in Österreich. Auch nahm und nimmt die Fahreignungsdiagnostik immer noch einen breiten Raum der Gesamttätigkeit dieser Institute ein.

Gleichzeitig wurde aber auch der **Mangel an bereichsspezifischer Grundlagenforschung** – z. B. mit dem Kriterienproblem in der Fahreignungsdiagnostik – immer deutlicher bemerkbar, und es setzte eine fortschreitend intensiver werdende Auseinandersetzung mit anderen verkehrspsychologischen Problemen ein. Etwa in diese Zeit fällt der Beginn der Verkehrspsychologie als wissenschaftliche Disziplin, die nun auch zum Inhalt eigener Lehrveranstaltungen an einzelnen Universitäten wurde (z. B. in Köln durch Undeutsch und in Tübingen durch Dorsch).

Etwa gleichzeitig, im Jahre 1953, erfolgte die Gründung einer Sektion Verkehrspsychologie innerhalb des Berufsverbandes Deutscher Psychologen unter der Leitung von Winkler und 1967 die Konstituierung des Forschungsrings für Verkehrspsychologie unter der damaligen Leitung von Sander als gemeinsames Fachgremium der Deutschen Gesellschaft für Psychologie und des Berufsverbandes Deutscher Psychologen.

Gerade die Entwicklung der Verkehrspsychologie in den letzten 20 Jahren veranschaulicht deutlich die Konkretisierung dessen, was in Abschn. 1.1 als neuere Auffassung der angewandten Psychologie dargestellt wurde: keine ausgeprägte Gegenüberstellung von Forschung und Praxis, sondern eine zunehmend engere Wechselbeziehung zwischen beiden. Der Verkehrspsychologe (der heute z. B. innerhalb des deutschsprachigen Raums beim Technischen Überwachungsverein oder bei der Bundesanstalt für Straßenwesen in der Bundesrepublik Deutschland, beim Kuratorium für Verkehrssicherheit in Österreich, bei der Beratungsstelle für Unfallverhütung in Bern, beim Medizinischen Dienst des Verkehrswesens in der Deutschen Demokratischen Republik aber auch an Universitäten, an denen die Verkehrspsychologie, wie in Berlin, Braunschweig, Hamburg, Innsbruck, Köln, Mannheim, München, Salzburg, Wien, Würzburg, Zürich, vertreten ist, arbeitet) befaßt sich in zunehmendem Maß sowohl mit Forschungsarbeiten als auch mit der praktischen Umsetzung von Forschungsergebnissen. Andererseits übernehmen Psychologen, die die Verkehrspsychologie an Universitäten vertreten, in zunehmendem Maß neben ihrer Lehr- und Forschungstätigkeit auch praktische Aufgaben (z. B. in der Fahreignungsdiagnostik und in der pädagogischen Verkehrspsychologie).

> Je mehr Verkehrspsychologie als Beruf ausgeübt wird, desto unmittelbarer ist die Einflußnahme, die der Verkehrspsychologe auf konkretes Verhalten und konkrete Verhaltensmöglichkeiten von konkreten Personen in realen Lebenssituationen ausübt. Diese Funktion teilt der Verkehrspsychologe mit allen anderen Psychologen, die Inhalte ihres Faches in praktisches Handeln umsetzen.

Es ist üblich geworden, in solchen Fällen nach „gesellschaftlicher Relevanz" einer Wissenschaft im allgemeinen und des Handelns eines Wissenschaftlers im besonderen zu fragen.

Wenn mit **„gesellschaftlicher Relevanz"** einer Wissenschaftsdisziplin deren **Bedeutsamkeit für konkrete menschliche Problemsituationen** gemeint ist, so kann dazu auf Iseler u. Perrez (1976) verwiesen werden.

Wenn mit „gesellschaftlicher Relevanz" die **politische Funktion der Wissenschaft im allgemeinen** und der angewandten Psychologie im besonderen gemeint ist, so geht es in erster Linie um die Frage, ob die politische Funktion einer Wissenschaft als eine ihrer spezifischen Aufgaben betrachtet wird oder nicht. Die vielen denkbaren Standpunkte dazu lassen sich ihrer Richtung nach einer von zwei Positionen zuordnen:

> **Position A**
> Wenn auch der Einfluß persönlicher Wertungen im weitesten Sinn (und damit auch politisch-weltanschaulicher Wertungen) im Bereich der angewandten Psychologie nicht geleugnet werden kann, so sollte doch versucht werden, diesen Einfluß so gering wie möglich, jedenfalls aber unter Kontrolle zu halten. Eine solche relativ wertfreie Wissenschaftsausübung fühlt sich dem Postulat der Objektivität wissenschaftlichen Arbeitens im Sinn einer möglichst geringen Abhängigkeit des Inhalts wissenschaftlicher Aussagen von der Person des Wissenschaftlers verpflichtet (diese Position findet auch in den berufsethischen Verpflichtungen des Berufsverbandes Deutscher Psychologen ihren Niederschlag).
>
> **Position B**
> Gerade die angewandte Psychologie *kann* und *soll* auch die Wissenschaft in den Dienst politischen Handelns stellen. Da Wissenschaftsausübung grundsätzlich nicht von der Person des Wissenschaftlers gelöst denkbar ist, sollte auch gar nicht versucht werden, Wissenschaft wertfrei zu betreiben, sondern persönliche Wertmaßstäbe, insbesondere wenn sie sich mit Wertmaßstäben von Gruppen decken, in die wissenschaftliche Tätigkeit einzubringen. Daß Wissenschaft auf diese Weise nicht nur eine politische Funktion haben kann, sondern auch zur Funktion unter-

schiedlichster Ideologien werden kann, ist dabei keineswegs als Nachteil zu betrachten.

Zur Klarstellung sei schon an dieser Stelle darauf hingewiesen, daß die hier versuchte Einführung in die Verkehrspsychologie ganz entschieden von der Position A aus erfolgt und die Position B ebenso entschieden abgelehnt wird – nicht zuletzt im Hinblick auf besonders markante Beispiele ideologieabhängiger Psychologie in Vergangenheit und Gegenwart.

Der in der angewandten Psychologie bzw. in der Verkehrspsychologie tätige Psychologe wird gut daran tun, seinen Standpunkt gegenüber dem – nicht immer sinnvoll gebrauchten, sondern sehr häufig mißbrauchten (z. B. als Funktion eines Konformitätsbekenntnisses) – Kriterium der „gesellschaftlichen Relevanz“ nicht nur für sich selbst, sondern auch gegenüber den von seiner Tätigkeit betroffenen Personen (Klienten, Auftraggeber und andere) klarzustellen. Es wird ihm dabei zu empfehlen sein, die Möglichkeiten seiner eigenen Tätigkeit differenziert nach zwei Fragen zu beurteilen:

a) Was *kann* ich fachlich tun?
b) Was *will* ich fachlich tun?

Die Antwort auf die erste Frage wird im wesentlichen durch den aktuellen Stand der Forschung in dem betreffenden Sachbereich, soweit er dem einzelnen Psychologen vertraut ist, bestimmt werden. Der Psychologe wird dabei zu prüfen haben, welche Möglichkeiten ihm sein Fach zur Bewältigung der gestellten Aufgaben bietet. Die Feststellung dieser Möglichkeit erfolgt dabei nach wissenschaftlichen Kriterien unter größtmöglicher Ausklammerung persönlicher Bewertungen bzw. Bevorzugungen.

Die Antwort auf die zweite Frage hängt hingegen von keiner wissenschaftlichen, sondern ausschließlich von der persönlichen Entscheidung des Psychologen ab. Hier geben persönliche Bewertungen und Bevorzugungen den Ausschlag dafür, für welche Problemstellung aus der Praxis welches wissenschaftliche Vorgehen zur Erfüllung welcher Zielkriterien eingesetzt wird.

Eine derartige Unterscheidung zwischen relativ wertfreier Wissenschaft und überwiegend wertbezogener Wissenschaftsausübung sollte es auch ermöglichen, daß „Gesellschaftsfreundlichkeit“ und „Gesellschaftsfeindlichkeit“ nicht einer Wissenschaft, sondern immer dem sie ausübenden Wissenschaftler – positiv und negativ – anzurechnen sind.

Der angewandt-psychologisch Tätige, und somit auch der Verkehrspsychologe, steht immer wieder in diesem Spannungsfeld wissenschaftlicher und vorwissenschaftlicher Entscheidungen. Daher ist es gerade für ihn – viel mehr als für seinen in der nichtangewandten Psychologie tätigen Kollegen – unumgänglich, klar Stellung zu beziehen. Dabei wird es darauf ankommen, einerseits die jeweiligen wissenschaftlichen Problemlösungsmöglichkeiten nüchtern zu prüfen und andererseits den eigenen persönlichen Standpunkt abzugrenzen und konsequent zu vertreten.

1.3 Die Verkehrspsychologie in ihren Beziehungen zu Nachbardisziplinen

1.3.1 Beziehungen zu Nachbardisziplinen innerhalb der Psychologie

Es ist üblich geworden, unter „Verkehrspsychologie“ die **Psychologie des Straßenverkehrs** zu verstehen und den Eisenbahn- und Luftverkehr dabei nicht ausdrücklich einzubeziehen. Während die Abhebung von Verkehrs- und Flugpsychologie – nicht zuletzt wohl wegen der größeren Verschiedenartigkeit der betreffenden Verhaltens- und Erlebensformen – relativ deutlich ist, ergeben sich zwischen Verkehrs- und Eisenbahnpsychologie mehr Überschneidungen, da sich trotz der bestehenden Unterschiede in den Problemstellungen beider Gebiete doch auch viele Gemeinsamkeiten feststellen lassen. Allerdings ist das derzeitige Berufsfeld der Bahnpsychologie – zumindest in der Bundesrepublik Deutschland und in Österreich, deutlich weniger jedoch in der Deutschen Demokratischen Republik – im Vergleich zu den anstehenden Problemen unterentwickelt. Dies könnte eine mögliche Erklärung für den relativ geringen Anteil der Bahnpsychologie an der Verkehrspsychologie sein.

Verschiedentlich sind Ansätze erkennbar, die Verkehrspsychologie als **Teilgebiet der Arbeitspsychologie** zu verstehen. Dafür spricht die Überlegung, daß sich die meisten Grundprobleme des Arbeitsverhaltens (Bedingungen, Verlaufsformen und Auswirkungen des Arbeitsverhaltens) beispielsweise bei der Analyse des Führens eines Kraftfahrzeuges wiederfinden: Auch hier handelt es sich um ein Verhalten, das als Leistung unter bestimmten Situationsbedingungen zu interpretieren ist. Etwas schwieriger wird die Zuordnung der Verkehrspsychologie zur Arbeitspsychologie in jenen Bereichen sein, wo diese Interpretation weniger zutrifft, beispielsweise beim Fußgängerverhalten.

> Im übrigen wird es sich bei der Verkehrspsychologie umso mehr um wissenschaftliche Psychologie und umso weniger um „Alltagspsychologie“ handeln, je vielfältiger ihre Verbindungen zu allen anderen psychologischen Teildisziplinen ist und je weniger ihre eigene Profilierung auf Kosten einer breiten psychologischen Grundlage erfolgt.

1.3.2 Beziehungen zu Nachbardisziplinen außerhalb der Psychologie

Der Gesichtspunkt einer eigenständigen Profilierung der Verkehrspsychologie kann insofern nicht verabsolutiert werden, als er einer Auffassung zu entsprechen scheint, die außerhalb des deutschsprachigen Raumes selten anzutreffen ist. In diesem Zusammenhang stehen sich die Gesichtspunkte fachlicher Herkunft und der Aufgabenlösung gegenüber: „Welche Fachdisziplin ist für die Aufgabenlösung zuständig?“ vs. „Welche Fachdisziplin kann zur Aufgabenlösung am meisten beitragen?“ Der Zuständigkeitsgesichtspunkt hat viel zu berufsständischer Auseinandersetzung und Polemik beigetragen, aber relativ wenig zu konstruktiver Aufgabenlösung. Dabei scheint der optimale Kompromiß nahezuliegen: **Zuständig ist, wer zur Aufgabenlösung beiträgt.**

Diese **Orientierung an der Aufgabe** setzte sich in den deutschsprachigen Ländern erst im Laufe einer langwierigen Entwicklung und nach Überwindung erheblicher berufsständischer Eitelkeiten durch, während sie beispielsweise in Großbritannien und in den USA von Anfang an ein Merkmal der entsprechenden Forschungseinrichtungen war. Dieser Unterschied kommt nicht zuletzt darin zum Ausdruck, daß es für die in den deutschsprachigen Ländern übliche Bezeichnung „Verkehrspsychologie" in anderen Ländern kein Gegenstück gibt, sei es als Bezeichnung für eine Fachdisziplin oder als Bezeichnung einer Institution; Untersuchungsstellen, Institute und Forschungsstätten werden dort überwiegend nach ihrer Aufgabe und weit weniger nach der fachlichen Herkunft ihrer Mitarbeiter bezeichnet.

Wenn der Gesichtspunkt der Aufgabenorientiertheit in den Vordergrund gestellt wird, dann wird klar, daß die Aufgabe der Erforschung des Verkehrsverhaltens von sehr unterschiedlichen fachlichen Ausgangspunkten her erfolgen kann. Sucht man dabei eine Systematik für diese möglichen Forschungsperspektiven, so bietet sich eine Gliederung nach **Verhaltensbedingungen, Verhaltensformen** und **überindividuellen Verhaltenszielen** an.

Fachdisziplinen, die sich primär mit den außerindividuellen Bedingungen des Verkehrsverhaltens beschäftigen:

Verkehrstechnik,
Kraftfahrzeugtechnik.

Fachdisziplinen, die sich primär mit den individuellen Bedingungen und Formen des Verkehrsverhaltens beschäftigen:

Verkehrspsychologie,
Verkehrsmedizin,
Verkehrssoziologie.

Fachdisziplinen, die sich primär mit überindividuellen Zielen des Verkehrsverhaltens beschäftigen:

Verkehrsrechtswissenschaft.

Allen genannten Fachdisziplinen gemeinsam ist ihre Ergänzungsbedürftigkeit durch die jeweils anderen Fachdisziplinen.

1.4 Zusammenfassung

Die Verkehrspsychologie als Wissenschaftsdisziplin wird der sog. angewandten Psychologie zugeordnet. **Angewandte Psychologie** muß aber nicht bloße Anwendung psychologischer Erkenntnisse bedeuten, sondern ist als **Grundlagenforschung in bestimmten Lebensbereichen** zu verstehen. Eine grundsätzliche Gegenüberstellung von angewandter Psychologie und nichtangewandter Psychologie erscheint wenig konstruktiv, auch wenn sich unter einzelnen Gesichtspunkten (Zielsetzung, methodische Gesichtspunkte, Ergebnisverwertung) unterschiedliche Schwerpunktsetzungen erkennen lassen. Die Verkehrspsychologie untersucht **Grundformen des Verhaltens und Erlebens im Straßenverkehr** sowie Möglichkeiten der Verwertung von Ergebnissen aus dieser Grundlagenforschung für Fragestellungen der Praxis.

Bereits vor der Entwicklung der **Verkehrspsychologie als Wissenschaftsdisziplin** trat die **Verkehrspsychologie als Berufsfeld** in Erscheinung. Dabei stand zunächst die Fahreignung im Mittelpunkt des Interesses. Mit fortschreitender wissenschaftlicher Grundlegung der Verkehrspsychologie seit Beginn der 50er Jahre erfolgte dann auch eine Erweiterung des Berufsfeldes der Verkehrspsychologie.

Wie jeder im Bereich der angewandten Psychologie tätige Psychologe kommt auch der Verkehrspsychologe bei der **Frage nach der berufsethischen Berechtigung** seiner Tätigkeit nicht umhin, danach zu differenzieren, was er aufgrund des aktuellen Forschungsstandes leisten kann und was er aufgrund seiner persönlichen Wertmaßstäbe leisten will.

Die Verkehrspsychologie rechtfertigt ihre Bezeichnung erst durch ihre **enge Beziehung zu allen anderen psychologischen Teildisziplinen.** Von ihren Aufgabenstellungen her gesehen ist sie aber auch auf enge Verbindung mit den Fachdisziplinen der Verkehrs- und Kraftfahrzeugtechnik, der Verkehrsmedizin und -soziologie sowie der Verkehrsrechtswissenschaft angewiesen.

2 Allgemeine Modellvorstellungen für das Verkehrsverhalten

Für die wissenschaftliche Beschäftigung mit Verhaltensbedingungen, Verhaltensformen und Verhaltenszielen ist es bedeutsam, welche Modellvorstellung des Verkehrsverhaltens dabei zugrundegelegt wird. Modelle bzw. Modellvorstellungen sind keine empirischen Sachverhalte, sondern relativ grobe Darstellungen der Art und Weise des Zusammenwirkens der für einen bestimmten Gegenstandsbereich wesentlichen Gegebenheiten. Ihre Hauptfunktion wird daher weniger in der wissenschaftlichen Beweiskraft, sondern mehr in veranschaulichender Darstellung von Beschreibungshypothesen zu sehen sein. Wenn auch der Spielraum für verschiedene Modelle des Verkehrsverhaltens groß ist, so zeichnen sich doch einige Grundformen ab.

2.1 Verkehrsverhalten als Miniatursituation

Verwendet man den Ausdruck „Miniatursituation" im Sinn von Cattell (1944), so kann das Verkehrsverhalten als Miniatursituation für das Verhalten des Menschen betrachtet werden.

„Miniatursituation" bedeutet dabei nicht einen Ausschnitt aus einer Gesamtsituation, sondern eine **„maßstabgerechte" Verkleinerung einer Gesamtsituation.** In diesem Sinn wäre das Verhalten im Straßenverkehr in gewisser Weise repräsentativ für das menschliche Verhalten überhaupt. Dabei bietet das Verhalten in der Miniatursituation einen wesentlichen Vorteil: Die dort anzutreffenden Formen des Verhaltens sind unter wesentlich günstigeren experimentellen Bedingungen beobachtbar als bei einer Beobachtung außerhalb der Miniatursituation. Es läßt sich kaum eine Grundform menschlichen Verhaltens denken, die nicht auch im relativ klar abgrenzbaren Bereich des Verkehrsverhaltens maßgeblich wäre. Dies gilt für Formen des Wahrnehmens, Lernens, Denkens und der Motivation ebenso wie für Einstellungen und soziales Verhalten; und die meisten allgemeinpsychologischen Problemstellungen lassen sich auch innerhalb dieses Bereichs konkretisieren.

Die Vorstellung des Verkehrsverhaltens als Miniatursituation gilt jedoch nur für das Verkehrsverhalten als Realverhalten, also nicht für Abbilder dieses Realverhaltens wie z.B. in der Simulation oder in der Diagnostik. Die Miniatursituation hat somit nicht Hinweis- oder Indikatorfunktion für ein Realverhalten, sondern sie ist selbst dadurch Realverhalten, daß für sie die gleichen Steuerungsprinzipien angenommen werden wie für das Verhalten in allen anderen Bereichen.

Der Vorteil besserer Experimentierbedingungen in der Miniatursituation Straßenverkehr ergibt sich einerseits aus der relativ großen Standardisiertheit der Verhaltensbedingungen (vergleichbare Straßen-, Fahrzeug- und Situationsbedingungen) und andererseits aus der Möglichkeit, trotzdem Realverhalten unter Feldbedingungen zu beobachten, da es sich um „öffentliches“ Verhalten handelt.

Das Modell „Verkehrsverhalten als Miniatursituation“ bietet den Vorteil einer breiten psychologischen Grundlage für die Interpretation des Verkehrsverhaltens, weil das Verkehrsverhalten dabei im *psychologischen* Sinn umfassend betrachtet wird. Eine mögliche Schwäche des Modells kann sich aus einer zu starken und daher evtl. einseitigen Orientierung an Verhaltensformen unter relativer Vernachlässigung von konkreten Verhaltensbedingungen, also letztlich aus einer relativen Psychologisierung, ergeben.

2.2 Verkehrsverhalten im Rahmen eines Systemmodells

In der neueren Entwicklung der Verkehrspsychologie gewinnen systemorientierte Modellvorstellungen zunehmend an Interesse und Bedeutung. Auch wenn in diesem Zusammenhang das Wort „System“ häufig ohne Bedeutungszuwachs gegenüber dem Wort „Ganzheit“ verwendet wird, so liegen andererseits doch auch differenzierte Interpretationen des Systembegriffs für den Bereich des Straßenverkehrs vor (z. B. Marek u. Sten 1977).

Das Systemprinzip wird als eine mögliche Form der Interpretation des Beziehungsgefüges zwischen Einzelbereichen im Gegensatz zu je für sich erfolgenden Einzelinterpretationen einzelner Bereiche verstanden. Auszugehen ist von einem Gesamtsystem und mehreren Teilsystemen mit Systemelementen, Systemfunktionen und Systemzuständen:

Gesamtsystem:	Straßenverkehr;
Teilsysteme:	Verkehrsteilnehmer (z. B. Kraftfahrer, Radfahrer, Fußgänger), Verkehrsmittel (z. B. Pkw, Moped, Fahrrad), Verkehrsfläche (z. B. Straße, Kreuzung, Zebrastreifen), Verkehrsregelung (z. B. Gesetzgebung, Beschilderung, Überwachung);
Systemfunktionen:	Z. B. Geschwindigkeitsverhalten, Höchstgeschwindigkeit des Fahrzeugs, Straßenzustand, Geschwindigkeitsbeschränkung;
Systemzustände:	Art des Zusammenwirkens bei einzelnen Teilsystemen bzw. Systemfunktionen zu einem bestimmten Zeitpunkt (z. B. Verkehrskonfliktsituation).

Systemzustände haben dabei häufig Kriteriumsfunktion, indem nach Ist- und Soll-Zuständen unterschieden werden kann. Die **konstruktive Bedeutung des Systemprinzips** ist darin zu sehen, daß gezielte Beeinflussungen des Gesamtsystems, auch wenn sie an ganz bestimmten Systemelementen von bestimmten Teilsystemen ansetzen, immer im Hinblick auf ihre Auswirkungen für das Gesamtsystem zu sehen sind. Sollen solche Veränderungen beurteilt werden, so ist dies nur bei vorausgegangener Festlegung des Soll-

Systemzustands sinnvoll; gerade das System Straßenverkehr kann durch seine Konkretheit verdeutlichen, wie sinnlos eine Systemveränderung ohne eindeutige Festlegung eines Soll-Zustandes und nur um der Veränderung willen ist.

Eine bedeutsame forschungstechnische Folge des Systemprinzips ist die notwendige Inkaufnahme wesentlich **differenzierterer Versuchspläne,** da entsprechend dem Systemprinzip bei jeder Änderung eines Systemelements mit der möglichen Änderung aller anderen Systemelemente gerechnet werden muß. An die Stelle von Analysen, in denen Zusammenhänge verschiedener Veränderungen einer bestimmten Bedingung und Veränderungen eines bestimmten Merkmals untersucht werden, treten in zunehmendem Maß Analysen, in denen Zusammenhänge zwischen gleichzeitigen Veränderungen mehrerer Bedingungen einerseits und Veränderungen eines oder mehrerer Merkmale andererseits untersucht werden. So wird beispielsweise die Auswirkung des Systemelements „Kurvenradius" auf das Fahrverhalten erst dann angemessen beurteilt werden können, wenn außerdem noch das Systemelement „Annäherungsstrecke vor der Kurve" berücksichtigt wird; andernfalls kann es zu verzerrten Beurteilungen des Systemzustandes „Sicherheit beim Durchfahren der Kurve" kommen (vgl. Abschn. 3.6.22.2). In letzter Konsequenz würde das Systemprinzip bedeuten, daß jede Wirksamkeitskontrolle einzelner Maßnahmen im Bereich des Straßenverkehrs nur aufgrund von Analysen des *ganzen* Systems erfolgen kann. Es leuchtet ein, daß dies aus ökonomischen Gründen nicht möglich ist.

Trotzdem kann das Systemprinzip allein schon deshalb konstruktiv sein, weil es die Gefahr von Betrachtungsweisen verdeutlicht, die sich zu stark an univariaten Versuchsplänen orientieren.

In der Literatur werden die Bezeichnungen „Teilsystem", „Systemelement", „Systemfunktion" und „Systemzustand" nicht einheitlich verwendet; insbesonders werden die Bezeichnungen „Teilsystem" und „Systemelement" oft untereinander und zusammen mit der Bezeichnung „Variable" gleichbedeutend verwendet.

2.3 Verkehrsverhalten als Regelkreismodell

Regelkreismodelle werden in der Verkehrspsychologie häufig zur Beschreibung und Interpretation des Verkehrsverhaltens herangezogen, wobei der Ausdruck „kybernetisches Modell" häufig gleichbedeutend verwendet wird. Mit dem Ausdruck „Regelung" ist in diesem Zusammenhang ein Vorgang gemeint, bei dem ein vorgegebener Wert eines veränderlichen Merkmals **(Soll-Wert)** fortlaufend gemessen und mit dem augenblicklichen Wert **(Ist-Wert)** verglichen wird und in der Folge der jeweilige Ist-Wert so weit wie möglich dem Soll-Wert angenähert wird. (Dieser Vorgang wird am deutlichsten durch das Thermostatprinzip veranschaulicht.)

In der Psychologie fand das Regelkreismodell seine bekannteste Formulierung im **TOTE-Modell** (Miller et al. 1960):

T („test"): Erste Testphase, in der Ist- und Soll-Wert verglichen werden;
O („operate"): Handlungsphase, in der der Ist-Wert dem Sollwert angenähert wird;

T („test"): Zweite Testphase, in der das Ergebnis der Handlung (O) überprüft wird; stimmen Ist- und Soll-Wert dabei noch nicht überein, so ist eine weitere Handlung erforderlich, deren Ergebnis neuerlich überprüft wird. Dieser Kreislauf wiederholt sich solange, bis Ist- und Soll-Wert übereinstimmen;

E („exit"): Abschluß des Handlungsablaufs.

Inhaltlich deckt sich das **VVR-Modell** von Hacker (1973) mit dem TOTE-Modell:

V („Veränderung"): Handlungsphase, in der ein bestehender Zustand verändert wird (entspricht dem „operate");

V („Vergleich"): Vergleich zwischen Ist- und Soll-Wert (entspricht den „test"-Phasen);

R („Rückkoppelung"): Verbindung zwischen Vergleichsergebnis und nächster Veränderung.

Die beiden Modelle entsprechen sich vollständig, sofern beim TOTE-Modell die „exit"-Phase ausgeklammert wird. Diese Phase erscheint auch deshalb problematisch, weil zunächst unklar bleibt, ob darunter eine Zielhandlung (Endreaktion) zu verstehen ist, die mit der letzten Handlungsphase identisch ist oder nicht. Ist sie mit ihr identisch, so ist nicht einzusehen, warum sie dann gesondert zu bezeichnen ist; ist sie mit ihr nicht identisch, so kann es sich nur um eine weitere Rückkoppelungsschleife handeln, d.h. um eine weitere „operate"-Phase, die einem weiteren „test" zu unterziehen ist.

Diese Unklarheit entfällt beim VVR-Modell, bei dem von einer Veränderungs-Vergleichs-Rückkoppelungs*einheit* gesprochen wird. Damit wird lediglich die Abhängigkeit jedes Veränderungsvorganges von einem vorausgehenden Vergleich zwischen Ist- und Soll-Wert betont, die für alle Phasen eines Handlungsablaufes in gleicher Weise gilt.

Eine spezifisch verkehrspsychologische Variante des Regelkreismodells wurde von Gubser u. Spörli (1970) für das Fahrverhalten beschrieben. Dabei gilt es als Funktionsziel des Regelungsvorganges, daß das Fahrzeug an „optimaler" Stelle im Verkehrsfluß gehalten wird. Dazu sind **vier Regelkreise** wirksam:

- Erster Regelkreis: Steuerung des Fahrzeugs in der Längsrichtung (z.B. optimale Abstände zu voraus- und nachfahrendem Fahrzeug);
- Zweiter Regelkreis: Steuerung des Fahrzeugs in der Querrichtung (z.B. optimale Abstände zum Fahrbahn- und Fahrstreifenrand);
- Dritter Regelkreis: Steuerung der Motorleistung (z.B. optimale Drehzahl);
- Vierter Regelkreis: Wechselwirkung zwischen Fahrer und Umgebung (z.B. Optimierung des Verhältnisses zwischen Informationsaufnahme und Informationsabgabe).

In diesem Modell scheint der vierte Regelkreis etwas aus der Reihe der übrigen zu fallen, da er auf einer wesentlich höheren Allgemeinheitsstufe liegt, von der aus eigentlich die drei ersten Regelkreise als untergeordnet erscheinen. Denn die Wechselwirkung von Informationsaufnahme und -abgabe ist sicherlich für das Fahrverhalten nicht spezifischer als für jedes Verkehrsverhalten und auch kaum spezifischer als für jede Art sozialen Verhaltens. Der vierte Regelkreis kann aber dann eine spezifische Bedeutung erhalten, wenn die Besonderheiten verkehrsbezogener bzw. fahrverhaltensbezogener Informationsbedingungen berücksichtigt werden (vgl. Weber 1972).

In dieser Hinsicht kommt dem **optischen Informationsbereich** eine vorrangige Bedeutung zu, weil die Ortsveränderung in der Zeit als übergeordnetes Merkmal des Verkehrsverhaltens gelten kann und jedes gerichtete Verhalten unter dieser Bedingung entsprechend vieler Informationen über die sich rasch verändernden örtlichen Gegebenheiten bedarf.

Dem gegenüber fällt der **akustische Informationsbereich** zwar etwas weniger, aber trotzdem in sehr spezifischer Weise ins Gewicht. Motor-, Roll- und Fahrtwindgeräusche können als differenzierte Informationen über Fahrgeschwindigkeit und Motorleistung verwertet werden. Ihre Lärmfunktion tritt – für den Fahrer – demgegenüber weitgehend in den Hintergrund, weil dabei „Schall als Indiz" (Sader 1966) erlebt werden kann: Identische Intensitäten und weitgehend gleiche Qualitäten von Fahrgeräuschen werden in der realen Fahrsituation als dazugehörig und in keiner Weise störend, in der Laboratoriumssituation hingegen als außerordentlich störend erlebt (Versuche des Verkehrspsychologischen Instituts in Wien, unveröffentlichte Ergebnisse).

Auch der **kinästhetische Informationsbereich** hat für das Fahrverhalten eine spezifische Bedeutung. Dabei ist insbesonders an Beschleunigungen und Verzögerungen zu denken, die in Längs- und Querrichtung auftreten und Informationen über entsprechende apparative Anzeigen teilweise ersetzen können.

Schließlich wäre noch der **haptische Informationsbereich** zu erwähnen, der häufig im Vorfeld kinästhetischer Informationen in Erscheinung tritt, manchmal aber auch unabhängig von diesen (z.B. bei der Unterscheidung verschiedener Straßenoberflächenbedingungen [Art des Fahrbahnbelags, Wasserglätte (= „Aquaplaning"), Schnee-, Eisglätte]. Vermutlich werden solche Informationen auf dem Weg über Hautwahrnehmungen an Rücken und Gesäß aufgenommen.

Unter quantitativem Gesichtspunkt gelten für die auf das Verkehrsverhalten bezogene Form der **Informationsverarbeitung** die auch für andere Verhaltensbereiche zugrunde gelegten Richtwerte. Die Zuflußkapazität aus der individuellen Umgebung, die vom Organismus aufgenommen wird, ist auf 10^9 bis 10^{11} (1–100 Milliarden) bit/s[1] zu schätzen, während davon nur maximal 16 bit/s verarbeitet werden können. In dieser Diskrepanz kommt vor allem die überragende Bedeutung einer *gezielten* Informationsverarbeitung zum Ausdruck, durch die trotz beschränkter Verarbeitungskapazität eine optimale Informiertheit erreicht werden soll.

Beispiele für Regelkreismodelle des Fahrverhaltens (Abb. 1–4):

a) Die Modelle von Briggs (1968) und Durth (1971) als Beispiele für relativ unpsychologische Modelle (Abb. 1 u. 2).

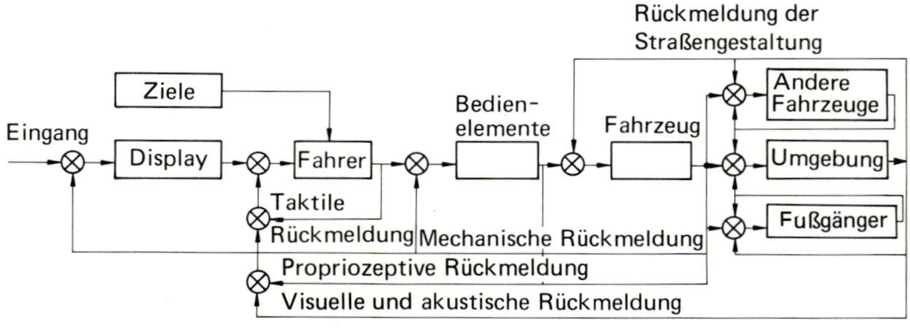

Abb. 1. Modell des Fahrverhaltens nach Briggs (1968, S. 124)

1 1 bit entspricht einem Informationsbetrag, der durch die Antwort auf eine Alternativfrage (z.B. Ja oder Nein) mit zwei gleich wahrscheinlichen Alternativen gegeben ist

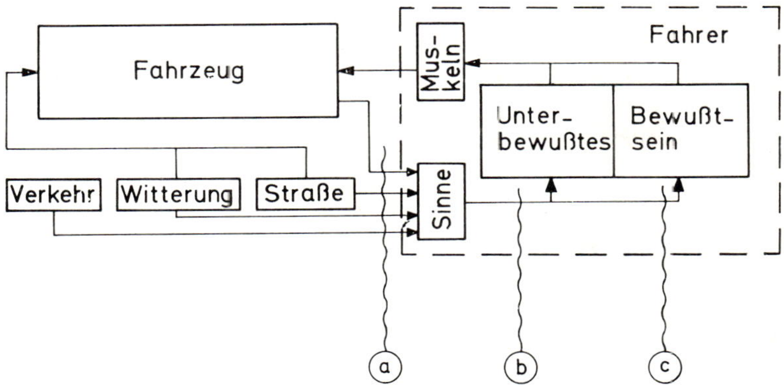

Abb. 2. Modell des Fahrverhaltens nach Durth (1971, S. 31)

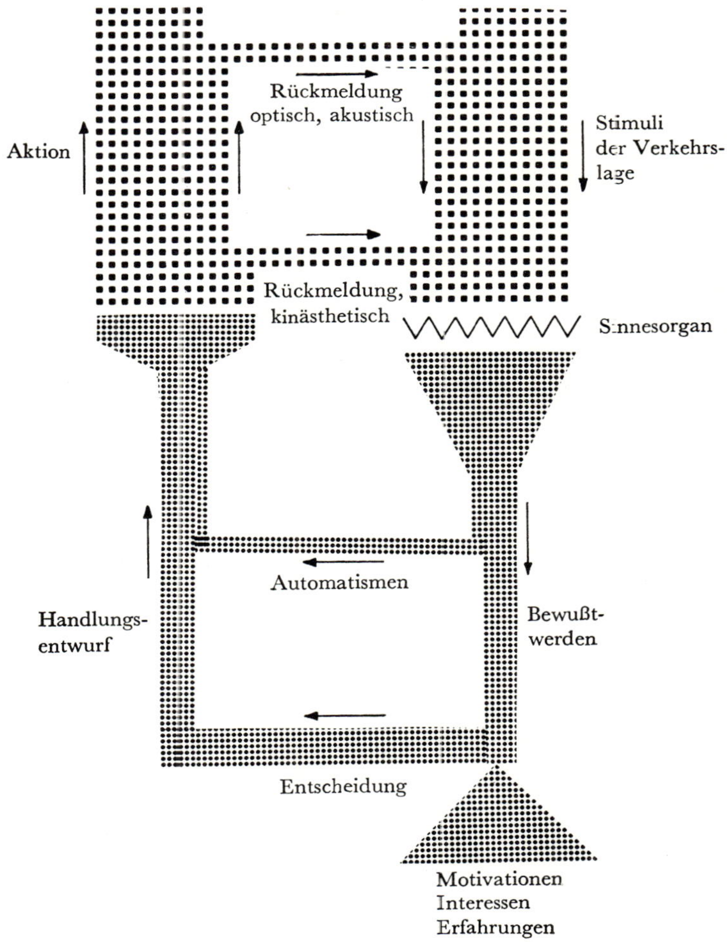

Abb. 3. Modell des Fahrverhaltens nach Burkardt (1965, S. 143)

„Die gegenseitigen Einwirkungen von Straße, Fahrer und Fahrzeug können als Regelkreis angesehen werden, in dem ein ständiger Informationsfluß dem Fahrer als Regler ermöglicht, über sein motorisches System sein Fahrzeug sicher zu bewegen mit Hilfe der Informationen, die er über seine Sinne von der Führungsgröße Straße, den Störgrößen Witterung und Verkehr und den Reaktionen des Fahrzeuges erhält" (Durth 1971, S. 31). Die Stationen a, b, c des Informationsflusses stellen abgestufte Informationsfilter dar: a: Zuflußkapazität von 10^{11} bit/s, die von den Sinnesorganen aufgenommen werden; b: 10^6 bit/s, die von den Sinnesorganen weitergegeben werden, c: 16 bit/s, die in das Bewußtsein einfließen.

b) Das Modell von Burkardt (1965) als Beispiel für ein psychologisches Modell (Abb. 3).

Dieses Modell unterscheidet sich gegenüber den ersten beiden vor allem durch die Differenzierung jenes Bereiches, der in den erstgenannten Modellen den Fahrer darstellt: „Diese Darstellung (Abb. 3) ist eine Momentaufnahme des Fahrens. Die Fahrtätigkeit selbst ist eine Kette solcher Kreisprozesse, von denen jeder nach den gleichen Gesetzlichkeiten abläuft" (Burkardt 1965, S. 142). Die Darstellung verdeutlicht, daß der psychische Vorgang der Fahrtätigkeit auf zwei verschiedenen Bahnen ablaufen kann: „Die erste, strukturell einfachere, ist die der bedingten Reflexe und Automatismen" (z. B. sofortiges Bremsen bei plötzlich aufleuchtendem Bremslicht des vorausfahrenden Fahrzeugs). „Die zweite Bahn läuft über den Bereich der Reflexion. Die bereits konzentrierten Stimuli werden wahrgenommen und weiter selektiert, rufen ihrerseits gespeicherte Informationen ab, die als eingeprägte Verkehrsregeln oder Erfahrungen bereit stehen und sich mit persönlichen Motiven aller Art mischen. Es kommt zu einem Entscheidungsprozeß ..." und zu einem „Handlungsentwurf, der im motorischen Vollzug nach festgelegten (gelernten) und damit nur abzurufenden Handlungsschemata abläuft" (Burkardt 1965, S. 140f.).

c) Das Modell von Rockwell (1972) als Beispiel für ein relativ umfassendes Modell (Abb. 4).

Bei aller Verschiedenheit der aufgezeigten Modellmöglichkeiten ist ihnen jedoch die Betonung des Systemprinzips – anders ausgedrückt: der strukturierten, d. h. **gegliederten und organisierten Ganzheit** – und die daraus abgeleitete Notwendigkeit einer Ergänzung und Erweiterung von zu einseitigen, nur auf einen relativ isolierten Bereich bezogenen (eindimensionalen) Betrachtungsweisen gemeinsam.

Systemorientierte, mehrdimensionale Betrachtungsweisen sind indessen wesentlich leichter modellartig zu entwerfen als in empirischer Forschung zu konkretisieren. Denn der **Informationswert eines Modells** hängt vom Informationsgehalt der einzelnen Modelleinheiten bzw. Systemeinheiten und Teilsysteme sowie vom Informationsgehalt der zwischen ihnen bestehenden Wechselwirkungen ab. Im Sinn des Systemprinzips wäre eine gleichzeitige Berücksichtigung *aller* Wechselwirkungen wünschenswert. Dies ist aber gerade bei so vielgliedrigen und komplizierten Systemen wie dem Straßenverkehr oder dem Verkehrsverhalten praktisch unmöglich. Daher werden Zugeständnisse in Form eines gestuften Vorgehens notwendig sein:

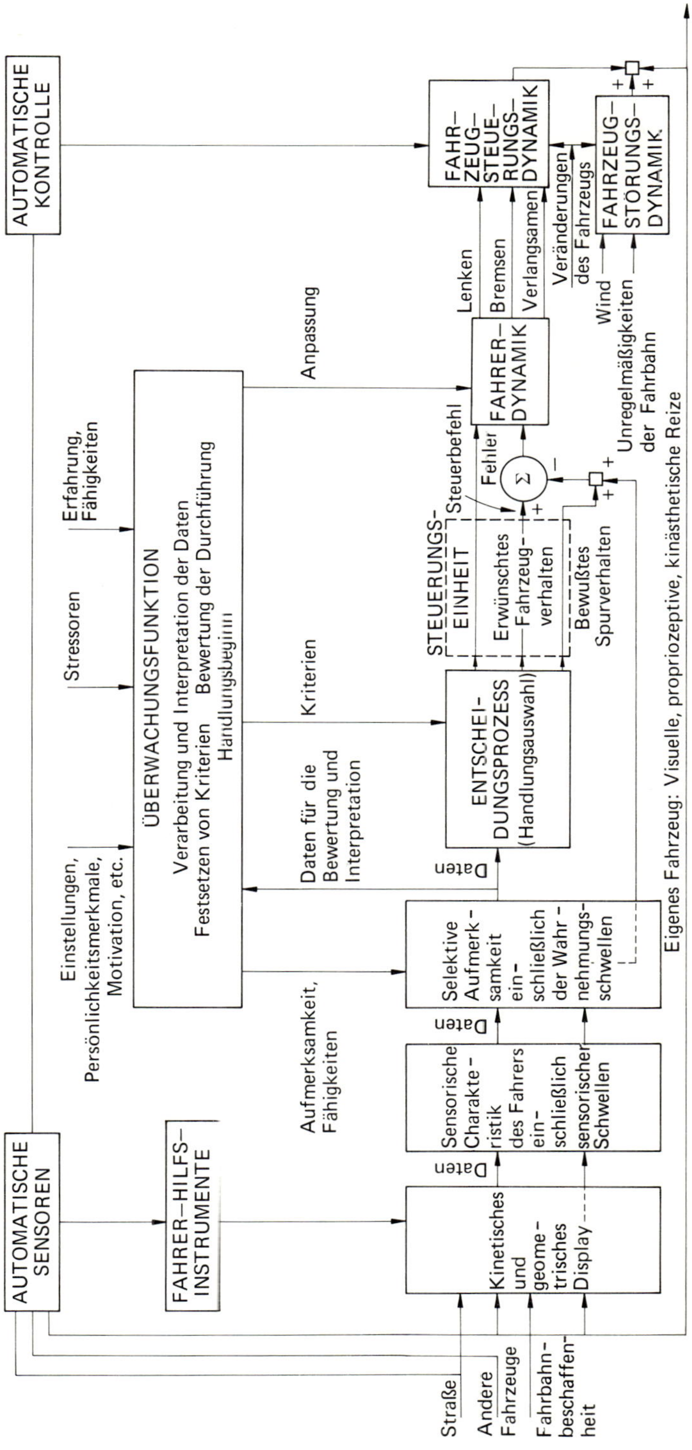

Abb. 4. Modell des Fahrverhaltens nach Rockwell (1972, S. 135)

Zunächst wären die einzelnen Systemeinheiten und deren Wechselwirkungen zu untersuchen und somit ein Stadium eindimensionaler Einzeluntersuchungen nicht zu umgehen, bevor die Ergebnisse dieser Analysen dann im Hinblick auf ihren Stellenwert innerhalb des Gesamtsystems geprüft werden.

Es ist unschwer zu erkennen, daß derartige Modellvorstellungen sehr allgemeine Rahmenbedingungen für die *Beschreibung* des Verkehrsverhaltens darstellen. Sie können den Hintergrund für die Entwicklung unterschiedlicher Beschreibungssysteme und für die Auswahl von Beschreibungsvariablen bilden. Demgegenüber haben sie relativ wenig *Erklärungs*wert und unterscheiden sich dadurch von Erklärungshypothesen und Erklärungsmodellen, wie sie in Abschn. 8 erörtert werden.

2.4 Unfall- vs. Sicherheitsforschung

Die Verkehrssicherheitsforschung war lange Zeit hindurch Unfallforschung. Dies schien dadurch gerechtfertigt, daß Forschungsanlaß und Forschungsziel der Verkehrsunfall war: Die in der individuellen Vergangenheit erfolgten Verkehrsunfälle gaben den Anstoß dazu, zu erforschen, wie künftige Unfälle verhindert werden können; dem Forschungsziel lag die Annahme zugrunde, daß Unfallfreiheit gleichbedeutend mit Verkehrssicherheit sei.
Aufgrund der Plausibilität dieser Annahme wurde sowohl bei technischen als auch psychologischen als auch bei medizinischen Forschungsarbeiten meist vom Unfallereignis ausgegangen und von hier aus der Weg zur Unfallvermeidung gesucht. In der weiteren Folge dieser Forschungsrichtung ergaben sich aber zunehmend Zweifel an der Angemessenheit der **„Unfallfreiheits-Verkehrssicherheits-Hypothese“.** Denn es zeigte sich, daß der Unfall als – im statistischen Sinn – „seltenes Ereignis“ eine solche Gleichsetzung nicht zuläßt, weil die situationsspezifischen Zufallsbedingungen („Zufall“ im Sinn von für den betreffenden Verkehrsteilnehmer nicht vorhersehbaren und daher nicht beeinflußbaren Verhaltensbedingungen) nicht systematisch erfaßt und nicht genügend scharf gegenüber zufallsunabhängigen Verhaltensbedingungen abgegrenzt werden können.

Beispiel: Es hängt ausschließlich vom – zufälligen – Umstand des Entgegenkommens bzw. Nicht-Entgegenkommens eines anderen Fahrzeugs ab, ob beim Kurvenschneiden in einer unübersichtlichen Linkskurve ein extrem verkehrsunsicheres Verhalten zum Unfall führt oder nicht. Aus dem gleichen Grund läßt sich nicht aus der *Unfall*analyse, sondern nur aus der Analyse des *nicht* zum Unfall führenden (Normal-)Verhaltens ableiten, was verkehrssicheres Verhalten ist.

Der Begriff des verkehrssicheren Verhaltens schließt demnach wohl das Unfallereignis aus, sofern es nicht ausschließlich zufallsabhängig ist. Hingegen wird durch den Begriff der Unfallfreiheit ein verkehrsunsicheres Verhalten nicht ausgeschlossen. Unfallfreiheit ist somit nicht gleichbedeutend mit Verkehrssicherheit.

In neuerer Zeit bezieht sich die Verkehrssicherheitsforschung zunehmend auf das **Normalverhalten** der Verkehrsteilnehmer. Das Normalverhalten bietet gegenüber dem Unfallereignis einerseits den Vorteil einer häufigeren Beobachtungsmöglichkeit, weil es ungleich häufiger auftritt, und andererseits den Vorteil geringerer Zufallsabhängigkeit.
Ausgehend vom Normalverhalten werden Abweichungen in Richtung Fehlverhalten, Beinahe-Unfall und Unfall sowohl analysiert als auch interpretiert. Auf diese Weise wird vom zuverlässigeren (reliableren) Merkmal auf das zufallsabhängigere Merkmal geschlossen, so daß zumindest dessen zufallsunabhängige Komponenten erfaßt werden können; im umgekehrten Fall, bei dem vom unzuverlässigeren Merkmal auf das zuverlässigere geschlossen werden soll, wäre hingegen der Anteil fragwürdiger Schlußfolgerungen größer.

Entsprechend diesem veränderten Forschungsansatz ergeben sich veränderte Ausgangspunkte für die Interpretationen von Unfallstatistiken. Demnach werden Unfallursachenschwerpunkte in der Unfallstatistik nicht mehr auf die 100% aller erfaßten Unfälle, sondern auf die 100% beobachteten Verhaltens unter Normalbedingungen bezogen. Beispiel: bei üblicher Interpretationsweise von Unfallstatistiken wäre das Rückwärtsfahren eine der gefährlichsten Verkehrsverhaltensformen, weil hier der Anteil tödlicher Unfälle an der Gesamtheit aller erfaßten Rückwärtsfahrunfälle besonders hoch ist (vgl. HUK-Verband 1973); bezöge man die Unfallhäufigkeit hingegen auf die Gesamthäufigkeit aller Rückfahrmanöver, so ergäbe sich daraus eine völlig veränderte Gefährlichkeitseinstufung.

Auch die zunehmend systemorientierte Interpretation des Verkehrsverhaltens wirkt sich in veränderten Interpretationen des Unfallereignisses und vor allem des Begriffs „Unfallursache“ aus. Entsprechend einer solchen Interpretation wäre der **Unfall als Systemzustand** zu verstehen, d.h. als ein Merkmal des Gesamtsystems, nicht nur als ein Merkmal eines bestimmten Teilsystems, etwa des Fahrers, des Fahrzeugs, des Straßenzustandes oder der betreffenden Verkehrsregelung.

Beispiel: Welche Ursachenkategorie einem Unfall, bei dem ein Moped in ein Schlagloch und in weiterer Folge auf die Gegenfahrbahn gerät und von einem entgegenkommenden Fahrzeug erfaßt wird, zugrundegelegt wird, hängt von mehreren Umständen ab: a) Es könnte sein, daß die Lenkung des Mopeds nicht völlig in Ordnung war, aber durch das Schlagloch funktionsunfähig wurde und somit erst die Unfallursache „Mängel des Fahrzeugs“ zum Tragen kommt; b) Art und Ausmaß der Auswirkungen dieses Zusammentreffens der beiden Unfallursachenkomponenten können darüber hinaus vom Grad der Fahrfertigkeiten des Lenkers abhängen, indem einem routinierten Fahrer noch ein steuernder Einfluß auf das Geschehen gelingt, der einem Anfänger nicht möglich ist; auf diese Weise kann auch noch eine Unfallursache „menschliches Versagen“ hinzukommen; c) schließlich wird auch noch der Zufallsfaktor wirksam werden können, je nachdem, ob zum gleichen Zeitpunkt gerade ein anderes Fahrzeug entgegenkommt oder nicht; je nach der einen oder anderen Alternative kann es sich um einen zufallsbedingten Unfall oder um ein zufallsbedingtes Ausbleiben eines Unfalls handeln. Demnach wäre also nicht nur der Unfall selbst, sondern auch die jeweilige Unfallursachenkonstellation als Systemzustand zu verstehen.

2.5 Zusammenfassung

Modelle bzw. Modellvorstellungen sind keine empirischen Sachverhalte, sondern relativ grobe Darstellungen und Hypothesen über die Art und Weise des Zusammenwirkens der wesentlichen Gegebenheiten eines Gegenstandsbereichs.

Eine Interpretation des **Verkehrsverhaltens als Miniatursituation** betrachtet das Verhalten im Straßenverkehr in gewisser Weise als repräsentativ für menschliches Verhalten überhaupt.

Eine Interpretation nach dem **Systemmodell** bedeutet, daß gezielte Beeinflussungen des Gesamtsystems, auch wenn sie an ganz bestimmten Systemelementen von bestimmten Teilsystemen ansetzen, immer im Hinblick auf ihre Auswirkungen für das Gesamtsystem Straßenverkehr zu sehen sind; damit sind erhebliche Ausweitungen des Forschungsaufwands verbunden.

Regelkreismodellen liegt die Annahme eines oder mehrerer Regelungsvorgänge zugrunde, durch die die Funktion des Gesamtsystems Straßenverkehr oder eines bzw. mehrerer seiner Teilsysteme aufrecht erhalten werden soll. Dabei kommt den verkehrsspezifischen Informationsbedingungen auf optischem, akustischem, kinästhetischem und haptischem Informationsbereich besondere Bedeutung zu.

Das **Systemprinzip** als Prinzip einer strukturierten, d.h. gegliederten und organisierten Ganzheit, scheint den meisten neueren Modellvorstellungen des Verkehrsverhaltens zugrundezuliegen und eine Verschiebung der Betrachtungsweise zu bewirken: von der eindimensionalen, auf relativ isolierte Bereiche bezogenen Betrachtung zur mehrdimensionalen, die Wechselwirkungen zwischen Modelleinheiten bzw. Systemeinheiten einschließenden Betrachtung.

Die Entwicklung der Forschung auf dem Gebiet des Straßenverkehrs läßt eine **Schwerpunktverlagerung von der Unfallforschung zur Sicherheitsforschung** erkennen. Das Unfallereignis als Zustand des Gesamtsystems von Mensch, Fahrzeug, Straße und allgemeinen Verkehrsbedingungen wird zwar durch den Begriff des verkehrssicheren Verhaltens ausgeschlossen; aber der Begriff der Unfallfreiheit schließt verkehrsunsicheres Verhalten nicht aus. Daher ist **Unfallfreiheit nicht gleichbedeutend mit Verkehrssicherheit.** Dementsprechend findet in der neueren Verkehrssicherheitsforschung das **Normalverhalten** stärkere Beachtung als das Unfallereignis.

3 Analyse des Verkehrsverhaltens

Die Anfänge der Verkehrspsychologie liegen ziemlich weit vor dem Zeitpunkt, zu dem die systematische Analyse ihres Gegenstands als Problem erkannt wurde. Insbesondere entwickelte sich die Fahreignungsdiagnostik lange bevor man sich zu fragen begann, durch welche Merkmale jenes Verhalten, das diagnostiziert werden sollte, in systematischer Weise gekennzeichnet werden kann. Was Fahreignung ist, schien keiner Analyse zu bedürfen, was ein **„guter Fahrer“** ist, schien auch ohne speziellen Forschungsaufwand klar und lediglich die Frage einiger weniger bestimmter Fähigkeiten zu sein, wobei vor allem der Reaktionsfähigkeit und der Aufmerksamkeit besondere Bedeutung beigemessen wurde. Derartige Auffassungen sind im außerwissenschaftlichen Bereich, wo die „Fachkundigkeit“ mit dem Umfang der Fahrpraxis zu korrelieren scheint, auch heute noch häufig anzutreffen.

Innerhalb der Verkehrspsychologie erhielt die Analyse des Verkehrsverhaltens aber gerade von seiten der verkehrspsychologischen Diagnostik wichtige Anstöße: Die Betonung der Validitätsgesichtspunkte führte zu einer differenzierteren Auseinandersetzung mit dem Kriterienproblem und diese wiederum zu einer differenzierteren Analyse des zugrundeliegenden Verhaltens. Dabei interessierte nicht nur, inwiefern die bisher angenommenen wesentlichen – d.h. nach Augenschein gültigen – Verhaltensmerkmale durch andere zu ergänzen sind, sondern auch, wie diese Merkmale untereinander zusammenhängen und in welchen Wechselbeziehungen sie zu bestimmten Verhaltensbedingungen stehen.

Die Ergebnisse von Analysen des Verkehrsverhaltens, insbesondere des Fahrverhaltens, haben somit sicherlich auch für die verkehrspsychologische Diagnostik Bedeutung; diese beschränkt sich aber keinesfalls auf diesen Bereich. Außerordentlich große Bedeutung haben derartige Ergebnisse darüber hinaus für die Bereiche Fahrausbildung und Fahrprüfung, Verkehrserziehung sowie Verkehrsgesetzgebung und Verkehrsrechtsprechung, aber auch für Verkehrstechnik und Kraftfahrzeugtechnik. In allen diesen Bereichen, von denen aus individuelles und kollektives Verhalten ganz konkret beeinflußt wird (z.B. durch Inhalt und Dauer der Fahrausbildung, durch den praxisbezogenen Lernerfolg oder -mißerfolg von Ausbildung und Prüfung, durch einzelne Verkehrserziehungsaktionen, durch Art und Umfang gesetzlicher Verhaltensreglementierung, durch Zumutbarkeitsgrenzen und Schuldbemessung, durch Gestaltung von Straßen und Fahrzeugen), wurde und wird von bestimmten Hypothesen über das Verkehrsverhalten ausgegangen. Bei der Tragweite der Folgen, die sich aus diesen Hypothesen ergeben, wird offenkundig, welche Bedeutung der systematischen Überprüfung dieser Hypothesen zukommt.

Es gibt eine Reihe von Fällen, die diese Tragweite in negativ zu bewertender Weise veranschaulichen, weil sich die zugrundegelegten Hypothesen als falsch erwiesen haben. Dies trifft beispielsweise für frühere Rechtsprechungen zu, in denen von Kraftfahrern Reaktionszeiten in Realsituationen von 0,2 s gefordert wurden; oder für aufwendige Verkehrserziehungsaktionen, die verkehrssicheres Verhalten durch isolierte Sicherheitsappelle einerseits und Schockargumentationen andererseits herbeizuführen versuchten; oder für Versuche der Entschärfung von kurvenreichen Strecken durch Streckenbegradigungen. Inwiefern es sich dabei um den Niederschlag *falscher* Hypothesen handelt, wird später dargestellt.

> Die Analyse des Verkehrsverhaltens kann somit als vorrangiges Beispiel für **angewandte Grundlagenforschung** betrachtet werden. Es geht um die Erforschung grundlegender Bedingungen und Formen des Verhaltens im Bereich des Straßenverkehrs.

3.1 Beobachtung, Beschreibung, Beurteilung

> In ihrer allgemeinsten Form lassen sich die Methoden, die für Analysen des Verkehrsverhaltens in Betracht kommen, nach Beobachtung, Beschreibung und Beurteilung unterscheiden.

Die **Beobachtung** kann dabei als Oberbegriff für die Beschreibung und die Beurteilung verstanden werden. Beschreibung und Beurteilung sind demnach unterschiedliche Formen der Beobachtung. Streng genommen ist Beobachtung eine Voraussetzung für Beschreibung und Beurteilung: Beschreibung und Beurteilung sind demgegenüber schon bestimmte Formen der Verarbeitung des Beobachtungsergebnisses. Üblicherweise wird aber die Bezeichnung „Beobachtung" nicht für diesen eng umgrenzten Begriff verwendet. Von „Beobachtung" wird eher im Sinn von beschreibender Beobachtung oder im Sinn von beurteilender Beobachtung gesprochen, wobei die begriffliche, also bedeutungsmäßige Differenzierung häufig unterbleibt.

Die **Beschreibung** (beschreibende Beobachtung) hat die – meist, aber nicht notwendigerweise sprachliche – Kennzeichnung eines Gegenstandes im Sinn einer Tatbestandsaufnahme zum Ziel. Bei der **Beurteilung** (beurteilende Beobachtung) wird eine Beziehung zwischen dem Beobachteten und einem Kriterium hergestellt, wobei das Kriterium *inhaltlich* bestimmt sein muß. Auch bei der Beschreibung ist eine Bezugnahme auf Kriterien – Beschreibungskriterien – möglich; diese sind aber nicht inhaltlich, sondern formal bestimmt (z. B. wenn nur Fahrzeuge mit einem bestimmten Hubraum beobachtet werden sollen).

Der **Unterschied zwischen Beschreibung und Beurteilung** kann besonders bei systematischen Analysen von bis dahin nicht erforschten Verhaltensformen bedeutsam werden. Denn ein in bestimmter Weise beschriebenes Verhalten kann unter Umständen in ganz unterschiedlicher Weise beurteilt werden.

Beispiel: Das Bremsen mit blockierenden Rädern kann zunächst beschrieben werden durch Ort, Zeitdauer, Intensität des Auftretens; wie es beurteilt wird, hängt ganz von dem zugrundegelegten Beurteilungskriterium ab: Es kann im Hinblick auf Fahrfertigkeit beim Anfänger negativ, beim Sportfahrer u. U. positiv beurteilt werden, wobei sich „negativ" und „positiv" im einen Fall auf die Sicherheit, im andern Fall auf die geschwindigkeitsbetonte Kurventechnik beziehen.

3.2 Das Kriterienproblem

Das Beurteilungsproblem ist zum überwiegenden Anteil ein Kriterienproblem: Welches sind Kriterien, nach denen das Verhalten im Straßenverkehr zu beurteilen ist?

3.2.1 Das Unfallkriterium

> Ausgehend vom Gesamtsystem Straßenverkehr kann seine Funktion an zwei übergeordneten Kriterien beurteilt werden: **Leistungsfähigkeit (Kapazität)** und **Sicherheit des Straßenverkehrs.** Während sich die Leistungsfähigkeit noch relativ leicht festlegen läßt (z.B. durch Anzahl der Fahrzeuge oder Anzahl der Fußgänger pro Zeiteinheit, Fahrkilometer pro Zeiteinheit), trifft dies für die Sicherheit nur scheinbar zu. Auch wenn letzten Endes Anzahl und Auswirkungen von Verkehrsunfällen in einem Langzeitabschnitt sinnvolle Kriterien darstellen können, so trifft dies für kleinere Zeit- und Ereignisstichproben nicht in gleicher Weise zu. Grund dafür ist der bereits erwähnte Umstand, daß Unfälle im statistischen Sinn seltene Ereignisse sind, d.h., daß die Häufigkeit tatsächlicher Unfälle im Verhältnis zur Anzahl möglicher Unfälle außerordentlich klein ist und daher eine trügerische Information über den Gesamtgefährlichkeitsgrad vermitteln kann.

Gerade als Kriterium für individuelles Verkehrsverhalten eignet sich das Unfallereignis schlecht: Es ist experimenteller Beobachtung nur extrem schwer zugänglich und kann meist nur nachträglich über behördliche Registrierungen und nicht im Zusammenhang mit dem vorausgegangenen Verhalten erfaßt werden. Dies fällt umso mehr ins Gewicht, als viele Unfälle nicht Merkmale nur *eines* individuellen Verhaltens, sondern gemeinsame Merkmale mehrerer individueller Verhaltensweisen sind.

Tabelle 1. Unfallhäufigkeiten in zwei aufeinanderfolgenden Zweijahresperioden von Kraftfahrern in North Carolina. (Aus Campbell u. Levine 1973)

Anzahl der Unfälle in							
Periode I	Periode II						
	0	1	2	3	4	5+	insgesamt
0	2002577	206778	22080	2639	406	97	2234577
1	192684	35363	5842	986	172	33	235080
2	20467	5694	1369	300	65	24	27919
3	2546	1008	284	81	24	10	3953
4	321	162	73	14	11	3	584
5+	65	36	13	8	2	3	127
	2218660	249041	29661	4028	680	170	2502240

Statistische Analysen der Unfallhäufigkeit haben diese Nachteile des Unfallkriteriums sehr häufig bestätigt. Stellvertretend für andere, weniger umfangreiche Untersuchungen sei auf diejenige von Campbell u. Levine (1973) hingewiesen. Dabei wurden die Unfallhäufigkeiten in North Carolina, USA, über zwei aufeinanderfolgende Zweijahresperioden (I, II) untersucht. Das Ergebnis war folgendes (Tabelle 1 s. S. 25).

Daraus ergeben sich die in Tabelle 2 angegebenen Anteile von Fahrern mit verschiedenen Unfallhäufigkeiten in Periode II an der Anzahl von Fahrern mit unterschiedlichen Unfallhäufigkeiten in Periode I.

Tabelle 2. Anteile der Fahrer mit Unfällen in Periode II an der Anzahl von Fahrern mit x Unfällen in Periode I

Anzahl der Fahrer	Unfallanzahl in Periode I	Anteil der Fahrer mit Unfällen in Periode II
2234577	0	232000 = 10%
235080	1	42396 = 18%
27919	2	7542 = 27%
3953	3	1407 = 36%
584	4	263 = 45%
127	5 und mehr	62 = 49%

Zu diesen Ergebnissen ist folgendes festzustellen:

- 80% (= 2002577) aller Fahrer haben weder in Periode I noch in Periode II einen Unfall.
- Die Gesamtheit aller Unfälle in Periode I und Periode II (= 629765) entfällt auf 20% (= 499663) aller Fahrer.
- Auf 11% (= 267663) aller Fahrer mit einem oder mehreren Unfällen in Periode I entfallen 19% (= 63053) aller Unfälle in Periode II (324017).
- 81% (= 260964) aller Unfälle in Periode II entfallen auf Fahrer, die in Periode I keinen Unfall hatten.
- 0,2% (= 4664) aller Fahrer hatten in Periode I drei oder mehr Unfälle; auf diese Gruppe entfallen 0,8% (= 2483) aller Unfälle in Periode II.
- Die Wiederholungsreliabilität der Unfallhäufigkeit für den zugrundegelegten Zeitraum beträgt 0,10.
- Die individuelle Unfallwahrscheinlichkeit für Periode II nimmt mit der Anzahl der Unfälle in Periode I zu; diese Beziehung ist nicht-linear.

Aber auch **Korrelationskoeffizienten als Maß für den Zusammenhang zwischen Unfallhäufigkeiten** in verschiedenen Zeitabschnitten unterliegen einigen Vorbehalten, worauf besonders Kunkel (1975a) hinweist: der nichtlineare Zusammenhang zwischen Unfällen in verschiedenen Zeitabschnitten; Fälle, in denen nicht die Kovarianz (z. B. in Form gemeinsamen Auftretens gleicher Unfallhäufigkeit in Periode I und Periode II), sondern die Frage interessiert, ob auf eine bestimmte Unfallanzahl in Periode I *überhaupt* Unfälle in Periode II folgen; einseitige Auslese der Fahrerstichprobe durch Ausfall von Fahrern, die für Periode II nicht mehr verfügbar sind (tödliche Unfälle, Entzug der Fahrerlaubnis). Diese Vorbehalte können sich in Richtung einer Unterschätzung des tatsächlichen Zusammenhangs auswirken.

Daß die **Reliabilität des Unfallkriteriums** bei speziellen, homogenen Fahrerstichproben und bei langen Beobachtungszeiten deutlich höher sein kann, wurde wiederholt nachgewiesen. Häkkinen (1979) ermittelte an 66 Bus- und Straßenbahnfahrern für zwei Zeiträume von 8 und (durchschnittlich) 9 Jahren eine Reliabilität von 0,72; Bach et al. (1975) an 35 Straßenbahnfahrern für zwei Vierjahreszeiträume Reliabilitäten zwischen 0,73 und 0,76; Dvorak u. Linke (1976) an 239 Lokomotivführern für einen Gesamtzeitraum von 18 Jahren eine Reliabilität von 0,67.

Derartige Ergebnisse – und nicht nur die Unterschiede zwischen ihnen – werden mitunter sehr unterschiedlich beurteilt, je nachdem, für welches Anwendungsziel daraus Folgerungen abgeleitet werden. So werden beispielsweise die Untersuchungsergebnisse von Campbell u. Levine von den Autoren selbst als Argument gegen jegliche Art von psychologisch-pädagogischen Maßnahmen für Fahrer mit Unfällen verwendet, von Kunkel (1975 a) hingegen als Argument *für* solche Maßnahmen. Trotzdem wird sich der scheinbare Widerspruch auflösen lassen, wenn klargestellt wird, daß im einen Fall der Nutzen solcher Maßnahmen primär für den Gesamtbereich aller Fahrer und aller Unfälle interessiert, im anderen Fall hingegen der Nutzen primär für eine Minderheit von Fahrern.

Dem Sinn von verkehrspsychologischen Verhaltensanalysen entspricht es, Aussagen über das Verkehrsverhalten nicht von spezifischen Minderheiten – z. B. derjenigen Fahrer, die besonders viele Unfälle in einem bestimmten Zeitabschnitt aufweisen –, sondern von der Gesamtheit bestimmter Verkehrsteilnehmergruppen zu machen. Insofern werden dazu Kriterien benötigt, die in der Grundgesamtheit als ausreichend reliabel angesehen werden können. Diese Voraussetzung trifft aber für das Unfallkriterium nicht zu.

Das Unfallereignis kann neben der Frage nach seiner Kriterienfunktion auch als psychologischer Sachverhalt Gegenstand von Untersuchungen sein. Hier steht nicht die **unfallstatistische Analyse** im Vordergrund, sondern die **qualitative Analyse des Unfalls.**

Tabelle 3. Bedingungen, die bei 179 Innerortsunfällen als psychische Hauptursachen festgestellt wurden (Nach Undeutsch 1962)

Kategorie	Absolute Häufigkeit n	Relative Häufigkeit [%]
Falsche Abschätzung	54	21,8
Indirekte Situationsbeurteilung	44	17,7
Abgelenktsein	41	16,5
Eingeschliffene Verhaltensweisen	37	14,9
Falsche Erwartung	36	14,5
Altersbedingte Verkehrsuntüchtigkeit	25	10,1
Durchbruch natürlicher Verhaltenstendenzen	11	4,4
Gesamt	248	99,9

Dieser Untersuchungsansatz wurde nur selten aufgegriffen; am bekanntesten wurde die diesbezügliche Untersuchung von Undeutsch (1962). Dabei wurde jeder von 200 Unfällen, die sich im Stadtgebiet von Köln innerhalb von fünf Monaten ereigneten, durch ein aus Vertretern verschiedener Fachgebiete (Psychologie, Medizin, Technik, Soziologie) zusammengesetzes Team am Unfallort untersucht. Die psychologische Analyse erstreckte sich dabei auf die eingehende Exploration der Unfallbeteiligten im Hinblick auf psychische Hauptursachen am vorausgegangenen Unfallgeschehen. Folgende Bedingungen wurden dabei – explorativ – festgestellt (Tabelle 3 s. S. 27).

Als Mitursachen für die eigentlichen psychischen Unfallursachen wurden folgende Bedingungen ermittelt (Tabelle 4):

Tabelle 4. Bedingungen, die bei 179 Innerortsunfällen als psychische Mitursachen festgestellt wurden. (Nach Undeutsch 1962)

Kategorie	Absolute Häufigkeit n	Relative Häufigkeit [%]
Eile	24	23,1
Stimmungen	23	22,1
Sehr geringe Fahrpraxis	12	11,5
Schlechte Reaktion	10	9,6
Ungenügende Kenntnis der Verkehrsregeln	9	8,7
Mangelnde Kfz-Beherrschung	9	8,7
Ortsfremdheit	8	7,7
Geltungsbedürfnis	7	6,7
Übermüdung	2	1,9
Gesamt	104	100,0

Tabelle 5. Psychische Unfallursachen, die in Interviews mit 162 Unfallbeteiligten ermittelt wurden. (Nach Spoerer 1965; zit. nach Schneider 1977a, S. 142)

Kategorie	Ermittelt bei % der Unfälle
Abgelenktsein	36,4
Falsche Abschätzung	30,2
Eingeschliffene Verhaltensweisen und Gewohnheiten	25,3
Falsche Erwartung bezüglich anderer Verkehrsteilnehmer	17,9
Indirekte Situationsbeurteilung	12,3
Korrektur eines eigenen Fehlverhaltens	11,1
Durchbruch natürlicher Verhaltenstendenzen	8,0
Bewußt verkehrswidriges Verhalten	3,7
Überzeugung aufgrund falscher Interpretationen von Verkehrsregeln und -einrichtungen	3,1
Wahrnehmungs- oder/und Reaktionsstörungen	1,9

Die in dieser Untersuchung ermittelten Kategorien von erfragten Unfallursachen wurden später von Spoerer (1965; zit. nach Schneider 1977a) erweitert und für Interviews mit 162 Unfallbeteiligten verwendet. Dabei waren solche Unfälle ausgeschlossen, bei denen technische Mängel als Unfallursache angenommen wurden oder die sich auf der Autobahn ereigneten und bei denen der erste Beschuldigte unter Alkoholeinwirkung stand oder nicht ermittelt werden konnte, nicht in die Altersgruppe 18–65 Jahre fiel, nicht in Nordrhein-Westfalen wohnte oder tödlich verunglückt war. Folgende Bedingungen wurden als psychische Unfallursachen ermittelt (Tabelle 5 s. S. 28).

Als Mitursachen, psychische „Hintergrundbedingungen“, wurden ermittelt (Tabelle 6):

Tabelle 6. Psychische Hintergrundbedingungen, die in Interviews mit 162 Unfallbeteiligten ermittelt wurden. (Nach Spoerer 1965; zit. nach Schneider 1977a, S. 142)

Kategorie	Ermittelt bei % der Unfälle
Mangelnde Vertrautheit mit den Erfordernissen des Verkehrs	37,0
Eile	34,6
Stimmung	16,7
Mangelnde Beherrschung des Unfallfahrzeugs	16,0
Vorübergehende Beeinträchtigung im Zusammenhang mit physiologischen Vorgängen	16,0
Geltungsbedürfnis	4,9
Mangelnde Beachtung des Zustands des Fahrzeugs	4,3
Mangelnde Kenntnis der Verkehrsregeln und -einrichtungen	4,3
Aggressivität	0,6
Dauernde Beeinträchtigung	0,6

(Da im Durchschnitt 1,5 Unfallursachen und 1,3 Mitursachen ermittelt wurden, weichen die Summen der Prozentangaben von 100 ab).

Unter den wenigen ähnlichen Untersuchungsansätzen ist auf diejenigen von Kemp et al. (1972) und Wanderer u. Weber (1976; beide zit. nach Schneider 1977a) hinzuweisen.

In der Untersuchung von Treat et al. (1977; zit. nach Shinar 1978) wurde in Indiana eine Unfallursachenanalyse auf drei Ebenen durchgeführt. Drei – mit Ausnahme für die Tageszeit – repräsentative Stichproben von Unfällen wurden auf drei Ebenen analysiert: a) anhand von Unfallprotokollen (n = 13586), b) durch Erhebungen am Unfallort (n = 2258) durch Experten und c) Nachforschungen an einer weiteren Teilstichprobe von 420 Unfällen. Das Expertenteam bestand aus einem Verhaltenswissenschaftler und einem Techniker. In einem ersten Kategorisierungsschritt erfolgte eine Zuordnung der ermittelten Ursachen zu den drei Kategorien Fahrer, Fahrumgebung und Fahrzeug. Abbildung 5 gibt die Ergebnisse wieder, getrennt nach den beiden Stichproben b) und c) und bezogen auf zwei „Vertrauensgrenzen“ (nicht im statistischen Sinn): Für die Unfallursachen, die mit dem Fahrer zusammenhängen, wurde zwischen *direkten* Unfallursachen, d.h. solchen, die dem Unfall unmittelbar vorausgegangen waren, und *indirekten* Unfallursachen, d.h. solchen, bei denen Beeinträchtigungsbedingungen für die Informationsverarbeitung (z. B. Ermüdung, Alkohol) anzunehmen waren, unterschieden und für beide Ursachenbereiche Klassifikationsschemata entwickelt (Abb. 6 u. 7). Dabei wurden solche Handlungen bzw. Handlungsunterlassungen als Unfallursachen verstan-

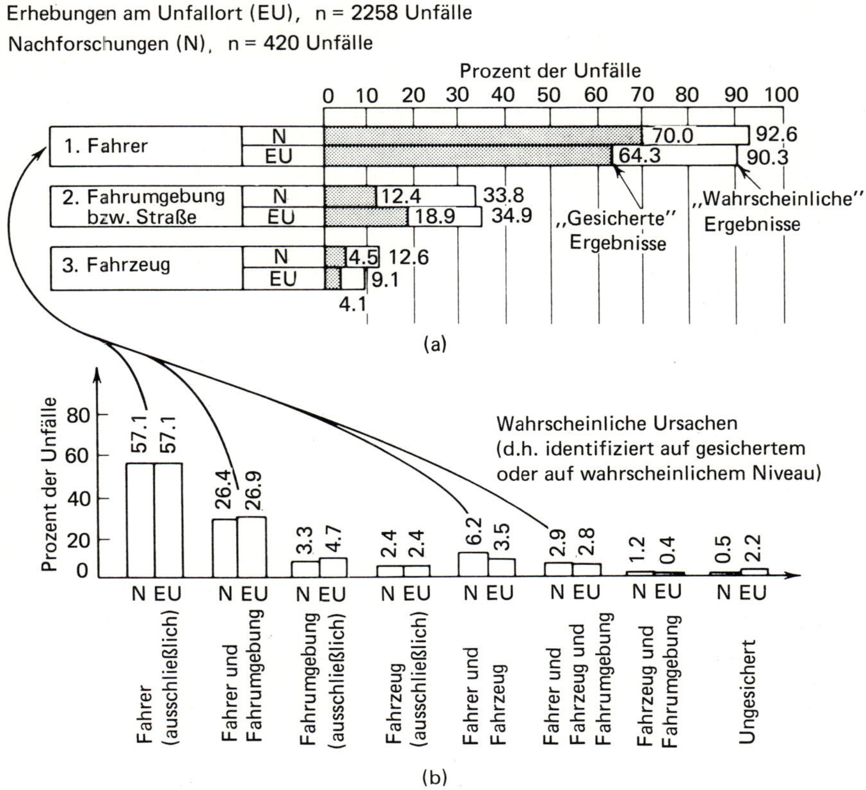

Abb. 5 a Relative Anteile der Unfallursachen Fahrer (human), Fahrumgebung bzw. Straße (environment) und Fahrzeug (vehicle); **b** relative Anteile von Ursachenkombinationen. (Nach Treat et al. 1977; zit. nach Shinar 1978, S. 111)

den, die die Kollisionsgefahr so weit erhöhen, wie es bei einem aufmerksamen und defensiven Fahrer nicht der Fall wäre.

Die Ergebnisse der Analysen für beide Ursachenbereiche sind in Abb. 8 u. 9 wiedergegeben.

Der **Untersuchungsansatz der qualitativen Unfallanalyse** erscheint deshalb interessant, weil er eine der wenigen Möglichkeiten darstellt, zwischen mittelbaren und unmittelbaren Unfallursachen zu unterscheiden.
Eine solche Unterscheidung ist umso wichtiger, als bei der routinemäßigen Unfalldatenaufnahme durch die Polizei anhand von Erhebungsbogen fast ausschließlich unmittelbare Unfallursachen festgestellt werden, weil solche leichter zu finden

Abb. 6. Ursachenschema für direkt fahrerbezogene Ursachen. (Nach Treat et al. 1977; zit. nach Shinar 1978, S. 116) ▶

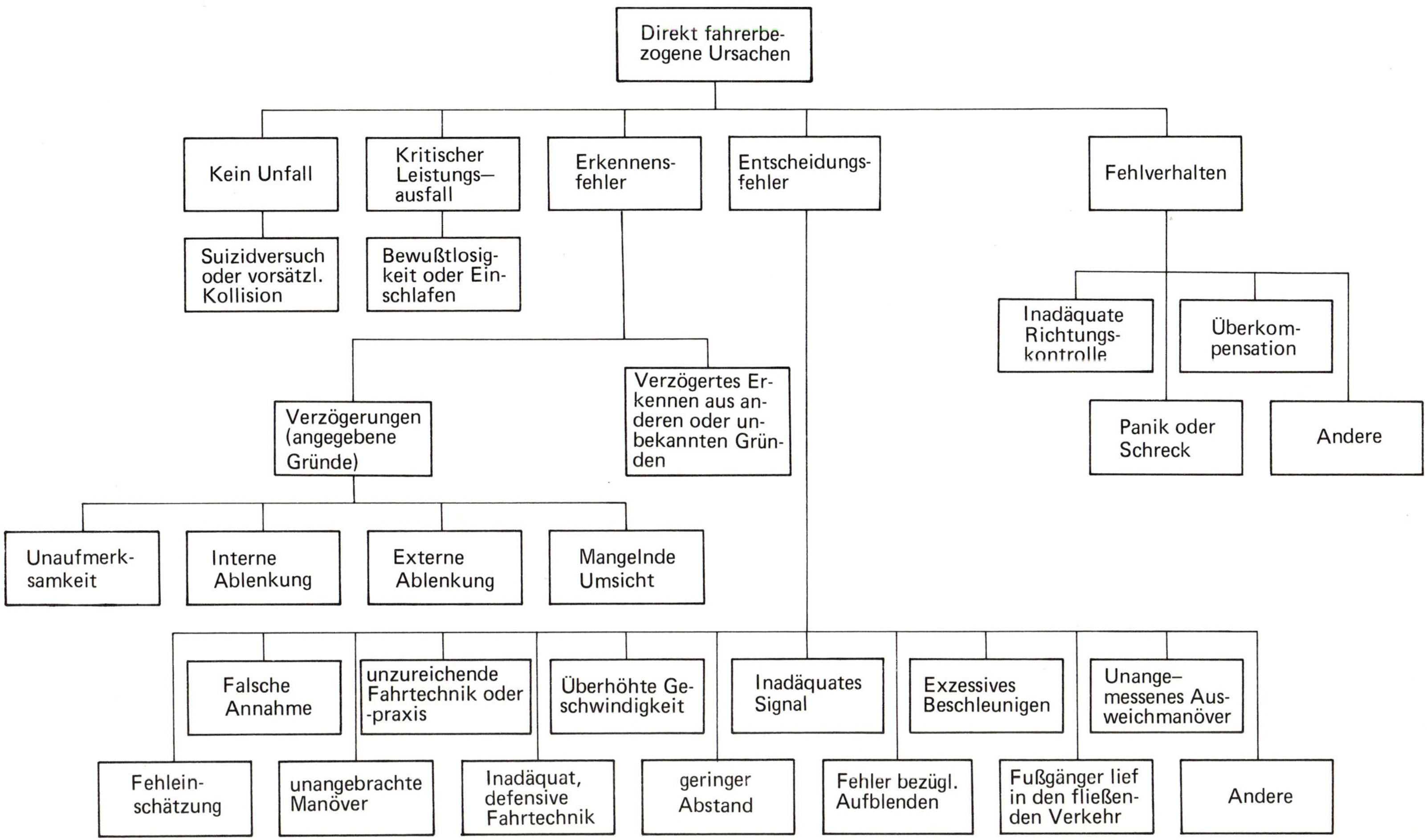

Direkt fahrerbezogene Ursachen
Kein Unfall
Kritischer Leistungs—ausfall
Erkennens-fehler
Entscheidungs-fehler
Fehlverhalten
Suizidversuch oder vorsätzl. Kollision
Bewußtlosigkeit oder Einschlafen
Inadäquate Richtungskontrolle
Überkompensation
Panik oder Schreck
Andere
Verzögerungen (angegebene Gründe)
Verzögertes Erkennen aus anderen oder unbekannten Gründen
Unaufmerksamkeit
Interne Ablenkung
Externe Ablenkung
Mangelnde Umsicht
Falsche Annahme
unzureichende Fahrtechnik oder -praxis
Überhöhte Geschwindigkeit
Inadäquates Signal
Exzessives Beschleunigen
Unange—messenes Ausweichmanöver
Fehleinschätzung
unangebrachte Manöver
Inadäquat, defensive Fahrtechnik
geringer Abstand
Fehler bezügl. Aufblenden
Fußgänger lief in den fließenden Verkehr
Andere

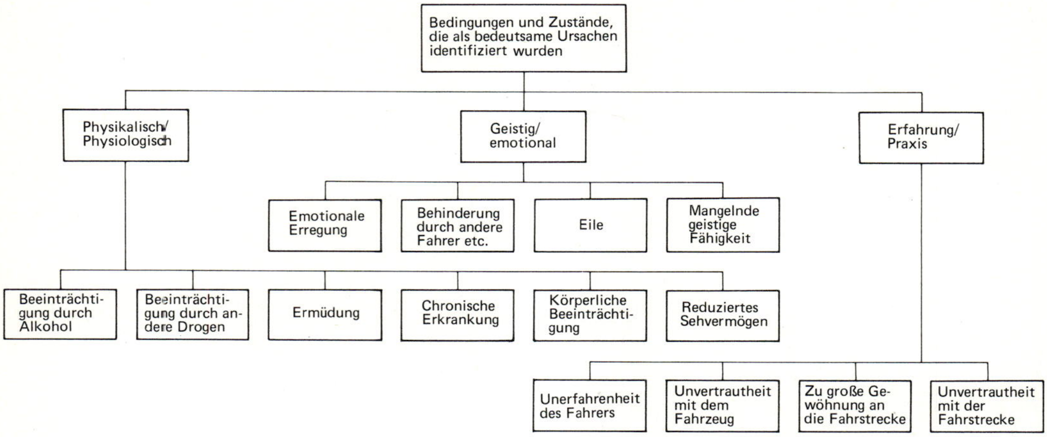

Abb. 7. Ursachenschema für indirekt fahrerbezogene Ursachen. (Nach Treat et al. 1977; zit. nach Shinar 1978, S. 122)

sind. Falls sich keine sonstigen unmittelbaren Unfallursachen feststellen lassen, ist es jedenfalls immer noch einfacher, „überhöhte Geschwindigkeit" als Unfallursache festzustellen, als langwierige Erhebungen nach mittelbaren Unfallursachen durchzuführen. Zudem trifft diese „Ursache" praktisch in jedem Einzelfall zu, weil trivialerweise bei einer Geschwindigkeit von 0 km/h jeder Verkehrsunfall zu vermeiden wäre; fraglich ist jedoch das Gewicht dieser Teilursache im Vergleich zu anderen Teilursachen.

Unter **unmittelbaren Unfallursachen** können solche verstanden werden, die am Unfallort feststellbar sind. **Mittelbare Unfallursachen** wären demgegenüber solche, die am Unfallort kaum oder gar nicht, sondern nur durch Untersuchung der zeitlich vorausgegangenen Verhaltensbedingungen feststellbar sind.

Beispiel: Übermüdung eines Autofahrers als Unfallursache ist am Unfallort selbst in keiner Weise feststellbar, da der Fahrer, sofern er dabei nicht erheblich verletzt wurde, durch das Unfallereignis in starkem Maß aktiviert wurde; nur durch gezielte Erhebungen kann u. U. festgestellt werden, ob der Fahrer durch eine mehrstündige Fahrt oder durch sonstige Umstände entsprechend stark ermüdet oder trotz derartiger Umstände nicht ermüdet war.

Die spezifische Schwierigkeit von psychologischen Explorationen am Unfallort liegt im Problem der Gültigkeit der dabei zu erhaltenden Angaben. Sicherlich ist auch die rein subjektive Darstellung des Unfallgeschehens durch Unfallbeteiligte ein psychologisch interessierender Tatbestand; sie kann jedoch nicht vorbehaltlos mit dem tatsächlichen Unfallgeschehen gleichgesetzt werden, da beabsichtigte und/oder unbeabsichtigte

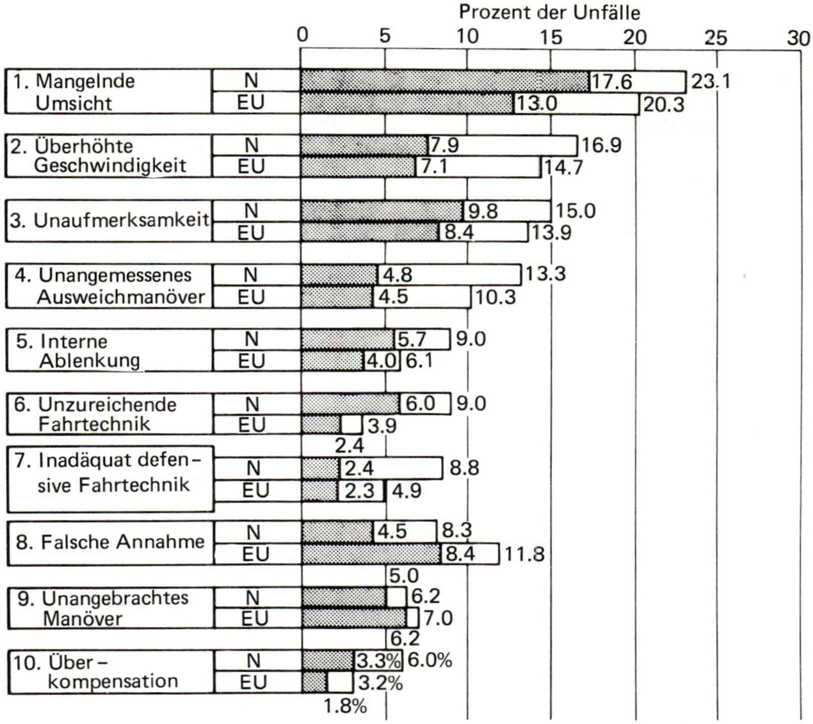

Abb. 8. Unfallanteile direkt fahrerbezogener Ursachen. (Nach Treat et al. 1977; zit. nach Shinar 1978, S. 119)

Verzerrungen in der subjektiven Darstellung auftreten, Beurteilereinflüsse bei der Interpretation der Explorationsdaten schwer kontrolliert werden und beispielsweise zu den teils erheblichen Unterschieden zwischen den Ergebnissen der erwähnten Untersuchungen von Undeutsch (1962) und Spoerer (1965) beitragen können.

3.2.2 Andere Kriterien

Neben dem Kriterium des Unfalls kommen Kriterien aus der Gruppe von **Verhaltensauffälligkeiten** in Betracht, **die nicht zum Unfall führen:** Beinahe-Unfälle, Verkehrskonflikte, Verkehrsverstöße, Verhaltensfehler.

Diese Kriterien lassen sich in der genannten Reihenfolge in das dargestellte Schema in Abb. 10 einfügen: Sie liegen zwischen den beiden Extremen eines **Kontinuums von**

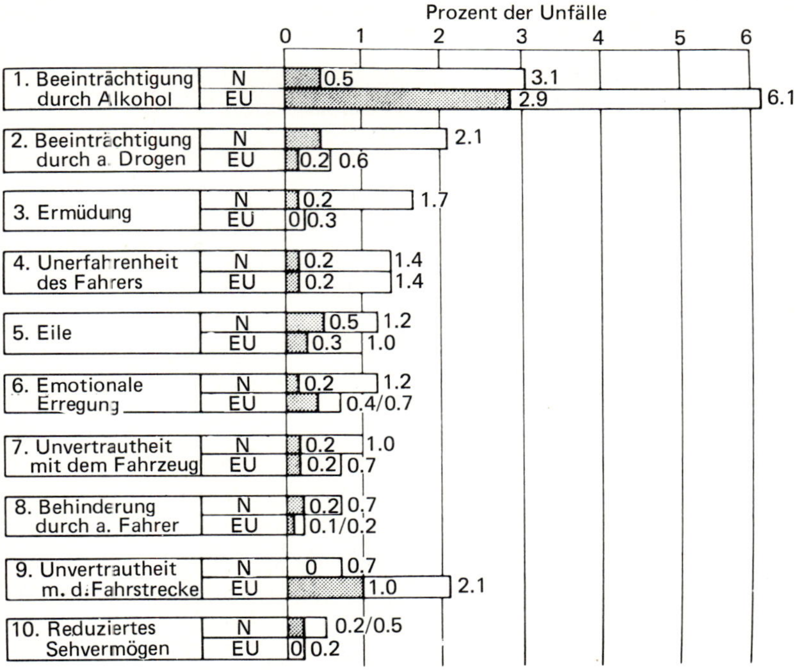

Abb. 9. Unfallanteile indirekt fahrerbezogener Ursachen. (Nach Treat et al. 1977; zit. nach Shinar 1978, S. 123)

Verhaltensweisen, das vom Normalverhalten bis zum Unfallereignis reicht. Dementsprechend nimmt in der genannten Reihenfolge die Auftretenshäufigkeit und damit Beobachtbarkeit zu, hingegen die Zufallsabhängigkeit ab (vgl. Abb. 10).

3.2.2.1 Beinahe-Unfälle

Beinahe-Unfälle und Verkehrskonflikte können insofern gleichbedeutend sein, als unter „Verkehrskonflikten" je nach Autor relativ viele verschiedene Verhaltensauffälligkeiten verstanden werden, für die aber jedenfalls die beiden Merkmale der Abweichung vom Normalverhalten einerseits und des ausgebliebenen Unfalls andererseits zutreffen. Eine Unterscheidung zwischen beiden Kriterienformen ist insofern möglich, als mit dem Beinahe-Unfall eine Verkehrssituation angesprochen wird, deren Gefährlichkeitsgrad extrem ist und die sowohl für ein Alleinverhalten als auch für ein Begegnungsverhalten zutrifft.

Abb. 10. Das Kontinuum des Verkehrsverhaltens vom Normalverhalten bis zum Unfall

Beinahe-Unfälle sind ihrer Bedeutung nach weitgehend den **„critical incidents“** (Flanagan 1954) gleichzusetzen. Bezogen auf das Fahrverhalten bedeutet „kritisch“ dabei den Gefährlichkeitsgrad einer Situation im Ausmaß eines drohenden Unfalls (vgl. McFarland u. Moseley 1954). Demgegenüber wird der Verkehrskonflikt häufig auf Begegnungssituationen bezogen, deren Gefährlichkeitsgrad etwas breiter variieren kann.

Beinahe-Unfälle sind nicht nur unter Feldbedingungen eher beobachtbar, sondern bieten bei ihrer Analyse auf Interviewgrundlage auch den von Mittenecker (1962) und Forbes (1972a) hervorgehobenen Vorteil, daß der Befragte infolge der geringeren emotionalen Belastung – im Vergleich zu einem Unfallgeschehen – eine weniger verzerrte Darstellung geben kann. Gezielte Analysen von Beinahe-Unfällen wurden von McFarland u. Moseley (1954) durchgeführt. Dabei wurden einerseits bei Fernlastfahrern und andererseits bei Busfahrern von Beobachtern auf insgesamt 8000 km bzw. 62000 km Fahrstrecke 48 bzw. 66 Beinahe-Unfälle beobachtet. Forbes (1972a) berichtet über eine Untersuchung des Comittee of Road User Characteristics, in der 179 subjektive Berichte über erlebte Beinahe-Unfälle analysiert wurden; in 109 Fällen wurde „Eile“ als wesentliche Situationsbedingung angegeben.

Eine Schwierigkeit in der Interpretation von Beinahe-Unfallanalysen liegt in der Beurteilung der betreffenden Situation als „kritisch“, „gefährlich“, „unfalldrohend“. Die Brauchbarkeit des Kriteriums hängt davon ab, ob Fahrer und Beurteiler für die jeweilige Situationsbeurteilung gleiche Maßstäbe verwenden. Dies ist aber zumindest fraglich. Denn solange der kritischen Situation kein Unfall folgt, kann nicht entschieden werden, ob das beobachtete Verhalten tatsächlich unfallträchtig oder aber Ausdruck einer besonders scharf kalkulierenden Fahrweise war.

Als Versuch einer Bewältigung dieser Schwierigkeit kann das von Hayward (1972) vorgeschlagene Maß **„TMTC“** („time measured to collision“) betrachtet werden. Darunter wird die Zeit verstanden, die zwischen dem Auftreten einer Kollisionsgefahr und der Kollision liegt, wenn die beiden beteiligten Fahrzeuge ihre Geschwindigkeiten und Fahrtrichtungen beibehalten würden. Die Berechnung dieses Zeitmaßes erfolgt in Analogie zu einer Navigationsmethode, mit der die Abstände zwischen zwei aneinander vorbeifahrenden Schiffen vorausberechnet werden. Dabei gehen in die Berechnung die Geschwindigkeiten und Abstände der Fahrzeuge ein, die aus der Analyse von Filmaufnahmen des Verkehrsablaufes ermittelt werden. Das eine der beiden Fahrzeuge wird als stationär betrachtet, das andere in seiner relativen Bewegung zu diesem. Eine Kollisionsgefahr wird dann als gegeben angenommen, wenn der berechnete relative Geschwindigkeitsvektor des bewegten Fahrzeugs mit dem stationären zusammentrifft. Der Autor folgert aus seiner Untersuchung (Hayward 1972), daß der Beinahe-Unfall – er spricht nicht von „near accident", sondern von „near miss" – in der Operationalisierung durch das TMTC-Maß ein valider Indikator für den Gefährlichkeitsgrad der Wechselwirkungen zwischen zwei Fahrzeugen sei. Trotzdem wurde keine breitere Anwendung dieses Verfahrens bekannt.

3.2.2.2 Verkehrskonflikte

Aus der ganzen Gruppe möglicher Kriterien, die zwischen dem Unfall und dem Normalverhalten liegen, scheinen Verkehrskonflikte die günstigsten Kriteriumsvoraussetzungen zu haben. Im allgemeinen werden darunter einander entgegengerichtete Verhaltenstendenzen von Verkehrsteilnehmern verstanden, deren Richtungen letztlich einen Unfall erwarten lassen, der aber durch entsprechende Gegenmaßnahmen von einem oder von beiden Verkehrsteilnehmern vermieden werden kann. Es besteht allerdings kein Anlaß, nicht auch tatsächliche Unfälle als Verkehrskonflikte einzubeziehen, sofern sie schon im Stadium des Verkehrskonflikts bzw. des Beinahe-Unfalls erfaßt werden. Denn nahezu jeder Unfall geht aus einer Situation eines Beinahe-Unfalls hervor und, sofern er nicht Alleinunfall ist, aus einer Verkehrskonfliktsituation. Im Sinn der Erfassung eines repräsentativen Kriteriums für die Beurteilung des Verkehrsverhaltens ist es aber wichtig, nicht nur die Endphase eines Verhaltensablaufes (Unfall) zu kennen, sondern auch die unterschiedlichen Bedingungen, die dieser Phase vorausgegangen sind (z. B. Verkehrskonflikt oder Beinahe-Unfall), weil sich dann die ursächlichen Bedingungen des späteren Stadiums des Verhaltensablaufes um so genauer von zufälligen Bedingungen unterscheiden lassen.

Verschiedentlich entwickelte **Methoden der „Verkehrskonflikttechnik"** verfolgen das Ziel, den Gefährlichkeitsgrad (im Sinn der Unfallträchtigkeit) von einzelnen Kreuzungen durch systematische Beobachtung auftretender Verkehrskonflikte abzuschätzen. Damit soll der Gefährlichkeitsgrad erfaßt werden, *bevor* erst die Häufigkeit von Unfällen an solchen Verkehrspunkten abgewartet werden muß. Größenordnungsmäßig wird an Kreuzungen von Landstraßen mit 1700 schweren Verkehrskonflikten pro Unfall mit Verletzungsfolgen gerechnet (Older u. Spicer 1976). Ein Verkehrskonflikt wird dabei als kritische Verkehrssituation verstanden, die durch Ausweichmanöver in Form von Bremsen und/oder Spurwechsel entschärft wird (vgl. das Beispiel eines Beobachtungsschemas nach Older u. Spicer 1976, Abb. 11).

Verschiedentlich entwickelte Varianten der Verkehrskonflikttechnik (Perkins u. Harris 1968, Baker 1972, Häkkinen 1973, Older u. Spicer 1974, 1976, Erke u. Zimolong 1978, Höfner u. Schützenhöfer 1978) beruhen auf weitgehend ähnlichen Indikatorvariablen (unvermittelte Änderungen der Fahrtrichtung und der Geschwindigkeit zum Zweck der

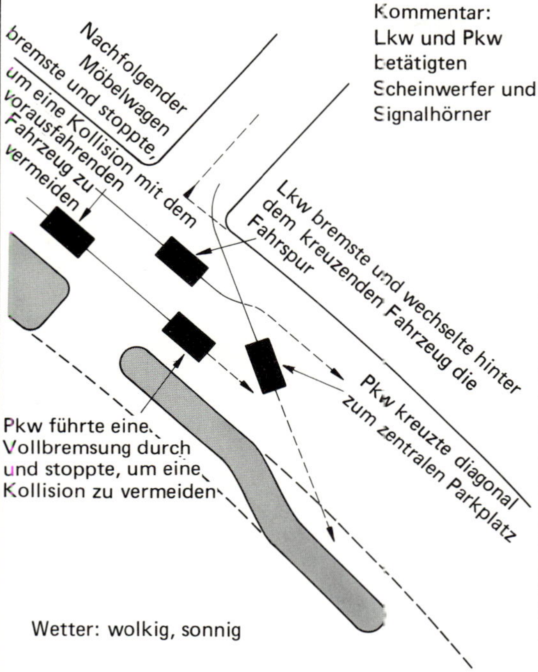

Konflikterhebungsblatt			Datum	
Diagramm der Begebenheit			Erheblichkeit des Vorfalls	
Kommentar: Lkw und Pkw betätigten Scheinwerfer und Signalhörner Wetter: wolkig, sonnig		1	Vorsichtskonflikt (d.h. Bremsmanöver, um auftauchendes Fahrzeug abzuwarten; Spurwechsel aus Vorsicht; antizipatorisches Abbremsen)	
		2	Kontrolliertes Bremsen oder Spurwechsel zur Vermeidung einer Kollision, wobei hinreichend Zeit für Manöver verfügbar ist	
		3	Abrupte Verlangsamung, Spurwechsel oder Anhalten zur Vermeidung einer Kollision; kritische Situation, Beinahezusammenstoß, ohne Zeit für ein besonnenes, kontrolliertes Manöver	✔
		4	Notbremsung oder heftiges Ausweichen, um eine Kollision zu vermeiden; äußerst kritische Situation, Beinahezusammenstoß oder Auftreten einer leichten Kollision	
Zeit 15:30	Im Diagramm vermerken: Fahrtrichtungen, Farbe und Bauart der Fahrzeuge, Ausweichmanöver	5	Not–Manöver, gefolgt von einer Kollision	

Abb. 11. Konflikterhebungsblatt. (Nach Older u. Spicer 1976, S. 339)

Unfallvermeidung). Sie erwiesen sich in mehreren Fällen insofern als erfolgreich, als dadurch Gefährdungsschwerpunkte ermittelt werden konnten, wie sie bisher nur aufgrund langfristiger Erhebungen und dabei festgestellter bereits erfolgter Unfälle zu ermitteln waren.

Ein anschauliches Beispiel dafür bietet eine Studie von Schützenhöfer (Höfner u. Schützenhöfer 1978): An einer stark unfallbelasteten großräumigen Kreuzung wurden zunächst Verkehrskonflikte systematisch beobachtet, sodann aufgrund der Beobachtungsergebnisse Verkehrsführungen in Form von Sperrflächen angebracht und schließlich die Auswirkungen dieser Maßnahmen auf das Konfliktgeschehen überprüft, wobei sich eine Verringerung der Verkehrskonflikte um 57% ergab (vgl. Abb. 12). Das Beispiel

Phase 1;
Plan der Hilmteichkreuzung

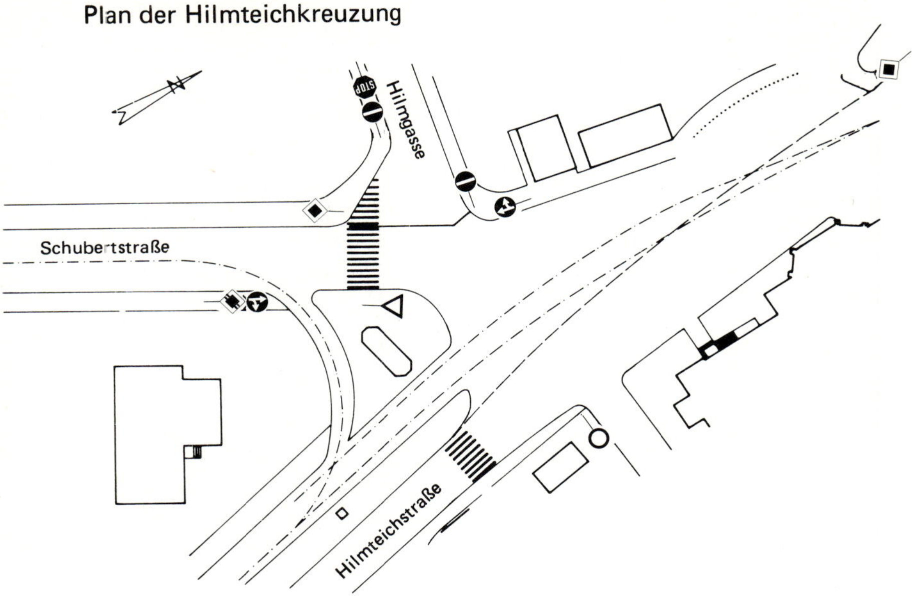

Phase 1;
Verteilung des
Konfliktgeschehens

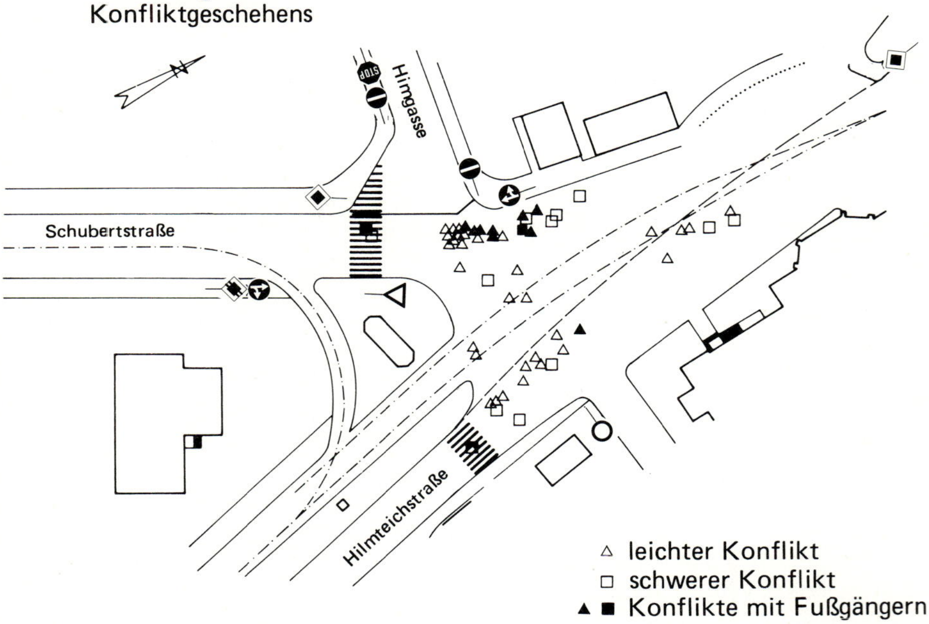

Abb. 12. Anwendung der Verkehrskonflikttechnik: Vorher-Nachher-Vergleich von Konflikthäufig-

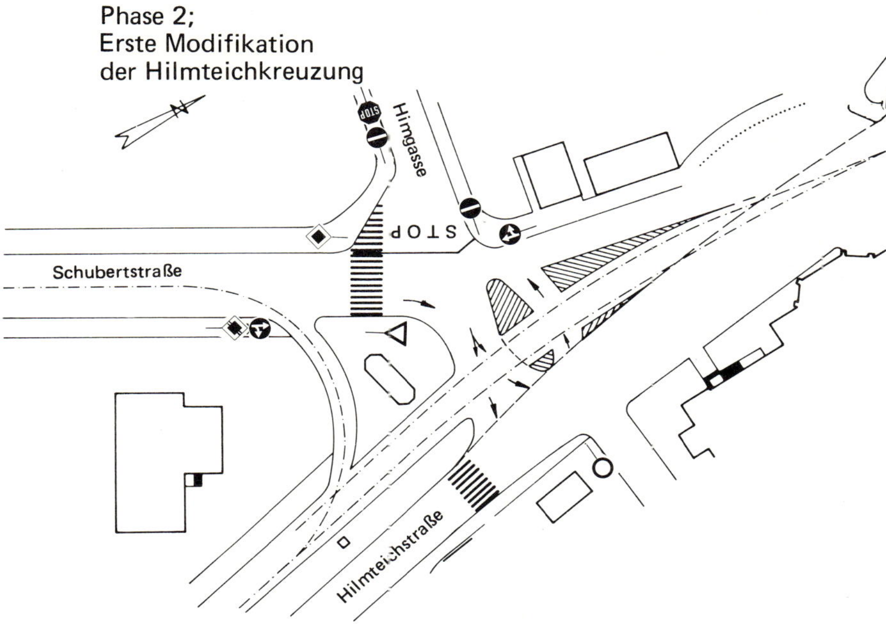

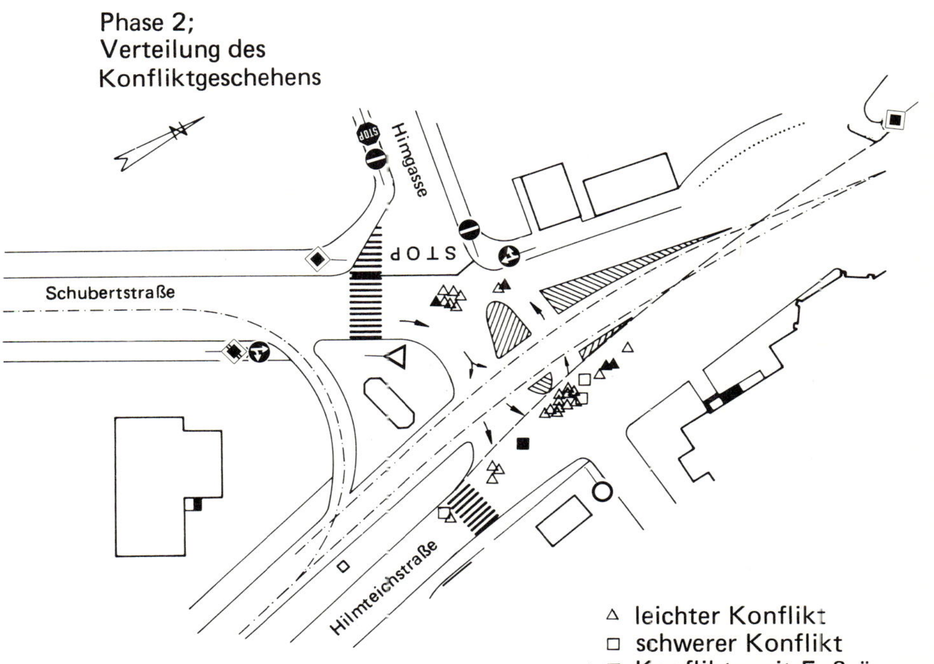

keiten an einer Kreuzung mit unterschiedlicher verkehrstechnischer Gestaltung. (Nach Höfner u. Schützenhöfer 1978, S. 21–22)

zeigt, daß mit der Verkehrskonflikttechnik verhaltensspezifische Gefahrensituationen und somit auch mögliche Unfallsituationen ermittelt und beeinflußt werden können, ohne – statistisch seltene – Unfallereignisse abwarten zu müssen, von denen dann erst noch ihr verhaltensspezifischer und ihr verhaltensunspezifischer (Zufalls-)Anteil zu klären wäre.

Gerade aufgrund solcher Vorzüge des Verkehrskonfliktkriteriums erscheint es nicht konsequent, seine Brauchbarkeit durch Validierung am Unfallkriterium zu überprüfen. Verkehrskonflikte sollen ein Maß für Verkehrs(un)sicherheit sein, das größer ist als das Maß an Verkehrs(un)sicherheit, das im Unfallereignis zum Ausdruck kommt. Daher würde bei einer Validierung des Verkehrskonflikts am Unfallkriterium ein „idealer" Koeffizient von $r = 1{,}00$ bedeuten, daß Verkehrskonflikte die gleiche Information enthalten wie Unfälle; für den Informationswert des Unfallereignisses gelten aber die erwähnten erheblichen Einschränkungen. Eine völlige Unabhängigkeit von Verkehrskonflikten und Unfällen ($r = 0{,}00$) wäre hingegen auch nicht erstrebenswert, weil dann der von den Auswirkungen her gesehen wichtigste Anteil der Verkehrssicherheit, nämlich der, der sich im Unfallgeschehen niederschlägt, mit Verkehrskonflikttechniken überhaupt nicht erfaßt werden würde. Daher ist wahrscheinlich eine **mittlere Korrelation zwischen Verkehrskonflikten und Verkehrsunfällen** optimal, bei der die überwiegend zufallsbedingten Unfälle weniger mit Verkehrskonflikten *kovariieren* als verhaltensspezifisch bedingte Unfälle; d.h., Verkehrskonflikte sollten Indikatoren nicht nur für Unfälle schlechthin sein, sondern nur für solche Unfälle, die für das unmittelbar vorausgegangene Verhalten spezifisch sind. Umgekehrt soll die Verkehrskonflikttechnik eine Situation als gefährlich einstufen, wenn dies durch entgegengesetzte Verhaltenstendenzen zweier Verkehrsteilnehmer erkennbar ist, unabhängig davon, ob daraus ein Unfall entsteht oder nicht.

Als Nachteile der Verkehrskonflikttechnik werden ihre beschränkte Anwendbarkeit auf bestimmte Verkehrssituationen angesehen, die nur einen begrenzten Ausschnitt aus der Breite möglicherweise gefährlicher Verhaltensweisen darstellen (Teply 1978); ferner die unzureichende Berücksichtigung individueller Unterschiede der Unfallvermeidung, z.B. durch „Flucht nach vorn" anstelle von Abbremsen (Allen et al., zit. nach Teply 1978). Diese Autoren empfehlen statt dessen, als wichtigste Meßgröße in der Verkehrskonflikttechnik die „post encroachment time" **(PET)** zu verwenden, d.h. die Zeit von der Beendigung des Fehlverhaltens des einen Fahrers bis zum Erreichen des potentiellen Kollisionspunktes durch den anderen Fahrer; diese Größe enthält gleichzeitig ein Maß für die Konfliktschwere. Noch stärkere Einwände gegen die Verkehrskonflikttechnik werden von Glennon et al. (1977) vorgebracht. Dabei wird der Informationswert der Konflikthäufigkeit deshalb angezweifelt, weil sowohl Konflikte als auch Unfälle mit der Verkehrsdichte hoch korrelieren und zwischen Konflikt- und Unfallhäufigkeit trotz signifikanter Korrelationen keine Kausalbeziehung angenommen werden kann; wenn es darum geht, Kreuzungen nach ihrer Unfallträchtigkeit einzustufen, ist die Verkehrsdichte nach dieser Auffassung das direktere Maß. Bei Auspartialisierung der Verkehrsdichte ergab sich eine Verringerung der Korrelation zwischen Konflikten und Unfällen an 94 Einmündungen von $r = 0{,}59$ auf $r = 0{,}35$.

3.2.2.3 Verkehrsverstöße

Verkehrsverstöße (Verkehrsdelikte) bieten gegenüber Unfällen als Kriterium den Vorteil häufigeren Auftretens. Dementsprechend liegt die Korrelation zwischen der Anzahl von Verkehrsverstößen in aufeinanderfolgenden Zeitabschnitten etwas höher als bei den Unfällen; bei Kenning (1968; zit. nach Undeutsch 1969) z.B. für zwei Zweijahresabschnitte bei 0,38, für zwei Vierjahresabschnitte bei 0,55. Zwischen Verkehrsverstößen und Unfällen besteht kein allgemeiner Zusammenhang (Hoyos 1961). Der Zusammenhang scheint durch die Art der Verstöße, Alter und Fahrpraxis beeinflußt zu werden. Comrey (1958) konnte einen Zusammenhang zwischen Unfällen und Verkehrsverstößen in Form von Geschwindigkeitsübertretungen aufzeigen. Hoyos (1961) fand, daß die Anzahl von Unfällen gegenüber der Anzahl von Verkehrsverstößen umso größer ist, je geringer das Alter und – im allgemeinen – somit auch die Erfahrung ist. Dieser Sachverhalt kann auch so interpretiert werden, daß Unfälle, die sich bei geringerer Fahrpraxis aus Verkehrsverstößen ergeben, bei größerer Fahrpraxis eher vermieden werden können, woraus sich weniger Unfälle, aber gleich viele Verstöße bei älteren Fahrern ergeben würden. Sofern man dabei eine qualitative Gleichartigkeit der Verkehrsverstöße annimmt, würde dies bedeuten, daß Verkehrsverstöße nicht grundsätzlich zu verhaltensspezifischen Unfällen führen müssen. Wahrscheinlicher ist jedoch, daß sich in Abhängigkeit von Alter und Fahrpraxis die Art der Verkehrsverstöße (vgl. Comrey 1958) ändert: Mit Zunahme von Alter und Erfahrung überwiegen solche Verkehrsverstöße, die nicht zu verhaltensspezifischen Unfällen führen.

> Obwohl die absolute Häufigkeit von Verkehrsverstößen gegenüber derjenigen von Unfällen wesentlich häufiger ist, muß doch erwartet werden, daß die Differenz zwischen tatsächlich erfolgten und behördlich registrierten und auf dieser Grundlage verwerteten Verkehrsverstößen größer ist als die Differenz zwischen tatsächlich erfolgten und behördlich registrierten Unfällen. Daraus ergibt sich die Notwendigkeit, bei Verkehrsverstößen danach zu unterscheiden, ob es sich um gemeldete, d.h. behördlich registrierte, oder um beobachtete Verkehrsverstöße handelt.

3.2.2.4 Verhaltensfehler

> Verhaltensfehler stellen die schwächste Abweichung vom Normalverhalten dar. Andererseits stellen auch Verkehrsverstöße – schon ex definitione – Verhaltensfehler dar, aber nicht jeder Verhaltensfehler stellt einen Verkehrsverstoß dar.

Beispiel: Die Wahl des Zeitpunkts des Richtungsänderunganzeigens kann sehr wohl in Bezug auf die Grundsätze defensiven Fahrens falsch sein; zum Verkehrsverstoß wird sie erst dann, wenn sie dem anderen Verkehrsteilnehmer keine ausreichende Möglichkeit läßt, sich in seinem Verhalten darauf einzustellen. Verhaltensfehler können – dies haben sie mit Verkehrskonflikten gemeinsam – nur durch Beobachtung erfaßt werden. Besondere Bedeutung kann das Kriterium der Verhaltensfehler für die Beurteilung des Fußgängerverhaltens erhalten, weil hier der Bereich der Verkehrsverstöße nur einen relativ kleinen Ausschnitt aus den gegebenen Verhaltens- und Fehlverhaltensmöglichkeiten umfaßt.

So sehr jenes Verhalten im Straßenverkehr, das nicht mit Unfällen, Beinahe-Unfällen, Verkehrskonflikten und Verkehrsverstößen identisch ist, wiederholtermaßen Gegenstand von systematischen Untersuchungen wurde [McFarland u. Moseley 1954, FORFA (Forschungsinstitut für Arbeitspsychologie und Personalwesen): Bericht über den Forschungsauftrag „Fehlverhaltensweisen im Verkehr" Braunschweig 1961, (unveröffentlicht), Höfner et al. 1977], so wurde es doch kaum je als Kriterium aufgegriffen. Dies mag daher rühren, daß es wegen seiner inhaltlichen Nähe zum Normalverhalten gar nicht als Kriterium *für* das Normalverhalten geeignet erscheint.

Eine Ausnahme bildet dabei die Methode des **critical incidents survey** (Teply 1978), die eine Erweiterung der critical incidents technique von Flanagan (1954) darstellt. Ein kritisches Ereignis wird als ungewöhnliches Verkehrsverhalten im Bereich der Sicherheits- oder Kapazitätsgrenzen der Straßen- und Fahrbedingungen definiert, das durch Eigen- oder Fremdursachen herbeigeführt werden kann. Die „Ungewöhnlichkeit" des Verkehrsverhaltens kann sich beispielsweise in unnötigem Verlangsamen ebenso zeigen wie in übermäßiger Beschleunigung oder in Abweichungen von der normalen Fahrspur oder in übermäßiger Querbeschleunigung oder auch in besonderen Fahrerreaktionen (z. B. Gestikulieren). Kritische Ereignisse müssen somit nicht für die unmittelbar gegebene Situation kritisch sein, sondern sie sind der Möglichkeit nach (potentiell) kritisch. Kritische Ereignisse im Sinn von Teply umfassen somit einen breiteren Bereich der Abweichungsformen gegenüber dem Normalverhalten als Verkehrskonflikte; sie umfassen *auch* Verkehrskonflikte. Der wesentliche Unterschied ist darin zu sehen, daß kritische Ereignisse im Hinblick auf das übergeordnete Kriterium der Sicherheit und auch auf das übergeordnete Kriterium der Verkehrskapazität interpretiert werden, während Verkehrskonflikte in der Verkehrskonflikttechnik nur als Sicherheitsindikatoren verwendet werden.

Das übergeordnete Kennzeichen möglicher Sicherheitskriterien für das Verkehrsverhalten ist demnach ihr **unterschiedlicher Abweichungsgrad vom Normalverhalten.** Verkehrsunsichere Verhaltensweisen durchlaufen – ausgehend vom Normalverhalten – diese Abweichungsstufen immer in der gleichen Abfolge, jedoch bis zu unterschiedlichen Stadien. Sofern die einzelnen Verhaltensstadien im konkreten Einzelfall in Zusammenhang mit ihren vorausgegangenen Stadien erfaßt werden können, sind sie als Kriterien gleichermaßen brauchbar. Werden hingegen nur die einzelnen Verhaltensstadien ohne ihren Zusammenhang mit den vorausgegangenen Stadien des konkreten Einzelfalls erfaßt, so nimmt ihre Zufallsbedingtheit mit fortschreitender Abweichung vom Normalverhalten zu und ihre Brauchbarkeit als Kriterium ab; d.h., verhaltensspezifische Unfälle, also solche, deren Entstehung aus dem Normalverhalten heraus beobachtet werden kann, sind genauso gute Kriterien wie verhaltensspezifische Verkehrsverstöße; hingegen sind Unfälle, die nur als solche erfaßt wurden u. U. wenig verhaltensspezifisch sind, schlechtere Kriterien als Ver-

kehrsverstöße, die nur als solche erfaßt wurden, wegen ihrer geringeren Zufallsabhängigkeit aber jedenfalls eher verhaltensspezifisch sind.
Daraus ergibt sich weiter die **Überlegenheit von Kriterien, die in der Realsituation erfaßt werden,** gegenüber Kriterien, die ausschließlich quantitativ (z. B. als Unfall- oder Delikthäufigkeit) zur Verfügung stehen.

3.2.2.5 Kapazitäts- vs. Sicherheitskriterien

Kapazitätskriterien werden wesentlich seltener bei der Beurteilung von Verkehrsverhalten verwendet als Sicherheitskriterien. Dies ist vor allem deshalb nachteilig, weil dadurch auch die gegenseitigen Wechselbeziehungen zwischen beiden Arten von Kriterien häufig nicht ihrer Bedeutung entsprechend berücksichtigt werden. Denn die Funktion des Gesamtsystems Straßenverkehr, die individuelle Mobilität, kann nur dann erfüllt werden, wenn der Straßenverkehr beiden Kriteriengruppen gerecht wird. Dies bedeutet aber, daß das optimale Verhältnis zwischen beiden nicht die Frage einer Alternativentscheidung ist, sondern die Frage einer Maximierung des Kapazitätskriteriums bis zu jenem Punkt, zu dem das Sicherheitskriterium *gerade noch* überwiegt. Dies gilt sowohl für Probleme allgemeiner Verkehrsgestaltung, als auch für ganz konkrete Situationen des Verkehrsverhaltens. Das eigentliche Problem des Straßenverkehrs besteht somit nicht in einem Gefahrenproblem einerseits und einem Transportproblem andererseits, sondern in einem Risikoproblem.

3.2.2.6 Verkehrsverhalten als Risikoverhalten und das Kriterium der Verkehrsangepaßtheit

„Risikoverhalten“ bedeutet nicht riskantes Verhalten, sondern Verhalten in Risikosituationen. Risikosituationen liegen dann vor, wenn folgende zwei Kriterien erfüllt sind (vgl. Klebelsberg, im Druck):

a) In einer bestimmten individuellen Ausgangslage besteht für das Individuum die Möglichkeit, sich für verschiedene Handlungsziele entscheiden und dementsprechende Handlungsalternativen wählen zu können.
b) Das Nichterreichen des gewählten Handlungsziels führt zu einem Zustand, der für das Individuum unerwünschter ist als die Ausgangslage, während das Erreichen des gewählten Handlungsziels für das Individuum erkennbar zu einem Zustand führt, der subjektiv den anderen Alternativen vorgezogen wird.

Beispiel: Ein Autofahrer möchte möglichst rasch von A nach B kommen; zwei Straßen kommen dafür in Betracht: Eine Strecke ist deutlich kürzer, aber schneeglatt, die andere deutlich länger, aber gestreut. Bleibt der Fahrer auf der ersten Strecke vor Erreichen des Ziels „hängen", so wird ihm dieser Zustand unangenehmer sein, als wenn er gar nicht losgefahren wäre; kommt er hingegen auf dieser Strecke ans Ziel, so wird der Zeitgewinn für ihn einen Zustand darstellen, den er als solchen dem größeren Zeitaufwand für die zweite Strecke vorziehen wird.

Verhalten in Risikosituationen wird durch zwei entgegengesetzte Verhaltenstendenzen eines Individuums bestimmt, die in Anlehnung an Krammel (1955) als **Leistungs-**(L-) und **Sicherheits-(S-)Tendenz** bezeichnet werden können. Die L-Tendenz ist auf *Zielerreichen* gerichtet, die S-Tendenz auf *Vermeidung subjektiv negativ eingeschätzter Verhaltensfolgen.* Dieses Risikoverhalten ist ein Konfliktverhalten, weil jede Steigerung der einen Verhaltenstendenz mit einer Abschwächung der anderen verbunden ist. Dieser Konflikt wird durch die Entscheidung des Individuums beendet, mit der das für die vorliegende Situation subjektiv gültige Verhältnis von L- und S-Tendenz bestimmt wird. Jede völlig einseitige Alternativenwahl – in einer Überholsituation z.B. 100% L-Tendenz, d.h. Überholen unter allen Umständen, oder 100% S-Tendenz, d.h. Überholen unter gar keinen Umständen – würde in letzter Konsequenz jedes motorisierte Verkehrsverhalten ad absurdum führen. Je mehr sich die beiden Verhaltenstendenzen die Waage halten, desto ausgeprägter ist die Konfliktsituation und desto subjektiv schwieriger wird die Entscheidung, ob und in welchem Ausmaß das Verhalten von der L- oder S-Tendenz gesteuert wird.

Der optimale Kompromiß in der Steuerung der beiden gegensätzlichen Verhaltenstendenzen ist in einem möglichst knappen, aber trotzdem eindeutigen Überwiegen der S-Tendenz gegenüber der L-Tendenz zu sehen. Jede weitergehende Forcierung der S-Tendenz würde notwendigerweise zu einer Beeinträchtigung der Kapazität führen, während jede weitergehende Forcierung der L-Tendenz nicht nur zu Einbußen der Sicherheit, sondern auch noch zur Kapazitätsblockierung führen würde.

Dieser Wechselwirkung zwischen Sicherheits- und Kapazitätsfunktion entspricht das Kriterium der **Verkehrsangepaßtheit.** Verkehrsverhalten ist demnach immer ein Verhalten in Risikosituationen und daher *grundsätzlich* als Risikoverhalten zu kennzeichnen. Aus diesem Grund wäre es Illusion, ein risikofreies Verkehrsverhalten zu postulieren. Auf dem Gebiet des motorisierten Straßenverkehrs wäre ein solches Postulat gleichbedeutend mit einer Negierung des motorisierten Straßenverkehrs.

> Das Kriterium der Verkehrsangepaßtheit ist somit weder als Sicherheits- noch als Kapazitätskriterium, sondern als übergeordnetes Kriterium zu verstehen. Es eignet sich daher sowohl für die Beurteilung von Verkehrsverhalten als auch für die Beurteilung von Verkehrsverhaltensbedingungen. Darüber hinaus ermöglicht es die Verwertung der verhaltensspezifischen Informationen, die in den übrigen Kriterien enthalten sind.

Die skalierende Erfassung dieses Kriteriums wurde verschiedentlich mit Erfolg erprobt (vgl. Biehl u.a. 1975).

3.3 Stichprobenprobleme

Sowohl für die Durchführung, aber noch mehr für die Auswertung und Interpretation von Untersuchungen des Verkehrsverhaltens spielt die jeweilige Art von Stichprobenbildung eine erhebliche Rolle. Pfafferott (1975) wies darauf hin, daß Vergleiche unterschiedlicher Stichprobenergebnisse nur unter Bezugnahme auf die jeweilige Grundgesamtheit sinnvoll sind:

> Für Analysen des Verkehrsverhaltens kommen im wesentlichen zwei Auswahlverfahren für die Zusammensetzung von Stichproben in Betracht:
> - Bildung von *bestandsspezifischen* Stichproben: repräsentativ für Grundgesamtheiten, wie Führerscheinbesitzer, Fahrzeughalter;
> - Bildung von *verkehrsspezifischen* Stichproben: repräsentativ für Grundgesamtheiten von Personen, die aktiv am Straßenverkehr teilnehmen.

In allen verkehrsspezifischen Stichproben (in Form direkter Entnahmen aus einem Verkehrsquerschnitt, z. B. durch Anhalten im fließenden Verkehr oder durch Zufallsauswahl aus einer „Verkehrssünderkartei") geht somit das Ausmaß aktiver Teilnahme am Straßenverkehr mit ein, während dies bei bestandsspezifischen Stichproben nicht der Fall ist. Auf diese Weise haben Kraftfahrer mit großer jährlicher Fahrleistung eine größere Wahrscheinlichkeit, in solche Stichproben aufgenommen zu werden, als Kraftfahrer mit geringer jährlicher Fahrleistung. Eine Zusammenstellung üblicher Verfahren zur Stichprobenbildung und ihres spezifischen Aussagewertes gibt Pfafferott (1975, vgl. Tabelle 7 s. S. 46/47).

3.4 Zusammenfassung

Dem **Kriterienproblem** im Zusammenhang mit Analysen des Verkehrsverhaltens liegt die Frage zugrunde, anhand welcher Kriterien eine Beurteilung des Verkehrsverhaltens erfolgen kann. Grundsätzlich kommen dafür sowohl **Kapazitätskriterien,** die sich auf die Leistungsfähigkeit des Straßenverkehrs beziehen, als auch **Sicherheitskriterien** in Betracht.

Sicherheitskriterien lassen sich dem **Verhaltenskontinuum,** das vom Normalverhalten über den Verhaltensfehler, den Verkehrsverstoß, den Verkehrskonflikt und den Beinahe-Unfall bis zum Unfall reicht, einordnen. In der Richtung dieser Abfolge nimmt die Ereignishäufigkeit und damit auch die Beobachtbarkeit ab und die Zufallsabhängigkeit zu.

Das **Unfallkriterium** hat unter den Sicherheitskriterien einerseits hohen Plausibilitätswert, andererseits aber infolge seiner – im statistischen Sinn – seltenen Ereignishäufigkeit ungünstige Kriteriumseigenschaften. Seine hohe Zufallsabhängigkeit bedeutet, daß Unfälle häufig durch situative Zufallsbedingungen zustandekommen, aber auch

Tabelle 7. Repräsentative Stichprobenverfahren. (Nach Pfafferott 1975, S. 124)

	Art der Stichprobe	Stichprobenspezifische Grundgesamtheit	Stichprobenspezifische Vorteile	Stichprobenspezifische Nachteile	Stichprobenspezifischer Aussagewert	Verkehrsspezifischer Aussagewert erreichbar durch
Überregionale Auswahlverfahren	Wahrscheinlichkeitsauswahl aus dem Verkehrsquerschnitt	Verkehrsteilnehmer entsprechend ihrer aktiven Teilnahme am Straßenverkehr	Abbildung realer Verkehrsverhältnisse ohne Notwendigkeit, die Basisdaten zu überarbeiten	Repräsentative Erhebungsbezirke und -punkte noch nicht systematisch ermittelt (daher noch nicht durchführbar)	Verkehrsspezifisch	Entfällt
	Geschichtete Wahrscheinlichkeitsauswahl (über Haushaltseinheiten o. ä.) nach demographischen Kriterien	(Über Gesamtbevölkerung) – Verkehrsteilnehmer – Fahrzeughalter – Führerscheinbesitzer – usw.	– Hoher Repräsentativitätsgrad – Erprobtes Verfahren – Berechenbarkeit der Auswahlfehler	Geringfügige Verzerrungen (nicht in Haushalten lebende Personen z. B. werden nicht erfaßt)	Bestandsspezifisch	Gewichtung z. B. nach – Fahrleistung – Geschlecht – Fahrzeuggröße und ggf. Vergrößerung der Stichprobe
	Quotenkontrollierte Auswahl	Verkehrsteilnehmer entsprechend der jeweiligen Fragestellung (und soweit Merkmale bekannt sind)	Zielgruppenorientierte Auswahlmöglichkeit	– Auf bekannte Merkmale beschränkt – Verzerrungsmöglichkeiten des Ermessensspielraums der Interviewer	Je nach Fragestellung	– (Soweit Merkmale bekannt:) entsprechende Quotierung – (Soweit Merkmale nicht bekannt:) nicht erreichbar

Tabelle 7. (Fortsetzung)

Regionale Auswahlverfahren	Wahrscheinlichkeitsauswahl aus Fahrzeughalterkartei (Zufallsschlüssel)	Fahrzeughalter (und durch Kontaktbefragung: Kraftfahrer)	– Hoher Repräsentativitätsgrad – Leichte Zugriffsmöglichkeit – Hohe Zufallsabhängigkeit	Fahrzeughalter nicht immer identisch mit Fahrern, daher u. U. Kontaktbefragungen erforderlich	Bestandsspezifisch	Gewichtungen und ggf. Vergrößerung der Stichprobe
	Wahrscheinlichkeitsauswahl aus Führerscheinkartei (Zufallsschlüssel)	Führerscheinbesitzer	– Leichte Zugriffsmöglichkeit – Hohe Zufallsabhängigkeit	Große Zahl von Fehladressen: viele Führerscheinbesitzer nicht geführt	Bestandsspezifisch	Gewichtungen und ggf. Vergrößerung der Stichprobe
	Wahrscheinlichkeitsauswahl aus dem Verkehrsquerschnitt	Verkehrsteilnehmer entsprechend ihrer aktiven Teilnahme am Straßenverkehr der jeweiligen Region	Abbildung der realen Verkehrsverhältnisse der jeweiligen Region ohne Notwendigkeit, die Basisdaten zu überarbeiten	– Befragungsnetz ist jeweils neu zu erstellen – Repräsentativität ist jeweils zu sichern (Beispiel für Kontrollgröße: Kraftstoffverbrauch)	Verkehrsspezifisch	Entfällt

häufig durch situative Zufallsbedingungen ausbleiben, obwohl in beiden Fällen gleich sicheres oder gleich unsicheres Verhalten vorliegen kann. Unfallfreiheit bedeutet daher nicht unbedingt Verkehrssicherheit.

Unter den nicht zum Unfall führenden Sicherheitskriterien werden **Verkehrskonflikte** und **Verkehrsverstöße** am häufigsten als Kriterien verwendet. Zur Erfassung von Verkehrskonflikten wurden dabei Methoden entwickelt, mit denen der Sicherheits- bzw. Gefährlichkeitsgrad bestimmter Verkehrssituationen beurteilt werden kann, ohne dafür erst das Auftreten von Unfällen abwarten zu müssen. Ziel solcher Methoden ist, die verhaltensspezifischen von verhaltensunspezifischen Unfallursachenkomponenten zu trennen.

Die **Ermittlung von Gefährdungsschwerpunkten** kann sich nur in sehr eingeschränkter Weise an der Unfallstatistik orientieren, weil es sich dabei stets um relative Anteile an den 100% aller erfaßten Unfälle handelt. Demgegenüber erscheint es sinnvoller, die Häufigkeit von Fehlverhaltensweisen in bestimmten Situationen auf die Häufigkeit aller Verhaltensweisen in diesen Situationen zu beziehen bzw. mit der Häufigkeit von angepaßten Verhaltensweisen in diesen Situationen zu vergleichen.

Die Bezogenheit des Verkehrsverhaltens sowohl auf das Kapazitäts- als auch auf das Sicherheitskriterium bedingt, daß das **Verkehrsverhalten grundsätzlich als ein Verhalten in Risikosituationen** zu betrachten ist, bei dem jede *einseitige* Betonung entweder der Leistungs-(Kapazitäts-) oder der Sicherheitskomponente zu einer Beeinträchtigung des Gesamtsystems führt. Insofern kann das **Kriterium der Verkehrsangepaßtheit** als übergeordnetes Kriterium gelten: Es bedeutet die Berücksichtigung sowohl von Kapazitäts- als auch von Sicherheitsgesichtspunkten, wobei das Sicherheitskriterium eindeutig, aber knapp überwiegt.

Für Durchführung, Auswertung und Interpretation von Analysen des Verkehrsverhaltens ist die Art der Stichprobenbildung bedeutungsvoll. Dabei ist zwischen **bestandsspezifischen und verkehrsspezifischen Stichproben** zu unterscheiden.

3.5 Methoden der Analyse des Verkehrsverhaltens

3.5.1 Gesamtverhaltens- vs. Teilverhaltensanalysen

Der Unterschied dieser beiden Analysearten ergibt sich aus deren unterschiedlichem Ziel. Im ersten Fall soll versucht werden, eine möglichst umfassende Verhaltenseinheit zu untersuchen, beispielsweise *das* Verhalten von Fußgängern, *das* Verhalten von Mopedfahrern usw. Im zweiten Fall sollen untergeordnete Verhaltenseinheiten in Form von bestimmten Teilbereichen des Gesamtverhaltens untersucht werden, beispielsweise das Verhalten von Fußgängern am Zebrastreifen, das Verhalten von Kindern als Fußgänger, das Geschwindigkeitsverhalten von Mopedfahrern, das Anzeigen der Richtungsänderung bei Pkw-Fahrern usw.

Teilverhaltensanalysen können umso gezielter und sinnvoller angelegt werden, je eher sie auf der Grundlage von Ergebnissen aus Gesamtverhaltensanalysen aufbauen können. Wenn beispielsweise aufgrund von Gesamtverhaltensanalysen bekannt ist, welcher Stellenwert dem Anzeigen der Richtungsänderung für das Fahrverhalten beizumessen ist, läßt sich eine gezieltere Variablenauswahl für die Feinanalyse dieses Teilverhaltens besser vornehmen als ohne diese Kenntnis. Oder: Wenn aus Analysen des allgemeinen Fußgängerverhaltens bekannt ist, welche Verhaltensdimensionen dafür in Betracht kommen, dann lassen sich Analysen von kindlichem Verhalten in bestimmten Situationen ebenfalls gezielter durchführen.

3.5.2 Freie vs. systematische Beobachtung

Kennzeichen der freien Beobachtung sind die fehlende Festlegung verbindlicher Beobachtungskriterien und die fehlende Unterscheidung zwischen Beschreibung und Beurteilung. Aus diesen Gründen kommt die Methode der freien Beobachtung für wissenschaftliche Untersuchungen kaum in Betracht. Sie hat jedoch in der Praxis der Fahrausbildung, Fahrprüfung und ganz besonders für die Meinungsbildung der Öffentlichkeit große Bedeutung, was u.a. zu der allgemein bekannten Erfahrung führt, daß sich Verkehrsteilnehmer schon aufgrund ihrer mehr oder weniger intensiven Verkehrsteilnahme als Verkehrsexperten betrachten. Bezeichnend für die Ergebnisse freier Beobachtungen sind Formulierungen wie „*zu* schnell“, „*zu* zaghaft“, „*zu* riskant“, in denen eine Bezugnahme auf bestimmte Kriterien oder sonstige Beurteilungsmaßstäbe zum Ausdruck kommt, ohne daß diese explizit gemacht werden. Meist handelt es sich um individuums- oder gruppenspezifische Beurteilungsnormen, so daß ein und dasselbe Verhalten unterschiedlich beurteilt werden kann, je nachdem ob es beispielsweise von einem Fußgänger oder Kraftfahrer, von einem Fahrlehrer oder Sportfahrer beurteilt wird. Folgenreich können solche Unterschiede dann werden, wenn sie die Grundlage für Zeugenaussagen bilden und dabei nicht genügend klar wird, was und im Hinblick auf welche Kriterien beurteilt wird.

Wichtige Kennzeichen der systematischen Beobachtung sind eine *vorausgehende* Festlegung der verwendeten Beobachtungsvariablen und eine konsequente Beibehaltung des Beobachtungsverfahrens über die Dauer der gesamten Beobachtungszeit, unabhängig davon, ob es sich um beschreibende oder beurteilende Beobachtung handelt. Ein u. U. problematischer Gesichtspunkt ist der der Variablenauswahl. Diese kann unter dem Gesichtspunkt der grundsätzlichen Beschreibbarkeit oder unter dem Gesichtspunkt bestimmter inhaltlicher Hypothesen erfolgen, wobei der erste Gesichtspunkt dem zweiten übergeordnet ist. Im allgemeinen kann es bei Analysen von Verhaltensformen, über die noch keine anderweitigen Analyseergebnisse vorliegen, zweckmäßig sein, sich auf den Auswahlgesichtspunkt grundsätzlicher Beschreibbarkeit zu beschränken (alles, was in dem betreffenden Verhaltensbereich überhaupt beschreibbar ist, wird beobachtet) und eine Einengung der Beschreibungs- bzw. Beurteilungsperspektive durch verfrühte inhaltliche Hypothesen über den Beobachtungsgegenstand zu vermeiden. Wenn hingegen die Ergebnisse erster Erkundungsbeobachtungen bereits vorliegen, wird eine aufgrund bestimmter Hypothesen über den Beobachtungsgegenstand erfolgende Beschreibung bzw. Beurteilung umso gezielter erfolgen können.

3.5.3 Systematische Selbstbeobachtung

Bei dieser Methode wird der Verkehrsteilnehmer aufgefordert, sein eigenes Verhalten und Erleben nach bestimmten Gesichtspunkten zu beschreiben und/oder zu beurteilen. Dabei ist es allerdings notwendig, von vornherein festzulegen, ob die erhaltenen Angaben auf der **Merkmals-** oder auf der **Interpretationsebene** verwertet werden. Eine Verwertung auf der Merkmalsebene erfolgt z. B. dann, wenn durch systematische Befragung von Verkehrsteilnehmern der Gefährlichkeitsgrad einer bestimmten Verkehrssituation ermittelt werden soll; eine Verwertung auf der Interpretationsebene erfolgt dann, wenn diese Angaben der Befragten nicht als Indikator für den Gefährlichkeitsgrad der Situation, sondern als Indikator für individuelle Unterschiede in den Interpretationen dieser Situation verwertet werden. Gerade bei der Selbstbeschreibung und -beurteilung des Verkehrsverhaltens sind häufig Gesichtspunkte schuldhaften Fehlverhaltens wirksam und die erhaltenen Angaben daher häufig nicht ein Abbild des tatsächlichen Verhaltens in der konkreten Verkehrssituation, sondern dessen nachträgliche verbale Darstellung.

Für Analysen bestimmter Formen des Verkehrsverhaltens, wie z. B. des Verhaltens in Unfallsituationen, ist aber trotz dieser Vorbehalte häufig kein anderer methodischer Zugang möglich [vgl. die erwähnten Untersuchungen von Undeutsch 1962, Spoerer 1965, Treat et al. (zit. nach Shinar 1978)].

Außerhalb des Bereichs der Analyse des Verkehrsverhaltens hat die Methode allerdings erhebliche Bedeutung: Auf dem Gebiet der Fahreignungsuntersuchung in Form der Exploration (Abschn. 5.7) und auf dem Gebiet der pädagogischen Verkehrspsychologie in Form des „kommentierenden Fahrens“ (Abschn. 7.3).

3.5.4 Systematische Fremdbeobachtung

Bei den Methoden der systematischen Fremdbeobachtung ergeben sich mehrere Unterscheidungsmöglichkeiten (Abb. 13):

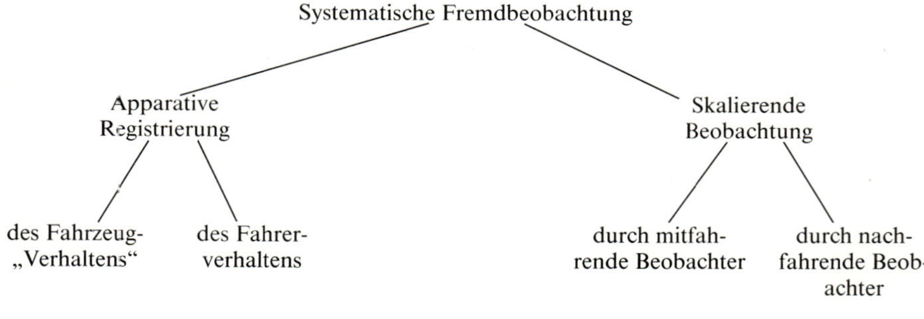

Abb. 13. Formen systematischer Fremdbeobachtung

3.5.4.1 Apparative Registrierung des Fahrzeugverhaltens

Diese Art der Fremdbeobachtung war kennzeichnend für die ersten Versuche systematischer Analysen des Fahrverhaltens (vgl. Abele 1957, Lauer et al. 1958, Greenshields 1961, Greenshields u. Platt 1967). Zur Kennzeichnung der Zielsetzungen solcher Analysen sei als Beispiel Abele zitiert: „Die Komplexheit des Fahrens macht es unmöglich, die Fahrweise durch einen Beobachter aufzuzeichnen und beurteilen zu lassen ... Ein Rückschluß auf die Fahrweise des Fahrers ist aus Geschwindigkeit und Richtung des Fahrzeuges möglich" (S. 587). Folgende Beobachtungsvariablen wurden dabei verwendet: Häufigkeit und Intensität von Bremspedalbetätigungen, Häufigkeit und Intensität von Gaspedalbetätigungen, Häufigkeit von Lenkradbewegungen, Beschleunigungen und Verzögerungen in Längs- und Querrichtung, Durchschnitts- und Höchstgeschwindigkeiten, Häufigkeit der Geschwindigkeitsänderungen, Benzinverbrauch. Das Drivometer, entwickelt von Greenshields (1961), ist ein Kompaktzählgerät zur Erfassung von Fahrzeugbedienungs- und Fahrzeugverhaltensvariablen, das zusätzlich auch eine manuelle Dateneingabe durch einen mitfahrenden Beobachter ermöglicht.

Die apparative Registrierung des Fahrerzeugverhaltens wird auch heute noch gerade in besonders umfassende und aufwendige Analyseverfahren miteinbezogen, so z. B. in die Untersuchungen mit dem Fahrerleistungsmeßfahrzeug der Bundesanstalt für Straßenwesen in Köln, mit dem folgende Registrierungen vorgenommen werden können (Echterhoff 1979 a): automatische Aufzeichnung der Fahrzeuggeschwindigkeit und -beschleunigung; automatische Aufzeichnung der Fahrzeugbedienung wie Lenken, Bremsen, Blinken usw.; Aufzeichnung wählbarer physiologischer Daten; Aufzeichnung von Äußerungen des Versuchsleiters oder der Untersuchungsperson über Mikrophon oder Angabetaste; Erfassung der physikalischen Verkehrssituation über Film oder Video synchron zur Datenaufzeichnung (vgl. Abb. 14 u. 15).

Grundsätzlich ist festzuhalten, daß derartige Registrierungen im allgemeinen nur bei Versuchsfahrzeugen möglich sind, deren Bedienung durch die jeweiligen Versuchspersonen nicht vorbehaltlos mit der Bedienung ihres eigenen Fahrzeuges gleichgesetzt werden kann, so daß der Grad der Vertrautheit mit dem Fahrzeug in interindividuell unterschiedlicher Weise für das Verhalten wirksam werden kann.

In diese Gruppe von Beobachtungsmethoden gehören auch Filmaufnahmen des Fahrzeugverhaltens, aufgenommen aus einem nachfolgenden Fahrzeug (vgl. Edwards u. Hahn 1964, Eberstein 1967).

3.5.4.2 Apparative Registrierung des Fahrerverhaltens

Apparative Registrierungen des Fahrerverhaltens beziehen sich unter Realbedingungen im wesentlichen auf psychophysiologische Merkmale und auf das Blickverhalten, unter Simulationsbedingungen u. U. auf das Gesamtverhalten. Von den **psychophysiologischen Verfahren** wurden und werden im Zusammenhang mit Fahrverhaltensanalysen am häufigsten Registrierungen der Pulsfrequenz und der Hautleitfähigkeit vorgenommen.

Die **Registrierung des Blickverhaltens,** d. h. der Blickbewegungen, fand im Zuge der technischen Vervollkommnung dieses Verfahrens in der Verkehrspsychologie bald gro-

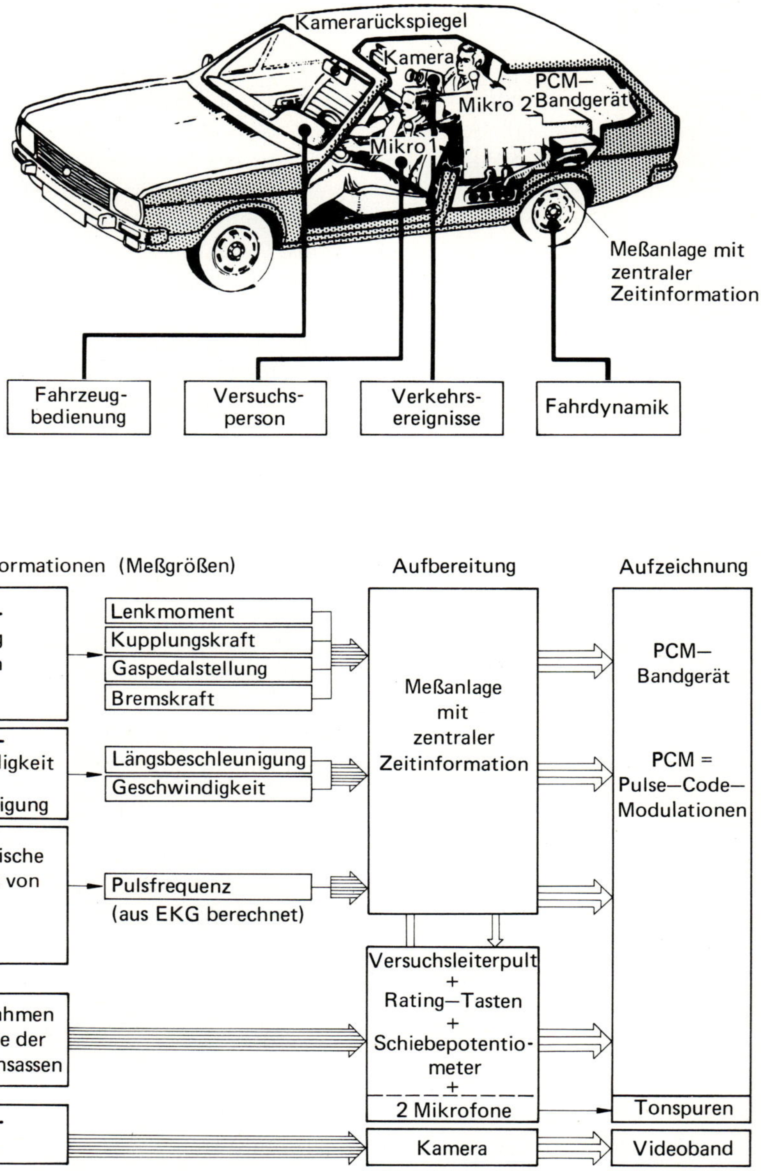

Abb. 14. Schematischer Aufbau des Fahrerleistungsmeßfahrzeugs. (Nach Echterhoff 1979)

ße Verbreitung. Die Registriervorrichtung besteht im wesentlichen aus zwei Filmkameras, von denen die eine die vor dem Fahrer liegende Szenerie (Straße und deren Umgebung) aufnimmt und die andere den Lichtpunkt eines seitlich vom Auge angebrachten Lämpchens, der sich auf der Hornhaut abbildet und die Blickrichtung anzeigt. Die Bilder aus den Aufnahmen von Kamera 1 und Kamera 2 werden übereinander projiziert,

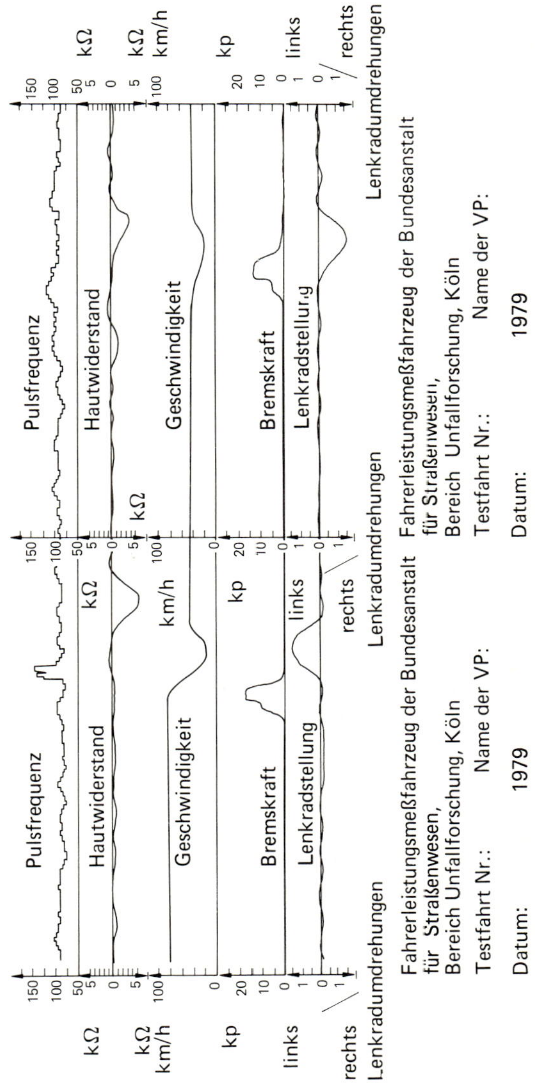

Abb. 15. Ausschnitt aus einer Registrierung des Fahrer- und Fahrzeugverhaltens mit Hilfe des Fahrerleistungsmeßfahrzeugs. (Nach Bundesanstalt für Straßenwesen 1979)

so daß in der späteren Filmdarbietung die jeweiligen Blickfixierungen innerhalb der jeweiligen Szenerie erkennbar sind (vgl. Abb. 16).

Der Nachteil der meisten Ausführungsformen dieses Verfahrens liegt in der nicht unerheblichen Beanspruchung der Versuchsperson durch die Anbringung der Apparatur: Die Kameras werden entweder helmartig oder brillenartig angebracht. Der letzte Entwicklungsstand scheint allerdings diesen Nachteil zu beseitigen, nachdem von Graf u. Krebs (1976; zit. nach Shinar 1978) eine Registrieranlage verwendet wurde, die am Armaturenbrett angebracht und für den Fahrer nur in Form eines großen Objektivs sichtbar ist.

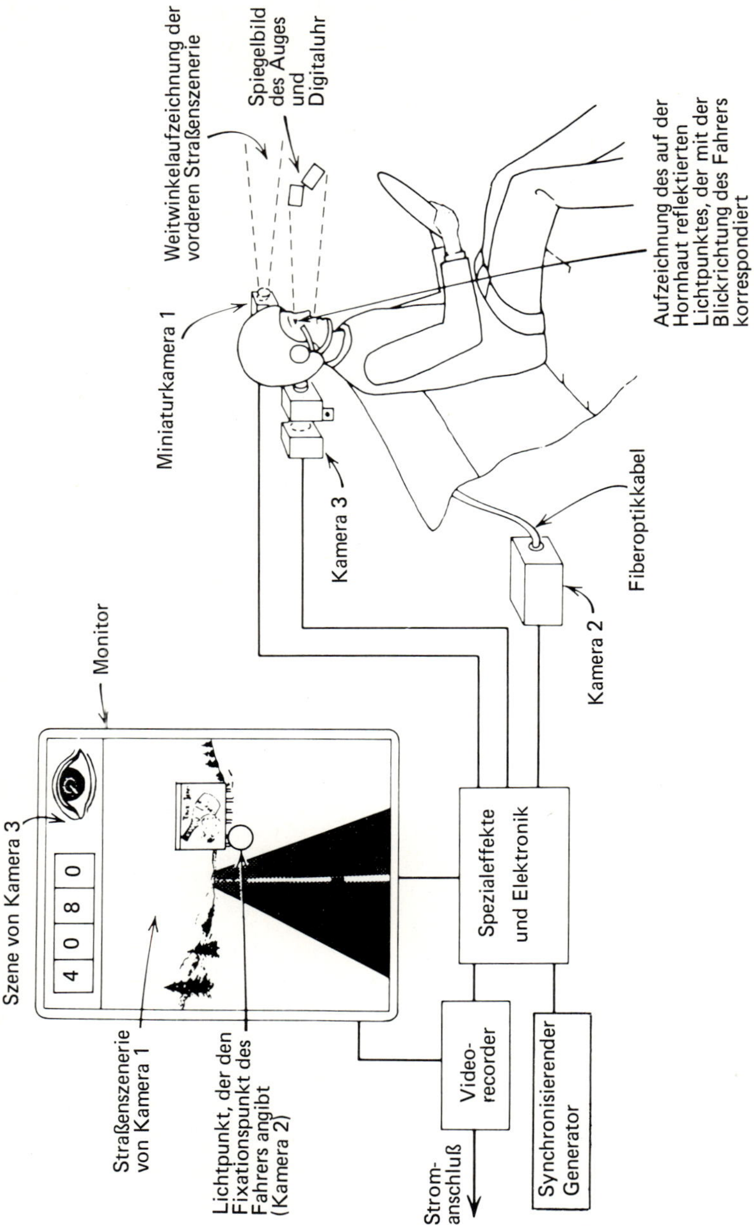

Abb. 16. Schematische Darstellung der Blickbewegungsregistrierung. (Nach Rockwell 1972, S. 152)

Die besondere Bedeutung der Blickregistrierung für die Analyse des Fahrverhaltens liegt zunächst in der Möglichkeit, die Aufnahme derjenigen Informationen durch den Fahrer zu erfassen, die für das Fahrverhalten am wichtigsten sind, nämlich der optischen. Weiter ist das Blickverhalten nur in beschränktem Maß einer willensmäßigen Kontrolle unterworfen und somit eine Verhaltensform, die durch die Registrierung nicht schwerwiegend beeinflußt wird. Die Registrierung des Blickverhaltens ermöglicht nicht nur die Ermittlung interindividueller Unterschiede des Blickverhaltens, sondern – was für die Analyse des Verkehrsverhaltens noch wichtiger ist – die Ermittlung des durchschnittlichen Blickverhaltens unter bestimmten Verkehrsbedingungen und in bestimmten Verkehrssituationen; sie kann damit wesentliche Grundlagen für die Gestaltung der visuellen Wahrnehmungsbedingungen in einer konkreten Situation liefern. Auch der optische Auffälligkeitswert äußerer Gegebenheiten läßt sich mit dem Verfahren untersuchen, da auffallende Gegenstände unwillkürliche Blickfixierungen bewirken.

Das Verfahren liefert umfangreiches Datenmaterial, für dessen systematische Auswertung noch keine einheitlichen Vorgehensweisen entwickelt worden sind. Mögliche grobe Auswertungsgesichtspunkte sind: Fixationshäufigkeit pro Zeiteinheit, Fixationsdauer, räumliche Konzentrierung der Fixationspunkte, Größe der Fixationssprünge (Sakkaden), inhaltlich orientierte Gegenstandsfixierung. Gerade wegen des Fehlens ausgefeilterer Auswertungstechniken wird die zuletzt genannte Form relativ häufig gewählt, wobei z. B. Fixierungshäufigkeit und -dauer von Fahrzeugen oder Verkehrszeichen erfaßt werden (vgl. Abb. 17).

Das Verfahren der Blickregistrierung muß sich auf das foveale Sehen beschränken, während das periphere Sehen nicht berücksichtigt werden kann. Dies ist bei der Interpretation der zu ermittelnden Befunde zu berücksichtigen: Nicht alles, was blickmäßig nicht fixiert wird, bleibt völlig unbeachtet, aber es ist zumindest kein Gegenstand aufmerksamen Sehens. Andererseits muß die Fixierung eines Objektes nicht gleichbedeutend mit der erfolgten Weiterverarbeitung dieser Information sein. Aufgrund bestimmter Ablaufstrukturen des Blickverhaltens in einer bestimmten Situation (z. B. wiederholte Fixierungen eines Gegenstandes gegenüber einmaliger, evtl. „zufälliger" Fixierung) sind aber doch auch eindeutigere Interpretationen möglich.

3.5.4.3 Skalierende Beobachtung durch mitfahrende Beobachter

Diese Methode liegt schon der vermutlich ältesten systematischen Beobachtung des Fahrverhaltens durch Roger und Lauer (vgl. Lauer 1957) zugrunde, findet aber immer noch verbreitete Anwendung, auch wenn die Konstruktionen der verwendeten Skalen große Unterschiede in formaler und inhaltlicher Hinsicht aufweisen. Diese Unterschiede sind zum Teil auch auf unterschiedliche Zielsetzungen zurückzuführen. Unter diesen Zielsetzungen überwiegen solche auf diagnostischem Gebiet, bei denen die Registrierung des Fahrverhaltens der Ermittlung von Kriterien für interindividuelle Differenzierungen diente. So wurde die Roger-Lauer-Skala zur Kontrolle des Fahrausbildungserfolges entwickelt und besteht in ihrer weiterentwickelten Form **(Roger-Lauer-Driver-Training-Inventory)** aus zwei Teilen. Der erste Teil umfaßt 12 Verhaltenskategorien, die als voneinander unabhängig angenommen und für jede Art von Leistungsverhalten als

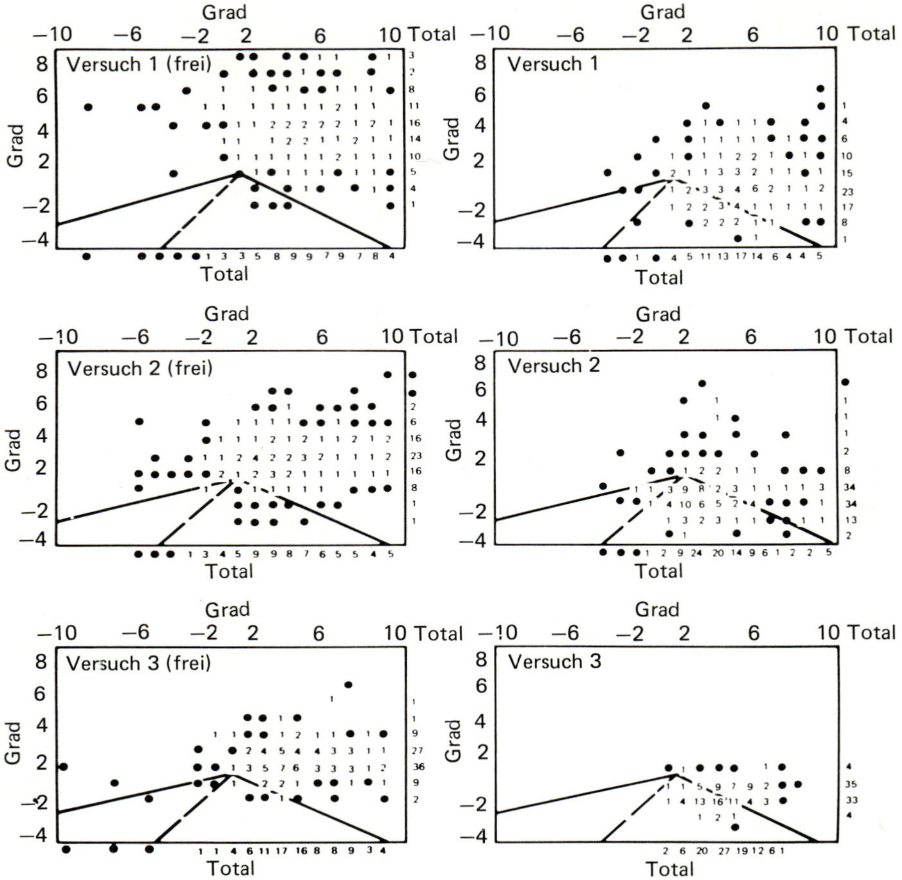

Abb. 17. Verteilung der relativen Dauer von Blickfixationen auf verschiedene Bereiche des Gesichtsfelds. *Linke Reihe:* freies Fahrverhalten; *rechte Reihe:* Nachfahrverhalten; *oben:* bei Aufforderung, alle Wegweiser zu lesen; *Mitte:* bei Aufforderung, nur die für die eigene Fahrt bedeutsamen Wegweiser zu lesen; *unten:* bei Aufforderung, Wegweiser nur dann zu lesen, wenn dies zur Durchführung der Fahrt notwendig war. Die Zahlen geben die prozentuelle Fixationsdauer für die einzelnen Bereiche an; Punkte bedeuten Werte < 1%. (Nach Mourant et al. 1969; zit. nach Shinar 1978)

gültig erachtet werden (z.B. „emotionale Beherrschtheit“, „Bewegungsweise“, „Beobachtung der Umgebungsbedingungen“). Die Registrierung erfolgt anhand 5stufiger Skalen durch einen mitfahrenden Beobachter. Der zweite Teil umfaßt 15 Beschreibungskategorien des Fahrverhaltens, die anhand 7stufiger Skalen erfaßt werden (z.B. „Fahrzeugkontrolle“, „seitlicher Abstand“, „Rücksichtnahme“). Die Wiederholungsreliabilität wird mit über 0,85 angegeben.

Auch das von Quenault (1968, Quenault u. Fuhrmann 1969) entwickelte Beobachtungsverfahren verfolgt primär differentiell-psychologische bzw. diagnostische Zielsetzungen: Mit der Methode sollen Unterscheidungen zwischen auffälligen und unauffälligen Kraftfahrern getroffen und diese Unterschiede erklärt werden. Durch zwei im Fahrzeug der Versuchsperson mitfahrende Beobachter werden 16 Verhaltensmerkmale, deren Auswahl nicht näher begründet wird, in der Häufigkeit ihres Auftretens auf einer 15–27 km langen Fahrstrecke registriert; nach Gelegenheit zur Registrierung aller Items wird die Fahrt abgebrochen. Aus den Rohdaten werden 19 **„Fahrindizes"**, d. h. Verknüpfungen der Items zu verschiedenen Proportionen (z. B. Quotient aus den Häufigkeiten aktiven und passiven Überholens) abgeleitet und einer gestuften Klassifikation der Fahrer zugrunde gelegt.

Aufgrund von Annahmen über deren wahrscheinlichen Anteil am Zustandekommen von Unfällen wurden von Schubert u. Edler (1965) neun Verhaltensmerkmale von Kraftfahrern (z. B. „Spurgenauigkeit", „Mitfahren", „Gefährden") für die Entwicklung eines **Meßinstrumentes der individuellen Unfallgefährdung** zusammengestellt. Dazu wurde eine Fahrstrecke von 26 km im Stadtgebiet von Köln in 69 Beobachtungsabschnitte mit insgesamt 143 „Aufgaben" gegliedert. Diese Aufgaben sind die einzelnen Testitems, d. h. die wiederholten Beurteilungsmöglichkeiten für die neun Merkmale; dementsprechend kann die tatsächliche Anzahl von Testitems pro Merkmal je nach aktueller Verkehrssituation variieren.

Die Fahrverhaltensanalyse des Verkehrspsychologischen Instituts in Wien (Klebelsberg et al. 1970) verfolgte primär keine differentiell-psychologische Zielsetzung, sondern war auf eine **Ermittlung der Struktur des Fahrverhaltens,** wie es an Pkw-Fahrern beobachtbar ist, ausgerichtet; d. h. auf die Ermittlung wesentlicher Merkmale des Fahrverhaltens und ihrer gegenseitigen Beziehungen. Die Variablenauswahl erfolgte hier möglichst hypothesenfrei und ganz vorwiegend unter dem Gesichtspunkt grundsätzlicher Beobachtbarkeit. Dabei wurde zwischen Primär- und Sekundärmerkmalen unterschieden, je nachdem, ob es sich um unmittelbar und ohne weitere Rückschlüsse beobachtbare Merkmale (z. B. Fahrgeschwindigkeit, weiches vs. hartes Anfahren) oder um solche Merkmale handelte, die nur durch Rückschlüsse aus Primärmerkmalen feststellbar sind (z. B. entschlossenes vs. unentschlossenes Befahren von Kreuzungen, vorsichtige vs. unvorsichtige Fahrweise). Der zugrundegelegte Variablenkatalog von 40 Beobachtungsmerkmalen umfaßt aber ganz überwiegend Primärmerkmale, um die Auswirkungen der nicht immer eindeutigen Abgrenzbarkeit von Beschreibung und Beurteilung bei Sekundärmerkmalen möglichst gering zu halten. Eine Variable wurde hingegen als ausgesprochene Beurteilungsvariable aufgenommen, der „Allgemeineindruck von der Fahrweise", durch die die Verkehrsangepaßtheit im Hinblick sowohl auf Sicherheit als auch auf Flüssigkeit beurteilt werden sollte. Die Skalierung wurde bei diesem Verfahren durch zwei voneinander unabhängige mitfahrende Beobachter anhand 9stufiger Skalen während einer Fahrt auf einer 40 km langen standardisierten Strecke im inner- und außerstädtischen Bereich vorgenommen.

3.5.4.4 Skalierende Beobachtung durch nachfahrende Beobachter

Der naheliegende Einwand gegen Beobachtungen durch mitfahrende Beobachter, daß das zu beobachtende Verhalten durch das Wissen um das Beobachtetwerden möglicherweise erheblich verändert werden kann, führte dazu, die Beobachtung ohne Wissen des

Beobachteten, also „unwissentlich", durchzuführen. Dazu bietet sich die Nachfahrmethode an. In der Ermöglichung der unwissentlichen Beobachtung liegt sicherlich der wesentliche Vorteil der Methode. Ihm steht der Nachteil gegenüber, daß u. U. zwischen Fahrzeug- und Fahrerverhalten nicht immer klar unterschieden werden kann. So ist es durchaus denkbar, daß gleiches Fahrerverhalten sich je nach Fahrzeugtyp unterschiedlich auswirkt (z. B. Lenkverhalten); aber auch, daß verschiedenes Fahrverhalten gleiches Fahrzeugverhalten bewirkt (z. B. Gangschalten); manches Fahrerverhalten ist vom nachfahrenden Beobachter überhaupt nicht beobachtbar (z. B. Kupplungsbetätigung, Rückspiegelbenutzung).

Erste systematische Versuche in dieser Richtung wurden von Billion (1958) unternommen, wobei 10 Verhaltensmerkmale über die Dauer einer 1–2 Meilen langen Fahrt unter dem Gesichtspunkt der Sicherheit beurteilt wurden (z. B. Abstandhalten, Beachten von Verkehrszeichen). Die Problematik der Methode wird deutlich, wenn auch Merkmale wie „Aufmerksamkeit" durch den nachfahrenden Beobachter beurteilt werden sollen.

Die Methode der nachfahrenden Beobachtung wurde auch in einer Untersuchung von Mittenecker (1967) an jugendlichen Mopedfahrern eingesetzt. Zielsetzung war dabei die **Ermittlung von Fahrverhaltenskriterien für die Interpretation von diagnostischen Befunden** aus einer nachträglichen Untersuchung der beobachteten Fahrer. Es wurden 10 Beobachtungsvariablen verwendet, die mit 5stufigen Skalen erfaßt wurden. Wesentlicher Gesichtspunkt für die Variablenauswahl war die grundsätzliche Beobachtbarkeit aus der Sicht des nachfahrenden Beobachters. Als Beurteilungsvariable wurde der Gesamteindruck von der Fahrweise in Form einer Note für Verkehrsangepaßtheit verwendet. Der u. U. große Aufwand, der für unwissentlich durchgeführte Beobachtungen erforderlich ist, geht auch aus der Art der Versuchspersonenauswahl in dieser Untersuchung hervor: Da nur Mopedfahrer, die in Wien die Berufsschule besuchten (und auf diesem Weg für die diagnostische Untersuchung gewonnen werden konnten) beobachtet werden sollten, wurde zunächst eine Liste der Fahrzeugkennzeichen dieser Personengruppe erstellt. Drei auf Motorrollern eingesetzte Beobachter hatten dabei bei Auftauchen eines Mopedfahrers innerhalb des Stadtgebiets von Wien zunächst zu überprüfen, ob es sich um ein Fahrzeug aus dieser Liste handelt; im positiven Fall wurde mit der Verfolgung bzw. Beobachtung begonnen. Die Beobachtung wurde dabei so lange durchgeführt, bis alle 10 Variablen registriert waren. Viele Beobachtungen konnten nicht verwertet werden, weil keine Gelegenheit zu ausreichender Beobachtung bestand (weil der Fahrer z. B. aus den Augen verloren wurde). Diese für die Methode der nachfahrenden Beobachtung kennzeichnende Schwierigkeit führte in diesem Fall dazu, daß von rund 1 500 begonnenen Beobachtungen nur rund die Hälfte verwertet werden konnte.

Das gleiche Beobachtungsverfahren wurde auch von Höfner (1967) verwendet, jedoch mit dem Unterschied, daß es mit Wissen der beobachteten Fahrer angewandt wurde. Da diese Fahrer kurz vorher in der Untersuchung von Mittenecker (1967) im unwissentlichen Verfahren beobachtet worden waren, konnten die Auswirkungen dieser beiden unterschiedlichen Voraussetzungen verglichen werden.

Für die Methode der Beobachtung durch Nachfahren kommt auch die **filmische Registrierung** in Betracht. Diese Möglichkeit wurde beispielsweise von Edwards u. Hahn (1964) aufgegriffen: Aus einem nachfolgenden Kamerawagen wurde von jeder ausgewählten Versuchsperson eine fünf Minuten lange Filmaufnahme gemacht und jede solche Filmaufnahme nachträglich durch fünf Verkehrspolizisten hinsichtlich 12 Fahrvariablen (Spurhalten, Spurwechsel, Abstand, Anzeige der Richtungsänderung, Anzeigen des Spurwechsels, Beachtung von Verkehrszeichen, Überholen, Beachten der erlaubten Höchstgeschwindigkeit, Einordnen, Halten, Zeichengeben, Unaufmerksamkeit) beurteilt.

Erfolgt die **nachfahrende Beobachtung auf einem bestimmten Streckenabschnitt,** so ist dies meistens mit einer weiteren Aufwandssteigerung verbunden, weil nicht alle Fahrer über die ganze Strecke verfolgt werden können. Ein Beispiel dafür bietet die Untersuchung von Kaiser (1969). Es handelt sich um eine Teilverhaltensanalyse, bezogen auf das Überholen, das Verhalten an Sperrlinien und das Verhalten gegenüber Geschwindigkeitsbeschränkungen auf Landstraßen, der eine Strecke von 13 km Länge zugrundelag. Diese Strecke wurde in einzelne Beobachtungsabschnitte gegliedert, je nachdem, welche der drei Verhaltensformen dort beobachtbar war. Für die drei Verhaltensformen wurden einzelne „Aufgaben" definiert; so lag z. B. die Aufgabe „richtiges Überholen" darin, den Überholvorgang 100 m vor der nächsten unübersichtlichen Stelle oder 50 m vor dem entgegenkommenden Fahrzeug zu beenden und dabei Überholverbot und Sperrlinien zu beachten. In solchen Festlegungen wird erkennbar, daß es sich dabei mehr um Versuche zur Objektivierung der Beobachtungsbedingungen handelt und weniger um inhaltlich schlüssige Sachdefinitionen. Die Beobachtbarkeit hing einerseits von den Streckenbedingungen, andererseits von der gerade anzutreffenden Verkehrssituation ab. Daher mußte unterschieden werden, ob in einer bestimmten Fahrsituation eine Aufgabe gestellt war oder nicht. So galt die Überholaufgabe z. B. als gestellt, wenn ein Fahrzeug mit deutlich geringerer Geschwindigkeit dem beobachteten Fahrzeug vorausfuhr.

Die Beobachtungen stützen sich auf die Variablen richtiges vs. falsches (ohne Sicht, bei Gegenverkehr, an Sperrlinien bzw. bei Überholverbot) Überholen, richtiges vs. falsches Verhalten gegenüber Geschwindigkeitsbeschränkungen, richtiges vs. falsches (Anfahren, Überfahren) Verhalten an Sperrlinien, Überholflüssigkeit (Verhältnis zwischen Überholvorgängen und Überholmöglichkeiten), Fahrzeit und Verkehrsdichte. Für die Auswertung wurden noch die nachträglich erhobenen Variablen Alter und Dauer des Führerscheinbesitzes einbezogen. Die Schwierigkeiten der Handhabung der Verhaltensvariablen durch den Beobachter sind unverkennbar. Andererseits ist das Überholverhalten einer der am schwierigsten systematisch beobachtbaren Bereiche des Verkehrsverhaltens.

3.5.4.5 Systematische Fremdbeobachtung unter Laboratoriums-, Quasi-Laboratoriums- und Feldbedingungen

Analysen des Verkehrsverhaltens unter Laboratoriumsbedingungen bedienen sich in den meisten Fällen irgendeiner Art von Simulation, da anderenfalls kaum von spezifischem *Verkehrs*verhalten gesprochen werden könnte. Häufig besteht die Simulationsart nur in einer bildlichen oder filmischen Darbietung von Verkehrssituationen. Quasi-Laboratoriumsbedingungen können dort angenommen werden, wo das zu beobachtende Verhalten weder unter echten Laboratoriumsbedingungen noch unter Feldbedingungen untersucht wird, sondern wo die experimentellen Bedingungen, insbesondere die gezielte Herbeiführung des zu beobachtenden Verhaltens, außerhalb des Laboratoriums stattfindet. Dabei ist beispielsweise an Einstellungsuntersuchungen zu denken, die an Fußgängern auf der Straße durchgeführt werden. Systematische Beobachtungen unter Feldbedingungen unterscheiden sich von experimentellen Beobachtungen unter Laboratoriumsbedingungen vor allem dadurch, daß das zu beobachtende Verhalten in der Realsituation nicht gezielt herbeigeführt, sondern vom Beobachter abgewartet wird. Systematische Feldbeobachtungen sind nicht weniger experimentell als Laboratoriumsbeobachtungen, nur müssen die Experimentierbedingungen an die Realsituation angepaßt werden, in der das zu beobachtende Verhalten auftritt. Gerade die Feldbeobachtung des Verkehrsverhaltens erfolgt aber häufig auch in freier, nicht systematischer Form, so etwa beim Lokalaugenschein, bei Überlegungen zur Anbringung von Verkehrszeichen oder Bodenmarkierungen.

Durch **Simulation** werden Verhaltensbedingungen der Realsituation im Laboratorium nachgebildet. Die Simulationsmethode zur Untersuchung des Verkehrsverhaltens bietet im wesentlichen **drei Vorteile gegenüber anderen Analysemethoden:** verbesserte Bedingungskontrolle, Sicherheit und Ökonomie. Die verbesserte Bedingungskontrolle wird durch die Anwendung der klassischen Kriterien des Experiments (gezielte Herbeiführbarkeit des zu beobachtenden Verhaltens, Wiederholbarkeit „gleicher" Beobachtungen, systematische Variierbarkeit der Verhaltensbedingungen) auf ein Quasi-Realverhalten ermöglicht. Diese Vorteile fallen besonders bei der Analyse von Wechselwirkungen zwischen den Teilsystemen Verkehrsteilnehmer-Straße-Fahrzeug ins Gewicht, weil diese unter Real-(Feld-)Bedingungen in systematischer Form nur außerordentlich schwierig und aufwendig untersucht werden können. So setzt eine systematische Analyse des Fahrverhaltens bei verschiedenen Dämmerungs- bzw. Dunkelheitsstufen, unterschiedlich reflektierendem Straßenbelag, Abblend- oder Fernlicht, verschiedenen Arten von Bodenmarkierungen, ungeübten oder routinierten Fahrern die systematische Berücksichtigung so vieler Bedingungen voraus, wie sie unter Feldbedingungen kaum je gleichzeitig möglich ist.

Mit der **Simulation** des Verkehrsverhaltens werden im allgemeinen **drei verschiedene Zwecke** verfolgt: diagnostische Zielsetzungen, Fahrtraining und Verhaltensanalyse, wobei die ersten beiden Zwecke die häufigsten sind. Von der Simulation zu diagnostischen Zwecken wird eine Validitätserhöhung der verwendeten Prädiktoren erwartet. Die Einbeziehung der Simulationsmethode in bestimmte Phasen der Fahrausbildung bietet vor allem die Möglichkeit besonders gezielten und genau kontrollierbaren Lernens bestimmter motorischer Handlungsfolgen und visuellen Orientierungsverhaltens bei gleichzeitiger Ökonomisierung des Ausbildungsaufwandes. In diesen beiden Anwendungsbereichen wurde die Simulationsmethode früher eingesetzt als im Bereich der Forschung, obwohl gerade auch hier die Analyse des Verkehrsverhaltens mit Hilfe von Simulationsmethoden konsequenterweise Grundlage und Voraussetzung für die Anwendung der Simulationsmethode auf den Gebieten von Diagnostik und Fahrausbildung wäre.

Simulationsmethoden können unterschieden werden nach den Gesichtspunkten **„Total"- vs. Teilsimulation, programmierte vs. unprogrammierte Simulation** und **technische Gestaltungsunterschiede,** wobei sich diese Gesichtspunkte überschneiden können.

Die „Totalsimulation" war lange Zeit die Idealvorstellung für die Simulation zum Zweck von Fahrverhaltensanalysen. Diese Vorstellung wurde nicht zuletzt auch durch die historisch ältere Simulation im Bereich der Flugzeugpilotenausbildung unterstützt.

Es scheint aber gerade unter dem Gesichtspunkt der „Totalsimulation" die Simulierung des Fahrverhaltens auf noch größere Schwierigkeiten zu stoßen als die Simulierung des Flugverhaltens weil die Umgebungsbedingungen des Straßenverkehrs noch vielfältiger und differenzierter sind als diejenigen des Luftverkehrs. Ein Beispiel für eine annähernde „Totalsimulation" ist das UCLA (University of California Los Angeles) Driving Simulation Laboratory (Hulbert u. Wojcik 1972), in dem außer der optischen Nachbildung einer ausgewählten Fahrumgebung auch fahrbedingt auftretende Seitenkräfte sowie Witterungsbedingungen (Regen, Wind, Nebel) simuliert werden.

Mit zunehmender Echtheit der Simulation nimmt ihr technischer Aufwand unverhältnismäßig stark zu. Dies wird durch nachstehendes Schema (Abb. 18) verdeutlicht:

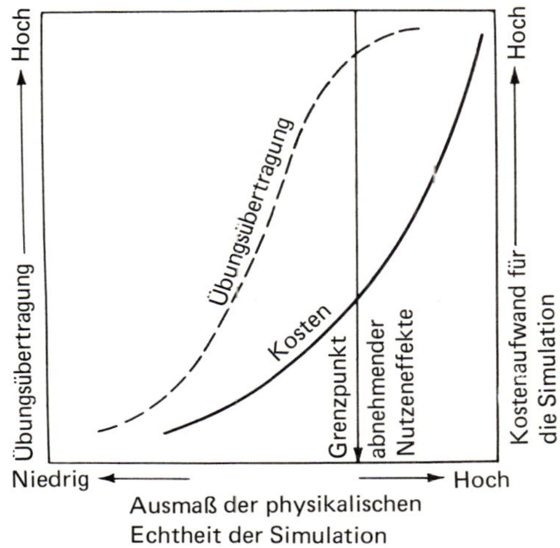

Abb. 18. Hypothetische Beziehung zwischen Echtheit, Übungsübertragung und Kostenaufwand der Simulation. (Nach Miller 1954; zit. in McCormick 1970, S. 230)

Das bedeutet, daß die Simulationsechtheit ab einer bestimmten Grenze nur mehr langsam gesteigert werden kann, der Aufwand jedoch sprunghaft ansteigt.

Je mehr eine Totalsimulation angestrebt wird, um so häufiger werden gleichzeitig auch psychophysiologische Reaktionen der Versuchsperson registriert. Dadurch wird eine differenzierte Analyse des individuellen Verhaltens für jeden einzelnen Zeitpunkt ermöglicht. Abbildung 19 zeigt einen Ausschnitt aus einer Verhaltensregistrierung am UCLA-Simulator.

Obwohl der totalen Simulierbarkeit schon hinsichtlich der physikalischen Echtheit Grenzen gesetzt sind, so ist die psychologische Echtheit in noch stärkerem Maß durch die weitgehende **Nichtsimulierbarkeit von Motivationsbedingungen** eingeschränkt: Das Wissen um die Simulation der Gesamtsituation kann der Versuchsperson nicht wegsimuliert werden, so daß die damit verbundenen Motivationen wie Sicherheitseinstellung oder subjektives Gefahrenerleben unvermeidlich verzerrt werden und sich auf das Verhalten in der Simulationssituation dementsprechend auswirken werden. Beispiel: Zur Erforschung der Ermüdung beim Kraftfahren können zwar durchaus Vorgänge, Symptome und Auswirkungen der Ermüdung auf das Fahrverhalten unter Simulationsbedingungen untersucht werden, nicht aber die weitgehend motivationsabhängige Ermüd-

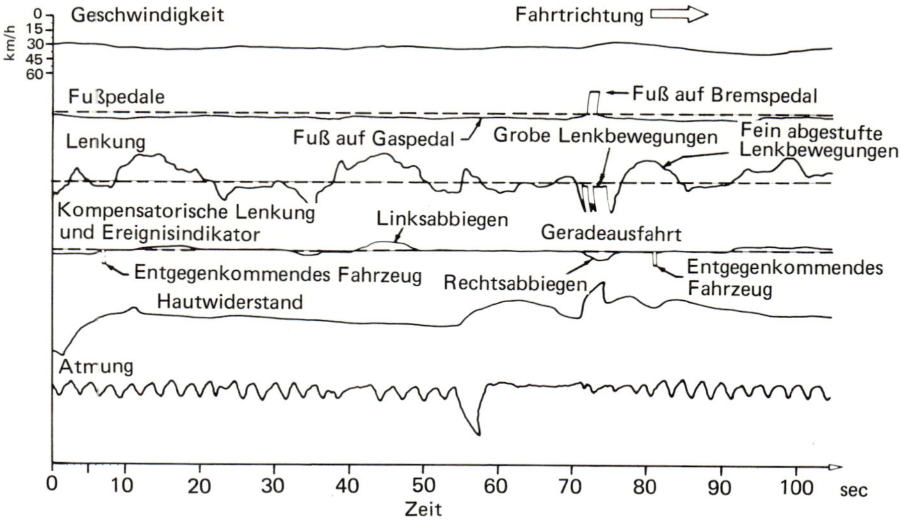

Abb. 19. Beispiel einer Verhaltensregistrierung am UCLA-Simulator. (Nach Hulbert u. Wojcik 1972)

barkeit, d. h. die Frage, wann und unter welchen Bedingungen eine Ermüdung überhaupt eintritt.

Nicht zuletzt aus der zunehmenden Einsicht in diese Begrenztheit einer totalen Simulation erfolgte eine **zunehmende Interessenverlagerung auf den Bereich der Teilsimulation.** Dabei wird von vornherein nicht der Anspruch einer weitgehenden Nachbildung der Fahrsituation erhoben, sondern ein abgegrenzter Teilbereich des Fahrverhaltens herausgegriffen und nur in einigen als wesentlich erscheinenden Gesichtspunkten der Realsituation nachgebildet; dies kann sich u. U. sogar auf die bildliche Vorgabe einer Verkehrssituation oder die physikalische Anzeige von Beschleunigungs- und Verzögerungskräften beschränken.

Die Teilsimulation hat mit der Totalsimulation die Nichtsimulierbarkeit von Motivationsbedingungen gemeinsam, ist aber mit geringerem technischen Aufwand verbunden (Beispiele für Teilsimulation: Kolonnensimulator, Überholsimulator der Technischen Universität Berlin; Franzke 1976).

Bei der **programmierten Simulation** ist der Ausschnitt aus der Realität, mit dem die Versuchsperson konfrontiert wird, von vornherein festgelegt, vor allem in Form einer Filmdarbietung. Der Vorteil dieses Umstands liegt in der systematischen Variierbarkeit verschiedener Realitätsausschnitte durch entsprechende Filmauswahl und in der größeren Repräsentativität der einzelnen Ausschnitte (Filme), weil diese unter ganz gezielten Gesichtspunkten gestaltet werden können. Ein Nachteil ist demgegenüber die Unterbrechung des Regelkreises Umgebung-Fahrer-Fahrzeug-Umgebung in seiner letzten Phase: Auswirkungen des Fahrzeugverhaltens auf Umgebungsveränderungen (z. B. entsprechende visuelle Szenerie nach „Fahrt in den Straßengraben“) werden nur soweit an das visuelle Bild (Display) rückgekoppelt, als dies durch das Displayprogramm vorgesehen ist. Beispiele dafür sind der Drivotrainer oder der UCLA-Simulator (vgl. Hoskovec u. Biehl 1970, Hulbert u. Wojcik 1972).

Bei der **unprogrammierten Simulation** kann nur eine mehr oder weniger vielfältige (Modell-)Szenerie visuell dargeboten werden, die dementsprechend eingeschränkt in ihrer Repräsentativität für die Vielfalt möglicher Verkehrssituationen ist. Dafür bietet sie aber die Möglichkeit zur vollständigen Rückmeldung (Feedback). Beispiel dafür ist der Brons-Drive-Educator (vgl. Hoskovec u. Biehl 1970, Hulbert u. Wojcik 1972).

Die Bedeutung der programmierten oder unprogrammierten Simulation erstreckt sich demnach vor allem auf die Simulation der visuellen Umgebung. Diesbezüglich kann immer nur eine sehr eingeschränkte Stichprobe von visuellen Umgebungsbedingungen aus einer praktisch unendlich großen Grundgesamtheit solcher Bedingungen dargeboten werden. Dieser Größenunterschied zwischen Stichprobe und Grundgesamtheit ist im Bereich simulierter akustischer oder kinästhetischer Bedingungen erheblich kleiner.

Hinsichtlich technischer Simulationsbedingungen lassen sich einige Grundformen unterscheiden, die sich aus der Art der Simulation des visuellen Displays ergeben (vgl. dazu Hoskovec u. Biehl 1970, Hulbert u. Wojcik 1972, Biehl 1976).

3.5.4.5.1 Laufbandsimulatoren

Ein Beispiel dafür ist der Simulator der American Automobile Association (AAA) aus dem Jahr 1938, der einer der ältesten Simulatoren ist, und der Simulator des Driving Research Laboratory in Providence, Rhode Island. Dabei sind die wesentlichen Bestandteile ein oder mehrere Laufbänder, die sich nach Art einer **„rollenden Straße"** vor der Versuchsperson, die sich in einem Modellfahrstand befindet, auf sie zu bzw. (für die Simulation von Situationen auf der Überholspur) von ihr wegbewegen. Im Beispiel des AAA-Simulators befinden sich auf dem Band simulierte Straßenverläufe mit verschiedenen Formen von Verkehrsreglementierungen (z.B. Zebrastreifen, Verkehrszeichen), während ein auf dem Band sichtbares Modellauto seine Position in Abhängigkeit von Lenkbewegungen der Versuchsperson ändert. Im Fall des zweitgenannten Beispiels handelt es sich um vier Laufbänder für die zwei Verkehrsrichtungen, wobei die zwei äußeren, die die Straßenperipherie darstellen, über die Gaspedalbetätigung durch die Versuchsperson gesteuert werden, während die zwei inneren mit fest montierten Modellautos zum Zweck der Simulation des Gegen- und Überholverkehrs von außen gesteuert werden. Die Versuchsperson steuert die auf die jeweilige Fahrbahn projizierte Position ihres Fahrzeuges von einem Fahrstand aus durch entsprechendes Lenkverhalten.

3.5.4.5.2 Simulation mit Hilfe von Filmprojektion

Beispiele dafür sind der Aetna Drivotrainer (1953) bzw. dessen Weiterentwicklung, der All State Driver Trainer (1962) und der UCLA-Simulator I. Wesentlicher Bestandteil dieser Art von Simulatoren ist ein Film, der – meist im Gruppenversuch – vorgeführt wird. Die Versuchspersonen sitzen in mehreren Fahrständen und haben auf die verschiedenen filmisch dargebotenen Situationen durch Betätigung der üblichen Bedienungsvorrichtungen zu reagieren, wobei alle Reaktionen jeder einzelnen Versuchsperson in einem zentralen Auswertungsgerät registriert werden, diese Reaktionen jedoch

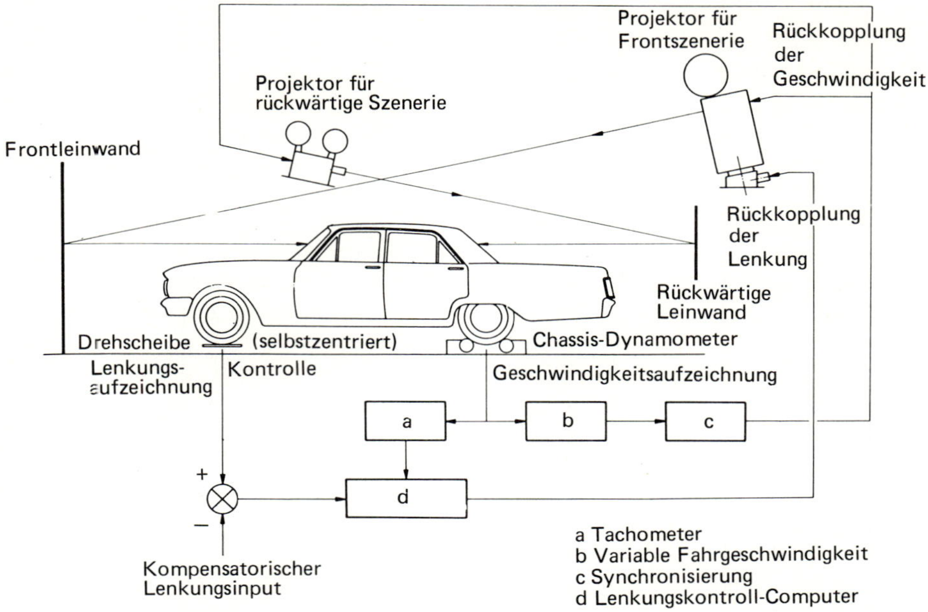

Abb. 20. Blockdiagramm des UCLA-I-Simulators (UCLA Driving Simulation Laboratory). (Nach Hulbert u. Wojcik 1972, S. 53)

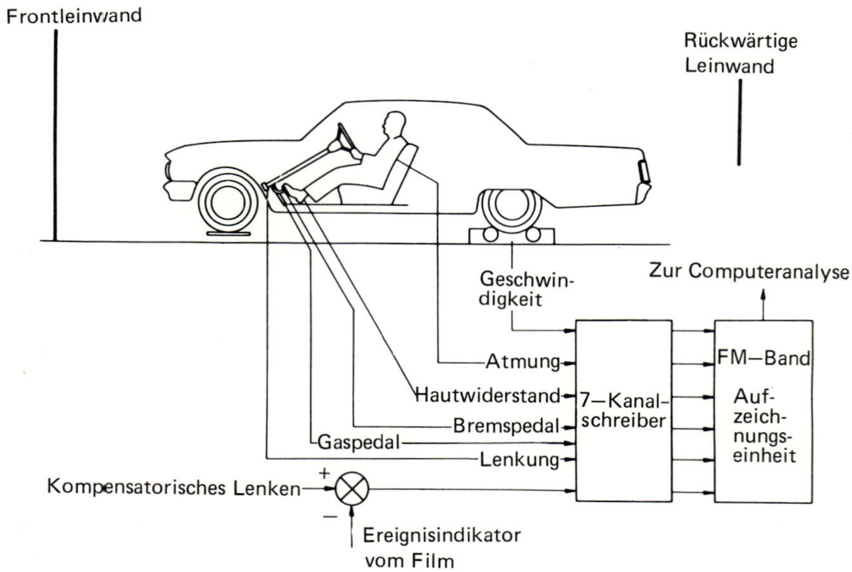

Abb. 21. Registriersystem des UCLA-I-Simulators (UCLA Driving Simulation Laboratory). (Nach Hulbert u. Wojcik 1972, S. 53)

keinerlei Auswirkungen auf die gesehene Situation haben. Das bedeutet, daß der Versuchsperson die entsprechenden Rückmeldungen erst nach Ablauf des ganzen Films gegeben werden können. Bei einzelnen Simulatoren für diagnostische Zwecke (z. B. beim Drivotron, 1961) wird dabei im Einzelversuch auch der Umriß der Frontpartie des eigenen Fahrzeugs in das Filmbild projiziert und eine beschränkte unmittelbare Rückmeldung in Form von Signalen gegeben. Beim UCLA-I-Simulator wird sowohl eine vor dem Fahrzeug befindliche Szenerie als Film dargeboten als auch die hinter dem Fahrzeug befindliche Szenerie im Rückspiegel. Ablaufgeschwindigkeit und Blickperspektive des Films können durch Gaspedalbetätigung und Lenkung in begrenztem Umfang beeinflußt werden. Abbildung 20 u. 21 zeigen die Funktionsweise in schematischer Darstellung.

3.5.4.5.3 Simulation mit Hilfe von Schattenprojektion

Beispiele dafür sind der Miles Motor Driving Trainer (1948) bzw. seine neue Version, der Sim-L-Car (1961). Wesentlicher Bestandteil ist eine Modellandschaft auf einer drehbaren Scheibe, die durch das Fahrverhalten der Versuchsperson in einem Fahrstand in ihrer Position relativ zu einer fixierten Lichtquelle verändert wird und in Form eines Schattenbildes auf eine vor dem Fahrzeug befindliche Leinwand projiziert wird. Die Umrisse der Frontpartie des eigenen Fahrzeugs werden in das Bild projiziert.

3.5.4.5.4 Simulation mit Hilfe von Fernsehaufnahmen

Beispiele dafür sind der UCLA-II-Simulator und der Brons-Drive-Educator. Wesentliche Bestandteile sind ein Miniaturauto mit eingebauter Fernsehkamera und eine Modellandschaft, in der sich dieses bewegt. Das Fernsehbild wird der Versuchsperson, die sich in einem Fahrstand befindet, dargeboten, wobei sie die Szenerie jeweils so zu sehen bekommt, wie sich dies aus der von ihr gesteuerten Position des Modellfahrzeugs ergibt. Kopfdrehungen sind mit einem entsprechenden Seitwärtsschwenken der Kamera verbunden, Beschleunigungs- und Verzögerungsauswirkungen werden durch eine veränderliche Sitzneigung simuliert. Bei der Weiterentwicklung des UCLA-II-Simulators erfolgt die Steuerung der Fernsehkamera nicht über ein Modellfahrzeug, sondern über EDV. Abbildungen 22 u. 23 zeigen das Modellfahrzeug in der Modellandschaft des Brons-Drive-Educator, Abb. 24 eine schematische Darstellung der Funktionsweise des weiterentwickelten UCLA-II-Simulators.

3.5.4.5.5 Simulation durch symbolische Abbildung

Die Simulation von Realsituationen ist nicht auf konkrete Abbildung bestimmter Situationsmerkmale beschränkt, sondern ist auch auf dem Weg über eine symbolische Abbildung möglich. Dabei werden die betreffenden Informationen aus der Umgebung in eine Zeichensprache übersetzt und in dieser Form der Versuchsperson zugänglich gemacht. Im Fall des **V-Geräts** (Klinger 1969) werden dabei Informationen, die von unterschiedlichen Beschaffenheiten der Fahrbahnoberfläche ausgehen und die unter Realbedingungen durch entsprechendes Fahrzeugverhalten (Schleudern, Ausbrechen in der Kurve)

Abb. 22. Miniaturlandschaft des Brons-Simulators. (Nach Marek u. Sten 1977, S. 177)

Abb. 23. Miniaturfahrzeug mit Fernsehkamera des Brons-Simulators. (Nach Marek u. Sten 1977, S. 177)

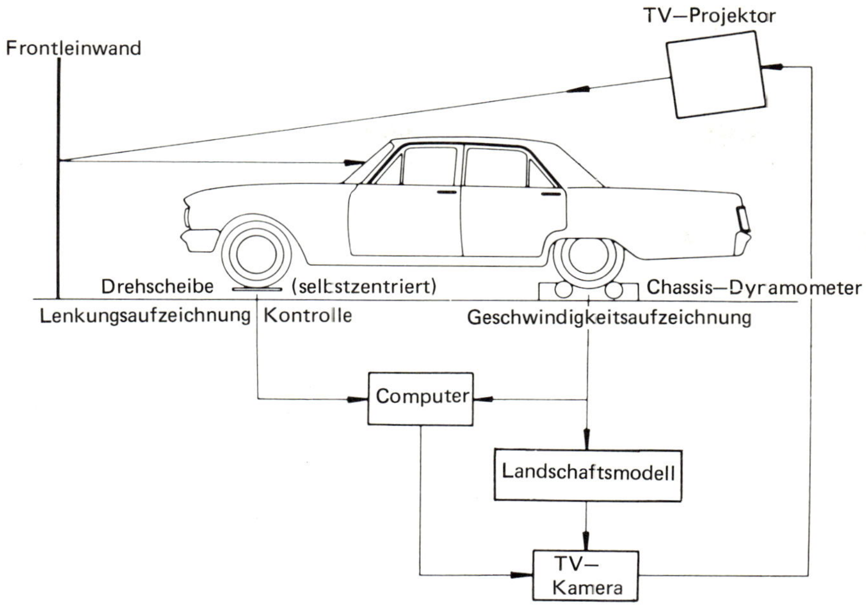

Abb. 24. Blockdiagramm des UCLA-II-Simulators. (Nach Hulbert u. Wojcik 1972, S. 57)

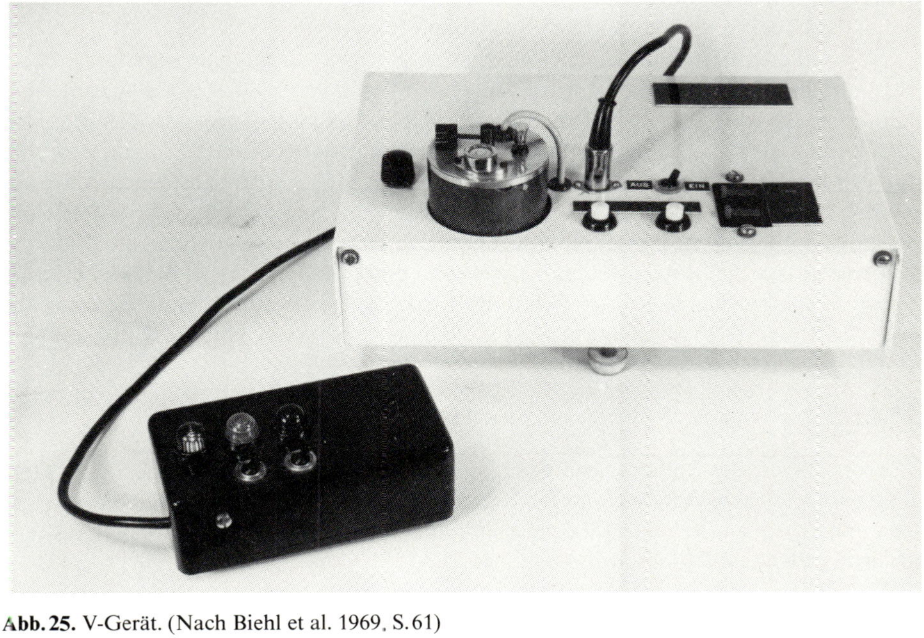

Abb. 25. V-Gerät. (Nach Biehl et al. 1969, S. 61)

gegeben werden, auf physikalischem Weg übersetzt in optische und/oder akustische Signale entsprechender Bedeutung. Durch ein in jedem beliebigen Fahrzeug unterzubringendes Gerät (Abb. 25) wird die zu jedem einzelnen Zeitpunkt gegebene Summe von Beschleunigungs- und Verzögerungskräften aller Richtungen registriert und die Größe dieser Summe in drei Abstufungen durch Aufleuchten eines grünen, gelben oder roten Lämpchens und/oder entsprechender akustischer Signale angezeigt. Die Empfindlichkeit der Registrierung ist in einem Bereich variierbar, der die Simulierung der Haftreibung von 0,1 *g* (Schneeglätte) bis 0,6 *g* (trockene Betonstraße)[2] ermöglicht. Der Versuchsperson, die die Aufgabe hat, so zu fahren wie auf schneeglatter Straße usw., wird fortlaufend angezeigt, wie weit entfernt vom physikalischen Grenzwert sie sich befindet, so daß sie auch auf trockener Fahrbahn – und somit weitgehend ungefährdet – das Fahren auf Schneeglätte lernen kann. Eine weitgehend ähnliche Methode wurde von Funatsu (1978) entwickelt.

3.5.4.5.6 Simulation mit Hilfe von EDV-erzeugtem Display

Der neuesten Entwicklung in der Simulationstechnik liegt die Erzeugung des visuellen Displays durch dafür entwickelte EDV-Programme (computer-generated images = CGI) zugrunde. Dabei werden Umgebungsmerkmale in Form numerischer Daten, die den drei perspektivischen Dimensionen eines Objekts entsprechen, für jede perspektivische Veränderung in der Zeiteinheit gespeichert und in bestimmte Situationsprogramme einbezogen. Der Ablauf des visuellen Displays erfolgt dann entsprechend solchen Programmen. Der Handlungsablauf der Versuchsperson wird ebenfalls durch EDV registriert und in dieser Form an das Programm gekoppelt, so daß auf diese Weise eine vollständige Rückmeldung ermöglicht wird. Nach diesem Prinzip ist die Vorgabe fast jeder beliebigen visuellen Umgebung möglich. Die Grenzen der Methode werden lediglich durch die Grenzen der betreffenden Rechenanlage gegeben.

Wesentlicher Bestandteil solcher Anlagen, wie z. B. des fahrdynamischen Simulators des Volkswagenwerks in Wolfsburg (Richter 1976), ist daher die Rechenanlage, meist in Form eines Analogrechners, der alle Eigenschaften des „Fahrzeugs", in dem die Versuchsperson die üblichen Bedienungselemente betätigt, in Form eines Programms abbildet. Aus der Fahrzeugbedienung ergeben sich die Eingangsgrößen, aus denen der Rechner den momentanen Bewegungszustand des Fahrzeugs berechnet und in der Folge das perspektivische Bild der Straße (die in Form von Krümmungswerten auf Lochstreifen gespeichert ist), die Motor-, Reifen-, Wind- und evt. Unfallgeräusche, die der aktuellen Situation entsprechende Rückstellkraft am Lenkrad, die Instrumentenanzeige und die entsprechenden Drehbewegungen der Fahrkabine erzeugt (vgl. Abb. 26–28).

3.5.4.5.7 Zur Frage der Validität von Fahrsimulatoren

Überprüfungen der Validität von Simulatoren können auf direktem oder indirektem Weg erfolgen: Im ersten Fall wird die **Korrelation zwischen Real- und Simulationsverhalten** ermittelt, im zweiten Fall wird die Validität auf dem **Umweg über bestimmte Erfolgskriterien** (z. B. Ausbildungserfolg) beurteilt.

---

2 1 *g* (gal) = 9,81 m/s^2 (Fallbeschleunigung).

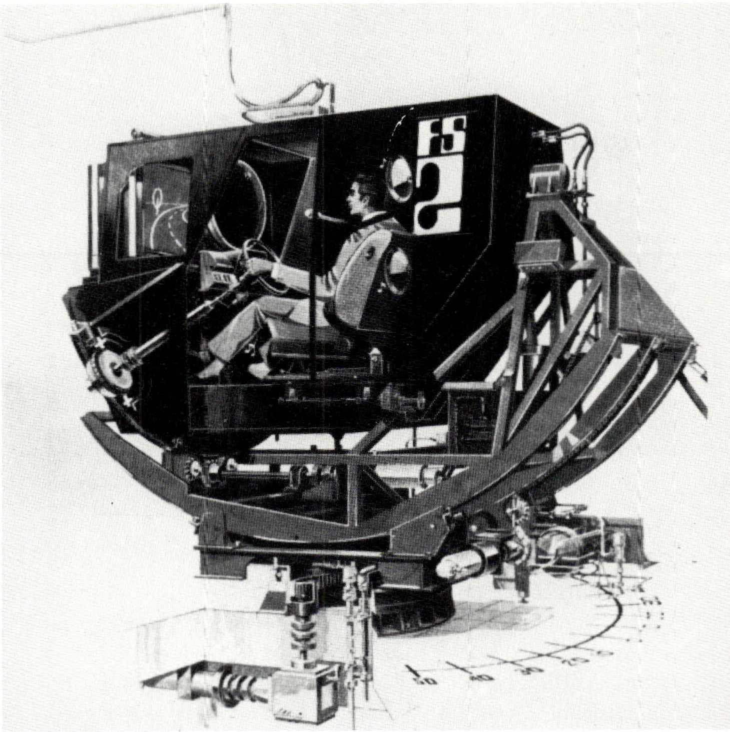

Abb. 26. Dynamischer Fahrsimulator des Volkswagenwerks. (Nach Richter 1976, S. 8)

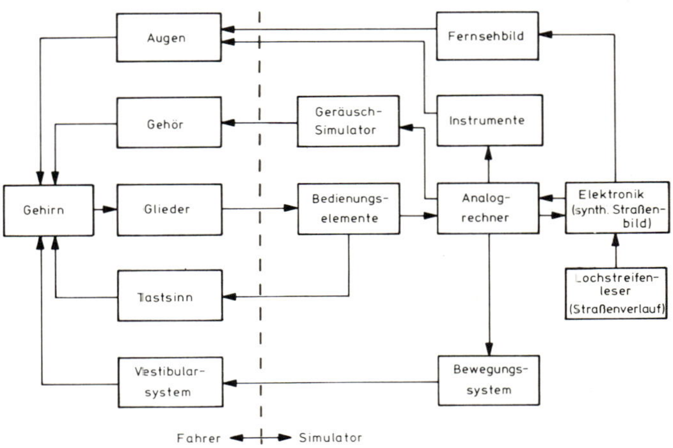

Abb. 27. Blockschaltbild Fahrer-Simulator beim dynamischen Fahrsimulator. (Nach Richter 1976, S. 9)

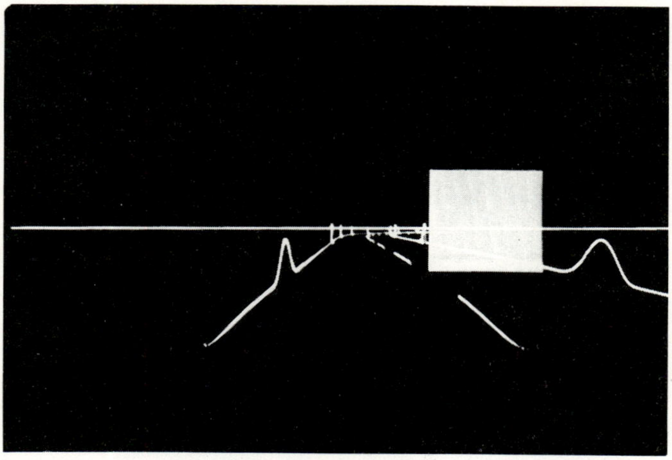

Abb. 28. Monitorbild der Straße (mit Hindernis auf der rechten Fahrbahn) beim dynamischen Fahrsimulator. (Nach Richter 1976, S. 9)

Überprüfungen der ersten Art wurden – vermutlich wegen des ungleich größeren Aufwands – nur vereinzelt durchgeführt. Ein Beispiel dafür ist die Untersuchung von Edwards et al. (1977). Dabei wurde das Fahrverhalten von 304 Taxifahrern durch Mitfahrer unwissentlich beobachtet und die Fahrer am Ende der Fahrt zu einer Untersuchung am Allstate Good Driver Trainer und am Drivotron eingeladen; die Verweigerungsquote betrug rund 34%. Am realen Fahrverhalten wurden Variablen wie Spurhalten, Fahrstreifenwechsel, Abstand zum Vorderfahrzeug, Zeichengeben, Beachten der Verkehrsregelungen, Überholen, Geschwindigkeitsverhalten, Abbiegen, Halten und Unaufmerksamkeit registriert, beim Simulatorverhalten Variablen wie Geschwindigkeitsverhalten, Bremsverhalten, Lenkverhalten und Zeichengeben. Es ergaben sich keinerlei signifikante Korrelationen zwischen beiden Fahrleistungen. Aber auch zwischen Variablen der beiden Simulatoren, die ähnliche Funktionen zu erfassen scheinen (z. B. Geschwindigkeitsverhalten), ergaben sich keine Zusammenhänge, so daß schwer beurteilt werden kann, welche Merkmale damit erfaßt wurden. An beiden Simulatoren wurde die Gesamtleistung am meisten durch Brems- und Geschwindigkeitsvariablen bestimmt, während dies bei der Gesamtleistung unter Realbedingungen die Variablen „Fahrstreifenwechsel ohne Zeichengebung" und „überhöhte Geschwindigkeit" waren. Die Autoren weisen noch darauf hin, daß sich der Simulator mit der größeren Echtheit bzw. Realitätsnähe, nämlich das Aetna Drivotron, gegenüber dem weniger realistischen Allstate Good Driver Trainer in der Vorhersagemöglichkeit realen Verhaltens nicht unterschied.

Dieses Ergebnis kann die Problematik solcher Validierungsversuche verdeutlichen. Es ist offenkundig, daß unter Real- und Simulationsbedingungen nicht uneingeschränkt vergleichbare Verhaltensformen beobachtet wurden; aber auch, daß es außerordentlich schwierig ist, eine solche Vergleichbarkeit zu schaffen. Auch unter der Annahme vergleichbarer Verhaltensbedingungen wird das Vergleichsergebnis immer noch davon abhängen, *welche* Verhaltensformen unter den beiden Bedingungen verglichen werden. Im erwähnten Beispiel handelte es sich bei den Variablen des Realverhaltens weitgehend um das Verhalten gegenüber den verschiedenen Verkehrsvorschriften und somit um ein unter Umständen stark motivationsabhängiges Verhalten, das durch Simulationsbedingungen evtl. stark verändert werden kann. Es fällt daher schwer, die fehlende Übereinstimmung im Vergleichsergebnis eindeutig zu erklären und daraus differenzierte Rückschlüsse auf die Validität eines Simulators zu ziehen. Es erscheint demgegenüber aussichtsreicher, auch in diesem Zusammenhang den Begriff „der" Validität durch den der **differentiellen Validität** zu ersetzen; demnach kann ein Simulator durchaus unterschiedliche Validität für bestimmte Kriterien haben (vgl. Barrett 1971).

Demgegenüber liegen zahlreiche Untersuchungen (Baron u. Williges 1975) zur Erfolgskontrolle von Simulatoren im Bereich der Fahrausbildung vor, die im allgemeinen um so eher positive Ergebnisse brachten, je mehr es sich um die Erlernung relativ isolierbarer grundlegender Fahrfertigkeiten handelt. Dies kann am Beispiel einer Untersuchung von Biehl et al. (1969b) gezeigt werden. Zwei Gruppen von je 10 Berufskraftfahrern wurden einer zusätzlichen Ausbildung in „flüssigem Fahren" unterzogen, wobei die Versuchsgruppe das oben (Abschn. 3.5.4.5.5.) beschriebene V-Gerät verwendete, die Kontrollgruppe hingegen nicht. Beide Gruppen waren hinsichtlich Alter, Ausbildung und Fahrerfahrung ausgeglichen. In der Prüfungsfahrt nach Trainingsende erreichte die Versuchsgruppe signifikant bessere Leistungen im flüssigen (ruckfreien) Fahren (gemessen mit dem V-Gerät, diesmal jedoch ohne Rückmeldung für den Fahrer) als die Kontrollgruppe.

Ein Beispiel für die Erfolgskontrolle des Simulationstrainings von spezifischeren Verhaltensformen ist die Untersuchung von Hoskovec u.a. (1972), in der ein Wahrnehmungs- und Reaktionstraining für Gefahrensituationen einerseits unter Real-, andererseits unter Simulationsbedingungen an zwei Gruppen von je 15 19jährigen Fahrschülern erfolgte. In der Realsituation wurde nach zehnminütiger Fahrt plötzlich eine Fußgängerattrappe („Dummy") vor das Fahrzeug geworfen, in der simulierten Situation sah sich der Fahrer in der vor ihm als Film ablaufenden Straßenszenerie einem bis dahin nicht sichtbaren Fußgänger gegenüber. Von 15 Fahrern, die am Vortag durch fünf Versuche am Simulator das Verhalten in dieser Situation trainiert hatten, überfuhren in der Realsituation drei die Fußgängerattrappe, während bei 15 nicht trainierten Fahrern neun Fahrer die Attrappe überfuhren. Die Pulsfrequenz war bei allen Fahrern in der Realsituation erhöht, bei den untrainierten Fahrern aber stärker als bei den trainierten. Es bleibt aber zu bedenken, daß sich ein auf diese Weise nachgewiesener Trainingseffekt nur auf eine kurzfristig (von einem auf den anderen Tag) bevorstehende Situation beschränken würde, während die eigentlich interessierende Form des Trainingseffekts bei größeren Zeitintervallen nachweisbar sein sollte.

Von der **(differentiellen) Validität** zu unterscheiden ist die **Echtheit eines Simulators,** unter der die Ähnlichkeit der Wahrnehmungsbedingungen in der Real- und in der Simulationssituation zu verstehen ist. Beim derzeitigen Stand der Entwicklung von Fahrsimulatoren wird besonderes Gewicht auf die Simulation der visuellen Wahrnehmungsbedingungen gelegt. In dieser Hinsicht wurden bereits Lösungen erreicht, die eine weitgehende subjektive Echtheit ermöglichen; d.h., es kann damit ein visueller Gesamteindruck entstehen, der im Vergleich mit jenem in der Realsituation als gleich erlebt wird. Hingegen ist die Simulation von kinästhetischen Wahrnehmungsbedingungen noch kaum über erste Versuche hinausgekommen.

Damit ist das Auftreten der **„Simulatorkrankheit"** verbunden, die eine Form der Reisekrankheit darstellt, wie sie an Simulatoren beobachtet werden kann, die einerseits große Echtheit der visuellen, aber fehlende Echtheit der kinästhetischen Wahrnehmungsbedingungen aufweisen. Bekanntlich tritt die Reisekrankheit in Kraftfahrzeugen im allgemeinen nur bei mitfahrenden Personen, nicht aber beim Fahrer selbst auf. Beim Simulator kann sie jedoch gerade den Fahrer selbst befallen. Eine gemeinsame Erklärungsmöglichkeit für das Auftreten der Reisekrankheit in den beiden verschiedenen Situationen ist die **gestörte oder fehlende Kongruenz von visueller und kinästhetischer Wahrnehmung:** In der Realsituation registriert der Mitfahrer zwar die gleichen kinästhetischen Empfindungen wie der Fahrer, weil beide den gleichen auf das Fahrzeug einwirkenden physikalischen Kräften ausgesetzt sind; seine visuellen Wahrnehmungen unterscheiden sich aber von denen des Fahrers dadurch, daß sie die auftretenden kinästhetischen Empfindungen weniger oder gar nicht antizipieren, weil der Mitfahrer im allgemeinen nicht „im Geist mitlenkt", d.h. eine Kurve wohl kinästhetisch, aber nicht visuell wahrnimmt. Am Simulator wird die gleiche Wirkung dadurch erreicht, daß die „Kurve" visuell, aber nicht kinästhetisch wahrgenommen wird. Die unvollständige oder fehlende Simulation kinästhetischer Wahrnehmungsbedingungen kann auf diese Weise die subjektive Echtheit der Gesamtsituation einer – (insbesonders Total-) Simulation – erheblich beeinträchtigen.

Ausschlaggebende Bedeutung für die Echtheit der Simulation scheint dem Gesichtspunkt der vollständigen Rückmeldung zuzukommen (vgl. Baron u. Williges 1975). Diese wird nur bei Simulatoren ermöglicht, die nach dem Prinzip des „closed-loop system" (closed-circuit system) konstruiert sind, bei denen also eine realitätsgerechte Rückwirkung der Fahrzeugsteuerung durch die Versuchsperson auf das visuelle Display erfolgt (wie z.B. beim Brons-Drive-Educator). Dies gilt ganz besonders für die Simulation zu Forschungszwecken. Der Simulation nach dem „open-loop system" wird in diesem Zusammenhang ein Nutzeffekt gegebenenfalls überhaupt abgesprochen, während der Nutzen von Simulation nach dem „closed-loop system" als mäßig eingeschätzt wird (Barrett 1971).

3.5.5 Zusammenfassung

Je nach Untersuchungsziel lassen sich Analysen des Gesamtverhaltens von Analysen bestimmter abgegrenzter Bereiche des betreffenden Verkehrsverhaltens unterscheiden. Im ersten Fall geht es um die Ermittlung der **Struktur bestimmter Verhaltensformen** (z.B. des Fahrverhaltens von Pkw-Fahrern oder des Fußgängerverhaltens), im zweiten Fall um die Differenzierung bestimmter **Teilbereiche dieser Verhaltensformen.**

Die häufigste Durchführungsform von Analysen des Verkehrsverhaltens ist die **systematische Fremdbeobachtung,** die auf apparativem Weg oder durch mitfahrende oder durch nachfahrende Beobachter erfolgt.

Die **apparative Verhaltensregistrierung** kann sich sowohl auf Merkmale des Fahrzeug-„Verhaltens" als auch auf solche des Fahrerverhaltens beziehen. Unter den Methoden zur systematischen Erfassung des Fahrerverhaltens kommt der **Registrierung des Blickverhaltens** besondere Bedeutung zu, weil sie Anhaltspunkte für situationsspezifisches Blickverhalten liefern kann, aus denen sich wiederum Gesichtspunkte für die Gestaltung äußerer Wahrnehmungsbedingungen ableiten lassen.

Auch unter den **Simulationsmethoden** zur Analyse des Verkehrsverhaltens lassen sich Gesamt- und Teilanalysen unterscheiden, wobei die Entwicklungstendenz neuerdings eher von der Total- zur Teilsimulation zu verlaufen scheint, zumal auch bei noch so aufwendiger und umfassender Nachbildung der Verhaltensbedingungen eine Simulation von Motivationsbedingungen nicht möglich zu sein scheint. In technischer Hinsicht sind vor allem Simulatoren mit programmierter und Simulatoren mit unprogrammierter, verhaltensgesteuerter Situationsdarbietung zu unterscheiden.

Neben Analysen des Fahrverhaltens können auch Möglichkeiten zur Fahrausbildung und diagnostische Fragestellungen den Zweck des Einsatzes von Simulationsmethoden bestimmen. Dementsprechend ergeben sich auch **unterschiedliche Kriterien für die Validierung von Fahrsimulatoren.** Eine befriedigende Antwort auf die Frage nach der Validität von Fahrsimulatoren ist heute noch kaum möglich und erscheint eher als Frage nach der differentiellen Validität der Simulation sinnvoll.

3.6 Ergebnisse von Verhaltensanalysen

3.6.1 Die Frage nach psychologischen Verkehrsursachen

Vor der Frage nach Arten und Formen des Verkehrsverhaltens steht die Frage, aus welchen Gründen es überhaupt zum Verkehrsverhalten kommt. Diese Frage nach den psychologischen Verkehrsursachen wird allerdings nur selten gestellt und daher auch nur selten untersucht, obwohl sie beispielsweise für die Wahl des Verkehrsmittels bedeutsam ist, worauf Molt (o.J.) hinweist. Dieser Autor unterscheidet **Bestimmungsgründe erster und zweiter Ordnung** für das Verkehrsverhalten. Zu den ersten werden rationale Entscheidung (nach Gesichtspunkten des Kostenvergleichs, Zeitaufwands und Komforts), Gewohnheitsverhalten (z.B. der tägliche Weg zur Arbeit), sowie Motive und Einstellungen gerechnet. Bestimmungsgründe zweiter Ordnung ergeben sich aus der Wechselwirkung zwischen solchen erster Ordnung und dem wahrgenommenen Verkehrssystem (z.B. Wahl des Ferienziels, Wahl des Wohnorts und Arbeitsplatzes als Funktion des Verkehrssystems).

Genauere Angaben über die Anteile der einzelnen Verkehrsursachen, sofern sie als psychologische Größen verstanden werden, liegen noch nicht vor. So wird etwa der Anteil von **habituellen Bestimmungsgründen** vorläufig noch sehr unterschiedlich eingeschätzt (vgl. Molt). Auch der Anteil rationaler Bestimmungsgründe wird beispielsweise von Molt und Verron (1978) sehr unterschiedlich beurteilt, wobei sich Verron allerdings auf empirische Befunde stützt.

Verron (1978) untersuchte **rationale und emotionale Motive bei der Wahl des Verkehrsmittels** im Berufsverkehr in Form einer Befragung einer Gruppe von Park-and-

Ride-Fahrern (n = 51) im Vergleich zu einer Gruppe von Pkw-Fahrern (n = 48). Die erste Hypothese der Untersuchung, wonach diese Motive nicht rational seien, wurde durch die Ergebnisse widerlegt, da überwiegend Zeit- und Kostengesichtspunkte festzustellen waren. Auch die zweite Hypothese, wonach die Wahl des Pkw als Verkehrsmittel in der emotionalen Bindung des Autobesitzers an sein Auto zu begründen sei, konnte nicht bestätigt werden. Auch wenn die Ergebnisse einer einzelnen derartigen Untersuchung nicht vorbehaltlos verallgemeinert werden können, so können sie doch in Anbetracht der Seltenheit ähnlicher Untersuchungen erste Anhaltspunkte für die Beurteilung der Frage nach der Wahl des Verkehrsmittels im Berufsverkehr geben.

3.6.2 Faktoren und Fahrindizes des Fahrverhaltens

Von den 19 „Fahrindizes', die in der Untersuchung von Quenault (vgl. S. 56f.) gebildet wurden, brachten folgende sechs Indizes signifikante Unterschiede zwischen verkehrsauffälligen (VA) Pkw-Fahrern und nach Zufall ausgewählten Fahrern (Stichprobengröße jeweils n = 50):

- aktives vs. passives Überholen (VA: häufigeres aktives Überholen);
- riskante Verhaltensweisen wie z. B. knapper Abstand vom Gegenverkehr, Überholen in knapper Situation, unvorsichtiges Befahren von Kreuzungen (VA: mehr riskante Verhaltensweisen);
- unnötige Fahrmanöver wie z. B. Fahren in der Straßenmitte, Ausholen in Kurven oder beim Überholen, Nichtüberholen trotz genügender Gelegenheit, dichtes Auffahren (VA: größere Anzahl unnötiger Fahrmanöver);
- Fehlverhaltensweisen wie z. B. falsches Einordnen, Behindern, fehlerhafte Richtungsanzeige (VA: größere Anzahl von Fehlverhaltensweisen);
- Rückspiegelbenützung (VA: seltenere Rückspiegelbenützung);
- Beinahe-Unfälle (VA: mehr Beinahe-Unfälle).

Nur die beiden erstgenannten Fahrindizes bestätigten sich als Unterscheidungsmerkmale in drei verschiedenen Untersuchungen, während dies bei den übrigen vier Fahrindizes jeweils nur in einer Untersuchung der Fall war. Hinsichtlich ihres Geschwindigkeitsverhaltens unterschieden sich die beiden Fahrergruppen nicht.

Auf der Grundlage der 19 Fahrindizes (drei für die Rückspiegelbenützung, zwei für die Blinkerbetätigung, sechs für das Geschwindigkeitsverhalten und neun sonstige) und der erhobenen biographischen Daten (insgesamt 24 Variable) wurde für eine Stichprobe, bestehend aus 50 verkehrsauffälligen und 50 nach Zufall ausgewählten Fahrern, eine Faktorenanalyse gerechnet, die insgesamt sechs Faktoren ergab:

- *Faktor 1:* Geschwindigkeitsfaktor (schnelles zügiges Fahrverhalten);
- *Faktor 2:* Voraussichts- und Aufmerksamkeitsfaktor (wenige riskante Verhaltensweisen, unnötige Manöver und Beinahe-Unfälle).
- *Faktor 6:* Orientierungsfaktor (Rückspiegelbenutzung).

Von den drei weiteren Faktoren sind zwei durch anamnestische Daten gekennzeichnet und einer inhaltlich nicht interpretierbar.

Die angestrebte Fahrerklassifikation erfolgt in einem gestuften Vorgehen: Fahrer ohne riskante Verhaltensweisen und Beinahe-Unfälle werden als „safe drivers" sog.

(S-Fahrer) eingestuft. Fahrer, die nicht in diese Gruppe fallen, werden weiter unterschieden: Bei häufiger Rückspiegelbenützung werden sie der Gruppe der „injudicious drivers“ (I-Fahrer) zugeordnet, die den S-Fahrern sehr ähnlich sind, sich aber von ihnen durch gegebenenfalls unangemessene Informationsverarbeitung unterscheiden. Fahrer, die nicht in diese Gruppe fallen, werden nochmals unterschieden: Bei Überwiegen aktiven Überholens gegenüber passivem Überholen werden sie der Gruppe der „dissociated active drivers“ (DA-Fahrer) zugeordnet, im umgekehrten Fall der Gruppe der „dissociated passive drivers“ (DP-Fahrer). Während DA-Fahrer Risiken gezielt in Kauf nehmen, geraten DP-Fahrer passiv in solche hinein; beide Gruppen weisen unangepaßte Verhaltensweisen und mangelhafte Orientierung bzw. Informationsverarbeitung auf.

Die Gruppenzugehörigkeiten verteilen sich bei drei Stichproben-Paaren von je 50 verkehrsauffälligen und 50 nach Zufall ausgewählten Fahrern folgendermaßen (Tabelle 8 nach Quenault u. Fuhrmann 1969):

Tabelle 8. Relative Häufigkeiten der Fahrerkategorien bei je drei Stichproben von nach Zufall ausgewählten und verkehrsauffälligen Fahrern. (Nach Quenault u. Fuhrmann 1969, S. 12)

Fahrer-kategorie	Nach Zufall ausgewählte Fahrer			Verkehrsauffällige Fahrer		
	n = 50 [%]	n = 50 [%]	n = 50 [%]	n = 50 [%]	n = 50 [%]	n = 50 [%]
S	72	66	66	36	36	34
I	6	2	2	12	12	16
DA	6	8	10	16	24	14
DP	16	24	22	36	28	36

Die Zuverlässigkeit der Klassifikation wurde an 80 Fahrern durch eine Wiederholungsuntersuchung nach zwei Jahren geprüft und ergab einen Korrelationskoeffizienten von $r = 0{,}92$.

Die vom Verkehrspsychologischen Institut in Wien entwickelte Methode der Beobachtung des Fahrverhaltens von Pkw-Fahrern (vgl. S. 57) wurde in mehreren voneinander unabhängigen Untersuchungen erprobt: Zunächst an 91 freiwilligen Fahrern, sodann an 182 freiwilligen Fahrern (Klebelsberg et al. 1970), des weiteren an 109 Fahrern, die von Behörden für die Untersuchung freigestellt wurden (Häcker 1971) und schließlich an 78 Omnibusfahrern im unwissentlichen Verfahren (Seydel et al. 1977). Entsprechend dem Ziel dieser Untersuchungen, eine Struktur der wesentlichen Fahrverhaltensmerkmale zu ermitteln, wurden jeweils Faktorenanalysen durchgeführt. Um möglichst objektive Vergleichsmöglichkeiten zu gewährleisten, wurden die Ergebnisse der drei erstgenannten Untersuchungen durch die Methode der Transformationsanalyse aufeinander bezogen. Dabei werden die jeweils ermittelten Faktoren der einen Analyse so rotiert, daß sie denen der anderen Analyse bestmöglich entsprechen. Daraus ergibt sich folgende Faktorenmatrix, die sich auf die Beobachtungsdaten von insgesamt 382 Pkw-Fahrern, erhoben von drei verschiedenen Beobachter-Paaren auf zwei verschiedenen Fahrstrecken, stützt; in Tabelle 9 (s. S. 76/77) wird zusätzlich für jede Variable der Ähnlichkeitskoeffizient S (Gebhardt 1968, Gebhardt u. Müller 1969) angegeben, der als Maß für die Unabhängigkeit der einzelnen Variablen von den drei Fahrerstichproben, den drei Beobachterpaaren, den verschiedenen Fahrzeugen und den verschiedenen Fahrstrecken interpretiert werden kann.

Tabelle 9. Rotierte Faktorenmatrix als Ergebnis von Analysen des Fahrverhaltens von Pkw-Fahrern. (Nach Biehl et al. 1975, S. 172)

Variable	S	1	2	3	4	5	6	7	h^2
01 Weiches Anfahren	0,51	0,19	−0,44	0,08	−0,57	0,07	−0,02	−0,08	0,57
02 Gutes Anfahren am Berg	0,84	0,04	−0,18	−0,19	−0,46	0,06	0,48	−0,35	0,64
03 Sanfte Beschleunigung	0,92	0,02	0,59	−0,02	−0,33	0,06	−0,32	0,33	0,67
04 Schleifendes Einkuppeln	0,70	0,05	0,17	0,40	−0,53	−0,07	0,16	−0,05	0,51
05 Frühes Auskuppeln	−0,43	−0,10	−0,25	0,45	−0,04	−0,19	−0,22	−0,10	0,37
06 Hohe Tourenzahl	0,93	0,05	−0,36	0,28	0,34	−0,05	0,46	−0,27	0,61
07 Häufiges Motorschinden	0,74	−0,22	0,32	0,07	0,16	0,39	−0,36	0.34	0,58
08 Gute Anpassung der Motordrehzahl	0,87	0,01	−0,29	−0,45	−0,40	0,10	−0,16	−0,25	0,55
09 Schleppender Schaltvorgang	0,87	0,01	0,23	0,24	−0,15	−0,21	0,01	0,01	0,18
10 Entschlossenes Befahren von Kreuzungen	0,92	−0,03	−0,36	−0,04	−0,09	0,29	0,23	−0,47	0,50
11 Vorsichtiges Befahren von Kreuzungen	0,71	0,46	−0,10	−0,09	−0,15	0,18	0,07	−0,13	0,31
12 Langsames Kurvenfahren	0,82	−0,06	0,64	0,09	−0,03	−0,19	−0,21	0,37	0,64
13 Beschleunigen in der Kurve	0,95	0,09	−0,75	0,14	−0,11	0,08	0,16	−0,15	0,66
14 Gezieltes Kurvenfahren	0,86	0,35	−0,53	0,08	−0,23	−0,06	−0,14	−0,36	0,62
15 Häufiges Kurvenschneiden	0,45	−0,40	−0,11	−0,03	−0,03	0,15	0,29	0,08	0,29
16 Übersteuernde Lenkkorrektur	−0,66	−0,01	−0,55	0,13	−0,03	0,11	0,08	0,25	0,40
17 Häufiges einhändiges Fahren	0,87	0,01	−0,07	−0,15	0,10	0,14	0,19	−0,58	0,43
18 Weiter Seitenabstand	0,49	0,14	0,15	0,21	0,30	−0,16	0,01	0,15	0,23
19 Häufige Bremsbereitschaft	0,29	0,02	0,02	−0,02	0,06	0,47	−0,01	0,16	0,25
20 Weiches Bremsen	0,81	0,35	0,09	0,11	−0,24	−0,02	0,01	−0,32	0,30
21 Häufiges Fahren im Leerlauf	0,23	−0,24	0,21	0,55	0,03	−0,14	0,01	−0,29	0,51
22 Weiches Gasgeben	0,86	0,16	0,14	0,06	−0,73	0,03	0,00	0,03	0,59
23 Angepaßtes Einordnen	0,90	0,23	−0,34	−0,22	−0,30	−0,14	0,09	−0,45	0,54
24 Vorsichtiges Überholen	0,67	0,57	−0,07	−0,23	−0,07	−0,34	0,30	0,00	0,59
25 Entschlossenes Überholen	0,88	−0,02	−0,02	−0,04	−0,15	0,08	0,00	−0,53	0,31
26 Großer Abstand zum Vorderfahrzeug	0,69	0,18	0,53	−0,01	0,06	−0,14	−0,13	0,03	0,36
27 Gutes Beobachten des nachfolgenden Verkehrs	0,74	0,32	−0,06	−0,14	−0,32	0,22	0,39	−0,51	0,69
28 Geduldiges Warten bei Halt	0,36	0,33	0,07	−0,09	−0,07	−0,10	0,31	0,31	0,33
29 Hohe Geschwindigkeit außerorts	0,89	−0,11	−0,36	−0,08	−0,05	−0,14	0,30	−0,41	0,43
30 Gleichmäßige Geschwindigkeit außerorts	0,44	0,00	0,08	−0,24	−0,14	−0,28	−0,11	−0,18	0,21
31 Vorsichtiges Fahrverhalten	0,89	0,72	0,07	−0,08	−0,15	−0,13	−0,17	−0,38	0,74
32 Häufiges Ausnützen von Möglichkeiten	0,80	−0,12	−0,49	−0,12	−0,34	−0,07	0,23	−0,38	0,59
33 Betonung eigener Vorrechte	0,59	−0,38	−0,08	−0,20	0,18	0,11	−0,20	−0,28	0,35
34 Häufiges Beachten von Vorschriften	0,66	0,67	0,11	0,04	−0,22	0,15	0,07	−0,45	0,74
35 Häufiges Hupen	0,41	0,24	−0,19	0,04	−0,02	0,30	−0,10	−0,24	0,25
36 Gelöste Haltung	0,88	−0,05	−0,32	0,01	−0,19	0,25	0,08	−0,57	0,54
37 Häufiges Gestikulieren	0,76	0,03	−0,09	−0,08	0,01	0,52	−0,09	0,11	0,31

Tabelle 9. (Fortsetzung)

Variable	S	1	2	3	4	5	6	7	h^2
38 Häufige Kritik an anderen	0,87	0,03	0,21	0,20	0,05	0,62	0,05	−0,04	0,48
39 Viele Zwischenfälle	0,82	−0,37	0,02	−0,05	0,17	0,30	0,15	0,49	0,52
40 Gute Gesamtnote	0,92	0,30	−0,32	0,00	−0,06	−0,02	−0,02	−0,74	0,74
Anteil an der Gesamtvarianz		14	20	8	17	10	8	23	
Anteil an gemeinsamer Varianz		6,6	9,4	3,8	8	4,7	3,8	10,8	$\Sigma = 48$

Die Faktoren lassen sich folgendermaßen kennzeichnen:
- *Faktor 1:* aktiv-unvorsichtiges vs. vorsichtiges Fahrverhalten;
- *Faktor 2:* hohe vs. niedrige Fahrgeschwindigkeit;
- *Faktor 3:* spärliche vs. ausgiebige Betätigung der Kupplung;
- *Faktor 4:* Ausgewogenheit vs. Unausgewogenheit des Fahrstils;
- *Faktor 5:* zurückhaltend-tolerantes vs. intolerantes Verhalten;
- *Faktor 6:* geringe vs. große Fahrroutine;
- *Faktor 7:* entschlossen-gezielte vs. unentschlossen-ungezielte Fahrweise.

Die Bedeutung derartiger Ergebnisse ist vor allem in ihrem Beitrag zur Klärung der **„Dimensionalitätsfrage" des Fahrverhaltens** zu sehen; d.h., sie können verdeutlichen, welche voneinander relativ unabhängigen Verhaltensdimensionen beim Fahrverhalten anzunehmen sind. Der Erkenntnisgewinn wird am Beispiel der Faktoren 1 und 2 deutlich: Während das vorwissenschaftliche Bild vom Fahrverhalten einen sehr engen Zusammenhang zwischen Vorsichts- und Geschwindigkeitsverhalten annimmt und daraus mitunter weitreichende Folgerungen ableitet, zeigt sich, daß beide Verhaltensbereiche relativ voneinander unabhängig sind. Das bedeutet, daß es nicht nur eine schnelle und unvorsichtige oder langsame und vorsichtige Fahrweise gibt, sondern auch eine schnelle und vorsichtige sowie eine langsame und unvorsichtige. Solche Differenzierungen können ebenso große Bedeutung für Fragen der Fahrausbildung und Verkehrserziehung haben wie die Differenzierung zwischen den Faktoren 1 und 2 einerseits und dem Faktor 7 andererseits.

Besonders zu erwähnen ist die Variable 40, die „Gesamtnote", bei der es sich um eine Beurteilung des Gesamtverhaltens im Hinblick auf das Kriterium der Verkehrsangepaßtheit mit den beiden Teilkriterien der Verkehrssicherheit und -kapazität handelt. Der Ähnlichkeitskoeffizient von 0,92 zeigt an, daß eine weitgehend objektive Erfassung dieses Merkmals möglich ist.

Die Anwendung der gleichen Beobachtungsmethode auf das Verhalten von Omnibusfahrern (Seydel et al. 1977) konnte die Faktoren 1, 4 und 7 auch an dieser Fahrerstichprobe bestätigen; daß der Geschwindigkeitsfaktor als einer der bedeutsamsten Faktoren hier nicht ermittelt werden konnte, ist vermutlich auf die unterschiedlichen Fahraufgaben der Fahrer von städtischen Omnibussen gegenüber jenen von Pkw-Fahrern zurückzuführen.

Auch in der Untersuchung von Schubert u. Edler (1965; vgl. S. 57) wurden die erhobenen Beobachtungsdaten einer Faktorenanalyse unterzogen (9 Variablen bei n = 72). Drei Faktoren wurden ermittelt:

- *Faktor 1:* habituelle Fahrgeschwindigkeit;
- *Faktor 2:* vorausschauende, verkehrspartnerbezogene Fahrweise;
- *Faktor 3:* spurgerechtes Fahren.

Bei einem Vergleich der erwähnten faktorenanalytischen Ergebnisse muß deren **Abhängigkeit von der ursprünglichen Variablenauswahl** berücksichtigt werden. Trotz dieses Vorbehalts lassen sich die Faktoren des Geschwindigkeitsverhaltens und des vorsichtigen vs. unvorsichtigen Fahrverhaltens mit hoher Beständigkeit ermitteln. Bei gleicher Variablenauswahl gilt dies auch für die Faktoren des entschlossen-gezielten vs. unentschlossen-ungezielten Fahrverhaltens.

Vergleichende Faktorenanalysen für reales und simuliertes Fahrverhalten wurden von Ellingstad (1970) durchgeführt. Von 56 freiwilligen Fahrern des „Highway Systems Research Car" (Greenshields u. Platt 1967) wurde das Fahrverhalten auf einer 10,3 Meilen langen Fahrstrecke automatisch registriert, wobei ausschließlich Merkmale des Lenk- und Geschwindigkeitsverhaltens erfaßt wurden: kleine Lenkbewegungen (Mittelwert und Streuung), große Lenkbewegungen (Mittelwert), Geschwindigkeit (Mittelwert und Streuung), Geschwindigkeitsänderungen (Mittelwert). Zu einem späteren Zeitpunkt wurden bei den gleichen Personen die gleichen Merkmale sowie einige weitere in einer Versuchsfahrt am Sim-L-Car-Simulator erfaßt. Das Ergebnis der durchgeführten Faktorenanalyse ist ein Beispiel dafür, daß bei einseitiger Variablenauswahl auch eine Faktorenanalyse unergiebig bleiben muß: Je zwei Lenkbewegungsfaktoren und ein Geschwindigkeitsfaktor für den Real- und für den Simulatorversuch spiegeln lediglich die beiden beteiligten Variablengruppen wider. Interessanter ist der jeweils dritte Faktor, in dem die „operator input variability", somit die Streuung der Lenk- *und* Geschwindigkeitsvariablen, zum Ausdruck kommt.

Die auf S. 58 erwähnte Untersuchung von Edwards u. Hahn (1964) ermöglicht Hinweise auf die Häufigkeit von Fahrfehlern bei unwissentlich beobachtetem Fahrverhalten. Bei fast allen Fahrern (n = 304) wurde von den Beurteilern mindestens ein Verhaltensfehler pro fünf Minuten Fahrzeit festgestellt. Die durchschnittliche Fehleranzahl betrug 9,2 Fehler, wobei es sich in 87% der Fälle um Überschreitungen der Höchstgeschwindigkeit handelte. Zwischen einer unfallbelasteten und einer unfallfreien Gruppe der beobachteten Fahrer fanden sich keine Unterschiede in der Fehleranzahl, hingegen gab es innerhalb der unfallbelasteten Gruppe große Unterschiede.

Die Ergebnisse der Untersuchung von Höfner (1967, vgl. S. 58) sind insbesondere wegen der sich daraus ergebenden methodischen Folgerungen bedeutsam. 82 Mopedfahrer, deren Fahrverhalten in der Untersuchung von Mittenecker (1967, vgl. S. 58) bereits durch nachfahrende Beobachter im unwissentlichen Verfahren beobachtet worden war, wurden ein zweites Mal im wissentlichen Verfahren beobachtet. Bei 30 gut und 30 schlecht angepaßten Fahrern wurde das Fahrverhalten unter den beiden Bedingungen verglichen. Dabei ergab sich, daß **Merkmale, die bei unwissentlicher Beobachtung mittlere Ausprägungsgrade aufweisen, auch bei wissentlicher Beobachtung im mittleren Ausprä-**

gungsbereich liegen; und ferner, daß insbesondere die unter unwissentlicher Beobachtung charakteristischen Merkmale im Fall der wissentlichen Beobachtung eher noch stärker vom Mittelbereich abweichen. Dieser Befund ist ein wichtiger Gesichtspunkt für Überlegungen zur Wahl des wissentlichen (bei Beobachtung durch Mitfahrer) oder unwissentlichen (bei Beobachtung durch Nachfahrer) Verfahrens. Meist wird eine wesentliche Verhaltensänderung als Folge des wissentlichen Beobachtetwerdens angenommen, wenn auch nicht empirisch nachgewiesen; diese Annahme erscheint auf der Grundlage der Ergebnisse von Höfner nicht stichhaltig.

Die Ergebnisse der apparativen und durch mitfahrende Beobachter vorgenommenen Verhaltensregistrierungen von Greenshields (1963) u. Greenshields u. Platt (1967, vgl. S. 51) ermöglichen genauere Kennzeichen des „guten Fahrens". Eine Kontrollgruppe, bestehend aus 23 aufgrund von Versicherungsdaten als wenig unfallbelastet eingestuften Fahrern und 17 Fahrlehrern, wurde mit einer Gruppe von 40 auf gleiche Weise als unfallbelastet eingestuften Fahrern und mit einer Gruppe von 40 Fahrern mit mehr als 12 Strafpunkten in zwei Jahren (und somit vom Führerscheinentzug bedroht) verglichen. In beiden Vergleichen unterschied sich die Kontrollgruppe in folgenden Variablen jeweils signifikant von den beiden anderen Gruppen: längere Zeit, während der das Fahrzeug in Bewegung ist; geringere Häufigkeit der Veränderungen der Gaspedalstellung; weniger große Lenkradbewegungen; weniger kleine Lenkradbewegungen. Diese Unterschiede lassen sich dahingehend zusammenfassen, daß **das gute Fahren durch geringeren Aktivitätsaufwand gekennzeichnet ist, der auf bessere Antizipation zurückgeführt werden kann.** Trotz dieser Differenzierungsmöglichkeit zwischen Fahrergruppen nehmen die Autoren eine noch bessere Differenzierbarkeit von Verkehrssituationen mit Hilfe der von ihnen entwickelten Methode an.

3.6.3 Blickverhalten

Die Analysen des Blickverhaltens von Kraftfahrern haben bereits zu zahlreichen Einzelbefunden geführt, über die Höfner u. Hoskovec (1973) einen Überblick geben. Während der Fahrtätigkeit scheinen die Änderungen der Blickrichtung in den meisten Fällen einen Winkel von 6 Grad nicht zu übersteigen und die Dauer der meisten Blickfixierungen zwischen 0,1 und 0,35 s zu liegen. Rund 90% aller Blickfixierungen sind in einem Bereich von ± 4 Grad Abweichung vom zentralen Blickpunkt (= focus of expansion, d.h. der Punkt, von dem sich das visuelle Feld ausbreitet, z.B. der perspektivische Fluchtpunkt einer Straße; vgl. Abb. 16) anzunehmen. **Blickfixierungen konzentrieren sich auf den Teil des visuellen Feldes, der am meisten Informationen liefert** (Mackworth u. Morandi 1967) bzw. von dem am meisten Informationen erwartet werden. Insofern spiegelt das Blickverhalten die aktuellen Informationsbedürfnisse wider (Shinar 1978).
Ein wichtiger Gesichtspunkt für die Interpretation von Ergebnissen aus Blickverhaltensanalysen ist das **Zusammenwirken fixierender und peripherer Wahrnehmung.** Dies wird insbesonders durch vergleichende Untersuchungen an Fahranfängern und an erfahrenen Fahrern deutlich.

Dazu vorliegende Befunde (Mourant u. Rockwell 1972) sprechen dafür, daß der Anfänger vorwiegend solche visuellen Informationen verarbeitet, die er auf dem Weg über das zentrale Sehen, also über Blickfixierungen, erhält. Daher ist seine Suchaktivität besonders groß. **Mit zunehmender Erfahrung gewinnt das periphere Sehen zunehmend an Bedeutung.** Insbesondere die für das Spurhalten wesentlichen Informationen über Seitenabstände werden immer mehr peripher erfaßt, so daß die Suchaktivität in diesem Bereich eingeschränkt und die Blickfixierungen auf weiter vorausliegende Bereiche des visuellen Feldes gerichtet werden. Eine entgegengesetzte **Veränderung des Blickverhaltens ergibt sich bei fortschreitender Ermüdung** (Kaluger u. Smith 1970): Das periphere Sehen tritt zurück, so daß eine fixierende Beobachtung des Fahrbahnrandes notwendig wird. Die damit verbundene verringerte Vorausorientierung kann bei gleichzeitiger Beibehaltung der Geschwindigkeit zu verringerter Antizipation führen, zumal für die Zeitdauer der Verlagerung der Blickrichtung auf ein vorher peripher wahrgenommenes Objekt ca. 0,2 s anzunehmen sind (Hartmann 1978 zit. nach Engels 1979). Ähnliche Auswirkungen, wie diejenigen durch Ermüdung, scheinen sich beim Fahren in der Dunkelheit zu zeigen (Rockwell et al. 1968, Rockwell et al. 1970, zit. nach Höfner u. Hoskovec 1972).

Teils unter Real- (Belt 1969, zit. nach Forbes 1972c), teils unter simulierten Bedingungen (Buikhuisen u. Jongman 1971) wurden **Veränderungen des Blickverhaltens durch Alkoholisierung** festgestellt. Diese Veränderungen treten in Form eines Tunneleffekts in Erscheinung, d.h. das Blickverhalten wird nur noch auf einen engen Ausschnitt aus dem gesamten visuellen Feld beschränkt. Diese Veränderung ist tendenzmäßig bereits bei einer Blutalkoholkonzentration von 0,4 Promille und in ausgeprägter Form bereits bei einer Blutalkoholkonzentration von 0,8 Promille zu beobachten. Auch die Fixationsdauer nimmt mit zunehmender Alkoholisierung zu, bei 1,0 Promille bereits um mindestens 50% (Mortimer 1971). Trotz der überwiegend unwillkürlichen Steuerung des ungeübten Blickverhaltens kommt der **Übbarkeit des Blickverhaltens** auch eine erhebliche praktische Bedeutung zu. So kann beispielsweise Blendung durch entgegenkommende Fahrzeuge in vielen Situationen – besonders auf Autobahnen – durch richtiges Blickverhalten vermieden werden: Es wird vermieden, in die Blendquelle zu schauen, obwohl dazu eine unwillkürliche Tendenz besteht. Insbesondere kann ökonomisches Blickverhalten, wie es als Unterscheidungsmerkmal zwischen geübten und ungeübten Kraftfahrern festzustellen ist, zum Inhalt entsprechender Trainingsformen gemacht werden; Versuche dazu liegen vor (Rella 1976).

3.6.4 Aufmerksamkeit

Die Bedeutung der Aufmerksamkeit für das Verkehrsverhalten scheint zwar so unzweifelhaft, daß sie in den meisten Ländern auch durch Gesetze vom Verkehrsteilnehmer, in besonderem Maß vom Kraftfahrer, gefordert wird. Demgegenüber liegt aber ein bemerkenswerter Mangel an diesbezüglichen empirischen Forschungsergebnissen vor. Dies mag nicht zuletzt durch die noch immer nur unbefriedigend gelöste Problematik des Aufmerksamkeitsbegriffs bedingt sein. Für die Beurteilung der verkehrspsychologischen Bedeutung der Aufmerksamkeit soll hier auf die Interpretation des Aufmerksamkeitsbegriffs von Rohracher (1971) zurückgegriffen werden, die mit anderen Interpretationen zwar die Umstrittenheit gemeinsam, dafür aber den Vorzug der Klarheit hat. Demnach ist unter Aufmerksamkeit ein **Aktivierungszustand der verschiedenen psychischen Funktionen** zu verstehen, so daß es strenggenommen nicht sinnvoll ist, von „Aufmerksamkeit", sondern vielmehr von aufmerksamem Sehen, Hören usw. zu sprechen. Der komplementäre Begriff ist der der **„spare capacity"** (Reservekapazität, Brown 1965), die mit der Methode der Nebentätigkeit zu erfassen versucht wird, wobei als Nebentätigkeiten, für deren Ausführungen also neben der Haupttätigkeit noch Kapazität frei ist, z. B. fortlaufende Kopfrechenaufgaben in Betracht kommen. Brown untersuchte auf diese Weise, in welchem Grad das Fahrverhalten in verschiedenen Verkehrssituationen aufmerksam ist. Dabei zeigt sich z. B. auch, daß sich die Benutzung eines Autoradios in verschiedenen Situationen unterschiedlich auswirkt. Im Stadtverkehr treten mehr Fahrfehler auf als unter ruhigen Verkehrsbedingungen; d. h., die Nebentätigkeit Radiohören beeinträchtigt die Haupttätigkeit Fahren. Darin kommt allerdings auch eine grundsätzliche Schwierigkeit der Methode der Nebentätigkeit zum Vorschein: die schlechte Kontrollierbarkeit des individuellen Zuwendungsgrades zu den beiden Tätigkeiten. So wird beispielsweise je nach Art der Wechselwirkung zwischen jeweiliger Radiosendung und individueller Interessenrichtung der Zuwendungsgrad verschieden sein. Ein Rückschluß auf *situations*spezifische Aufmerksamkeitsunterschiede wird aber kaum möglich sein.

Unter forensischem Gesichtspunkt ist die Forderung einer „anhaltenden größtmöglichen Aufmerksamkeit" problematisch, weil der durch EEG-Maße kontrollierbare Aktivierungsverlauf von Leistungsfunktionen nicht als gleichmäßig, sondern in intra- und interindividuell unterschiedlicher Form phasenförmig anzunehmen ist. Diese **Schwankungsintervalle** betragen mehrere Sekunden (Groll 1963) und scheinen mit steigender Beanspruchung abzunehmen (Schalkhammer 1952).

Neben dem quantitativen Gesichtspunkt der Aufmerksamkeit ist auch der **qualitative Gesichtspunkt** für das Verkehrsverhalten bedeutungsvoll. Dazu gehören Fragen der „Aufmerksamkeitsweite" und „Aufmerksamkeitsverteilung". Im Sinn der erwähnten Interpretation von Rohracher wäre darunter die Abhängigkeit des Aktivierungsgrades einer bestimmten Funktion von der Menge und der raum-zeitlichen Verteilung der in Betracht kommenden Objekte zu verstehen. Die Ergebnisse aus Untersuchungen von Kahneman et al. (1973) und Mihal u. Barrett (1976) zeigen einen Zusammenhang zwischen solchen Funktionen und Fahrverhalten: Wechselndes aufmerksames Hinhören auf verschiedene Reize ist bei guten Kraftfahrern ausgeprägter als bei unfallbelasteten Fahrern.

3.6.5 Psychomotorik

Im Mittelpunkt des Interesses an den psychomotorischen Funktionen des Verkehrsverhaltens stand lange Zeit die **Reaktionszeit** bzw. die **Reaktionsgeschwindigkeit** des Kraftfahrers. Dieses besondere Interesse wurde in neuerer Zeit insofern abgeschwächt, als

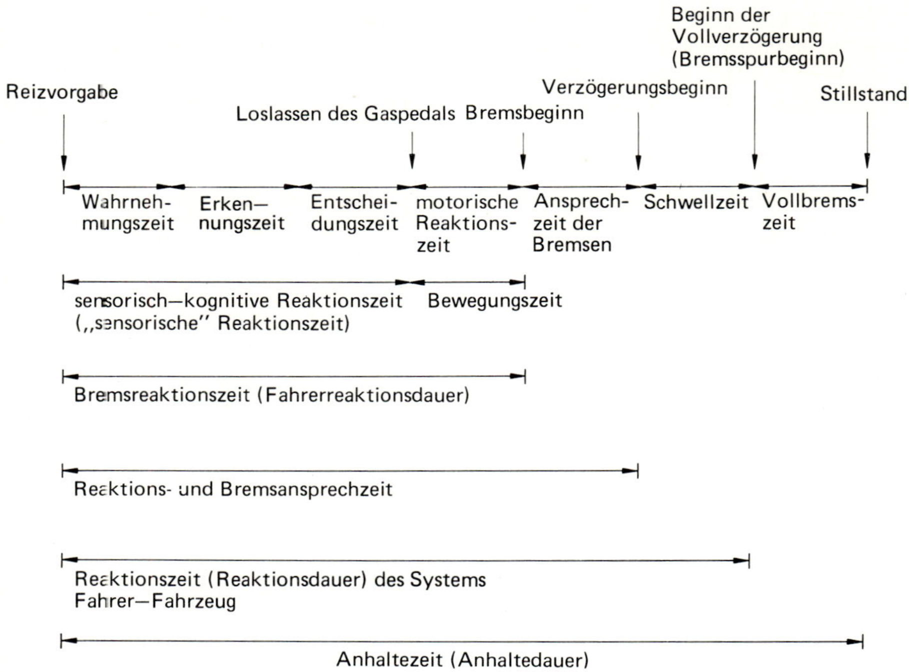

Abb. 29. Die Bremsreaktionszeit und ihre Teilzeiten

dieses Merkmal seine differentialpsychologische Bedeutung im Zusammenhang mit der Fahreignung weitgehend eingebüßt hat. Für die Analyse des Verkehrsverhaltens behält die Reaktionszeit aber ihre Bedeutung bei. Trotzdem bestehen diesbezüglich noch immer unterschiedliche Auffassungen über sprachliche Bezeichnung und Begriffsinhalt. Auf diese Schwierigkeit hat Engels (1979) besonders hingewiesen und die Bezeichnung **„Reaktionsdauer"** vorgeschlagen, um klarzumachen, daß es sich nicht um einen Zeitpunkt, sondern um einen Zeitraum handelt. Trotzdem wird hier an der Bezeichnung Reaktions*zeit* festgehalten, um die terminologische Uneinheitlichkeit nicht noch weiter zu vergrößern. Das nachstehende Schema (Abb. 29) unter Einbeziehung des Schemas von Engels soll verdeutlichen, wie wichtig eine Differenzierung dieses Vorgangs ist, wenn Mißverständnisse in der Verwendung des Ausdrucks „Reaktionszeit" vermieden werden sollen. Dabei wird die Reaktionszeit im Zusammenhang mit der Bremsreaktionszeit dargestellt.

Die einfache Reaktionszeit läßt sich differenzieren in Wahrnehmungs-, Erkennungs- und Entscheidungszeit. Zunächst muß die Gegebenheit, auf die reagiert werden soll, wahrgenommen werden. Sodann muß sie als eine Gegebenheit erkannt werden, auf die überhaupt zu reagieren ist. Daran anschließend muß eine Entscheidung darüber getroffen werden, in welcher Form zu reagieren ist. Sobald diese Entscheidung getroffen ist, muß diese in eine motorische Handlung umgesetzt werden, wobei dieser Handlungsbeginn durch die erste motorische Reaktion gegeben ist, unabhängig davon, ob damit auch schon eine bestimmte Steuereinrichtung betätigt wird oder nicht. Im Beispiel der Bremsreaktion wäre dies also nicht erst das Betätigen des Bremspedals, sondern bereits das Loslassen des Gaspedals, weil die Betätigung des Bremspedals nicht nur von der Reaktionszeit, sondern auch von der anordnungsbedingten Bewegungszeit abhängt. Dieser Reaktionsablauf kann somit in einen sensorisch-kognitiven (kurz: sensorischen) Abschnitt (bis einschließlich Entscheidungszeit) und in einen motorischen Abschnitt (Bewegungszeit) unterteilt werden.

Folgende Einzelwerte können für einfache Versuchsanordnungen zugrundegelegt werden (Wargo 1967):

Reizaufnahme im Rezeptor:	1– 40 ms,
Übertragung zum Kortex:	1–100 ms,
zentrale Vorgänge:	70–300 ms,
efferente Übertragung:	10– 20 ms,
Latenzzeit des Muskels:	30– 70 ms.

Derartige Werte gelten jedoch nur für Einfachreaktionen unter Laboratoriumsbedingungen. **Einfachreaktionen** liegen dann vor, wenn unter standardisierten Bedingungen auf ein bestimmtes und von der Versuchsperson erwartetes Signal mit nur einer motorischen Handlung reagiert werden soll. Beispiel: Bei Ertönen eines bestimmten und in Probeversuchen kennengelernten Tonsignals wird eine nur dafür vorgesehene Reaktionstaste betätigt, wobei die experimentellen Bedingungen so beschaffen sind, daß sowohl die Entscheidungszeit, als auch die Bewegungszeit praktisch entfällt (Finger unmittelbar über der Taste). Für derartige Einfachreaktionen unter optimalen Laboratoriumsbedingungen gelten bei taktiler und akustischer Reizvorgabe grobe Richtwerte von 0,10–0,20 s und bei optischen Signalen von 0,20–0,30 s. Reaktionszeitverkürzungen sind durch Kombination der verschiedenen Reizvorgaben oder durch Erhöhung der Reizintensität möglich (vgl. Woodworth u. Schlosberg 1954).

Mehrfachreaktionen liegen dann vor, wenn auf mehrere vorgegebene Signale mit mehreren verschiedenen, den Signalen in bestimmter Weise zugeordneten motorischen Handlungen reagiert werden soll. Beispiel: Auf fünf abwechselnd auftretende verschiedenfarbige Lichtsignale wird jeweils durch Betätigung von fünf bestimmten Tasten reagiert. Die Reaktionszeit hängt in diesen Fällen nicht nur von der Zahl der Reiz-Reaktions-Zuordnungen, sondern auch von der durch die räumliche Anordnung bedingten Ausführungszeit für die verschiedenen motorischen Handlungen ab.

Wahlreaktionen liegen dann vor, wenn mehrere verschiedene Signale vorgegeben werden, aber nur auf einzelne von ihnen in bestimmter Weise reagiert wird. Beispiel: Von mehreren abwechselnd oder gleichzeitig auftretenden verschiedenfarbigen Lichtsignalen wird nur ein bestimmtes Signal oder eine bestimmte Signalkombination durch Betätigung einer bestimmten Taste beantwortet. Die Reaktionszeit steigt in diesen Fällen entsprechend dem Logarithmus der vorgegebenen Reaktionsalternativen an (Merkel 1885, Hick 1952, Hyman 1953, vgl. auch Mittenecker u. Raab 1973). Abbildung 30 zeigt neben der **Abhängigkeit der Reaktionszeit vom Informationsgehalt** der Reizvorgabe auch die **Abhängigkeit vom Übungseinfluß.**

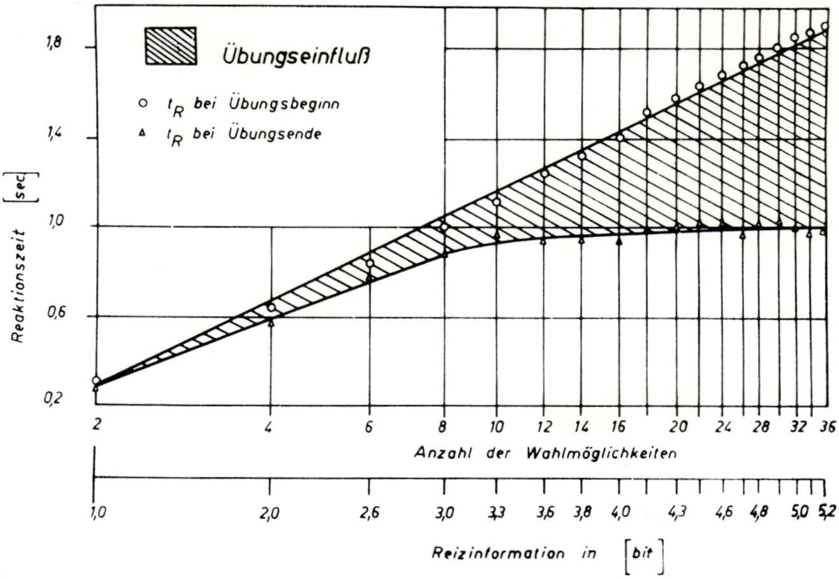

Abb. 30. Die Abhängigkeit der Reaktionszeit von der Anzahl der Wahlmöglichkeiten und von der Übung. (Nach Liedemit 1977, S. 13)

Beim Reaktionsverhalten im Straßenverkehr handelt es sich überwiegend um eine Kombination aus Mehrfach- und Wahlreaktionen, bei denen die Anzahl der vorgegebenen Reize – z. B. der Anlässe zu einer Änderung der gegenwärtigen Handlungstendenz – praktisch unendlich groß und die Zahl der Reaktionsalternativen – z. B. zu bremsen *oder* zu beschleunigen (Flucht nach vorn) *oder* nur auszukuppeln *oder* zu schalten *oder* das Lenkrad in eine bestimmte von vielen möglichen Stellungen zu bringen *oder* mehrere dieser Teilhandlungen „gleichzeitig" auszuführen – zwar begrenzt, aber für die jeweilige Situation kaum eindeutig festzulegen ist. Allein schon daraus ergibt sich die Fragwürdigkeit verbindlicher Normwerte für komplexe Situationen. Verbindliche Normwerte lassen sich in diesem Zusammenhang lediglich für Grenzbereiche von *Mindest*reaktionszeiten angeben, die unter *definierbaren* optimalen Bedingungen nicht unterschritten werden können; dies ist aber im allgemeinen nur für Einfachreaktionen möglich (s. oben), die aber in dieser Form im Straßenverkehr nur selten vorkommen.

Untersuchungen dieser Frage unter Laboratoriums- bzw. Simulationsbedingungen (Rosemann 1978, Landesverkehrswacht Nordrhein-Westfalen o. J., beide zit. nach Engels 1979, Moser 1969, Lister 1950) ergaben Mittelwerte zwischen 0,4 und 0,8 s für Bremsreaktionszeiten und zwischen 0,4 und 1,0 s für Systemreaktionszeiten. Vergleichende Untersuchungen der Bremsreaktionszeit bei Bremsbetätigungen durch eine Fußpedal- und Handbremsung, wie sie in Behindertenfahrzeugen verwendet wird, ergaben eine durchschnittliche Verkürzung der Reaktionszeit um 0,13 s im Fall der mit Hand betätigten Bremse (Richter u. Hyman 1974).

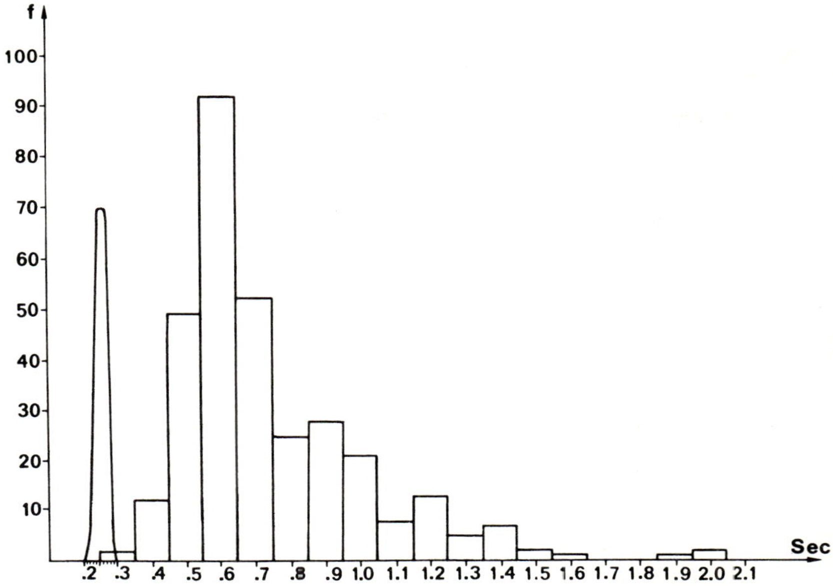

Abb. 31. Verteilung der Bremsreaktionszeit von 321 Fahrern und der Reaktionszeit des Beobachters. (Nach Johansson u. Rumar 1971, S. 26)

Daneben kommt Ergebnissen aus **Untersuchungen, die weitgehend unter Realbedingungen durchgeführt wurden,** eine entsprechend größere Bedeutung zu. Als Beispiel dafür kann die Untersuchung von Johansson u. Rumar (1971) gelten. Dabei wurden 321 Pkw- und Lkw-Fahrer auf offener Strecke angehalten und zu einem Experiment eingeladen (Verweigerungshäufigkeit: 0), das darin bestand, daß die Fahrer auf den nächsten 10 km zu irgendeinem Zeitpunkt ein seitlich ertönendes lautes Hupsignal durch sofortiges Bremsen zu beantworten hatten. Beim Passieren einer bestimmten Stelle nach 5 km wurde das Hupsignal ausgelöst und gleichzeitig eine elektronische Stoppuhr gestartet. Ein für den Fahrer nicht sichtbarer Beobachter hatte das Aufleuchten der Bremslichter zu registrieren, wodurch gleichzeitig die Stoppuhr angehalten wurde. Während der gesamten Beobachtungszeit wurden über 300 Messungen der Reaktionszeit des Beobachters durchgeführt, um deren Einfluß auf die Ergebnisse zu kontrollieren ($\bar{X}$ = 0,244 s, s = 0,016 s, R = 0,20–0,29 s), woraus sich eine maximale Verzerrungsmöglichkeit der einzelnen Bremsreaktionszeiten um ± 0,05 s ergab. Die Verteilung der um die mittlere Reaktionszeit des Beobachters verringerten *Bremsreaktionszeiten* zeigt Abb. 31.

Um den Einfluß der relativen Vorhersehbarkeit des auftretenden Signals auf die Bremsreaktionszeit zu kontrollieren, wurden an einer kleinen Stichprobe von Fahrern (n = 5) zehnmalige Bremsreaktionszeitmessungen einerseits nach der geschilderten Versuchsanordnung und andererseits mit Hilfe einer eingebauten Reaktionszeituhr durchgeführt, bei der der zeitliche Abstand zwischen zwei Signalen fallweise mehr als eine Woche betrug. Der Mittelwert unter der ersten Bedingung (mit relativer Antizipation) betrug 0,54 s, unter der zweiten Bedingung (ohne Antizipation) 0,73 s. Die Anwendung des daraus abgeleiteten Korrekturfaktors (0,73/0,54 = 1,35) auf die ermittelte Bremsreaktionszeit ergab Werte von mindestens 0,9 s in 50% aller Fälle.

In relativ einfachsten Reaktionssituationen (z. B. im Fall des notwendigen Abbremsens beim Aufleuchten der Bremsleuchten des Vorderfahrzeugs im innerstädtischen Kolonnenverkehr) liegen aufgrund von Ergebnissen aus Messungen unter Realbedingungen die mittleren 96% einer (nichtsymmetrischen) Verteilung von **Reaktionszeitwerten zwischen 0,60 und 0,99 s** (Burkhardt et al., im Druck). Daß die Unterscheidung zwischen Reaktionszeit und Bewegungszeit unter Umständen eine erhebliche praktische Bedeutung haben kann, wurde von Babarik (1968) aufgezeigt. Der Autor erhob von 127 erfahrenen Taxifahrern im Laboratorium Einfachreaktionszeiten und sog. **jump-reaction-time**-Werte; d.h. Werte, die der Summe aus Reaktionszeit + Bewegungszeit entsprechen, wenn die Ausgangslage der Hand, mit der eine bestimmte Reaktionstaste zu betätigen ist, 30 cm entfernt ist. Dabei wurden zwei Gruppen gebildet, je nachdem, ob der Quotient aus Reaktionszeit und Bewegungszeit um mehr oder weniger als eine halbe Standardabweichung über dem Gesamtmittelwert lag. Dabei sollte die Hypothese geprüft werden, daß bei gleicher sensomotorischer Reaktionszeit Personen mit relativ langer sensorischer und relativ kurzer motorischer Reaktionszeit mehr zu passiven Auffahrunfällen neigen als Personen mit relativ kurzer sensorischer und relativ langer motorischer Reaktionszeit, weil die Bremsbetätigung um so intensiver und abrupter erfolgt, je schneller die Fußbewegung vom Gas- zum Bremspedal erfolgt. Eine zweite Hypothese ging dahin, daß diese Personen weniger aktive Auffahrunfälle haben. Beide Hypothesen konnten bestätigt werden. Zusätzliche Aufschlüsse bieten die Korrelationen zwischen der Anzahl von passiven Auffahrunfällen und den einzelnen Meßwerten:

- sensorische Reaktionszeit/Anzahl passiver Auffahrunfälle: r = 0,13;
- sensomotorische Reaktionszeit/Anzahl passiver Auffahrunfälle: r = 0,05;
- motorische Reaktionszeit/Anzahl passiver Auffahrunfälle: r = 0,23 (signifikant);
- Quotient aus sensorischer und sensomotorischer Reaktionszeit/Anzahl passiver Auffahrunfälle: r = 0,29 (sehr signifikant).

Der Autor schließt daraus, daß die kurze motorische Reaktionszeit gerade durch die demgegenüber verlängerte sensorische Reaktionszeit gefährlich werden kann.

Die Bedeutung der Reaktionsgeschwindigkeit wird zusätzlich relativiert, wenn sie in Verbindung mit der **Reaktionssicherheit** betrachtet wird. Die sicherheitsfördernde oder sicherheitsmindernde Auswirkung einer hohen Reaktionsgeschwindigkeit hängt von der innerhalb der „sensorischen Reaktionszeit“ getroffenen Entscheidung über die Art der auszuführenden Reaktion ab: Ist diese qualitative Entscheidung situationsangemessen und in diesem Sinn eine richtige Entscheidung, so wird der Sicherheitsgewinn um so größer sein, je schneller die Reaktion erfolgt; ist diese Entscheidung aber falsch, so ist der Sicherheitsgewinn um so geringer, je schneller die Reaktion erfolgt, weil beispielsweise um so weniger Zeit für einen anderen Verkehrsteilnehmer besteht, die falsche Reaktion durch entsprechendes Verhalten auszugleichen.

Die Fragwürdigkeit der Festlegung zuzubilligender Reaktionszeitmaximalwerte unter den realen Verkehrsbedingungen wird auch im Zusammenhang mit dem Begriff der **Schreckreaktion** offenkundig. Sofern darunter eine Reaktionsverzögerung infolge der Einwirkung von Schreckreizen verstanden wird, ist anzunehmen, daß der Schreckreiz wahrgenommen und auch erkannt wird, daß aber der Entscheidungsablauf erschwert und blockiert und somit die Reaktionshandlung verspätet oder gar nicht begonnen wird. In diesem Fall wäre eine Verlängerung der Entscheidungszeit bei weitgehend fehlender Beeinflussung von Wahrnehmungs-, Erkennungs- und Bewegungszeit anzunehmen. Empirische Aussagen über die Dauer von Schreckreaktionen sind nach dem derzeitigen Stand der Forschung nicht möglich. Das Kontinuum reicht von Null (fehlende Schreckwirkung) bis Unendlich (schreckbedingte Reaktionsfähigkeit). Es kann lediglich versucht werden, Kriterien für die Beurteilung zu entwickeln, ob im Einzelfall das Vorliegen einer Schreckreaktion überhaupt anzunehmen ist oder nicht. Obwohl dazu keine allgemein verbindlichen Auffassungen bestehen, kann die Annahme einer Schreckreaktion in einer bestimmten Situation von **drei Bedingungen** abhängig gemacht werden:

a) Die Situation muß der aktuellen Handlungstendenz entgegengesetzt sein.
b) Die Situation muß plötzlich entstehen.
c) Die Situation muß der Möglichkeit nach unerwartet auftreten.

Nur wenn alle drei Voraussetzungen gleichzeitig gegeben sind, erscheint die Annahme einer schreckbedingten Reaktionszeitverlängerung gerechtfertigt, während dies bei Vorliegen von nur einer oder zwei der Voraussetzungen nicht gerechtfertigt erscheint.

Beispiel: Auftauchen eines Fahrzeugs an einer unübersichtlichen Kreuzung. Die Kriterien a) und b) sind erfüllt infolge des unvermittelten Auftretens und durch die Behinderung der eigenen Weiterfahrt, Kriterium c) hingegen nicht, weil es sich um eine der Möglichkeit nach durchaus erwartete Situation handelt. Entgegenkommen eines links kommenden Fahrzeuges auf gerader Strekke: Die Kriterien a) und c) sind erfüllt, weil die eigene Verhaltenstendenz blockiert wird und das Hindernis auch der Möglichkeit nach nicht erwartet werden muß, nicht aber Kriterium b), weil das Hindernis zu einem Zeitpunkt auftritt, zu dem noch keine *sofortige* Gegenreaktion erforderlich ist, das Hindernis somit also nicht plötzlich auftritt. Explosion neben der Straße: Kriterien b) und c) sind erfüllt, weil das Ereignis plötzlich auftritt und auch der Möglichkeit nach nicht erwartet werden kann. In allen drei Beispielen wäre somit kein Vorliegen einer Schrecksituation anzunehmen. Wenn hingegen in einer unübersichtlichen Kurve ein links fahrendes Fahrzeug entgegenkommt, können alle drei Kriterien gemeinsam erfüllt und somit eine Schrecksituation anzunehmen sein.

Aber selbst für solche Situationen wie im letztgenannten Beispiel gibt es zur Zeit noch keinerlei empirische Grundlagen für irgendwelche Zeitschätzungen für die Dauer der dadurch ermöglichten Reaktionsverzögerung. Eine oder mehrere „Schrecksekunden" zugrundezulegen, entbehrt jeglicher empirischen Rechtfertigung, weil dafür Normwerte erforderlich wären die sich aus systematischen Untersuchungen *vergleichbarer* Situationen ergeben. Dies ist aber für Realsituationen praktisch unmöglich und für simulierte Bedingungen noch nicht durchgeführt worden.

3.6.6 Informationsverarbeitung

Die erwähnten Verhaltensbereiche des **Blickverhaltens,** der **Aufmerksamkeit** und der **Reaktionsgeschwindigkeit** können gemeinsam unter dem Gesichtspunkt der **Informationsverarbeitung** betrachtet werden. Als informationsverarbeitendes System sind für den Verkehrsteilnehmer vor allem jene Informationen von besonderer Bedeutung, die im Kurzzeitgedächtnis gespeichert werden.

Die maximale Zuflußkapazität des Kurzzeitgedächtnisses beträgt ca. 16 bit/s. Legt man der erlebnismäßigen Gegenwartsdauer nach Liedemit (1977) 10 s zugrunde, so kann die gesamte Speicherkapazität des Kurzzeitgedächtnisses auf maximal 160 bit geschätzt werden. Zusätzliche Information kann erst dann in den Kurzzeitspeicher aufgenommen werden, wenn Informationen, die bisher dort gespeichert waren, gelöscht werden. Da aber andererseits die Informationsaufnahme durch das Auge (Liedemit: „Durchlaßkapazität der äußeren Rezeptorschicht") ca. 200 Mio. bit/s beträgt, besteht gerade für ein so kurzfristig zeitbezogenes Verhalten wie das Verkehrsverhalten die Schwierigkeit einer Filterung oder Umformung dieser Informationsmenge, damit sie in zusammengefaßter Form (sog. Superzeichen) gespeichert werden kann.

Liedemit betont die besondere Bedeutung der **Unterscheidung zwischen objektiver und subjektiver Information** für das Verkehrsverhalten: Die objektiven Informationen als Kenngröße des „Senders", also der aktuellen Verkehrssituationen, die subjektiven Informationen als Kenngrößen des „Empfängers", also des Verkehrsteilnehmers, der bestimmte Informationen aufnimmt und verarbeitet, d.h. beispielsweise mit Informationen aus dem mittelfristigen und Langzeitspeicher, also mit früheren Erfahrungen, in Beziehung setzt. Daraus ist auch eine wichtige Folgerung für die Gestaltung der Verkehrsbedingungen abzuleiten: Verringerung der Komplexität der Verkehrsumgebung.

3.6.7 Einfluß der Feldabhängigkeit

Die Abhängigkeit der Informationsverarbeitung von bestimmten Wahrnehmungsstilen konnte wiederholt festgestellt werden. Einerseits hängt die Informationsverarbeitung mit dem visuellen Suchverhalten zusammen; dies konnte vor allem für die Feldabhängigkeit bzw. -unabhängigkeit gezeigt werden (Shinar et al. 1978). Unter feldabhängigem bzw. -unabhängigem Wahrnehmungsstil sind Formen des Wahrnehmens zu verstehen, bei denen die Objektwahrnehmung stark bzw. schwach vom Umfeld des Objekts mitbeeinflußt wird. Bei feldunabhängiger Wahrnehmung kann eine anschauliche Einzelheit aus einem Zusammenhang, in den sie eingegliedert ist, besser „herausgesehen" werden als bei feldabhängiger Wahrnehmung. Shinar et al. konnten – allerdings bei sehr kleinen Stichproben von Kraftfahrern (n = 5) – zeigen, daß bei feldabhängiger Wahrnehmung die Dauer von Blickfixationen des „Fluchtpunkts" zunimmt, das Suchverhalten weniger beweglich ist und die Informationsaufnahme langsamer erfolgt. Daß nicht nur der Wahrnehmungsstil der Feldabhängigkeit bzw. -unabhängigkeit, sondern auch die Informationsverarbeitung in Form von Wahlreaktionen mit der individuellen Unfallrate zusammenhängt, konnte von Mihal u. Barrett (1976) festgestellt werden: Testwerte für dieses Merkmal korrelierten bei 75 Berufskraftfahrern mit deren Unfallraten.

Bemerkenswerte Ergebnisse zur Frage des **Zusammenhangs zwischen Informationsverarbeitung und Verkehrsauffälligkeit** werden von Fergenson (1971) mitgeteilt. Auch in dieser Untersuchung wurde bei Kraftfahrern (n = 17) die Informationsverarbeitung in

Tabelle 10. Medianwerte der Informationsverarbeitung (bit/s) von Fahrern mit unterschiedlichen Häufigkeiten von Unfällen und Verkehrsverstößen. (Nach Fergenson 1971)

	Ohne Verkehrsverstöße	Mit Verkehrsverstößen	Gesamt
Ohne Unfälle	26,09	38,67	32,38
Mit Unfällen	21,13	15,69	18,41
Gesamt	23,61	27,18	25,40

Form der Reaktionsgeschwindigkeit bei Wahlreaktionen ermittelt und mit ihrer – explorierten – Anzahl von Unfällen und von Verkehrsverstößen verglichen. Die Ergebnisse der in vier Gruppen eingeteilten Fahrer (ohne Unfälle und ohne Verkehrsverstöße/mit Unfällen und ohne Verkehrsverstöße/ohne Unfälle und mit Verkehrsverstößen/mit Unfällen und mit Verkehrsverstößen enthält Tabelle 10.

Der Unterschied zwischen den unfallbelasteten und den unfallfreien Fahrern in ihrer Informationsgeschwindigkeit ist signifikant ($p = 1\%$). Fahrer mit den besten Testwerten für die Informationsverarbeitungsgeschwindigkeit weisen zwar keine Unfälle, aber viele Verkehrsverstöße auf. Die Autoren vermuten, daß diese Fahrer aufgrund ihrer Fahrgewohnheiten zwar öfter in kritische Situationen geraten, dabei aber mit Hilfe ihrer überdurchschnittlichen Informationsverarbeitungsfähigkeit Unfälle vermeiden können.

3.6.8 Risikoverhalten

Es empfiehlt sich, **verschiedene Risikobegriffe** zu unterscheiden, damit Risikoverhalten und Risikoeinstellung sinnvoll interpretiert werden können:
- Risiko **als Verhaltensbedingung:** Damit sind bestimmte außerindividuelle Merkmale einer Situation gemeint; Risiko bedeutet in diesem Zusammenhang Gefahr.
- Risiko **als Verhaltensbereitschaft:** Risikoeinstellung, von der häufig angenommen wird, daß sie eine verhaltenssteuernde Funktion hat.
- Risiko **als Verhalten:**
  a) Verhalten in Risikosituationen,
  b) riskantes Verhalten.
- Risiko **als Verhaltensfolge:** Der subjektiv-negative Effekt individuellen Risikoverhaltens, z. B. in Form von Verlust oder Schaden.

Das Verhalten in den Risikosituationen des Straßenverkehrs ist bekanntlich sehr häufig ein riskantes Verhalten. Eine grundlegende Schwierigkeit bei der Beurteilung des Risikoverhaltens im Straßenverkehr besteht darin, daß es nur schwer gelingt, zu unterscheiden, ob ein bestimmtes Verhalten auf eine individuelle Risikobereitschaft oder auf Verkennung der objektiven Gefahr oder auf beides zurückzuführen ist (vgl. Svenson 1978).

Der Anteil an subjektivem Risiko ist für das Verhalten unter Realbedingungen kaum genau abzuschätzen. Näätänen u. Summala (1976) vertreten die Auffassung, daß dem Verkehrsteilnehmer das angemessene subjektive Risiko überhaupt weitestgehend fehlt. Ihrer Ansicht nach wirken mit dem subjektiven Gefahrenerleben eine Reihe verschiedener „extra motives“ (zusätzliche Motive neben den beiden Grundmotiven der Sicherheit und des Zielerreichens) zusammen, wie Motive, die für eine bestimmte Fahrt spezifisch sind, Motive der Selbstdarstellung u.a. Als eines dieser zusätzlichen Motive wird auch das Risiko um des Risikos willen betrachtet, bei dem das objektive Risiko erkannt und trotzdem gesucht wird.

Das **„Erkennen“ des objektiven Risikos** erweist sich bei näherer Betrachtung jedoch nicht als alternative Stellungnahme gegenüber einer Situation (erkannt vs. nicht erkannt), sondern stellt ein Kontinuum möglicher Beurteilungen des Verhältnisses zwischen den subjektiven Wahrscheinlichkeiten der Handlungsausgänge möglicher Handlungsalternativen dar. In die Entscheidung für die eine oder andere Handlungsalternative fließt dabei auch die Bewertung des Nutzens der einzelnen Handlungsausgänge ein. Auf dieser Grundlage läßt sich die jeweilige Alternativenwahl abschätzen: Es wird diejenige Alternative gewählt, deren Produkt aus subjektiver Erwartung bzw. Wahrscheinlichkeit und subjektivem Nutzen maximal ist (SEU-Modell: subjectively expected utility).

Dieses Modell (zur kritischen Beurteilung dieses und anderer Entscheidungsmodelle s. Klebelsberg 1969) legte Hurst (1971) seiner Methode zur Ermittlung der **„Konsistenz“ des Risikoverhaltens** bei Kraftfahrern zugrunde. Hurst bezieht sich dabei auf eine der klassischen Risikosituationen im Straßenverkehr, auf **Annahme bzw. Ablehnung von Lücken bei der Begegnung mit Querverkehr** (gap acceptance). Dabei unterscheidet er zwischen einer personspezifischen Annahmeschwelle G (acceptance threshold; sie entspricht dem individuellen Risikoniveau im Sinn von Taylor 1964 und Wilde 1974) und der physikalisch bestimmten Größe der (z.B. Zeit-)Lücke zwischen zwei querfahrenden Fahrzeugen *g*. Die Inkonsistenz des Risikoverhaltens entspricht der Varianz, die sich aus Beurteilungsunterschieden der Lücken ergibt, und vergrößert die Wahrscheinlichkeit sowohl einer Nichtannahme („es hätte gereicht“) als auch einer falschen Annahme der Lücke („es hat nicht gereicht“); als Maß für Konsistenz bzw. Inkonsistenz wird die Korrelation zwischen Lückengröße und Annahme/Nichtannahme der Lücke vorgeschlagen. Abbildung 32 veranschaulicht die Auswirkungen von Veränderungen der Annahmeschwelle und der Inkonsistenz im Vergleich zu einer angenommenen Ausgangslage. Nach Auffassung des Autors kommt es nicht primär auf eine Erhöhung der Annahmeschwelle an, weil in diesem Fall eine Sicherheitserhöhung mit einer Kapazitätsverringerung verbunden wäre (Abb. 32, B), sondern auf eine Erhöhung der Konsistenz, die sich in beiden Hinsichten positiv auswirken kann (Abb. 32,C).

Bissell (1960, zit. nach Evans et al. 1976) und Gibbs (1968) ermittelten Durchschnittswerte für angenommene Zeitlücken von 6 bzw. 5 s; immerhin konnte aber bei 2% der Fahrer die Annahme von Lücken unter 3 s beobachtet werden (Bissell).

Evans u. Hermann (1976) untersuchten Veränderungen der Größe angenommener Lücken des Querverkehrs als Folge normaler und verminderter Beschleunigung des

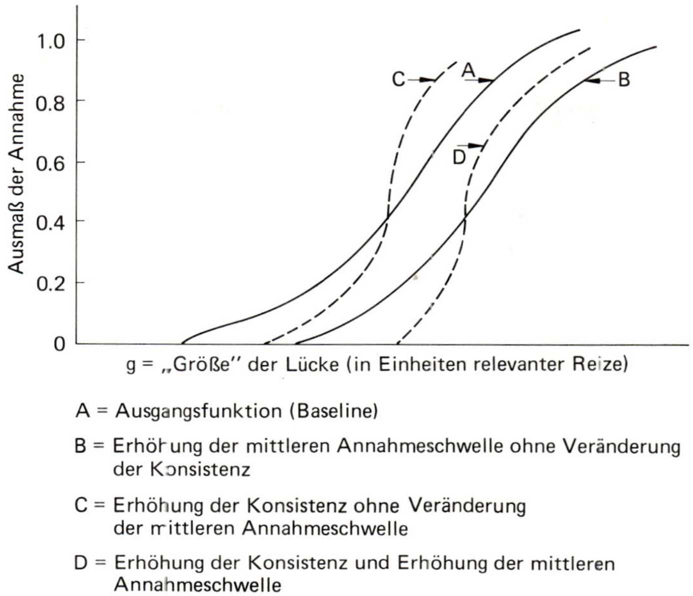

Abb. 32. Angenommene Effekte von Beeinflussungen der Lückenannahmefunktionen. (Nach Hurst 1971, S. 79)

Kraftfahrzeugs. Die Interpretierbarkeit der Ergebnisse erfährt durch die sehr kleine Stichprobe (n = 7) und die nur teilweise gegebenen Feldbedingungen (keine Kontrolle des Einflusses der Wartezeit) einige Vorbehalte hinsichtlich ihrer Verallgemeinerung. Trotzdem machen sie als *Vergleichs*ergebnisse deutlich, daß jeweils gleiche Fahrer in verschiedenen Fahrzeugen mit verminderter Beschleunigung zwar die Größe der von ihnen durchschnittlich wahrgenommenen Lücken herabsetzen, daß aber das Ausmaß dieser Herabsetzung nicht ausreicht, die physikalisch bedingte geringere Beschleunigung auszugleichen; der Fahrer unterschätzt demnach die eingetretene tatsächliche Verlängerung der zum Überqueren erforderlichen Zeit.

Svenson (1978) weist auf eine wiederholt festgestellte Eigentümlichkeit individuellen Risikoverhaltens hin, die darin besteht, daß Gesichtspunkte, die für das eigene Zielerreichen als positiv erlebt werden, in ihrer Wahrscheinlichkeit eher überschätzt werden. Diese Tendenz wird im Straßenverkehr vor allem dadurch gefördert, daß Unfälle nur sehr selten wahrgenommen und daher in ihrer Wahrscheinlichkeit erheblich unterschätzt werden. In ähnlicher Weise wird der Zeitgewinn infolge erhöhter Geschwindigkeit (über 60 km/h) erheblich überschätzt (Svenson 1978).

Versuche, den tatsächlichen Ablauf von Entscheidungsvorgängen, die dem Risikoverhalten im Straßenverkehr zugrundeliegen, näher zu analysieren, waren bisher wenig erfolgreich (vgl. Colbourn 1978). Demgegenüber erscheint die Analyse des offenen Verhaltens in Risikosituationen des Straßenverkehrs, also des Ergebnisses des zugrundeliegenden Entscheidungsvorganges, ergiebiger. Allerdings wird für derartige Analysen die Orientierung an einem Modell des Verkehrsverhaltens als Risikoverhalten nützlich sein können (vgl. Abschn. 8.5).

3.6.9 Aggressivität

Zusammenhänge zwischen Aggressivität und Fahrbewährung konnten von Schenk u. Rausche (1979) insofern differenziert werden, als es gelang, mit Hilfe einer Diskriminanzfunktion 46% der 730 untersuchten Versuchspersonen den Gruppen „kein Unfall", „1 Unfall", „mehr als 1 Unfall" (es handelte sich um explorierte Unfallhäufigkeiten) zuzuordnen. Diese Diskriminanzfunktion wird vor allem von verschiedenen, von den Autoren entwickelten Aggressivitätsskalen bestimmt. Es ließ sich zeigen, daß es sich dabei nicht nur um situationsbezogene, verkehrsspezifische, sondern auch um situationsunspezifische Aggressivität handelt. Allerdings wird zu berücksichtigen sein, daß in der genannten Untersuchung in beiden Fällen verbalisierte Aggressivität und nicht beobachtetes aggressives Verhalten festgestellt wurden.

Der **Frage, ob sich aggressive Einstellungen im Verkehrsverhalten in gleicher Weise niederschlagen wie im Verhalten außerhalb des Straßenverkehrs,** wurde in einer Untersuchung von Hauber (1976) nachgegangen. Dabei sollte das Verhalten von Kraftfahrern an Zebrastreifen ohne Ampelregelung danach beurteilt werden, ob bestimmte Aggressivitätskriterien erfüllt wurden (Nichtanhalten trotz Gefährdung überquerender Fußgänger, so daß diese ihr Tempo verändern mußten; verbale Aggressionen; Hupen); dazu überquerte ein Versuchsleiter immer dann den Zebrastreifen, wenn ein Anhalten noch möglich war. Außerdem wurden die dabei als aggressiv registrierten Fahrer über das Fahrzeugkennzeichen identifiziert und zweimal hintereinander am Telefon provoziert, indem nach einer fiktiven Person gefragt wurde; die Reaktionen des Angerufenen wurden nach verschiedenen Reaktionsmerkmalen eingestuft (aggressive vs. nichtaggressive Gereiztheit, Ausfälligwerden, Auflegen des Hörers). Schließlich wurden die gleichen Personen durch einen Brief der Universität Leiden zur Teilnahme an einem Interview eingeladen. 25% von 966 beobachteten Fahrern verhielten sich am Zebrastreifen aggressiv im erwähnten Sinn. Von diesen Personen waren 128 Telefonbesitzer, die in das Telefonexperiment einbezogen werden konnten (diese zeigten am Zebrastreifen allerdings nur halb so häufig aggressives Verhalten im Vergleich zu den Personen, die kein Telefon besaßen: 21,6% gegenüber 41,2%). 11% von diesen Personen reagierten am Telefon aggressiv. Am Zebrastreifen ist demnach aggressives Verhalten häufiger anzutreffen als in der Situation des Telefongesprächs.

Als Erklärungsmöglichkeit für diesen Unterschied weist der Autor darauf hin, daß die größere Anonymität der Begegnung im Straßenverkehr gegenüber derjenigen im Telefongespräch aggressive Reaktionen erleichtert. Trotzdem besteht ein gesicherter **Zusammenhang zwischen aggressiven Verhaltensweisen in beiden Situationen.** 124 Personen folgten der Einladung zu diesem Interview, in dem sie unter anderem nach ihrer Meinung zu solchen Verkehrssituationen befragt wurden, in denen sie unter realen Bedingungen beobachtet worden waren; die Befragten wurden hinsichtlich ihrer aggressiven vs. nichtaggressiven Einstellungen eingestuft. Diese Form verbalaggressiven Verhaltens zeigte keinerlei Zusammenhang mit den beiden anderen aggressiven Verhaltensformen.

Auch in Untersuchungen von Doob u. Gross (1968) ergaben sich deutliche **Unterschiede in der Beurteilung aggressiven Verhaltens,** je nachdem, ob diese anhand von Beobachtungen in Realsituationen oder aufgrund verbaler Reaktionen zum gleichen Sachverhalt erfolgten. In dieser Untersuchung fuhr ein Versuchsfahrzeug an einer ampelgeregelten Kreuzung bei „Grün" nicht los. Das Verhalten des nachfolgenden Fahrzeugs wurde in Form einer Zeitmessung bis zum ersten Hupen registriert. Das Versuchsfahrzeug war abwechselnd ein altmodisches oder ein modernes Autofabrikat. Es zeigte sich, daß die Zeit bis zum ersten Hupen im Fall des alten Fahrzeugtyps signifikant kürzer war als im Fall des modernen Fahrzeugtyps (männliche, insbesondere junge Fahrer erwiesen sich dabei als ungeduldiger bzw. weniger tolerant als weibliche Fahrer). Zweckmäßigerweise wäre bei dieser Verhaltensregistrierung die Art des Hupens zu differenzieren gewesen, um unterschiedliche zugrundeliegende Absichten (einerseits evt. tatsächlich aggressiv, andererseits evt. aufmerksam machend) nicht zu verwischen. Bei einer weiteren Untersuchung wurde eine verbale Beschreibung der Situationen und der beiden Fahrzeugtypen vorgegeben, die Versuchspersonen hatten dazu anhand eines Fragebogens zu reagieren. Auch in diesem Fall ergaben sich Unterschiede in den Reaktionen auf die beiden Fahrzeugtypen, jedoch in einer Richtung, die jener in den Ergebnissen der ersten Untersuchung entgegengesetzt war.

3.6.10 Geschwindigkeitsverhalten

Die zentrale Bedeutung des Geschwindigkeitsverhaltens für das Verkehrsverhalten steht außer Zweifel und ergibt sich nicht nur aus Plausibilitätsüberlegungen. In solche allgemeinen Überlegungen wurde neuerdings der Begriff der „sozialen Geschwindigkeit" („social speed"; IATSS 112 Project Team 1980) aufgenommen, der zunächst nur als die zum Erreichen eines Zieles erforderliche Zeit interpretiert, im besonderen aber auf alle Bereiche des sozialen Lebens bezogen wird. In dem erwähnten japanischen Forschungsprojekt werden die Zusammenhänge zwischen Erscheinungsformen der Temposteigerung in verschiedenen Lebensbereichen mit verschiedenen negativen Erscheinungen des sozialen Lebens („social diseases"), wie z. B. Unfällen, untersucht.

Aber auch in empirischen Analysen des Fahrverhaltens erwies sich das Geschwindigkeitsverhalten als eine der grundlegenden Verhaltensdimensionen, die relativ unabhängig von den Dimensionen des vorsichtigen vs. unvorsichtigen Fahrverhaltens und von der Dimension des entschlossen-gezielten vs. unentschlossen-ungezielten Verhaltens ist (vgl. Abschn. 3.6.2). Zwei der von Utzelmann (1976) ermittelten Erlebnisdimensionen („Fahrwelten") des Autofahrens stehen nach seinen Untersuchungen in besonders enger Beziehung zum Geschwindigkeitsverhalten: die Dimension „Vergnügen am gekonnten und schnellen Autofahren" und die Dimension „Autonomie- und Rivalisierungstendenzen". In der Geschwindigkeit kann die Leistungsfähigkeit des Fahrzeugs am unmittelbarsten erlebt werden, gleichzeitig kann sie in besonders intensiver Weise Angstlustgefühle (thrill) vermitteln; daher übt sie solange eine zunehmend faszinierende Anziehungskraft aus, bis die Grenze ihrer Kontrollierbarkeit erreicht wird.

Bei der Frage nach der **Bedeutung der Fahrgeschwindigkeit für die Verkehrssicherheit** wird zunächst zu berücksichtigen sein, daß letztlich jeder Unfall durch Geschwindigkeitsherabsetzung zu vermeiden wäre. Dies wird in trivialster Weise bei Geschwindigkeiten von 0 km/h deutlich. Insofern ist die häufig erwähnte Unfallursache „überhöhte Geschwindigkeit" ohne Informationswert, wenn sie post hoc in bezug auf eine konkrete Unfallsituation als Erklärung in Anspruch genommen und nicht auf eine allgemeinere Norm bezogen ist, von der aus schon im voraus und nicht erst nachträglich die *zu* hohe Geschwindigkeit festgestellt wurde. Aber auch trotz dieses Vorbehalts bleibt die Bedeutung überhöhter Geschwindigkeit für das Unfallgeschehen aufrecht, besonders bei bestimmten Fahrergruppen (z. B. junge Fahrer; s. Abschn. 5.8). Dabei werden zwei Auswirkungsformen der überhöhten Geschwindigkeit zu unterscheiden sein: das Abkommen von der Fahrbahn in Form des Alleinunfalls, der unabhängig vom Verhalten anderer Verkehrsteilnehmer eintritt, und die Abweichung von der mittleren Geschwindigkeit des fließenden Verkehrs in Form von Kollisionen mit anderen Fahrzeugen.

In den Meinungen befragter Kraftfahrer wird die Geschwindigkeit entweder als keine besonders bedeutsame Unfallbedingung betrachtet (Hogg 1977) oder aber den „Schnellfahrern" zugeschrieben, während in Befragungen unter Hypnosebedingungen vor allem die „Langsamfahrer" für Unfälle verantwortlich gemacht werden (Black 1966). In mancher Hinsicht wird aber auch fehlende Sachkenntnis zu Illusionen über die Bedeutung der Geschwindigkeit beitragen können, so etwa bezüglich des **Zusammenhangs zwischen Geschwindigkeit und Verkehrskapazität,** der *nicht* linear ist. Vielmehr hat sich gezeigt, daß das maximale „Schluckvermögen" einer Straße, d. h. der maximale Durchlauf an Fahrzeugen, in einem Geschwindigkeitsbereich von 50–60 km/h liegt (Bitzl 1965).

Teilweise ist die Steuerung des Geschwindigkeitsverhaltens von Schätzungen der eigenen und/oder fremden Fahrgeschwindigkeit abhängig. **Geschwindigkeitsschätzungen** haben sich aber in mehreren Untersuchungen als erheblich fehlerbelastet erwiesen (Denton 1966, Häkkinen 1963, Schmidt u. Tiffin 1969, Michalik 1972, Bubb 1977). Bei der Interpretation von Ergebnissen derartiger Untersuchungen wird aber zu berücksichtigen sein, ob und inwiefern die erhobenen Meßwerte als solche für das Verkehrsverhalten bedeutsam sind. So erscheinen Versuche, bei denen Schätzungen absoluter Geschwindigkeiten vorzunehmen sind, zum Beispiel in Form von Angaben von km/h-Werten im Darbietungsverfahren (es werden Geschwindigkeiten vorgegeben, die zu beurteilen sind), belanglos, weil der Fahrer unter Realbedingungen kaum je Absolutschätzungen vornehmen muß. Hingegen sind für ihn Schätzungen von Geschwindigkeiten im Herstellungsverfahren (es sollen bestimmte Geschwindigkeiten angefahren werden), vor allem aber das Schätzen von relativen Geschwindigkeiten (z. B. Geschwindigkeitsvergleiche oder Schätzungen von Geschwindigkeiten in Bezug auf Zeitlücken) von großer Bedeutung.

Denton (1966) fand, daß Fahrer, die aufgefordert werden, ihre Fahrgeschwindigkeit zu halbieren, ihre Geschwindigkeit nur etwa um 30% verringerten. Besonders deutlich sind Fehlschätzungen von Änderungen einer längere Zeit hindurch gefahrenen Geschwindigkeit – eine Situation, die vor allem an Autobahnausfahrten bedeutsam ist, weil hier sowohl die Dauer der Adaptation an eine Ausgangsgeschwindigkeit als auch die geforderte Geschwindigkeitsherabsetzung meist sehr groß sind. Schmidt u. Tiffin (1969) ließen Vpn kurze Zeit mit einer Geschwindigkeit von 70 mph (112 km/h) fahren und forderten sie dann auf, ohne Tachometerkontrolle mit 40 mph (64 km/h) zu fahren. Dabei zeigte sich, daß die Fahrer die 64 km/h um so mehr überschritten, je länger sie sich an die Ausgangsgeschwindigkeit gewöhnt hatten. Aber auch schon nach sehr kurzer Adaptationszeit traten ähnliche Effekte auf. Dies konnte Michalik (1972) in Versuchen auf der Autobahn zeigen, wobei die Fahrer jeweils 3 min lang mit alternativen Ausgangsgeschwindigkeiten von 60 und 120 km/h fuhren und anschließend im auf- bzw. absteigenden Verfahren ohne Tachometerkontrolle auf 80, 100 und 120 km/h beschleunigen bzw. auf 100, 80 und 60 km/h verlangsamen sollten. Allgemein zeigte sich dabei, daß der Schätzfehler um so größer ist, je größer der geforderte Geschwindigkeitsunterschied ist, und daß dabei Geschwindigkeiten im absteigenden Verfahren, d.h. bei Verlangsamung, stärker unterschätzt, im aufsteigenden Verfahren stärker überschätzt werden.

Häkkinen (1963) gelangte in seinen Untersuchungen zu dem Ergebnis, daß Geschwindigkeiten allgemein unterschätzt werden; allerdings stützt sich dieses Ergebnis auf Schätzungen von Versuchspersonen als Mitfahrer und nicht als Fahrer. Daß sich aber Geschwindigkeitsschätzungen aus Fahrer- und aus Mitfahrerperspektiven unterscheiden, ergab sich aus den erwähnten Untersuchungen von Michalik (1972), wonach **Schätzfehler bei Mitfahrern größer sind als bei Fahrern;** dies dürfte darauf zurückzuführen sein, daß dem Fahrer zusätzliche Informationen zur Geschwindigkeitsschätzung zur Verfügung stehen, die dem Mitfahrer fehlen (z.B. Gaspedalstellung, Vibrationen). Der gleiche Grund dürfte auch dafür maßgeblich sein, daß in Häkkinens (1963) Untersuchungen die Schätzungen in der Situation der Filmdarbietung ungenauer sind als in der realen Situation des Mitfahrers.

Die **Unterschätzung der Geschwindigkeit** gilt nach Häkkinen (1963) nicht nur für die eigene, sondern auch für Geschwindigkeit anderer Fahrzeuge. Da außerdem auch eine allgemeine Tendenz zur **Überschätzung der Entfernungen** von Fahrzeugen bei Abständen über 50 m festgestellt werden konnte, ergibt sich nach Häkkinen die für die Überholsituation außerordentlich ungünstige Kombination von Schätzfehlertendenzen, die sich in einer Überschätzung der Überholmöglichkeiten niederschlagen kann.

Die Geschwindigkeitswahrnehmung wird wesentlich durch Menge und Art visueller Information beeinflußt, besonders durch solche, die peripher wahrgenommen werden (Salvatore 1967, 1969). Für die Wahrnehmung von Geschwindigkeitsänderungen konnten Rockwell u. Snider 1965; zit. nach Bubb 1977) Schwellenwerte ermitteln, die je nach Ausgangsgeschwindigkeit und Veränderungsrichtung bei Beschleunigung zwischen 8,2 und 11,3 km/h (bei einer Geschwindigkeit von 56 km/h) bzw. 5,5 und 8,8 km/h (bei 104 km/h) liegen, bei Verlangsamung zwischen 4,6 und 6,4 km/h (bei (56 km/h) bzw. zwischen 6,4 und 10,3 km/h (bei 105 km/h), während die kinästhetischen Schwellenwerte für die Wahrnehmung von Geschwindigkeitsänderungen nach Henrikson u. Nilsson (1970; zit. nach Bubb 1977) bei 0,01 und 0,02 g liegen.

In eigenen Untersuchungen von Bubb (1977), in denen Schätzversuche unter den drei Bedingungen Selbstfahren, Mitfahren und simuliertes Fahren durchgeführt wurden, war – ebenso wie in bereits erwähnten Untersuchungen – eine gemeinsame Tendenz zur Unterschätzung von Geschwindigkeiten festzustellen, während bei höheren Geschwindigkeiten (>80 km/h) leichte Überschätzungen vorkommen. (Es handelte sich durchwegs um Versuche mit Hilfe des Herstellungsverfahrens.) Durch systematische Variation der Informationsbedingungen – a) volle, d.h. visuelle, akustische und kinästhetische Information; b) ohne visuelle Information; c) verminderte akustische Information; d) ohne visuelle, mit verminderter akustischer Information – in den drei Untersuchungssituationen konnte Bubb die Erklärungshypothese ableiten, daß bei Geschwindigkeitsschätzungen die visuellen Informationen spezifisch für die **Schätzung von**

Geschwindigkeitsdifferenzen bedeutsam sind, während die akustischen Informationen für die **Schätzung des Geschwindigkeitsniveaus** wichtig sind. Die kinästhetischen Informationen liefern demgegenüber keinen wesentlichen Beitrag zur Geschwindigkeitsschätzung.

3.6.11 Verhalten am Unfallort

Nur ganz vereinzelt wurde bisher das Verhalten des Publikums an Unfallorten untersucht. Bei einer derartigen Untersuchung (Metrevelli 1979) wurden 214 Kurzinterviews mit Personen, die sich gleichzeitig mit oder kurz nach dem Unfall am Unfallort aufhielten, an 48 Unfallorten durchgeführt und mit 60 Personen von diesen Befragten am folgenden Tag Intensivinterviews abgewickelt. Dabei ging es im wesentlichen um eine Beurteilung von „Interventionsleistungen" und „Interventionsbereitschaft", d.h. um tatsächlich erbrachte Rettung und/oder Hilfe bzw. um die Bereitschaft dazu. Es konnte festgestellt werden, daß den verunfallten Personen in allen beobachteten Fällen Hilfe geleistet wurde und daß diese Hilfe in keinem Fall die Rettungs- oder Heilungschancen verschlechtert hat. Die verbreitete Ansicht, daß das Unfallpublikum im allgemeinen passiv und nicht hilfsbereit sei, konnte nicht bestätigt werden, sofern berücksichtigt wird, daß für die Mehrheit des Unfallpublikums im Einzelfall ein aktives Eingreifen nicht mehr erforderlich ist, weil bereits von anderen geholfen wurde.

3.6.12 Einstellungen

Das Grundproblem der Einstellungsforschung tritt innerhalb der Verkehrspsychologie in sehr konkreter Weise in Erscheinung: Wie ist das Konstrukt Einstellung inhaltlich zu interpretieren und in welcher Beziehung steht es zum Verhalten? Auch in diesem Zusammenhang erfährt die Problemstellung durch die besonders stark ausgeprägte Zeitbezogenheit des Verkehrsverhaltens ihre besondere Akzentuierung: Während das Verkehrsverhalten als *gegenwärtiges* Verhalten zum Zeitpunkt t beobachtet werden kann, ist die zum gleichen Zeitpunkt bestehende Einstellung mit den zur Verfügung stehenden Methoden grundsätzlich nicht erfaßbar. Es kann lediglich *vor* und *nach* einem bestimmten Verhaltensablauf eine Einstellung erschlossen werden, die auch für den Zeitpunkt t angenommen wird.

Beispiel: Nach Durchfahren einer Kurve werden Kraftfahrer angehalten und danach befragt, wie sie diese Kurve anhand einer subjektiven Gefährlichkeitsskala einschätzen, d.h. mit welcher Sicherheitseinstellung sie die Kurve durchfahren haben. Die Interpretation der Ergebnisse solcher Untersuchungen stößt auf zwei grundlegende Schwierigkeiten: Zunächst ist ungeklärt, ob mit der geforderten Verbalisierung überhaupt etwas über die auf diese Kurve bezogene Sicherheitseinstellung ausgesagt wird, oder etwa über bestimmte Selbstdarstellungstendenzen, mit denen das Eingeständnis subjektiver Unsicherheit nur schlecht zu vereinbaren ist. Aber selbst wenn auf diese Kurve bezogene Sicherheitseinstellungen erfaßt werden, bleibt es eine Annahme und keine Feststellung, daß die *nach* Durchfahren der Kurve ermittelte Einstellung mit jener zum Zeitpunkt des Durchfahrens gegebenen Einstellung identisch sei. Und schließlich bleibt noch die Frage offen, was eine derartige Einstellung für das eigentlich interessierende Verhalten bedeutet.

Gerade auf dem Gebiet des Verkehrsverhaltens stellt sich das letztgenannte Teilproblem in besonders konkreter Form dar. Einerseits interessieren hier die Einstellungen als solche nur relativ wenig und nur insofern, als über sie Verhalten erklärt und beeinflußt werden kann, andererseits bauen mehrere praktische Arbeitsbereiche auf dem Gebiet des Straßenverkehrs auf der Grundlage von Einstellungen der Verkehrsteilnehmer auf, z.B. die pädagogische Verkehrspsychologie, obwohl dieses Grundproblem sowohl im allgemeinpsychologischen als auch im verkehrspsychologischen Zusammenhang noch weitgehend ungelöst ist (vgl. Bergius 1976, S.143–144, Benninghaus 1976).

Ausgehend von solchen Interpretationsschwierigkeiten wäre ein **Interpretationsmodell** denkbar, in dem Einstellungen eine zweifache Funktion für das Verhalten haben (vgl. Klebelsberg 1981): Je nachdem, um welchen Zeitpunkt innerhalb eines Verhaltensablaufs es sich handelt, ist einer Einstellung eine Bedingungs- oder Bedingtheitsfunktion zuzusprechen. Ausgehend von einem Verhalten zum Zeitpunkt t_1 kann dieses Verhalten Gegenstand einer Selbstwahrnehmung werden. Dieses subjektive Bild des eigenen Verhaltens kann kognitiver Kontrolle unterworfen, vom Individuum interpretiert und als Einstellung erfragt werden. Aus den Interpretationen des eigenen vergangenen Verhaltens bzw. des subjektiven Bildes dieses Verhaltens können – in Form einer zukunftsbezogenen kognitiven Kontrolle – bestimmte individuelle Verhaltensgrundsätze abgeleitet werden. Solche individuellen Verhaltensgrundsätze werden in der neuen Situation so modifiziert, wie dies für die neue Situation subjektiv erforderlich erscheint. Aus diesen situationsspezifischen Modifizierungen individueller Verhaltensgrundsätze resultiert dann das Verhalten zum Zeitpunkt t_2 in der neuen Situation (vgl. Abb.33).

Das Schema soll veranschaulichen, daß in dem dargestellten Modell die **Bedingungs- und Bedingtheitsfunktion der Einstellung** eine Frage der Zeitperspektive ist und daß Einstellung – sowohl als Bedingtheit durch vergangenes Verhalten als auch als Bedingung für zukünftiges Verhalten – psychologisch „weit entfernt“ vom Verhalten ist, so daß inhaltliche Unterschiede zwischen Verhalten und Einstellung zumindest teilweise dadurch zu erklären wären.

Beispiel: Verhalten und Einstellung gegenüber Geschwindigkeitsbeschränkungen (GB):

V_{t1}:	Fahrer überschreitet GB in vorsätzlicher Weise.
SW1:	Erfolgserlebnis („besseres Vorankommen als die anderen“).
KK1:	„Dieses Erfolgserlebnis kann aus Sicherheitsüberlegungen nur guten Fahrern zugebilligt werden“.
E1:	„GB sind nützlich (weil sie für die anderen Sicherheit und für mich selbst Erfolgserlebnisse bringen) und daher zu befürworten“.
VG1:	„GB können von guten Fahrern überschritten werden“.
modVG1:	„Bei intensiver Überwachung empfiehlt sich auch für gute Fahrer ein Überschreiten der GB nicht“.
V_{t2}:	(unter örtlichen oder zeitlichen Bedingungen intensiver Überwachung): Fahrer hält GB ein.

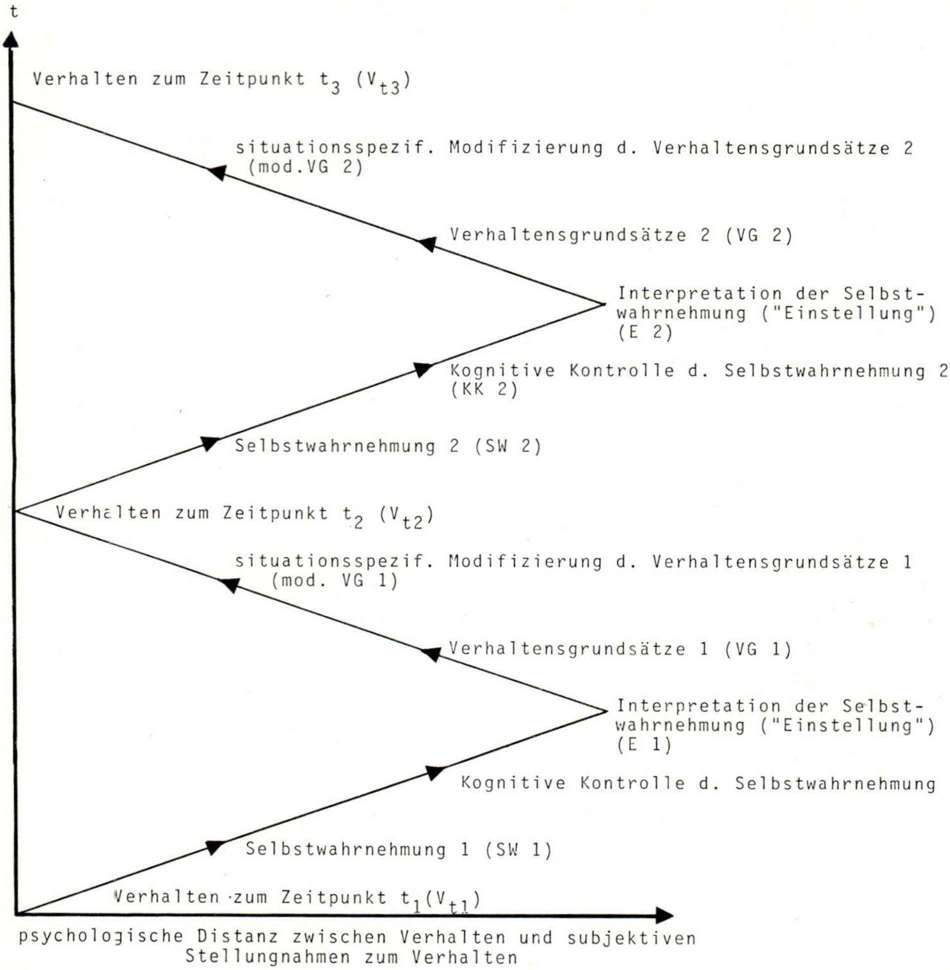

Abb. 33. Zeitabhängige Veränderung der Beziehung zwischen Verhalten und Einstellung. (Nach Klebelsberg 1981)

SW2: Mißerfolgserlebnis infolge erzwungener Fahrweise („man muß als guter Fahrer so fahren wie die anderen").
KK2: „Einschränkung der persönlichen Freiheit durch Entzug der Möglichkeit, sich zu profilieren".
E2: „GB sind abzulehnen".
VG2: „Weil GB abzulehnen sind, kann man sie auch nach Möglichkeit übertreten".
modVG2: „In Situationen erschwerter Überwachung bietet sich die Möglichkeit erfolgreicher Übertretung der GB".
V_{t3}: GB wird überschritten.
SW3: Erfolgserlebnis.
usw.
E3: „GB sind nützlich".
usw.

Das Beispiel soll zeigen, wie unterschiedlich die Beziehungen zwischen Einstellungen und Verhalten u. U. zu interpretieren sind. Gleichzeitig soll damit auch hervorgehoben werden, daß Verhalten und Einstellung durch die *gleichen* Lernvorgänge verändert werden können.

Das dargestellte Verhaltens-Einstellungs-Modell scheint sich teilweise mit der Selbstwahrnehmungstheorie von Bem (1972) zu berühren, in der Selbstwahrnehmung und Einstellung miteinander in Beziehung gesetzt werden. Das Modell unterscheidet sich aber dadurch, daß Einstellungen nicht als bloße Folgerungen aus dem eigenen Verhalten und als Verallgemeinerungen des wahrgenommenen Eigenverhaltens verstanden werden, sondern als Interpretationen des Eigenverhaltens auf dem Weg kognitiver Kontrolle (z. B. durch Bewertungen, Erklärungen, Rechtfertigungen).

Ausgehend von Explorationen von 100 Autofahrern, die die Ermittlung von **Erlebens- und Bewältigungsformen im Straßenverkehr** zum Ziel hatten (Berger et al. 1974, Berger 1975), untersuchte Utzelmann (1976, 1977) durch Beobachtung des Fahrverhaltens und halbstrukturierte Explorationen bzw. Befragungen von 200 Autofahrern Beziehungen zwischen bestimmten Verhaltensformen und Einstellungen. Die Verhaltensbeobachtungen in Form einer Modifikation der von Quenault entwickelten Methode (vgl. S. 56) und die Explorationen wurden von unabhängigen Versuchsleitern durchgeführt. Die Explorationen wurden nach tiefen- und gestaltpsychologischen Gesichtspunkten durchgeführt, wobei der Interviewer versuchte, aus den Aussagen der Befragten vorläufige Verständnishypothesen abzuleiten, die dann weiterverfolgt wurden. Nach dieser Methode wurden in den Untersuchungen von Berger et al. (1974) sechs **„Fahrwelten"** herausgearbeitet, die auch als Fahrformen oder Bewältigungsformen bezeichnet werden:
- „Fahrwelt" der Autonomie (Unabhängigkeits-, Selbständigkeits-, Durchsetzungstendenzen);
- „Fahrwelt" des „thrill" (Angstlusterfahrungen, z. B. bei Fahrgeschwindigkeiten im Grenzbereich);
- „Fahrwelt" des Gleitens (ruhiges, ausgeglichenes, entspanntes Fahren);
- „Fahrwelt" des Erprobens (Konkurrenz- bzw. Rivalitätsverhalten);
- „Fahrwelt" des Pilotierens (perfektes, gelassenes, regelgerechtes Fahren);
- „Fahrwelt" der Kraftentfaltung (Demonstration der Stärke des eigenen Fahrzeugs).

Diese „Fahrwelten", denen die Grunddimension „Ausleben vs. Absichern" übergeordnet ist, sind nach Auffassung der Autoren Fahrtendenzen, die bei derselben Person in verschiedenen Situationen unterschiedlich in Erscheinung treten können. Sie werden von den Autoren auch nicht ausdrücklich als Einstellungen bezeichnet, sondern als „Motive". Auch wenn diese begriffliche Differenzierung im vorliegenden Fall schwierig sein dürfte, so rechtfertigt die Methode, mit der diese „Motive" ermittelt werden, ihre Zuordnung zu Einstellungen: Es werden Verbalisierungen von kognitiven oder affektiven oder konativen (antriebsgesteuerten) Beziehungen gegenüber einem Gegenstand ermittelt.

Gerade weil es sich dabei um Kennzeichnungen des Fahrverhaltens handelt, deren Objektivität methodische Bedenken aufkommen lassen könnte, interessiert ihr Zusammenhang mit den Ergebnissen von Fahrverhaltensbeobachtungen, wie er von Utzelmann untersucht wurde. Die multiple Korrelation von 5 Explorationsvariablen (Tendenz zur „Thrillfahrt", Grunddimension, Tendenz zum Rivalisieren, Tendenz zur Gleitfahrt, Tendenz zum Überholen) mit dem beobachteten Geschwindigkeitsverhalten beträgt dabei $R = 0{,}45$; umgekehrt wurde für den Zusammenhang von Geschwindigkeitsverhalten, Kurvenschneiden, Fahrzeugbedienung und Überholhäufigkeit einerseits und „Tendenz zur Thrillfahrt" andererseits ein multipler Korrelationskoeffizient von R = 0,52 ermittelt. Damit konnten wichtige Hinweise auf bestehende **Zusammenhänge zwischen Einstellungs- und Verhaltensvariablen im Bereich des Fahrverhaltens** erbracht werden. Allerdings erscheint die Frage der Interpretations*richtung* dieses Zusammenhangs bzw. eine Kausalinterpretation nicht ganz so eindeutig, wie dies vom Autor gesehen wird. Denn es ist durchaus möglich, daß die explorierten Einstellungen nicht nur Bedingungen für das Geschwindigkeitsverhalten, und die verschiedenen Verhaltensformen nicht nur Auswirkungen einer Tendenz zur Thrillfahrt sind, sondern daß es sich bei den verbalen Äußerungen bzw. Einstellungen der explorierten Fahrer um subjektive Interpretationen – mit allen dabei möglichen Verzerrungen – des eigenen Verhaltens handelt.

In der Untersuchung von Utzelmann wurden Explorationsvariablen, soziodemographische Daten und die erfragte Einstellung gegenüber der „Tempo-100"-Regelung für Landstraßen auch einer Faktorenanalyse unterzogen, die zu 5 Faktoren führte: „sportlich-stabile Fahrweisen im Rahmen von Auslebenstendenzen" vs. „unsicher-labile Fahrweise mit Absicherungstendenzen"; „durch Autonomietendenzen und Rivalisierung geprägtes Fahrverhalten" vs. „durch Anpassungsbereitschaft und Vermeidungshaltungen bestimmtes Fahrverhalten"; „soziodemographische Zusammenhänge"; „der Sicherheitsgurtträger"; Stichprobenunterschiede. In der weiteren Interpretation wurden daraus zwei „Dimensionen für Verhalten und Erleben von Autofahrern" abgeleitet: einerseits „Vergnügen am gekonnten und schnellen Autofahren" und andererseits „Autonomie- und Rivalisierungstendenzen".

Näätänen u. Summala (1976) machten auf eine Untersuchung von Black (1966, zitiert nach Näätänen u. Summala 1976) aufmerksam, die bisher erstaunlich wenig in der verkehrspsychologischen Literatur beachtet worden ist. Es handelt sich um einen Vergleich verbaler Äußerungen von 25 jungen Versuchspersonen zu Fragen des Straßenverkehrs einmal im Normalzustand und einmal unter Hypnose. Der Vergleich führte zu weitgehend gegensätzlichen Inhalten der Äußerungen: Während die Äußerungen im Wachzustand vorwiegend im Sinn sozialer Erwünschtheit (kritisch-vernünftige, distanzierte Einstellung gegenüber dem Fahrzeug, Betonung der Eigenverantwortung, positive Einstellung zum Sicherheitsgurt usw.) erfolgte, kamen in den Äußerungen **unter Hypnose entgegengesetzte Einstellungen** zum Ausdruck (volle Identifizierung mit dem Fahrzeug, Dominieren der Faszinationswirkung des Fahrzeugs usw.). Diese Ergebnisse beleuchten von anderer Seite aus das Interpretationsproblem bei verbalisierten Einstellungen.

Die Einstellung gegenüber dem Auto ist bei allen Autofahrern ganz überwiegend positiv. 74% von 320 befragten Kraftfahrern fahren gerne Auto, nur 10% ungern (GETAS 1974). Das persönliche **Interesse am Auto** – am größten bei unter 25jährigen Kraftfahrern und bei Gegnern von allgemeinen Geschwindigkeitsbeschränkungen (Breinbauer et al. 1976) – ist im allgemeinen so groß, daß man eher bereit ist, auf das Auto beim Arbeitsweg als bei der Freizeit zu verzichten. Eine Homogenisierung des Fahrzeugparks, z. B. in Form einer Tendenz zum „Standardauto", wird überwiegend abgelehnt (von 53% der 320 Kraftfahrer gegenüber 39% Befürwortungen). Dies gilt nach den Befunden von Breinbauer et al. (1976) besonders für sachkundige Personen, von denen eine meinungsbildende Funktion (als „opinion leaders") zu erwarten ist.

Einen wesentlichen Einfluß auf die Einstellung zum Kraftfahrzeug übt die Kraftfahrzeugwerbung aus. Nach Befragungsergebnissen von Wollenhaupt (1973) kennen nur 17% von 500 befragten Kraftfahrern keine Automobilwerbung. Sofern Automobilwerbung bekannt ist, wird von 64% der Befragten das Fernsehen als wichtigstes Medium genannt. Im Sinn einer Verringerung kognitiver Dissonanz ist die Werbung der Hersteller des eigenen Autos auch die beliebteste Werbung. Die Untersuchung ergab weiter, daß Personen, die Plakate, Handzettel und Broschüren als Werbeträger der Kraftfahrzeugindustrie stärker beachten, häufiger schuldhaft an Unfällen beteiligt sind. Auch die **Wirksamkeit von „Werbetypen" in der Kraftfahrzeugwerbung** unterscheidet sich je nach individuellem Sicherheitsbewußtsein: Positive Werbetypen scheinen die allgemeine Sicherheitseinstellung bei Fahrern mit höherem Sicherheitsbewußtsein stärker zu verbessern, bei Fahrern mit geringerem Sicherheitsbewußtsein hingegen nur wenig; negative Werbetypen scheinen die allgemeine Sicherheitseinstellung bei Fahrern mit hohem Sicherheitsbewußtsein in stärkerem Maß zu verschlechtern als bei Fahrern mit geringerem Sicherheitsbewußtsein.

Längerfristige **Tendenzänderungen in der Automobilwerbung** weist Pfafferott (1971, 1973) aufgrund von Werbeinhaltsanalysen nach. Dabei ergab sich für die Automobilwerbung in der Bundesrepublik Deutschland für den Zeitraum von 1954 bis 1970 eine Zunahme von „Sportlichkeits"-Argumenten und von unterschwellig auffordernden Ansprachefomen sowie eine Abnahme von „Wirtschaftlichkeits"-Argumenten und von „rational-sachlichen Ansprachefomen", während 1972 diesbezüglich eine Tendenzwende in der Automobilwerbung festzustellen war. Daß es sich dabei möglicherweise nur um kurzfristige Änderungen handelt, machen Inhaltsanalysen von Zeitungsinseraten der Automobilwerbung aus den Jahren 1972–1974 in Österreich wahrscheinlich (Breinbauer et al. 1976). Dabei zeigte sich, daß die Art der Werbung durch die Energiekrise stärker beeinflußt wurde als durch die Einführung der allgemeinen Geschwindigkeitsbeschränkungen; dieser Einfluß war aber lediglich ein halbes Jahr lang wirksam und wurde dann durch verstärkte Werbung mit Sportlichkeit, Emotionalität und Unterschwelligkeit abgelöst.

Ein Bereich, in dem Untersuchungen von Einstellungen und Verhalten zu recht unterschiedlichen Ergebnissen gelangt sind, so daß sich eine Gesamtinterpretation nach dem skizzierten Einstellungs-Verhaltens-Modell empfiehlt, ist der des Risikoverhaltens und der der Risikoeinstellung. Die **Risikoeinstellung** wird meist mit Hilfe von Fragebogen zu erfassen versucht, das risikobereite vs. risikomeidende Verhalten mit verschiedenartigen experimentellen Versuchsanordnungen (vgl. Klebelsberg 1969). Experimentelle Untersuchungen der Beziehung zwischen Risikoeinstellung und Risikoverhalten ergaben keine einheitlichen Zusammenhänge (Klebelsberg 1969), so daß weder verläßliche Vorhersagen konkreten Risikoverhaltens aufgrund von erfragten Risikoeinstellungen noch Rückschlüsse von beobachtetem Risikoverhalten auf entsprechende Risikoeinstellungen gerechtfertigt erscheinen. Auch ein Verzicht auf eine Unterscheidung von Risikoeinstellung und Risikoverhalten (vgl. Schwenkmezger 1977) erscheint solange nicht angemessen, als immer wieder versucht wird, Risikoeinstellungen zu erfassen. Auf Schwierigkeiten bei der Beurteilung von Risikosituationen infolge vielfältiger Beeinflussung durch die *Beurteilungs*situation weist Colbourn (1977) hin. Demnach sind subjektive Aussagen über das wahrgenommene Risiko u. U. stark überlagert von Variablen, die primär von den Beurteilungs- und Verbalisierungsbedingungen und weniger von den Risikobedingungen abhängig sind.

Die unterschiedliche soziale Bewertung der Bereitschaft zu riskantem Verhalten in verschiedenen Lebensbereichen (Gesundheit, Sport, Beruf, Wirtschaft, Straßenverkehr) spricht dafür, daß es auch in diesen Fällen ergiebiger sein könnte, die Risikoeinstellung mehr als subjektive Interpretation des eigenen Risikoverhaltens zu betrachten und weniger als Indikator für konkretes Verhalten.

3.6.13 Erwartungen

Auf die in Beschreibungen und Erklärungen des Verkehrsverhaltens ungerechtfertigt geringe Beachtung von situationsspezifischen Erwartungen haben Näätänen u. Summala (1976) hingewiesen. Die Autoren interpretieren den Begriff der Erwartung weniger als kognitives Phänomen, sondern betonen die Ähnlichkeit von Erwartung und Wahrnehmung. Demnach *weiß* ein Fahrer z. B., daß trotz Tausenden von Fahrzeugen, die ihm auf der richtigen Straßenseite begegnen, auf einmal ein Fahrzeug auf der falschen Straßenseite auftauchen kann; aber er *erwartet* dies so gut wie in keinem Fall. Die Autoren messen Erwartungsphänomenen außerordentlich große Bedeutung für das Verkehrsverhalten, insbesonders für das Fahrverhalten bei und unterscheiden dabei drei Formen:

- **Kontinuitätserwartung** (continuation expectancy): Erwartung des Beibehaltens eines gegebenen Zustands. So wird z. B. die Fahrgeschwindigkeit des Vorausfahrenden häufig als konstant erwartet und das Abstandverhalten darauf bezogen.
- **Ereigniserwartung** (event expectancy): die aus subjektiven Wahrscheinlichkeiten abgeleitete Erwartung; z. B. im Fall der Seitenstraße, aus der „noch nie" ein Fahrzeug kam. Auswirkungen dieser Form von Erwartung auf die Reaktionsgeschwindigkeit konnten mehrfach nachgewiesen werden (vgl. Näätänen u. Summala 1976), wobei eine (nichtlineare) Zunahme der Reaktionszeit bei abnehmender Ereigniswahrscheinlichkeit festzustellen war.
- **Zeitliche Erwartung** (temporal expectancy): die auf den Zeitpunkt des Ereignisauftretens bezogene Erwartung, für die die Reaktionszeit als bestes Maß angenommen wird. Im allgemeinen konnte beobachtet werden, daß – abgesehen von sehr kurzen Zeitintervallen – die Reaktionszeit um so länger ist, je länger das Zeitintervall ist.

Von den Autoren wird die besondere Form der **Erfahrungsabhängigkeit von Erwartungen** hervorgehoben: Sie sind stark „recency weighted", d.h. die zuletzt gemachten Erfahrungen sind am ausschlaggebendsten, prägen die Erwartung am stärksten und bilden somit eine wichtige Grundlage von subjektiven Entscheidungskriterien. Solche zuletzt gemachten Erfahrungen können aber durchaus unrepräsentativ für die Grundgesamtheit ähnlicher Situationen sein, so daß die daraus abgeleiteten Erwartungen sehr leicht unzutreffend sein können.

Die Autoren führen dafür das Beispiel eines Fahrers an, der mehreren langsam fahrenden Fahrzeugen begegnet und daraus auch für das nächste Fahrzeug, vor dem er zu überholen beabsichtigt, eine ähnliche Geschwindigkeit erwartet.

Die besondere subjektive Bedeutsamkeit von Erwartungen für das individuelle Verhalten im Straßenverkehr und ihre große Beständigkeit und geringe Beeinflußbarkeit wird von den Autoren u.a. auch darauf zurückgeführt, daß ein Großteil der Erwartungen durch entsprechende Erfahrungen bestätigt wird, so daß andererseits auch **objektiv falsche Erwartungen subjektiv als richtig erlebt** werden und um so trügerischer sein können.

3.6.14 Selbstbild

Befunde der GETAS-Untersuchung (GETAS 1974) lassen erkennen, daß sich der eigene Fahrstil deutlich vom Fahrstil anderer Fahrer abhebt und zwar bei positiv eingeschätzten Merkmalen in positiver Richtung, bei negativ eingeschätzten Merkmalen in negativer Richtung; er wird von 96% der Befragten als sicher, von 86% als höflich, von 85% als rücksichtsvoll, von 78% als vorsichtig und von 1,5% als rücksichtslos eingestuft. Weibliche Fahrer bezeichnen ihren Fahrstil im Vergleich zu den männlichen Fahrern seltener als sicher. Das Konkurrenzverhalten spielt sich innerhalb von Fabrikatsgruppen ab; hingegen tritt es im allgemeinen nicht gegenüber dem eindeutig erkennbaren Stärkeren, gegenüber dem eindeutig erkennbaren Schwächeren und gegenüber dem Gleichen, also Fahrern des eigenen Fabrikats, in Erscheinung. Rivalisierungstendenzen sind bei Fahrern bis zu 35 Jahren und bei männlichen Fahrern am häufigsten. Hingegen sind Überlegenheitseinstellungen gegenüber anderen bei Fahrern über 35 Jahren häufiger anzutreffen. Andererseits bestehen Überlegenheitseinstellungen sowohl gegenüber Fahrzeugen mit erkennbarem Überlegenheitsverzicht (z.B. in Form von Fahrzeugverzierungen durch Enten, Blümchen, Bemalung) als auch gegenüber Fahrzeugen mit erkennbarer Überlegenheitsbetonung (z.B. durch Zusatzscheinwerfer, Metallic-Lackierung, Rallyestreifen, Signalfarben).

Tabelle 11. Einstufungen des eigenen Fahrkönnens anhand 5stufiger Skalen (1 = sehr gut, 5 = sehr schlecht) bei verschiedenen Personengruppen

Befragte	Autoren	Einstufung in %				
		1	2	3	4	5
433 deutsche PKW-Fahrer	Biehl et al. (1970)	15,5	58,6	25,7	0,2	0,0
662 österreichische Fahrer	Biehl et al. (1970)	25,8	52,6	21,1	0,5	0,0
davon:						
272 Fahrer von PKW < 1500 ccm	Biehl et al. (1970)	23,5	49,3	26,8	0,4	0,0
265 Fahrer von PKW ⩾ 1500 ccm	Biehl et al. (1970)	30,2	54,0	15,4	0,4	0,0
216 Fahrer bis zu 35 Jahren	Biehl et al. (1970)	19,0	51,9	28,2	0,9	0,0
315 Fahrer zw. 36 und 55 Jahren	Biehl et al. (1970)	26,0	54,0	20,0	0,0	0,0
118 Fahrer über 55 Jahren	Biehl et al. (1970)	38,1	51,7	9,3	0,9	0,0
557 männliche Fahrer		28,2	52,4	19,2	0,2	0,0
105 weibliche Fahrer		13,3	53,3	31,5	1,9	0,0
99 österreichische männliche PKW-Fahrer	Klebelsberg et al. (1979)	5,9	52,5	38,6	1,0	0,0
3633 ältere amerikanische Fahrer	Planek et al. (1968)	39,7		56,4	0,9	

Das **positive Selbstbild der Autofahrer** im Hinblick auf ihre fahrerischen Qualitäten wurde auch in anderen Untersuchungen wiederholt bestätigt (Biehl et al. 1970, Klebelsberg u. Schibalski 1976, Planek et al. 1968): Weniger als 1% der befragten Autofahrer stufen ihr Fahrkönnen als unterdurchschnittlich ein. Typische Ergebnisse derartiger Untersuchungen sind z. B. die in Tabelle 11 (s. S. 103) enthaltenen.

Aus solchen Befunden muß auf eine weitverbreitete, fast allgemeine Einstellung von Kraftfahrern geschlossen werden, wonach sich mehr als 99% der Fahrer gegenseitig zumuten, zu den Fahrern mit unterdurchschnittlichem Fahrkönnen zu gehören, während sich selbst dies weniger als 1% zumuten: Im Durchschnitt sind alle Fahrer dem Durchschnitt überlegen – ein scheinbares Paradoxon, das durch die Unterscheidung zwischen einem Beurteilungsmaßstab für die eigene Person und einem anderen für die anderen Personen erklärlich wird. Innerhalb des Skalenbereichs von 1–3 lassen sich jedoch einige Unterschiedstendenzen feststellen: Junge Fahrer, Fahrer von relativ leistungsschwächeren Fahrzeugen, weibliche Fahrer und Fahrer in den USA sind eher bereit, sich in die mittlere Kategorie einzustufen als ältere Fahrer, Fahrer von relativ leistungsstärkeren Fahrzeugen, männliche Fahrer und Fahrer in der Bundesrepublik Deutschland und in Österreich. Die Unterschiede zwischen den Befunden aus den USA und jenen aus der Bundesrepublik Deutschland und aus Österreich, sowie die Unterschiede zwischen den österreichischen Befunden aus den Jahren 1969 und 1978 stehen möglicherweise mit den Unterschieden im Motorisierungsalter im Zusammenhang: Mit zunehmendem Motorisierungsalter nimmt die Bereitschaft zu, das eigene Fahrkönnen als mittelmäßig bzw. durchschnittlich einzustufen und Überlegenheitsansprüche abzubauen.

Nach den Ergebnissen einer Untersuchung von Schmidt (Kurzfassung eines Vortrags über die Umfrage „Verkehrssicherheit", Kuratorium für Verkehrssicherheit, Wien; unveröffentlicht) geben unter den Autofahrern männliche Personen und Personen mit höherer Schulbildung am häufigsten gefährliche Handlungen in ihrem eigenen Verhalten an (z. B. subjektive Fahrtüchtigkeit bei Konsum von ¾ l Wein, Beschleunigen beim Überholtwerden).

3.6.15 Verkehrsverhalten als soziales Verhalten

Gerade dort, wo die aktuellen Probleme der Sicherheit und Leistungsfähigkeit im Straßenverkehr liegen, kann das Verkehrsverhalten nur als soziales Verhalten verstanden werden, d. h. als Verhalten von Individuen in Wechselwirkung mit Individuen. Auch unter historischem Gesichtspunkt hat sich das Verkehrsverhalten von einem überwiegenden Individualverhalten immer mehr zu einem sozialen Verhalten entwickelt. Trotzdem ist die Zahl systematischer Untersuchungen dieser interindividuellen Beziehungen im Straßenverkehr erstaunlich klein.

In allgemeinen Erörterungen zu diesem Problembereich wird häufig darauf hingewiesen, daß eine auffallende Diskrepanz zwischen dem sozialen Verhalten identischer Personen einerseits im Straßenverkehr und andererseits in allen übrigen Lebensbereichen besteht. Eine so stark kontrastierende Gegenüberstellung erscheint allerdings insofern überbetont, als durchaus eine Reihe von Übergängen zwischen sozialen Verhaltensformen in verschiedenen Lebensbereichen und Situationen – Familie, Beruf, Verein, Freundeskreis, Urlaub, Sportveranstaltung, Straßenverkehr – denkbar sind. Allerdings bleibt eine Besonderheit des sozialen Verhaltens im motorisierten Straßenverkehr aufrecht: die **eingeschränkte Verständigungsmöglichkeit zwischen den Individuen.** Als typische „Randbedingung von Kommunikationsprozessen" im Straßenverkehr werden von Merten (1977) hervorgehoben: die Non-Verbalität mit den Folgen ihrer geringen Differenziertheit (z. B. Vieldeutigkeit der Lichthupe); die Anonymität von Sender und Empfänger mit den Auswirkungen des geringen persönlichen Verpflichtungscharakters (z. B. in Form von Reaktionen, die im Fall einer Identifizierungsmöglichkeit kaum erfolgen würden); die Komplexität der Situation (in Form ständig wechselnder Verständigungspartner). Kommunikationsvorgänge im Straßenverkehr folgen nach Merten einem Ökonomisierungsprinzip, für dessen Anwendung vier Möglichkeiten genannt werden: Schematismenbildung (von bestimmten Eigenschaften eines Verkehrsteilnehmers wird auf dessen Verhalten geschlossen); Informationsmaximierung (z. B. in Form übermäßigen Absicherns); vorwegnehmendes Handeln (hier nicht im Sinn von Antizipation, sondern im Sinn von kleinen Handlungsschritten, durch die die Richtung des eigenen Verhaltens für die anderen Verkehrsteilnehmer frühzeitig erkennbar wird); kollektive Orientierung (man verhält sich so wie die anderen). Diese Formen der Ökonomisierung der Kommunikation lassen sich als Problemlösungsverhalten verstehen und in folgendem Flußdiagramm darstellen (Abb. 34, s. S. 106).

Eine Verbesserung der Verständigungsmöglichkeit im Straßenverkehr sieht Merten in der Entwicklung einer non-verbalen Straßenverkehrssprache, für die etwa 10 Zeichen – wie z. B. für „Fahre!" oder „*ich* fahre", „verstanden!" oder „ich verstehe *nicht*!" – ausreichen könnten, sofern sie von den Verkehrsteilnehmern einheitlich gelernt würden. Wilde (1976) zieht dafür die Möglichkeit von „drive talkies" (entsprechend den „walkie-talkies") in Erwägung, damit sich Kraftfahrer in solchen Situationen eindeutiger verständigen können.

3.6.16 Soziale Bewertungen

Zum Zweck einer Analyse sozialer Bewertungen des Verkehrsverhaltens wurden von Buchtala u. Möllers-Oberück (1975) zwei Methoden gewählt: Einerseits sollte eine für die autofahrende Bevölkerung repräsentative Stichprobe von 185 Autobesitzern vorgelegte Personenphotos verschiedenen schriftlichen Beschreibungen von Verhaltensweisen im Straßenverkehr unter dem Gesichtspunkt zuordnen, welches beschriebene Ver-

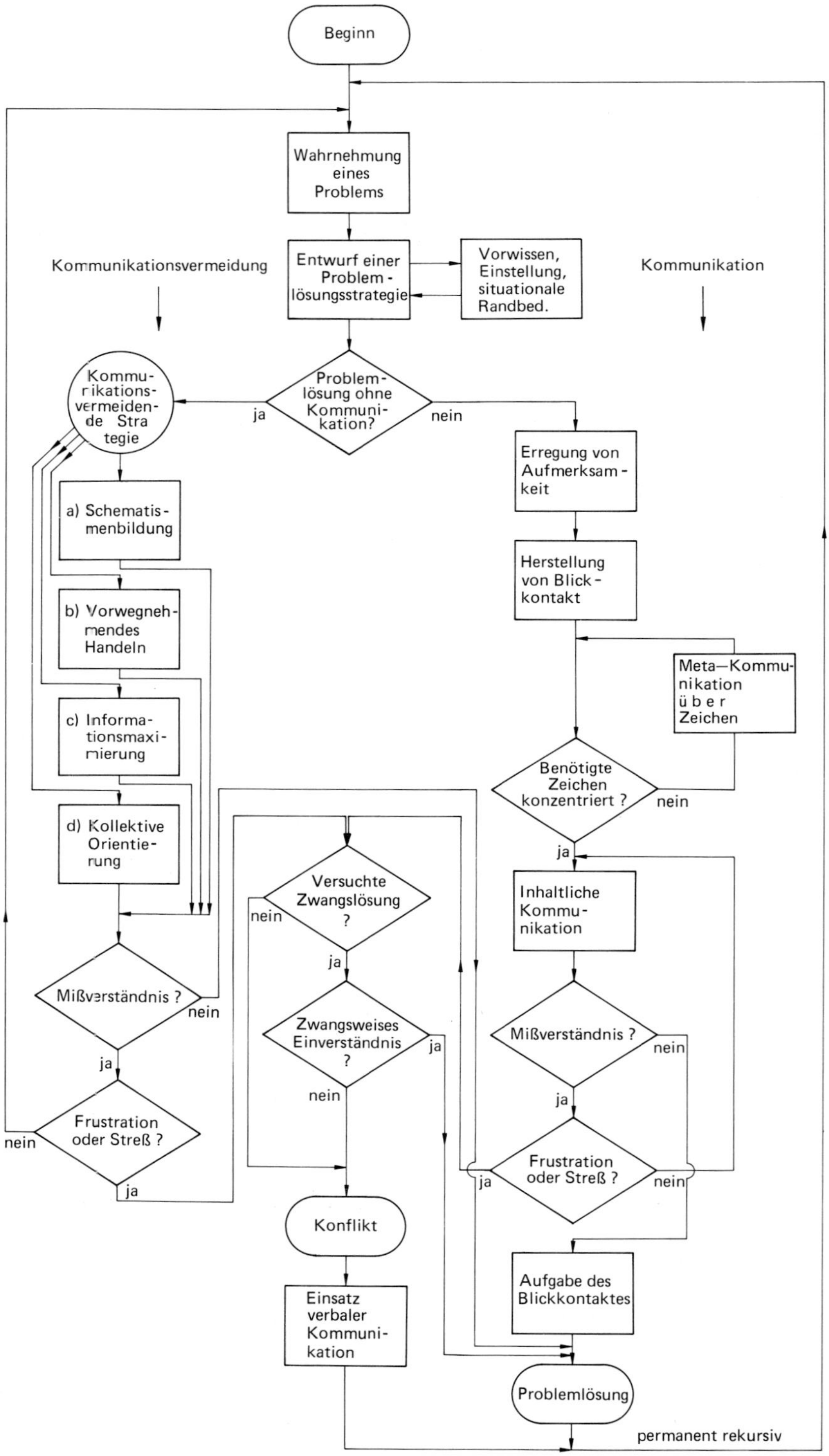

Abb. 34. Flußdiagramm des Problemlösungsverhaltens im Straßenverkehr. (Nach Merten 1977, S. 124)

halten von welcher gezeigten Person erwartet werden kann; andererseits sollten 52 kurze Filmszenen, die unangepaßtes Verhalten eines Autofahrers zeigen, von 170 Versuchspersonen nach acht Urteilskategorien (z.B. „gekonnt", „typisch Anfänger", „angeberisch", „rücksichtslos") eingestuft werden. Ein Vergleich der Bewertung von verbal beschriebenen und filmisch dargestellten Verhaltensweisen ergab für die *allgemeine* Bewertung von Verkehrsverhalten drei Beurteilungskriterien, für die Bewertung von *konkreten* Verhaltensweisen zwei Beurteilungskriterien; im ersten Fall sind dies die Kriterien „aggressiv-aktiv vs. defensiv-passiv", „sympathisch vs. unsympathisch", „intelligent-selbstbewußt vs. dumm-trottelig", im zweiten Fall „positiv-normal vs. negativ-rücksichtslos" und „unerfahren-unsicher vs. routiniert-risikobereit". Überwiegend positive Einstellungen konnten dabei gegenüber schnellem, risikobereitem, sportlichem Fahren festgestellt werden, negative Einstellungen gegenüber langsamer, übervorsichtiger Fahrweise, Fehlern beim Überholen, Mißachten der Vorfahrtsregelung. Leichte Geschwindigkeitsüberschreitungen, das Schneiden von übersichtlichen Kurven und die Nichtbeachtung von unverständlich erscheinenden Vorschriften wurden eindeutig gebilligt. Als eine wesentliche übergeordnete Einstellung wurde die **Freude am Autofahren** festgestellt. Als Kennzeichen des „schlechten Autofahrers" wird überwiegend eine unroutinierte, anfängerhafte Fahrweise angesehen.

Die Veränderung von Bewertungen in Abhängigkeit vom Zeitpunkt, zu dem sie erhoben werden, kommt in Befunden zum Ausdruck, die Schmidt (1979) in Zusammenhang mit einer Befragung von 2000 Personen verschiedener Verkehrsteilnehmergruppen in Österreich ermitteln konnte. So verringerte sich der Anteil von Befürwortungen des Ausbaus von Schnellstraßen und Autobahnen von 30% im Jahre 1973 auf 9% im Jahre 1978 (was jedoch nicht auf einen entsprechenden tatsächlich erfolgten Ausbau des Straßennetzes zurückgeführt werden kann). In der gleichen Untersuchung werden PKW-Fahrer nach Meinung aller Verkehrsteilnehmer, also auch der PKW-Fahrer selbst, als am häufigsten Gefährdende und Kinder und Fußgänger als am meisten Gefährdete angesehen. Die Gefährlichkeit des Straßenverkehrs wird relativ am höchsten von Frauen, älteren Menschen, Personen mit eher niedrigem Einkommen und niedriger Schulbildung sowie Bewohnern kleinerer Ortschaften eingeschätzt.

Einen sehr breiten Einstellungshintergrund des Verhaltens von PKW-Fahrern versucht eine Untersuchung der Gesellschaft für Angewandte Sozialpsychologie (GETAS 1974) auf dem Weg von Interviews mit 320 Fahrern aufzuklären. Es handelt sich um Fahrer von Fahrzeugen verschiedener Fahrzeugklassen; diese waren folgendermaßen festgelegt (Tabelle 12):

Tabelle 12. Festlegung von Fahrzeugklassen. (Nach GETAS 1974, S.8)

	bis 999 cm^3	1000–1199 cm^3	1200–1499 cm^3	1500–1699 cm^3	1700–1999 cm^3	2000 cm^3 und darüber
–40 PS	I	I	II	II	–	–
41–60 PS	I	II	II	II	III	III
61–90 PS	II	II	III	III	III	IV
>90 PS	–	–	III	IV	IV	IV

Die selbst beschriebenen Fahrstile der Befragten differenzierten im allgemeinen besser zwischen Fahrzeugfabrikaten als zwischen diesen Fahrzeugklassen. Unter den Ergebnissen finden sich aber auch einige Zusammenhänge mit der Fahrzeugklasse, so z. B. in den vorherrschenden Vorurteilen gegenüber anderen Fahrern, die Anlaß zum Rivalisieren werden können. Die stärksten Vorurteile finden sich in:

Fahrzeugklasse I: gegenüber weiblichen Fahrern,
Fahrzeugklasse II: gegenüber Fahrern unter 20 Jahren und gegenüber dem „Mann mit Hut",
Fahrzeugklasse III: gegenüber „Fremden",
Fahrzeugklasse IV: gegenüber „Mann um 40", „Fahrer mit Sicherheitsgurt".

Auch die Fahrer, denen man sich überlegen fühlt, unterscheiden sich je nach der eigenen Fahrzeugklasse; es sind dies für Fahrer in:

Fahrzeugklasse II: Ausländer, ortsfremde Fahrer, Fahrer mit Sicherheitsgurt;
Fahrzeugklasse III: Chauffeure, Frau am Steuer, „Mann mit Hut";
Fahrzeugklasse IV: Fahrer, die Kinder im Auto haben, Frau am Steuer mit Ehemann daneben, Fahrer, die dicht hinterm Steuer sitzen.

Im allgemeinen nehmen Überlegenheitsgefühle, Autoritätsansprüche und Dominanzverhalten gegenüber anderen Fahrern mit steigender Hubraumgröße und PS-Zahl des Fahrzeugs zu. Diese Einstellungen konkretisieren sich aber noch deutlicher, wenn die Fahrzeugklassen nach Fahrzeugfabrikaten weiter differenziert werden, da diese Einstellungen mit dem Prestigewert des betreffenden Fabrikats zusammenzuhängen scheinen.

Dabei konnte folgende Prestigerangfolge ermittelt werden (Tabelle 13):

Tabelle 13. Prestigerangfolge von PKW-Fabrikaten. (Nach GETAS 1974, S. 59–60)

Rangplatz	Fabrikat	Mittelwert	Rangplatz	Fabrikat	Mittelwert
1	Porsche	8,40	21	Peugeot 204	5,14
2	Mercedes 250, 280	8,08	22	Opel Ascona	4,93
3	Alfa Romeo	7,98	23	Ford 17 M	4,88
4	BMW 2500, 2800	7,94	24	VW-Variant 411	4,85
5	Volvo	7,28	25	VW-Käfer 1300, 1500	4,84
6	BMW 2002	7,05	26	VW-Käfer 1200	4,78
7	Mercedes 200, 220, 230	7,04	27	Fiat 124, 125, 128	4,71
8	Opel Kapitän, Admiral, Diplomat	6,48	28	VW 1600 L, 1600 TL	4,71
9	Citroën ID, DS	6,36	29	VW-Variant 1600	4,64
10	Austin	6,35	30	Audi 80	4,59

Tabelle 13. (Fortsetzung)

Rangplatz	Fabrikat	Mittelwert	Rangplatz	Fabrikat	Mittelwert
11	Audi 100	6,21	31	Renault 4,6	4,53
12	BMW 1600, 1800	6,20	32	Simca 1000, 1100	4,46
13	Mercedes Diesel 100 D, 220 D	6,06	33	Ford Taunus	4,34
14	Peugeot 404, 504	6,01	34	Citroën 2 CV	4,24
15	Ford 20 M, Consul, Granada	5,87	35	Ford Escort	4,13
16	VW K 70	5,80	36	Opel Kadett	4,07
17	Opel Manta	5,58	37	NSU 1200	3,61
18	Opel Rekord	5,50	38	NSU Prinz 4, 1000	3,36
19	Renault 16	5,40	39	Fiat 500, 600, 850	3,27
20	Ford Capri	5,20	40	DAF	2,95

Wilde, O'Neill und Cannon untersuchten 1975 in einer schriftlichen Befragung in Kanada Einstellungen von Kraftfahrern zu einer großen Zahl verschiedener Sicherheitsmaßnahmen, um den Begriff des **Sicherheitsbewußtseins** näher zu bestimmen (Wilde, O'Neill u. Cannon 1975). Dabei zeigte sich, daß die Wirksamkeitsbeurteilung einer Maßnahme mit der Befürwortung ihrer Durchführung – über alle Maßnahmen – nur zu $r = 0{,}62$ ($n = 338$), bezogen auf die einzelne Person zu $tau = 0{,}54$, korreliert. Entsprechend den Befunden der Untersuchung haben verschiedene Personen verschiedene Vorstellungen von Sicherheitsmaßnahmen, ohne deshalb andere Maßnahmen rundwegs abzulehnen. Das Sicherheitsbewußtsein – definiert durch den Grad, in dem das Individuum eine Verbesserung der Verkehrssicherheit für erforderlich hält – weist zwar signifikante, aber sehr schwache Zusammenhänge mit der Wirksamkeitsbeurteilung ($r = 0{,}23$) und Durchführungsbefürwortung ($r = 0{,}35$) auf. Sicherheitsbewußtsein als Persönlichkeitsmerkmal steht in keinem Zusammenhang mit demographischen Merkmalen; lediglich schwache Hinweise ergaben sich für eine erhöhte Ausprägung bei Fahrern mit geringerer Fahrpraxis, und bei weiblichen und älteren Fahrern. Personen mit positivem Sicherheitsbewußtsein unterscheiden sich aber von jenen mit negativem Sicherheitsbewußtsein u.a. dadurch, daß sie viele Unfallmöglichkeiten sehen, auf aktive Unfallvermeidung eingestellt sind und den Unfall nicht als Zufall, sondern als Sache des Fahrers betrachten und Sicherheitsmaßnahmen eher als weniger wirksam beurteilen und sie auch weniger befürworten.

Eine Folgerung der Autoren aus ihrer Untersuchung geht dahin, daß in der Sicherheitswerbung Gesichtspunkte stärker zu berücksichtigen wären, die *nicht* ausdrücklich sicherheitsbezogen sind. (Z. B. könnte als begleitende Argumentation für Geschwindigkeitsbeschränkungen stärker auf den – im Gegensatz zu subjektiven Schätzungen – relativ geringen Zeitgewinn durch höhere Geschwindigkeiten hingewiesen werden.)

3.6.17 Konformität und Modellwirkungen

Die Bedeutung konformen Verhaltens für die Verkehrssicherheit geht aus den Ergebnissen einer Untersuchung von Munden (1966) hervor. Demnach sind Fahrer, deren gewohnheitsmäßige Fahrgeschwindigkeit in der Nähe des Geschwindigkeitsmedians eines bestimmten Streckenabschnitts liegt, weniger an Unfällen beteiligt als Fahrer, deren Geschwindigkeit deutlich darüber oder darunter liegt. Sich so zu verhalten wie die anderen scheint demnach einer der sicherheitsfördernden Gesichtspunkte einer **Homogenisierung des Straßenverkehrs** zu sein.

Positive, d.h. sicherheitsfördernde **„Modell"-Wirkungen** konnten Kroj u. Spoerer (1974) am Beispiel des Einschaltens der Kraftfahrzeugbeleuchtung nachweisen. In einem experimentellen Vergleich unter Feldbedingungen zeigte sich, daß in Dämmerungsphasen mit Helligkeiten zwischen 450 und 150 Lux die Beleuchtung früher eingeschaltet wird, wenn die Zahl der beleuchteten Fahrzeuge aus der Gegenrichtung (im Experiment als Testfahrzeuge eingesetzt) gegenüber Normalbedingungen erhöht wird. Der dabei wirksam werdende soziale Einfluß ist nach diesen Ergebnissen nicht punktuell, sondern tritt in einer lawinenartigen Entwicklung in Erscheinung, „indem Modelle Modelle schaffen" (Kroj u. Spoerer 1974, S.19). Die Autoren leiten daraus eine bedeutsame Folgerung für Beeinflussungsmöglichkeiten ab: „Wenn man nur genügend Kraftfahrer findet, die sich im gegebenen Augenblick unirritierbar vernünftig und normalgemäß verhalten, dann haben diese Kraftfahrer auf andere einen nicht unerheblichen Einfluß, besonders aber auf das Gros derjenigen, die nicht genau wissen, wie sie sich verhalten sollen" (Kroj u. Spoerer 1974, S.19).

3.6.18 Antizipation des Verhaltens anderer Verkehrsteilnehmer

Eine besondere Form der sozialen Wahrnehmung im Straßenverkehr ist die Antizipation des Verhaltens anderer Verkehrsteilnehmer. Die Bedeutung dieser Art von Antizipation konnte Bott-Bodenhausen (1972) in einer experimentellen Untersuchung zeigen, in der 40 bewährten und 40 verkehrsauffälligen Fahrern gefilmte Verkehrssituationen dargeboten wurden, die sich von einem problemlosen Anfang zu einem kollisionsträchtigen Ende entwickelten und bei denen die Versuchspersonen in Form subjektiver Wahrscheinlichkeit das erwartete Verhalten der betreffenden Verkehrsteilnehmer in Form von vier Reaktionsmöglichkeiten antizipieren sollten. Dabei wurde gefunden, daß bei bewährten Kraftfahrern früher als bei verkehrsauffälligen Fahrern Gefahrenmomente in die antizipierten Handlungsziele eingehen. Demgegenüber liegen aber auch Anhaltspunkte dafür vor, daß fehlerhaftes Verkehrsverhalten durch Konformität nicht weniger fehlerhaft wird. Dies gilt insbesonders für Fälle unerwünschten Modellernens. So konnte von Dolphin et al. (zit. nach Wilde 1976) nachgewiesen werden, daß die Häufigkeit von Verkehrsverstößen von Fußgängern (Überschreiten der Fahrbahn bei rotem

Ampellicht) durch das „Modell"-Verhalten eines Fußgängers (der in diesem Fall einer der Versuchsleiter ist) stark beeinflußt wird: Durch verkehrswidriges Verhalten des „Modells" stieg die Häufigkeit von Verkehrsverstößen von rund 25% auf rund 50%. In einer der ersten diesbezüglichen Untersuchungen (Lefkowitz et al. 1955) wurden auch **unterschiedliche „Modellwirkungen"** je nach Kleidung des „Modells" beobachtet. Diese Beobachtung konnte von Dolphin u.a., die den Einfluß von Kleidung und Geschlecht kontrollierten, nicht bestätigt werden.

Die Nachahmung unsicheren oder auch gefährdenden Verhaltens kann auch durch entsprechende Lernvorgänge gefördert werden. Als Beispiel dafür sei auf das Abstandhalten bei dichtem Verkehr auf Autobahnen hingewiesen. Bei der festgestellten verbreiteten Tendenz von Kraftfahrern, auf Autobahnen gefährlich kleine Abstände zum Vorderfahrzeug einzuhalten (Burkhardt 1966), wird das Einhalten von Sicherheitsabständen häufig durch das Überholtwerden durch andere Fahrzeuge „bestraft". Wenn auch diesen Fahrzeugen gegenüber wieder ein Sicherheitsabstand eingehalten wird, ist ein weiteres Überholtwerden wahrscheinlich. Auf diese Weise kann ein auf Sicherheitsabstand bedachter Fahrer innerhalb einer Fahrzeugkolonne immer weiter zurück geraten, wobei der damit erstrebte Sicherheitsgewinn immer wieder durch überholende Fahrzeuge zunichte gemacht wird. Der Fahrer wird auf diese Weise indirekt dazu gedrängt, sich so wie die anderen, aber auch ebenso verkehrswidrig wie die anderen Fahrer zu verhalten.

3.6.19 Gruppenspezifische Verhaltensunterschiede

Hinweise auf gruppenpsychologische Unterschiede im Verkehrsverhalten finden sich in Untersuchungen des aggressiven Verhaltens zwischen verschiedenen Verkehrsteilnehmergruppen. In der früher erwähnten Untersuchung von Hauber (1976) konnte zwar der häufig vermutete Unterschied in der Häufigkeit aggressiven Verhaltens zwischen männlichen und weiblichen Fahrern nicht bestätigt werden (27,5% bzw. 24,4%; n.s.), jedoch ein deutlicher Unterschied zwischen älteren und jüngeren Fahrern (20,7% bzw. 31,0%; s.). **Unterschiedlich aggressives Verhalten** war **gegenüber männlichen und weiblichen Testpersonen,** die den Zebrastreifen überschritten, zu beobachten: Gegenüber männlichen Fußgängern war aggressives Verhalten der Fahrer fast doppelt so häufig wie gegenüber weiblichen Fußgängern. Dies traf auch für beide Altersstufen und beide Geschlechter der Kraftfahrer zu, lediglich bei jungen weiblichen Fahrern war der Unterschied nicht signifikant.

Gruppenspezifische Aggressionstendenzen im Verkehrsverhalten werden auch von Moser (1976) vermutet. Unter Bezugnahme auf Böhm (1966) und Schleiermacher (1976) wurden Unfälle analysiert, an denen Verkehrsteilnehmer unterschiedlicher Altersgruppen beteiligt waren. Dabei war ein unverhältnismäßig großer Anteil von Unfällen festzustellen, an denen einerseits jüngere Kraftfahrer und andererseits ältere Fußgänger beteiligt waren; demgegenüber erwies sich die Anzahl der Unfälle zwischen sowohl jungen als auch älteren Fahrern einerseits und Kindern andererseits als relativ gering.

3.6.20 Fußgängerverhalten

Auch im Zeitalter der Motorisierung bleibt das Fußgängerverhalten in gewissem Sinn immer noch die elementare Form des Verkehrsverhaltens, weil jeder Verkehrsteilnehmer zumindest *auch* Fußgänger ist. Die Besonderheit des Fußgängerverhaltens rührt nicht zuletzt von seinen physikalischen Bedingungen her, durch die es sich von allen anderen Formen der Verkehrsteilnahme unterscheidet. Dabei ist an die Möglichkeit größter Anfangsbeschleunigung (im Bereich von 0 bis etwa 10 km/h), geringster Trägheitskräfte und größter Spurlabilität zu denken. Veranschaulichungsbeispiele dafür wären das Kind, das aus dem Stillstand plötzlich losrennt, der ältere Fußgänger, der beim Überqueren innerhalb kürzester Zeit seine Fortbewegungsrichtung um 180 Grad verändert, der Fußgänger, der, um einer Pfütze auszuweichen, durch einen Sprung zur Seite seine Gehspur um 100, 200 oder 300% verlagert. Diese physikalischen Voraussetzungen machen das Fußgängerverhalten zu der für den anderen Verkehrsteilnehmer **am schwersten zu antizipierenden Verhaltensform.**
Andererseits handelt es sich um jene Form des Verkehrsverhaltens, für das am wenigsten Rechte und Pflichten in verbindlicher Form bestimmend sind und das daher in seinem Spielraum – im Vergleich zu anderen Verkehrsteilnehmern – durch die gültige Verkehrsordnung am wenigsten eingeschränkt ist. Die oft angesprochene **„Anonymität" des Fußgängers** ist möglicherweise gerade auf die Unverbindlichkeit seines Verhaltens innerhalb des Gesamtsystems zurückzuführen. Auch die empirischen Befunde, wonach sich Fußgänger vorwiegend an der Gesamtsituation und weniger an bestimmten Verkehrsvorschriften orientieren (Böcher et al. 1973, Schnadt u. Schübbe 1975), scheinen damit in unmittelbarem Zusammenhang zu stehen.

Trotz der weitgehenden Bedeutung des Fußgängerverhaltens bezieht sich der Großteil der vorliegenden Literatur auf Analysen von Fußgängerunfällen und von unmittelbaren Unfallbedingungen, während Untersuchungen, die sich auf das Normalverhalten von Fußgängern beziehen, nur zögernd in ihrer Häufigkeit zunehmen (Biehl, o.J.).

Unfälle von Fußgängern betreffen, ihren Häufigkeitsschwerpunkten nach, zwei Altersgruppen: Kinder bis zu 15 Jahren und Personen ab dem 65. Lebensjahr. Bezüglich des Problems der Kinderunfälle wird auf Abschn. 3.6.21 verwiesen.

Bezüglich der **Fußgängerunfälle** älterer Personen liegen zwar Ergebnisse gezielter Unfallanalysen vor (Pfundt 1969, Grow 1972, zit. nach Biehl o.J.), darüber hinausgehende Untersuchungen psychologischer Verhaltensbedingungen sind aber sehr selten. Ein Beispiel dafür stellt die Arbeit von Thomae et al. (1977) dar, in der neben der Auswertung von Unfallakten (n = 363) auch Verhaltensbeobachtungen (n = 800), Befragungen (n = 200), Gruppengespräche (n = 72) und diagnostische Untersuchungen (n = 51) an über 60jährigen Fußgängern durchgeführt wurden. Als übergeordnetes Ergebnis weisen die Autoren auf eine bei älteren Fußgängern häufig anzutreffende Mischung bzw. einen Konflikt von Leistungs-, Angst- und Defiziterlebnissen hin. Die Leistungsfähigkeit im

Straßenverkehr, die für die eigene Person angenommen wird, kontrastiert mit dem Fehlverhalten, das bei anderen älteren Fußgängern angenommen wird, – ein Kotrast, der allerdings auch bei anderen Verkehrsteilnehmergruppen vielfach anzutreffen ist. Obwohl 92% der Zielgruppe von Schwierigkeiten für den älteren Fußgänger sprechen, fühlen sich selbst nur 25% im Straßenverkehr unsicher. Die Gefährdungen, die sich aus der Schnelligkeit, Dichte und mangelnden Überschaubarkeit des Straßenverkehrs ergeben, werden als hauptsächliche Auslöser von Angstreaktionen erlebt. Das Verkehrswissen ist ausreichend vorhanden, wird aber für die eigene Person sehr großzügig gehandhabt.

Ähnliche Befunde lieferte die Untersuchung von Camenzind et al. (1978) an über 65jährigen Fußgängern in der Schweiz, die teils als schriftliche Befragung (2585 Fragebogen mit einer Rücklaufquote von 684), teils als Verhaltensbeobachtung (N = 200) durchgeführt wurde. Auch in dieser Untersuchung konnte festgestellt werden, daß ein hoher Prozentsatz (77,4%) der über 65jährigen Fußgänger nie im Besitz einer Fahrerlaubnis war; in den Untersuchungen von Thomae et al. (1977) waren es 70%, von denen 40% noch aktive Kraftfahrer sind, weitere 23% nehmen als Radfahrer am Straßenverkehr teil. Diese Ergebnisse erscheinen besonders für die Erklärung unangepaßten Begegnungsverhaltens zwischen Fußgängern und Kraftfahrern wichtig. Der ältere Fußgänger ist darauf angewiesen, Beurteilungen von Verhaltensformen vorzunehmen, für die ihm wesentliche Erfahrungsgrundlagen fehlen (z. B. Einschätzung von Anhaltemöglichkeiten oder Sichtmöglichkeiten bei Abblendlicht). Diese Ergebnisse dürften aber nur für die Generation der *heute* älteren Personen gelten, während im Zuge der Motorisierungsentwicklung eine deutliche Abnahme des Anteils von Nurfußgängern zu erwarten ist.

Die Befunde von Thomae et al. (1977) ermöglichen folgende Zusammenfassung der für ältere Fußgänger spezifischen Verhaltensschwierigkeiten:

Erschwerte Orientierung
Erschwerte Überblicksgewinnung in komplexen Situationen; beim Überqueren: Neuorientierung in der Fahrbahnmitte; Kollision mit anderen Fußgängern am Überweg.

Aufmerksamkeitseinengung
Beachtung der Ampel auf Kosten der Beobachtung des Verkehrs; Übersehen abbiegender Fahrzeuge.

Informationsmängel
Fehlende Kenntnis von Verhaltensmöglichkeiten motorisierter Verkehrsteilnehmer.

Unsicherheit bzw. Unentschlossenheit
Uneindeutiges Verhalten am Zebrastreifen; Vor- und Zurückgehen; Sich-Nachziehen-Lassen bei Rot.

Verständnisschwierigkeiten mit anderen Verkehrsteilnehmern.

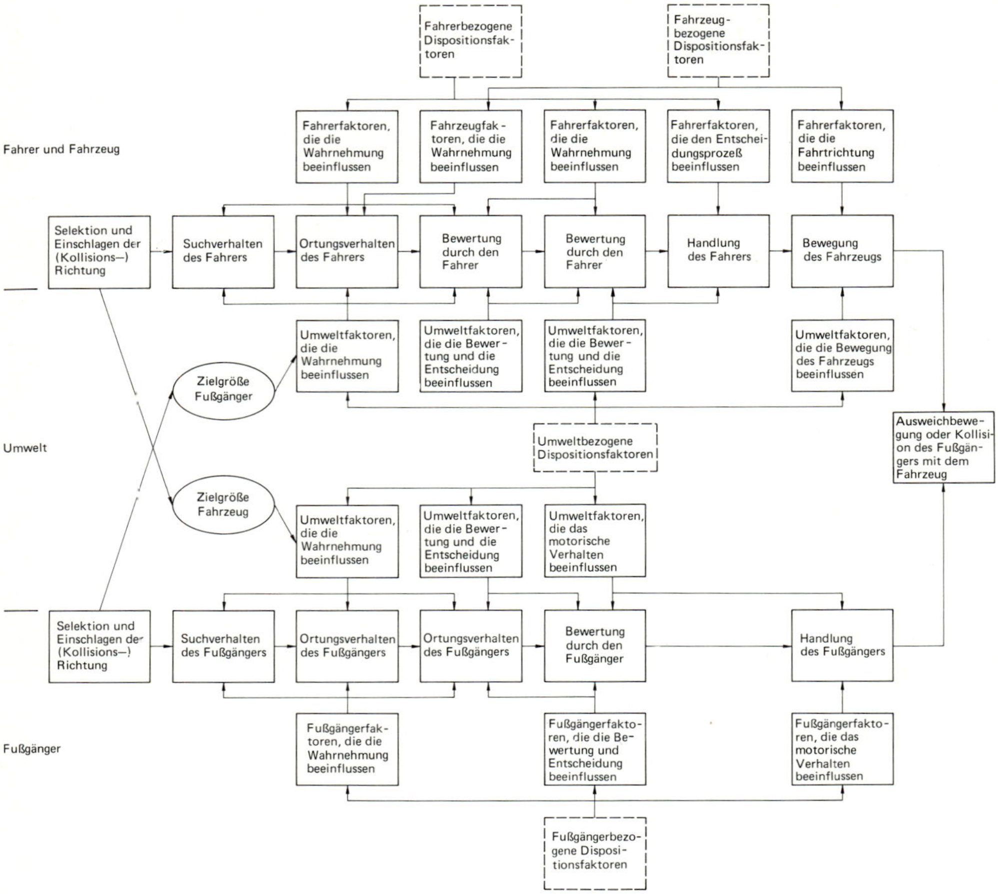

Abb. 35. Modell des Begegnungsverhaltens zwischen Fußgänger und Kraftfahrer (Snyder u. Knoblauch 1973; zit. nach Biehl o.J., S. 51)

Für die mit Abstand wichtigste Unfallsituation von Fußgängern, den Unfall zwischen Fußgänger und Kraftfahrer, haben Snyder u. Knoblauch (1973; zit. nach Biehl o.J.) ein umfassendes **Modell für das Begegnungsverhalten** entworfen (Abb. 35).

Davon ausgehend unterscheiden die Autoren sowohl für Fußgänger als auch für Fahrer im Rahmen eines Begegnungsablaufes folgende Aufgaben:

a) Die Wahl eines Weges für die eigene Fortbewegung;
b) die gegenseitige Suche;
c) die gegenseitige Wahrnehmung und Lokalisierung;
d) die gegenseitige Einschätzung des Verhaltens und der Verhaltensabsichten;
e) die Entscheidung für eine bestimmte Handlung;
f) die angepaßte Reaktion zur Unfallvermeidung.

Jeder Fehler in einer dieser Aufgaben sowohl auf Seite des Fußgängers wie auf Seite des Fahrers kann zu einem Unfall führen. In einer Analyse von 2157 Unfällen untersuchten die Autoren (Snyder u. Knoblauch 1971; zit. nach Shinar 1978) die Häufigkeit der einzelnen Ursachen bzw. Ursachenkombinationen. Dabei ergaben sich auf Seite des Fußgängerverhaltens die weitaus größten Häufigkeiten für Fehler in den Aufgaben a) und b), auf Seite der Fahrer für Fehler in den Aufgaben b) und c). Die geringe Auswirkung von Fußgängerhandzeichen auf das Fahrverhalten ergab sich aus Untersuchungen von Spoerer u. Utzelmann (1976). Einflußreicher erwies sich nach Zuercher (1976) das jeweils entgegengesetzte Geschlecht des Fußgängers.

Faktorenanalysen des Fußgängerverhaltens (Hildebrandt 1967, Dickinson u. Hall 1976) führten je nach Variablenauswahl zu unterschiedlich informativen Ergebnissen. Als Faktoren von Unfallstatistiken und Feldbeobachtungen ermittelten Dickinson u. Hall (1976): Verkehrskonflikte; Straßenbedingungen; Beleuchtung bei Nacht; physische Verfassung von Fußgängern und Fahrern; Sicherheitsbewußtsein des Fußgängers.

Anknüpfend an die richtungsweisende Untersuchung von Cohen et al. (1955) zum **Risikoverhalten von Fußgängern** untersuchten auch Katz et al. (1973) die „angenommenen Zeitlücken“ zwischen Fußgänger und Fahrzeug und ermittelten dabei eine untere Grenze von drei Sekunden; gleichzeitig konnten sie feststellen, daß herannahende Fahrer um so eher ihre Geschwindigkeit verringern, je niedriger ihre Geschwindigkeit und je größer die Entfernung zwischen Fahrzeug und Fußgänger ist, ferner dann, wenn es sich um einen markierten Überweg handelt, wenn Fußgängergruppen warten und wenn keine Blickkontaktaufnahme von Seite des Fußgängers erfolgt.

Wie sehr die **Bedeutung von äußeren Bedingungen für das Fußgängerverhalten** zu relativieren ist, machen die Ergebnisse einer umfangreichen Analyse des Fußgängerverhaltens an insgesamt 400 Kreuzungen durch Herms (1972) deutlich, von denen jede einen markierten und einen unmarkierten Überweg hatte. Die markierten Überwege wurden zwar wesentlich häufiger benutzt als die unmarkierten, die relative Unfallhäufigkeit innerhalb eines Beobachtungszeitraums von 5 Jahren (bezogen auf die jeweilige Benützungshäufigkeit) lag aber bei den markierten Übergängen wesentlich höher als bei den unmarkierten. Der Autor erklärt dieses Ergebnis mit einem Sicherheitsgefühl, das durch die Markierung vermittelt wird.

Unter den verschiedenen sozialpsychologischen Untersuchungen des Fußgängerverhaltens erscheinen diejenigen des Modellverhaltens am interessantesten (Dannick 1973, Wilde 1969, Lefkowitz et al. 1955, van der Molen 1977, zit. nach Gerber 1978); sie bestätigen durchwegs die **Wirksamkeit von Modellen für das Fußgängerverhalten,** wobei besonders das Ergebnis von Dannick (1973) bedeutsam ist, wonach unangepaßtes Modellverhalten am Überweg stärker wirkt als angepaßtes Verhalten. Gerber (1978), der auch eine Zusammenstellung der neueren Forschung zum Bereich des Fußgängerverhaltens erstellte, ging in Einstellungs- und Verhaltensuntersuchungen der Frage nach, ob sich Erwachsene der möglichen Modellwirkung ihres Verhaltens am Überweg gegenüber Kindern bewußt sind und sich dementsprechend verhalten. Seine Ergebnisse lassen diese Frage nur auf der Ebene verbalisierter Einstellungen positiv, auf der Ebene des beobachtbaren Verhaltens insofern negativ beantworten, als Kinder am Überweg keinen nachweisbaren Einfluß auf das Modellverhalten haben. Dies wird auch durch die Untersuchung von Böcher et al. (1973) bestätigt. Auch die sonstigen von Gerber untersuchten Beziehungen zwischen verschiedenen Prädiktorvariablen und Verhaltensabsichten entsprachen nicht den hohen Zusammenhängen, die als Hypothesen aus dem Modell von Ajzen u. Fishbein (1973) abgeleitet worden waren. Der Autor führt diesen Sachverhalt darauf zurück, „daß Einstellungen und Normen für Fußgänger im Straßenverkehr eher einen weiten Rahmen vorgeben, innerhalb dessen Verhaltenstendenzen bestehen" (Gerber 1978, S. 240).

Ein großer Teil neuerer Untersuchungen des Fußgängerverhaltens geht von differentiell-psychologischen Gesichtspunkten aus (Older u. Grayson 1974, Erke 1975, Grayson 1975, Zwahlen 1975, Michalik 1975), wobei die Differenzierung zwischen Kindern und Erwachsenen im Vordergrund steht. Die Verallgemeinerungsmöglichkeit mehrerer dabei erfaßter Befunde, so z. B. der geschlechtsspezifischen Unterschiede, scheint vorerst noch eher gering zu sein (vgl. dazu auch die in diesem Punkt gegensätzlichen Ergebnisse von Böcher et al. 1973, und Schnadt u. Schübbe 1975). Dies gilt auch für die Befunde aus Untersuchungen zur Verhaltensabhängigkeit von verschiedenen Überwegarten. Während Verhaltensbeobachtungen an Erwachsenen mehr Übertretungen auf Überwegen mit Ampelregelung als auf Überwegen ohne Ampelregelung ergaben (Winkler 1975), erwies sich das Überqueren auf Zebrastreifen ohne Ampelregelung in unfallstatistischen Analysen als gleich riskant wie das Überqueren ohne Überweg außerhalb von Kreuzungen (Schleiermacher 1976). Unter diesem Gesichtspunkt erscheinen Empfehlungen, die Abschaffung des Zebrastreifens in der heutigen Form oder den Verzicht auf Regeleinhaltung an Fußgängerampeln zu erwägen (vgl. Schleiermacher 1976, Gerber 1978), verfrüht.

Trotz der vorliegenden Ergebnisse aus verschiedenen Ansätzen zur Untersuchung des Fußgängerverhaltens hat die diesbezügliche Forschung aber doch relativ geringes Gewicht im Vergleich zur Forschung auf dem Gebiet des motorisierten Verkehrsverhaltens. Biehl (o. J., S. 62 f.) weist in den Schlußfolgerungen aus seinem umfassenden Sammelreferat u. a. auf folgende Faktoren hin, die dazu beigetragen haben und noch dazu beitragen, daß der Gesichtspunkt der Sicherheit von Fußgängern in den Forschungsprogrammen und bei der Entwicklung von Sicherheitsmaßnahmen – gemessen am Anteil der Fußgänger am gesamten Unfallgeschehen – weit unterrepräsentiert ist:

- eine öffentliche Meinung, die den Unfallanteil von Fußgängern noch fatalistischer als „naturgegeben" hinnimmt als die Unfallanteile der übrigen Verkehrsteilnehmer;
- das weitgehende Fehlen von Interessengruppen, was wiederum damit zusammenhängen mag, daß sich Maßnahmen zur Erhöhung der Sicherheit von Fußgängern meist ökonomisch nicht so gut verwerten lassen wie Maßnahmen aus anderen Gebieten der Verkehrssicherheit;
- die relativ geringe und schwierige Ansprechbarkeit der Gruppen mit dem höchsten Unfallrisiko als Fußgänger; alle anderen am Verkehrssystem beteiligten Gruppierungen sind homogener zusammengesetzt und leichter zu erreichen;
- die geringe Generalisierbarkeit von Untersuchungen zum Verhalten von Fußgängern, die meist noch eingeschränkter ist als auf anderen Gebieten der Verkehrssicherheitsforschung.

3.6.21 Verhalten von Kindern

Kinder sind in ihrem Verkehrsverhalten in den meisten Ländern überproportional stark mit Unfallbeteiligung belastet. Der altersmäßige Schwerpunkt ihrer Unfallbelastung scheint zwischen dem siebten und neunten Lebensjahr zu liegen (ADAC 1973a). Eine Trennung der Unfallhäufigkeiten nach der Art der Verkehrsteilnahme ergibt folgendes Bild (Abb. 36):

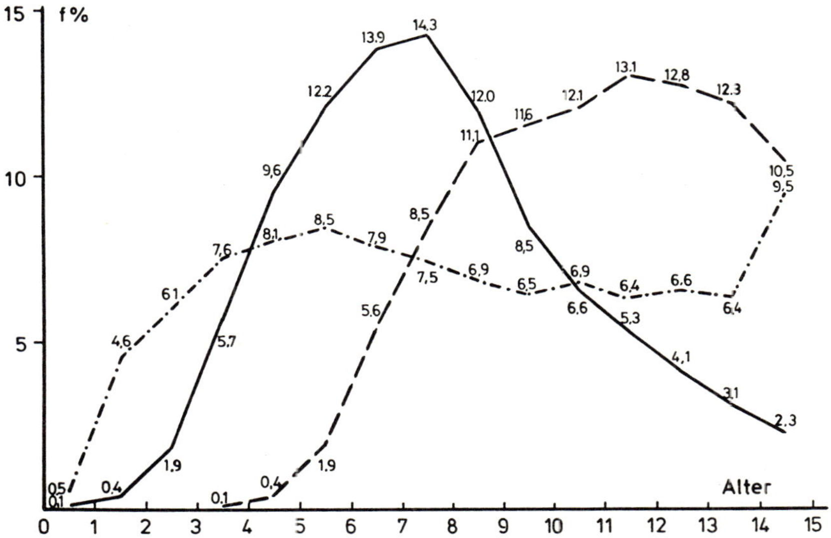

Abb. 36. Altersverteilung der relativen Anteile der im Jahre 1972 in der Bundesrepublik Deutschland als Fußgänger (——), als Radfahrer (-----) und als Mitfahrer (–·–·–) verunglückten Kinder an der jeweiligen Gesamtanzahl verunglückter Kinder (als Fußgänger: 100% = 35038; als Radfahrer: 100% = 16481; als Mitfahrer: 100% = 19759). (Quelle: ADAC 1973, S. 4ff; Darstellung nach Heinrich u. Langosch 1976, S. 88)

Bei Fußgängern sind Fahrbahnüberquerungen ohne ausreichende Prüfung der Verkehrslage und Fahrbahnüberquerungen bei Sichtbehinderung, bei Radfahrern Vorfahrtmißachtungen und falsches Linksabbiegen die häufigsten Unfallsituationen (Fuhrmann 1967, ADAC 1971).

Unter Bezugnahme auf allgemeine entwicklungspsychologische Gegebenheiten (vgl. Oerter 1976) und auf die Veröffentlichungen von Sandels (1971) sowie der Bundesanstalt für Straßenwesen (1975), in denen umfangreiche Literaturauswertungen vorgenommen wurden (insbesondere der Arbeiten von Diekmeyer 1968, Grayson 1972, Finlayson 1972, Hartwig 1969, Knighting et al. 1972, Martin u. Heimstra 1973, Salvatore 1974), lassen sich folgende Merkmale des Verkehrsverhaltens von Kindern zusammenfassen:

- Die allgemeine Entwicklungstendenz von der **Verhaltenssteuerung** durch die vorherrschende Affektivität zur Verhaltenssteuerung aus Distanz zur augenblicklichen Situation wirkt sich auch für das Verkehrsverhalten aus. Hier wie dort geht das Kind in der Situation auf, sein Verhalten ist ganzheitlich. Aus Impulsivität und Spontaneität, geringer Zukunftsbezogenheit und fehlender Antizipation der Verhaltensfolgen kann es zu unvermittelten Verhaltensänderungen kommen (Richtungsänderung, Abbremsen), die für die anderen Verkehrsteilnehmer nur schwer vorhersehbar sind.
- Die Wahrnehmung ist vorwiegend auf Einzelobjekte gerichtet, während das Überschauen komplexer Situationen noch unzureichend gelingt. Es herrscht im allgemeinen ein feldabhängiger Wahrnehmungsstil vor, die Wahrnehmung ist stark autistisch. Infolge Erfahrungsmangel ist die Wahrnehmungs- und Erkennungszeit verlängert. Die visuelle Wahrnehmung wird wesentlich durch das anatomisch bedingt niedrige Blickfeld geprägt: Die Augenhöhe beträgt im Alter von drei Jahren ca. 90 cm, im Alter von sechs Jahren ca. 110 cm. Mit sechs Jahren ist häufig noch kein sicheres Richtungshören möglich. Die Bewegungswahrnehmung im Straßenverkehr wird durch die meist fehlende gleichzeitige Objektveränderung erschwert (das schnelle Tier verändert seine Form, das schnelle Auto nicht). Geschwindigkeitsschätzungen sind – insbesonders bei quer fahrenden Fahrzeugen – noch stärker fehlerbelastet und durch das Kontrastprinzip beeinflußt (je stärker die Abhebung von der optischen und akustischen Umgebung, desto „schneller"; vgl. dazu das jugendliche Interesse an lauten Mopeds) als bei erwachsenen Verkehrsteilnehmern.
- Die **Aufmerksamkeit** kann schlecht verteilt werden. Damit dürfte es zusammenhängen, daß häufig nur in eine Richtung geschaut wird (Okamoto (1978) spricht vom „Tunnelblick" („tunnel vision") von Kleinkindern). Zusätzliche Aufmerksamkeitsbeanspruchung bewirkt Ablenkung; akustische Reize werden bei Abgelenktheit häufig nicht wahrgenommen. Durch die ganzheitliche Verhaltens- und Erlebensweise kann Ablenkung leicht zu einer Blickzuwendung und diese wiederum leicht zu einer Bewegungsänderung führen, was besonders für das Radfahren bedeutsam sein kann.
- Die **Bewegungsgeschicklichkeit** wird nur schrittweise erworben. Einhändiges Radfahren gelingt vielen Kindern zunächst nur mit der rechten *oder* linken Hand, so daß die Richtungsanzeige in diesem Stadium für eine der beiden Richtungen unterbleibt. Bis zu etwa drei Jahren ist mit einem unzureichend kontrollierten Bewegungsablauf zu rechnen; Kinder dieses Alters haben Schwierigkeiten, ihre Fortbewegung rasch zu stoppen. Eine sichere Links-/Rechts-Orientierung ist nicht vor dem siebten Lebensjahr zu erwarten.
- Das **Verkehrswissen** ist auch bei zehnjährigen Kindern noch sehr lückenhaft; unter vier Jahren ist noch mit keinerlei Kenntnis von Verkehrszeichen zu rechnen. Außerdem besteht noch eine erhebliche Diskrepanz zwischen gewußtem richtigen Verhalten und tatsächlichem Verhalten. Technisches Verständnis für fahrzeugspezifische Fortbewegungsarten fehlt weitgehend und wird häufig durch übertragene Spielzeugvorstellungen ersetzt (z.B. die Vorstellung, daß auch reale Kraftfahrzeuge sowie Spielzeugautos auf der Stelle anhalten können).

- In den **allgemeinen Einstellungen** erfolgt die Trennung von Spiel- und Realsituationen nur allmählich; daher kann es dazu kommen, daß Mutproben und Wettläufe vom Spielplatz auf die Straße übertragen werden.
- Die **Sicherheit des eigenen Verkehrsverhaltens,** besonders an Fußgängerüberwegen, wird häufig überschätzt. Die Risikobereitschaft scheint bei Jungen höher zu sein als bei Mädchen; dementsprechend ist die Unfallbeteiligung von Jungen annähernd doppelt so groß wie von Mädchen.

3.6.22 Fahrverhalten in bestimmten Verkehrssituationen

Die Anzahl möglicher Verkehrssituationen ist praktisch unendlich groß. Insofern ist anzunehmen, daß der Differenzierungsgrad möglicher Verkehrssituationen größer ist als der Differenziertheitsgrad möglicher Verhaltensformen des Verkehrsteilnehmers. Das bedeutet, daß nicht alle Informationen, die in einer konkreten Verkehrssituation enthalten sind, vom Verkehrsteilnehmer verarbeitet werden können, sondern daß vielmehr eine Informationsauslese getroffen werden muß, die eine Vergleichbarkeit und Klassifikation der einzelnen Situationen ermöglicht. Erst unter dieser Voraussetzung wird es für den Verkehrsteilnehmer möglich, Situationen zu antizipieren, was seinerseits wiederum angepaßtes Verhalten erleichtert.

3.6.22.1 Subjektive Gefährlichkeitseinstufung von Verkehrssituationen

Ein übergeordneter Klassifikationsgesichtspunkt ist der der Gefährlichkeit von Verkehrssituationen. Allerdings fehlen vorerst noch weitgehend Kenntnisse über subjektive Gesichtspunkte, die für Gefährlichkeitseinstufungen bedeutsam sind. Einer der ersten diesbezüglichen Versuche stammt von Benda (1976) und macht für eine Stichprobe von 39 alltäglichen Verkehrssituationen und aufgrund von Ähnlichkeitseinschätzungen drei Faktoren wahrscheinlich: einen ganz klar dominierenden Faktor des Sicht-, Wetter- und Staßenzustands sowie zwei deutlich untergeordnete Faktoren der Vorfahrt bzw. der Fahrtverzögerung durch Engstellen oder andere Verkehrsteilnehmer.

Die **Ermittlung eines subjektiven Gefährlichkeitsgrades** von Verkehrssituationen ist deshalb mit erheblichen **methodischen Schwierigkeiten** verbunden, weil es sich einerseits meistens nur um Verbalisierungen eines Gefährlichkeitseindruckes handeln kann, die darüber hinaus meist nicht *in* der Situation, sondern erst nachträglich erhoben werden können, so daß sich die Frage nach der Gültigkeit dieser Verbalisierungen für die Realsituation stellt. Neuerdings wurde allerdings gezeigt, daß

Rückschlüsse aus Befragungen zu Dia- oder Filmdarbietungen von Verkehrssituationen auf das Verhalten in der entsprechenden Realsituation durchaus gerechtfertigt sein können: Der durchschnittliche Bremszeitpunkt vor identischen Kurven stimmt in Feld- und Laboratoriumssituationen weitgehend überein (Klebelsberg et al. 1979). In diesem Zusammenhang erweist sich der subjektive Gefährlichkeitseindruck von Kurven abhängig von bestimmten äußeren Kurvenmerkmalen; er ist um so stärker, je kürzer die Annäherungsstrecke, je kleiner der Radius und je schwächer der Helligkeitseindruck einer Kurve ist.

Shinar et al. (1977) und Shinar (1978) ließen Photos von unfallbelasteten und unfallfreien Kurven durch Versuchspersonen beurteilen: Die unfallbelasteten Kurven wurden nicht als gefährlicher eingestuft, die baulichen Unterscheidungsmerkmale der beiden Gruppen von Kurven wurden von den Versuchspersonen nicht wahrgenommen.

Watts u. Quimby (1980) entwickelten ein Maß für die Sicherheitsreserve („safety margin"), das durch die Differenz zwischen minimaler Sichtweite und dem auf die individuelle Geschwindigkeit bezogenen Bremsweg bestimmt wird und das mit dem „subjektiven Risiko", d.h. mit der skalierten subjektiven Wahrscheinlichkeit für Beinahe-Unfälle in den betreffenden Situationen zu r = 0,88 korreliert.

Ein ähnliches aus der subjektiven Gefährlichkeitseinstufung abgeleitetes Maß in Form eines Sicherheitsindex wurde von Klebelsberg et al. (1979) für Kurvenfahrten entwickelt (s. Abschn. 3.6.22.2).

3.6.22.2 Kurvenfahren

Das Kurvenfahren ist unter psychomotorischem Gesichtspunkt als **Trackingaufgabe** zu betrachten, bei der die einzelnen Kurvenpunkte die Führungsgröße und das Fahrzeug die Nachführgröße darstellen. Diese Aufgabe hat je nach sensomotorischen Koordinationsbedingungen unterschiedliche Schwierigkeit: Sie wird um so leichter sein, je mehr die Richtung der auf möglicherweise begegnende Fahrzeuge gerichteten Aufmerksamkeit mit der Richtung der visuellen Bezugspunkte für die Steuerung der Lenkbewegung (Führungsgröße) übereinstimmt (vgl. Abb. 37).

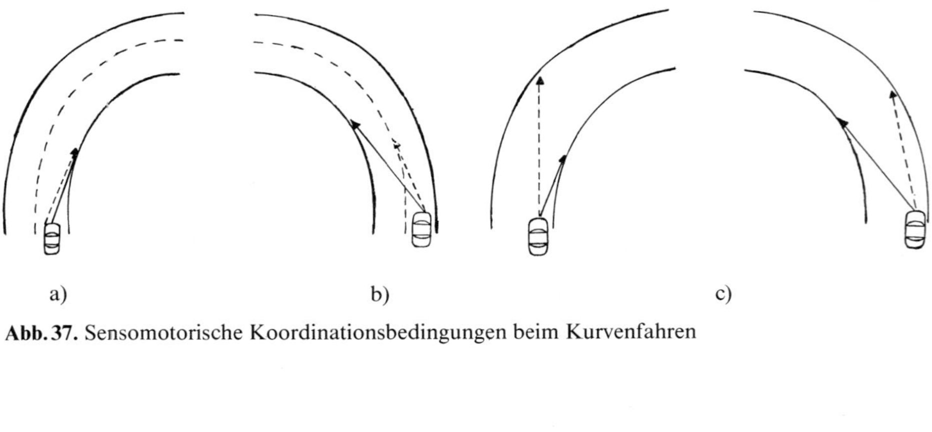

Abb. 37. Sensomotorische Koordinationsbedingungen beim Kurvenfahren

Abbildung 37 veranschaulicht verschiedene Möglichkeiten der sensomotorischen Koordinationsbedingungen beim Durchfahren einer unübersichtlichen Kurve. In allen drei Fällen ist die Aufmerksamkeit auf die Innenseite der Kurve gerichtet, damit sich der Fahrer möglichst weit voraus orientieren kann. Dies wird auch durch die bevorzugten Blickfixationen an der Kurveninnenseite bestätigt (vgl. Dilling 1973). Im Fall a) deckt sich die Richtung der Aufmerksamkeit mit der Richtung der Führungsgröße, das Fahrzeug „wird in die Kurve gezogen". Im Fall b) bildet die Mittelmarkierung die Führungsgröße, die aber nicht mehr in der Richtung des Aufmerksamkeitsschwerpunktes liegt; in diesem Fall kann die Mittelmarkierung den Effekt vermeiden, der im Fall c) eintreten kann, wenn in der Linkskurve keine Mittel- und Innenmarkierung oder in der Rechtskurve keine Innenmarkierung vorhanden ist; hier ist der Fahrer – vor allem bei Dunkelheit – gezwungen, sich an Führungsgrößen zu orientieren, deren Richtung jener der Aufmerksamkeitsverlagerung entgegengesetzt ist (Kurvenaußenseite vs. Kurveninnenseite). Außerdem wird die Koordination dadurch erschwert, daß der Fahrer in den Kurven nach außen schaut, aber nach innen lenken soll.

Das Kurvenfahren ist aber nicht nur als sensomotorische Koordinationsleistung zu verstehen. Außer den visuellen Führungsgrößen sind auch **kinästhetische Führungsgrößen** bedeutsam. Dies konnten Herrin u. Neuhardt (1974) durch die Ermittlung subjektiver Grenzwerte der wahrgenommenen Querbeschleunigung des Fahrzeugs in der Kurve zeigen, die aber keine individuell konstanten, sondern motivationsabhängige Größen zu sein scheinen und bei Geschwindigkeiten unter 60 km/h in einem Bereich von 0,25 bis 0,40 g liegen.

Zuberbühler (1971, zit. nach Engels 1976) stellte in Fahrversuchen mit Fahrern, die ihre Geschwindigkeit in Kurven frei wählen konnten, fest, daß in mehr als 90% der Fälle die Seitenbeschleunigung unterhalb von 0,3 g bleibt.

> Das Kurvenfahren verdeutlicht, daß eine angemessene Beurteilung des Verkehrsverhaltens nur unter dem Gesichtspunkt des Zusammenwirkens aller Teilsysteme möglich ist. So konnten die **Wechselwirkungen von straßenbaulichen, fahrdynamischen und subjektiven Variablen** in einer Untersuchung von Klebelsberg et al. (1979) aufgezeigt werden:

Aus einer Stichprobe von 19 Kurven konnten für jede Kurve relative Sicherheitsindizes ermittelt werden, die durch die durchschnittliche Differenz zwischen Radius und subjektiver Gefährlichkeitseinschätzung bestimmt sind und die ihrerseits die maximale Annäherungsgeschwindigkeit bestimmen. Daraus wurde die Empfehlung abgeleitet, dem Fahrer möglichst differenzierte Informationen über die Radiusgröße zu bieten, wobei diese Information in jenem Teil der Annäherungsstrecke zu geben wäre, in dem die Fahrgeschwindigkeit erhöht oder bis zur Verlangsamung beibehalten wird. Entgegen üblichen Vorstellungen erwies sich die Einsehbarkeit einer Kurve durchaus nicht als Merkmal von vorrangiger Bedeutung für die Sicherheit des Fahrverhaltens; es ergaben sich sogar eher gegenteilige Hinweise in Richtung auf eine ungerechtfertigte Erhöhung der subjektiven Sicherheit. Auch in der erwähnten Untersuchung von Shinar et al. (1977) neigten die Versuchspersonen dazu, die unfallbelasteten Kurven als besser einsehbar zu beurteilen.

Die von Babkov (1973) zitierten Befunde von Varlachkine deuten auf eine weitere Beeinflussungsmöglichkeit des Fahrverhaltens in Kurven durch Merkmale der Straßengestaltung hin: Die Geschwindigkeit ist bei Ausstattung mit Leitplanken am höchsten, bei Leitpfosten niedriger und ohne derartige Begrenzungen am niedrigsten, während die entsprechenden Meßwerte der psychogalvanischen Reaktion in gleicher Reihenfolge ansteigen. In Verbindung mit den anderen erwähnten Befunden könnte dieses Geschwindigkeitsverhalten auf ein unterschiedliches Gefahrenbewußtsein in Abhängigkeit von den verschiedenen visuellen Informationen über den Kurvenverlauf zurückzuführen sein. Andererseits wirken sich Nässe oder Trockenheit der Fahrbahn nach Beobachtungen von Pfundt (1978) und Crottaz (1974) auch auf kurvigen Strecken nicht nennenswert auf das Geschwindigkeitsverhalten aus.

3.6.22.3 Überholen

Eine der schwierigsten Verkehrssituationen für den Kraftfahrer ist diejenige des Überholens. Die Überholsituation ist einerseits eine klassische Risikosituation (vgl. Abschn. 3.6.8) und andererseits dadurch gekennzeichnet, daß zwei Voraussetzungen für ihre Bewältigung vom Fahrer nur unzureichend erfüllt werden können: die richtige Schätzung der Entfernung und die richtige Schätzung der Geschwindigkeit des Entgegenkommenden.

Die bereits erwähnten Befunde von Häkkinen (1963) machen die Bedeutung der allgemeinen Tendenz zur Überschätzung der Entfernung und zur Unterschätzung der Geschwindigkeit des entgegenkommenden Fahrzeugs für die Beurteilung der Überholstrecke deutlich. In Untersuchungen von Björkman (1963) zeigte sich, daß auch die **Schätzung des voraussichtlichen Begegnungspunktes** in der Überholsituation mit einer systematischen Fehlertendenz belastet ist: Als Begegnungspunkt wird vorzugsweise der Halbierungspunkt der Strecke zwischen beiden Fahrzeugen angenommen – eine Annahme, die nur unter der Voraussetzung gleicher Geschwindigkeiten beider Fahrzeuge richtig ist. Andererseits konnte Farber (1969, zit. nach Shinar 1978) feststellen, daß die Geschwindigkeit des entgegenkommenden Fahrzeugs die Entscheidung zum Überholen häufig auch dann nicht beeinflußt, wenn es sich dabei einmal um Geschwindigkeiten von 48 km/h und einmal von 96 km/h handelt. Die **Tendenz zur Unterschätzung des minimal notwendigen Überholweges** konnte auch von Gordon u. Mast (1970, zit. nach Shinar 1978) in Überholversuchen auf Versuchsstrecken festgestellt werden, bei denen unter einer ersten Versuchsbedingung von der Versuchsperson der letztmögliche Überholpunkt anzugeben war und unter der zweiten Versuchsbedingung tatsächlich überholt werden sollte. Der dabei zu beobachtende Schätzfehler lag zwischen 20 und 50% der tatsächlichen Überholstrecke und trat bei höheren Geschwindigkeiten häufiger auf als bei niedrigeren, während die Größe der Unterschätzung bei den höchsten Geschwindigkeiten am geringsten war.

Kaukinen (1967), der – ebenso wie Jones u. Heimstra (1966) – in sehr ähnlicher Weise Überholversuche durchführte, fand, daß die Sicherheitsentfernung (= Abstand zwi-

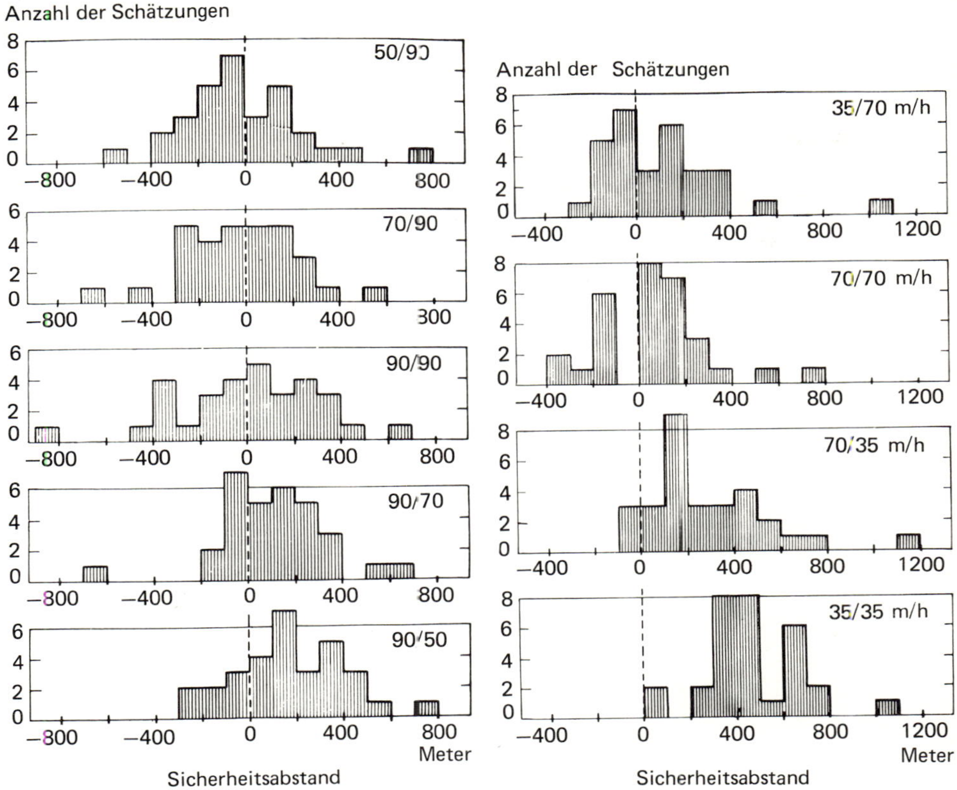

Abb. 38. Verteilung der Sicherheitsentfernungen beim Überholen unter verschiedenen Kombinationen der Geschwindigkeiten von vorausfahrendem und begegnendem Fahrzeug. (Kaukinen 1967; zit. nach Häkkinen 1974, S. 89–91)

schen dem überholenden Fahrzeug zum Zeitpunkt des gerade abgeschlossenen Wiedereinscherens und dem begegnenden Fahrzeug) durch unterschiedliche Kombinationen der Geschwindigkeit des vorausfahrenden (zu überholenden) und des entgegenkommenden Fahrzeugs beeinflußt wird (vgl. Abb. 38).

Demnach ergeben sich die gefährlichsten Situationen bei deutlich niedriger Geschwindigkeit des vorausfahrenden Fahrzeugs im Vergleich zur Geschwindigkeit des entgegenkommenden Fahrzeugs (z. B. 50 bzw. 90 km/h; vgl. Abb. 38 links oben, wonach in diesem Fall in 58% der untersuchten Fälle (n = 31) die Sicherheitsentfernung zu klein war).

Crawford (1963) spricht von **„Schwellenbedingungen"** („threshold conditions") des Fahrers in Überholsituationen und versteht darunter solche Überholbedingungen, die annähernd in 50% der Überholsituationen von einem Fahrer angenommen bzw. nicht angenommen werden. Die für die Einleitung eines Überholvorgangs erforderliche Entscheidungszeit ist im Bereich dieser Schwelle am größten und ist Bestandteil der gemessenen Reaktionszeit (Zeit vom Erscheinen eines Lichtsignals an der Rückseite des zu überholenden Fahrzeugs als Zeichen für den Beginn der Überholaufgabe bis zum Be-

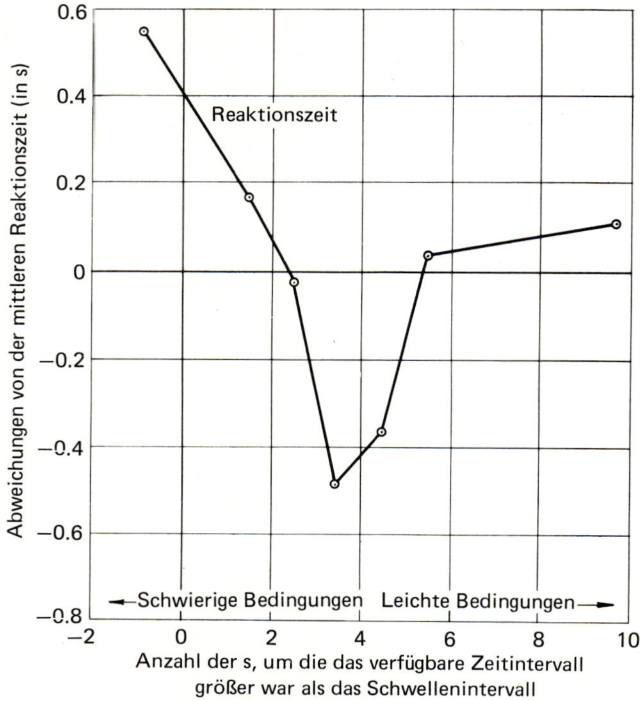

Abb. 39. Abweichungen von der mittleren Reaktionszeit, bezogen auf die Größe des verfügbaren Zeitintervalls. (Nach Crawford 1963, S. 157)

ginn des Überholvorgangs), die im Durchschnitt 1,5 s betrug. Die Abweichungen der jeweiligen Reaktionszeiten von dieser mittleren Reaktionszeit variieren mit der Größe des zeitlichen Abstands zwischen dem zu überholenden und dem begegnenden Fahrzeug (vgl. Abb. 39).

Mittelwerte für Überholzeiten, die in verschiedenen, voneinander unabhängigen Untersuchungen ermittelt wurden, weisen überraschend große Übereinstimmung auf; sie liegen für Geschwindigkeiten des überholten Fahrzeugs von 30 mph bei 8 s, für 50 mph bei 9,5 s (vgl. Rockwell in Forbes 1972 c).

Summala (1980) konnte ermitteln, daß auf Strecken mit Überholverbot im Vergleich zu Strecken außerhalb des Überholverbots die Fahrzeugabstände und die Abstände von der Mittellinie im allgemeinen größer sind. Diese Abstandsverringerung läßt sich am ehesten als erhöhte Bereitschaft zum Überholen bei nächster Überholgelegenheit interpretieren. Summala hebt in diesem Zusammenhang hervor, daß manche Auffahrunfälle eigentlich als Überholunfälle einzustufen sind, weil das Auffahren im Stadium der Vorbereitung für einen Überholvorgang erfolgen kann.

Kaiser (1969) ermittelte in seinen Untersuchungen (vgl. S. 59), daß ca. 65% aller Überholvorgänge auf einer Landstraßenbeobachtungsstrecke von 13 km korrekt erfolgen und daß bei mittlerer Verkehrsdichte sowohl am häufigsten als auch am gefährlichsten überholt wird.

Böcher et al. (1973) beobachteten auf Autobahnen in der Bundesrepublik Deutschland, ob linksfahrende langsamere Fahrzeuge das Überholen ermöglichten, wenn sie dazu Gelegenheit hatten, wobei nur solche Situationen berücksichtigt wurden, in denen die vorausfahrenden Fahrzeuge auf die rechte Fahrspur überwechseln konnten, ohne ihre eigene Geschwindigkeit zu verlangsamen, und in denen deutlich war, daß das überholte Fahrzeug auf einer übersehbaren Strecke seinerseits wieder überholen würde. Von 174 beobachteten Fahrzeugen ermöglichten 38,4% das Überholen, 61,6% behinderten das nachfolgende Beobachtungsfahrzeug am Überholen, indem sie nicht auf die rechte Fahrspur überwechselten. Von den gleichen Autoren konnte auch festgestellt werden, daß sich von 244 beobachteten Fahrzeugen 41% für eine Erleichterung des Überholens oder Einfädelns bedankten; dieses Verhalten war am häufigsten im Stadtverkehr (70% im Vergleich zu 31% auf Landstraßen und 13% auf Autobahnen) und bei jüngeren Fahrern zu beobachten.

3.6.22.4 Verhalten an innerstädtischen Knotenpunkten

Das Fahrverhalten an innerstädtischen Knotenpunkten scheint im wesentlichen durch die drei – voneinander unabhängigen – Komponenten Geschwindigkeitsverhalten, Bremsverhalten und Fahrtrichtungsanzeige bestimmt zu werden (Klebelsberg u. Schibalski 1976). Dabei erweist sich aber das **knotenpunktbezogene Geschwindigkeitsverhalten als unabhängig vom allgemeinen Geschwindigkeitsverhalten.** Nicht korrekte Begegnungen, bei denen Vorfahrtsverstöße vorliegen und gleichzeitig ein bevorrechtigtes Fahrzeug behindert wird, korrelieren mit fehlender Verlangsamung und fehlerhafter Richtungsanzeige, während der subjektive Gefährlichkeitsgrad vom subjektiven Verkehrsdichteeindruck abhängt (Klebelsberg u. Schibalski 1976; allerdings ist der **Zusammenhang zwischen Verkehrsdichte und erwarteter Unfallhäufigkeit** nichtlinear (Groeben u. Sader 1968). Auch Böcher et al. (1973) stellten signifikante Unterschiede in der Häufigkeit von Vorrangmißachtungen bei hoher bzw. geringer Verkehrsdichte fest; die Häufigkeiten lagen bei 17% bzw. 33% (n = 350).

Für das Fahrverhalten an innerstädtischen Knotenpunkten kann besonders der Gesichtspunkt des sog. **„psychologischen Vorrangs"** bedeutsam werden. Er wirkt sich in einer Form „natürlicher Verhaltenstendenzen" (Undeutsch 1966) aus, bei der die überwiegend praktizierte Vorrangregelung primär psychologisch bestimmt ist und nicht durch die jeweilige Verkehrsregelung. Bekanntestes Beispiel dafür ist die von rechts in eine durchgehende Straße einmündende Nebenstraße, auf der die einmündenden Fahrer sich gerade durch die Inanspruchnahme ihres Vorfahrtrechts in den allermeisten Fällen verkehrsunangepaßt verhalten würden, üblicherweise aber auf ihren Vorrang zugunsten der geradeaus Fahrenden verzichten, die ebenso üblicherweise einen ihnen nicht zustehenden Vorrang in Anspruch nehmen. Die Abweichungen von der rechtlichen Vorfahrtregelung können dabei so regelmäßig erfolgen, daß ein weitgehend verkehrsangepaßtes Verhalten erreicht werden kann. Undeutsch (1962) ermittelte an acht T-förmigen Einmündungen Häufigkeiten von vorrangmißachtenden Geradeausfahrern von 96,3% und vorrangverzichtenden Einbiegenden von 92,8%.

Der „psychologische Vorrang“ ist aber nicht auf T-förmige Einmündungen beschränkt, sondern kann auch an Kreuzungen von Straßen auftreten, für die gestaltpsychologisch unterschiedliche Wahrnehmungsbedingungen bestehen.

Es scheint so zu sein, daß eine Straße umso eher als bevorrechtigt wahrgenommen wird, je prägnanter sie als durchgehende Linie wahrgenommen wird; dazu kann die größere Breite, die größere Verkehrsfrequenz, die hellere Beleuchtung, ein durchgehender Straßenbelag und durchgehende Straßenbahngeleise beitragen. Die Konsequenz für die Praxis besteht darin, **Diskrepanzen zwischen rechtlicher und psychologischer Vorrangregelung** aufzuheben, indem die rechtliche Vorrangregelung der psychologischen angeglichen wird.

Die damit verbundene Frage nach dem Vorliegen oder Nichtvorliegen eines psychologischen Vorrangs kann mit einem einfachen Zählverfahren objektiv entschieden werden (Klebelsberg 1963). Dabei werden Begegnungen zwischen je zwei Fahrzeugen danach registriert, ob dasjenige Fahrzeug, dem der Vorrang zukommt, diesen in Anspruch nimmt (+) oder nicht (−); Mehrfachbegegnungen werden in Begegnungen zwischen zwei Fahrzeugen aufgeteilt (vgl. Abb. 40). Nimmt ein Fahrer aus Richtung B seinen Vorrang gegenüber einem Fahrer aus Richtung C in Anspruch, so wird „B+“ registriert, im anderen Fall „B− ; erzwingt er sich aber gegenüber einem Fahrer aus Richtung A den Vorrang, so wird A zum Verzicht gezwungen und daher „A−“ registriert; fährt der Fahrer bei Begegnung mit zwei Fahrern aus den Richtungen A und C durch, so liegen zwei Begegungen vor, die als „A−“ und „B+“ registriert werden. Die Häufigkeiten der Inanspruchnahmen und die Verzichte auf jeder der beiden Straßen werden dann miteinander verglichen und mit dem χ^2-Test geprüft (vgl. dazu das Beispiel in Abb. 40, bei dem mit einem χ^2-Wert von 8,92 ein psychologischer Vorrang für die Straße II festzustellen ist).

3.6.22.5 Verhalten gegenüber Geschwindigkeitsbeschränkungen

Das Verhalten gegenüber Geschwindigkeitsbeschränkungen kann einerseits durch **Querschnitt-** und andererseits durch **Längsschnittuntersuchungen** analysiert werden. Bei Querschnittuntersuchungen werden Geschwindigkeitsmessungen vor und nach dem Ort einer örtlichen Geschwindigkeitsbeschränkung oder vor und nach dem Zeitpunkt der Einführung einer allgemeinen Geschwindigkeitsbeschränkung durchgeführt. Bei Längsschnittuntersuchungen werden Geschwindigkeitsänderungen identischer Fahrzeuge vor und nach der Geschwindigkeitsbeschränkung gemessen und auf diese Weise nicht das Geschwindigkeitsverhalten unabhängiger, sondern abhängiger Stichproben erfaßt. Unter psychologischem Gesichtspunkt sind derartige Längsschnittuntersuchungen deshalb interessant, weil sie nicht nur Aufschlüsse über die Wirkung einer Geschwindigkeitsbeschränkung, sondern auch

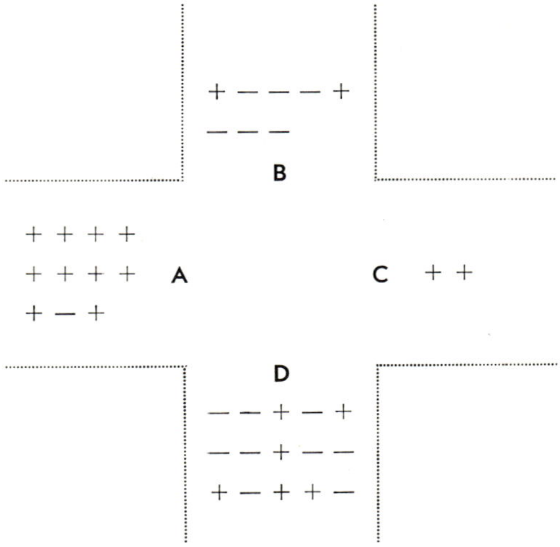

Beobachtete Werte (o):

	+	—	Σ
Straße I (A + C)	12	1	13
Straße II (B + D)	8	15	23
Σ	20	16	36 = N

Erwartete Werte (e):

	+	—	Σ
Straße I	$\frac{20 \cdot 13}{36} = 7{,}22$	$\frac{16 \cdot 13}{36} = 5{,}78$	13,0
Straße II	$\frac{20 \cdot 23}{36} = 12{,}78$	$\frac{16 \cdot 23}{36} = 10{,}22$	23,0
Σ	20,0	16,0	36,0

$o - e = 4{,}78$

$$\chi^2 = (4{,}78 - 0{,}5)^2 \cdot \left(\frac{1}{7{,}22} + \frac{1}{5{,}78} + \frac{1}{12{,}78} + \frac{1}{10{,}22}\right) = 8{,}92$$

$(p < 0{,}05)$

Abb. 40. Registrierverfahren zur Ermittlung eines psychologischen Vorrangs an Kreuzungen. (Nach Klebelsberg 1963, S. 39)

über das Zustandekommen dieser Wirkung bieten. Außerdem kann die Wirkung deshalb genauer beurteilt werden, weil unter solchen Bedingungen das Geschwindigkeitsverhalten nach einer Geschwindigkeitsbeschränkung nur bei denjenigen Fahrzeugen erfaßt wird, für die die Geschwindigkeitsbeschränkung überhaupt in Betracht kommt, d.h. für Fahrzeuge, deren Ausgangsgeschwindigkeit über der Höhe der Geschwindigkeitsbeschränkung liegt. Dieser Gesichtspunkt wird aber nur im Fall von örtlichen Geschwindigkeitsbeschränkungen zur Anwendung kommen können.

Derartige Längsschnittuntersuchungen (z.B. Biehl et al. 1970) zeigen in noch deutlicherer Weise als Querschnittuntersuchungen die Hauptwirkung jeder Geschwindigkeitsbeschränkung: die **Streuungsverringerung** und damit den **Homogenisierungseinfluß** auf den Verkehrsstrom. Im Fall von örtlichen Geschwindigkeitsbeschränkungen wird allerdings zu berücksichtigen sein, daß *nach* jeder solchen örtlich begrenzten Homogenisierung und der damit verbundenen Verringerung von Überholvorgängen im allgemeinen eine Übergangsstrecke mit besonders stark ausgeprägten Heterogenisierungserscheinungen in Form von besonders vielen Überholvorgängen zu erwarten ist.

Obwohl das Ausmaß der Überschreitung einer örtlichen Geschwindigkeitsbeschränkung auf Autobahnen mit der jeweiligen Ausgangsgeschwindigkeit positiv korreliert, besteht *kein* Zusammenhang zwischen der Größe der durch eine Geschwindigkeitsbeschränkung hervorgerufenen Verlangsamung und dem Ausmaß der Überschreitung; so überschreiten PKW-Fahrer mit einer hohen Ausgangsgeschwindigkeit Geschwindigkeitsbeschränkungen im größeren Ausmaß als langsamere Fahrer, aber die Höhe der Geschwindigkeitsüberschreitung ist dabei nicht abhängig vom Ausmaß der Verlangsamung. Es wird also weniger auf eine bestimmte absolute Geschwindigkeit verlangsamt, sondern relativ zur Ausgangsgeschwindigkeit.

Geschwindigkeitsbeschränkungen haben demnach nicht die Funktion der Anzeige einer objektiven Führungsgröße, sondern werden subjektiv interpretiert; so wurden auf deutschen Autobahnen bei einer Geschwindigkeitsbeschränkung auf 80 km/h bei Dunkelheit Durchschnittsgeschwindigkeiten gemessen, die bei Fahrern mit Ausgangsgeschwindigkeiten zwischen 80 und 109 km/h bei 93 km/h lagen, bei Fahrern mit Ausgangsgeschwindigkeiten von 110 km/h und darüber bei 111 km/h. Dem entspricht auch ein anderer Befund, wonach bei nebelbedingten, stark eingeschränkten Sichtweiten die Geschwindigkeiten von Mercedesfahrern signifikant höher sind als diejenigen von VW-Fahrern; d.h., identische äußere Bedingungen werden je nach personen- und gruppenspezifischen Voraussetzungen unterschiedlich interpretiert.

Nach den Untersuchungsergebnissen von Kaiser (1969) werden örtliche Geschwindigkeitsbeschränkungen auf Landstraßen von etwa der Hälfte aller von ihm beobachteten PKW-Fahrer überwiegend nicht befolgt, nur 10% aller Fahrer befolgten alle Geschwindigkeitsbeschränkungen (inklusive Innerortsgeschwindigkeiten) auf einer 13 km langen Strecke.

Die Befolgungswahrscheinlichkeit von örtlichen Geschwindigkeitsbeschränkungen hängt, wie Höfner (1973) in einem Sammelreferat hervorhebt, neben der Höhe der Geschwindigkeitsbeschränkung auch von deren Plausibilität, von subjektiven Erfahrungen und von Wechselwirkungen zwischen der Höhe der Geschwindigkeitsbeschränkung, Information aus Zusatzschildern, Straßentyp und Plausibilität ab. Die **Bedeutung von Zusatzinformationen** – z. B. in Form von Zusatzschildern, die den Grund der Geschwindigkeitsbeschränkung erkennen lassen – für die Befolgung von Geschwindigkeitsbeschränkungen ergibt sich auch bereits auf dem Niveau der Wahrnehmung von Verkehrszeichen, wie eine Reihe von Untersuchungen zeigen konnte (s. Abschn. 6.1.3).

Ergebnisse aus Untersuchungen erfragbarer **Einstellungen zu Geschwindigkeitsbeschränkungen** zeigen einmal mehr die begrenzten Möglichkeiten auf, aus solchen Einstellungen auf entsprechendes Verhalten zu schließen. Böcher u. Scholz (1974) führten 500 Interviews anläßlich einer allgemeinen Geschwindigkeitsbeschränkung auf 100 km/h und 400 Interviews anläßlich der Einführung einer Richtgeschwindigkeit von 130 km/h auf Autobahnen durch. Die häufigsten Begründungen für die 47% Befürworter der Geschwindigkeitsbeschränkung waren: Zunahme der Verkehrssicherheit, Streßverringerung, Gleichmäßigkeit des Verkehrsflusses, Benzinersparnis; die häufigsten Begründungen bei den 53% Ablehnern der Geschwindigkeitsbeschränkung: keine nennenswerte Benzinersparnis, größere Ermüdung, Gefahr von Verkehrsstauungen, nachteilige Auswirkungen auf das Fahrzeug, erschwertes Überholen. Dem ist der Befund gegenüberzustellen, wonach bei einer örtlichen Geschwindigkeitsbeschränkung auf 100 km/h auf der Autobahn bis zu 79% Überschreitungen beobachtet werden konnten (Biehl et al. 1970). Im übrigen fällt auf, daß **teilweise die gleichen Argumente für und gegen Geschwindigkeitsbeschränkungen** genannt werden. Als häufigste Begründungen bei den 54% Befürwortern einer Richtgeschwindigkeit von 130 km/h wurden genannt: Erhöhung der Verkehrssicherheit, Beseitigung der Nachteile einer Geschwindigkeitsbeschränkung auf 100 km/h, flüssigerer Verkehrsablauf, Zeitersparnis, Möglichkeit zu größerer Geschwindigkeitsvariation, geringere Ermüdung, erleichtertes Überholen; bei den 32% Ablehnern der Richtgeschwindigkeit wurden keine speziellen Nachteile genannt, sondern es handelte sich einerseits um Opposition gegen jegliche Reglementierung und andererseits um die Befürwortung einer stärkeren Kontrolle und eindeutigeren Beschränkung als dies durch eine Richtgeschwindigkeit möglich ist.

In Befragungen von Pkw-Fahrern auf der Autobahn nach ihrer **Meinung über die Häufigkeit von Geschwindigkeitsbeschränkungen auf Autobahnen** ergab sich, daß die Anzahl der Geschwindigkeitsbeschränkungen „für die anderen Fahrer" häufiger mit „zuwenig Geschwindigkeitsbeschränkungen" bzw. viel seltener mit „zu viele Geschwindigkeitsbeschränkungen" eingestuft wird als für sich selbst (Biehl et al. 1970). Auch darin drückt sich die Relativierung der erfragten Einstellungen aus: Ohne Differenzierung der subjektiven Bezugsgrößen von erfragten Einstellungen müssen Folgerungen für das zu erwartende Verhalten äußerst unsicher bleiben.

In zwei außerordentlich breit angelegten Forschungsprogrammen der Bundesanstalt für Straßenwesen (1975, 1977) wurden die **Auswirkungen von allgemeinen Geschwindigkeitsbeschränkungen auf Landstraßen und Autobahnen** in der Bundesrepublik Deutschland untersucht. Dabei wurden Auswirkungen auf Einstellungen der Kraftfahrer, auf ihr Fahrverhalten und auf das Unfallgeschehen sowie volkswirtschaftliche Auswirkungen untersucht; im Fall der Geschwindigkeitsbeschränkung auf Landstraßen durch einen mehrjährigen Vorher-/Nachher-Vergleich, im Fall der Geschwindigkeitsbeschränkungen auf Autobahnen durch eine Kombination von Vorher-/Nachher- und Mit-/Ohne-Vergleich auf identischen Autobahnstrecken. Die Fragestellung bezog sich im einen Fall auf die Beurteilung einer Geschwindigkeitsbeschränkung von 100 km/h auf Landstraßen im Vergleich zu keiner Geschwindigkeitsbeschränkung, im anderen Fall auf einen Vergleich der Auswirkungen bei einer Geschwindigkeitsbeschränkung von 130 km/h und einer **Richtgeschwindigkeit** von 130 km/h auf Autobahnen. In beiden Fällen ergaben sich – bei systematischer Kontrolle der maßgeblichen sonstigen Einflußgrößen – günstige Auswirkungen der Geschwindigkeitsbeschränkungen im Hinblick auf die Sicherheit: Die **Häufigkeit von Unfällen** mit Personenschaden und – besonders deutlich – die **Anzahlen der Schwerverletzten und Getöteten wurden durch die Geschwindigkeitsbeschränkung gesenkt.** Im Verkehrsablauf ergab sich ein Rückgang der Fahrgeschwindigkeiten, ohne daß sich – in einer speziellen Teiluntersuchung – auf Autobahnen eine erhöhte Ermüdung als Folge der Geschwindigkeitsbeschränkung feststellen ließ. Allgemeine Geschwindigkeitsbeschränkungen auf Autobahnen wurden von befragten Kraftfahrern seltener positiv beurteilt als allgemeine Geschwindigkeitsbeschränkungen auf Landstraßen.

3.6.22.6 Fahren in der Dämmerung

Für das Fahrverhalten in der Dämmerung spielt die Art der Benützung der Fahrzeugbeleuchtung eine große Rolle. Es läßt sich zeigen, daß im Verlauf der beginnenden Dämmerung – bei konstanten sonstigen Helligkeitsbedingungen (Witterung, Landschaft) – der Übergang von 100% unbeleuchteten Fahrzeugen bis zu 100% beleuchteten Fahrzeugen relativ einheitlich 25–30 min dauert (Klebelsberg 1968). Innerhalb dieses Zeitraums steigt der Anteil beleuchteter Fahrzeuge zunächst sehr zögernd und dann lawinenartig an. Unbeleuchtete Fahrzeuge haben zunächst nur geringfügig, dann ebenso lawinenartig zunehmend schlechtere Chancen, wahrgenommen zu werden; sie werden insbesonders dann übersehen, wenn sie unmittelbar hinter einem beleuchteten Fahrzeug fahren (Attwood 1979). Gerade aufgrund der **uneinheitlichen Kontrastbedingungen** ist mit einer erhöhten Gefährdungswahrscheinlichkeit in dieser halbstündigen Übergangsphase im Vergleich zum jeweils vorausgehenden und nachfolgenden Zeitabschnitt zu rechnen. Daß das Einschalten der Fahrzeugbeleuchtung aber auch unter sozialpsychologischem Gesichtspunkt zu sehen ist, haben die systematischen Beobachtungen von Kroj u. Spoerer (1974; s. Abschn. 3.6.17) und die Befragungen von Klebelsberg (1968) gezeigt.

3.6.22.7 Beachten und Mißachten von Verkehrsvorschriften

Eine Analyse des Beachtens und Mißachtens von Verkehrsvorschriften durch Kraftfahrer erfolgte durch eine in der Art ihrer Durchführung sehr bemerkenswerte Untersuchung von Höfner et al. (1977). Dabei wurde an einem Streckenabschnitt unwissentlich das Verhalten von Fahrern (n = 1309) hinsichtlich Überholverbot, Vorfahrts- bzw.

Stopschild, Geschwindigkeitsbeschränkung, Sperrlinie, Sperrfläche, Richtungsanzeige und Abstand zum Vorderfahrzeug durch Videoaufnahmen registriert. Aus der Gesamtstichprobe wurden drei Teilstichproben gebildet: a) „Fehlverhalter“, die eine der genannten Verkehrsvorschriften übertreten hatten; b) „Wohlverhalter“, die die genannten Verkehrsvorschriften genau bis übergenau eingehalten hatten; c) Kontrollgruppe mit Fahrern, deren Verhalten an der Beobachtungsstelle unauffällig war und keiner der beiden anderen Gruppen zugeordnet werden konnte und die nach Zufall ausgewählt worden waren. Die Fahrer dieser Gruppe (n = 562) wurden angehalten und in einem bereitstehenden Bus mit ihrem eigenen gefilmten Verhalten konfrontiert und dazu interviewt sowie einer Untersuchung mit einem Einstellungsfragebogen und dem Maudsley-Personality-Inventory nach Eysenck untersucht. Es konnte festgestellt werden, daß sowohl Mißachtungen als auch Beachtungen von Verkehrsvorschriften durchaus absichtlich erfolgen. In allen drei Gruppen wurden Vorfahrt- und Stopzeichenmißachtungen sowie Übertretungen des Überholverbotes am gefährlichsten eingestuft, während Überfahren von Sperrlinien und Sperrflächen, zu geringer Abstand zum Vorderfahrzeug, nicht rechtzeitige Richtungsanzeige und falsches Einordnen überwiegend als ungefährlich betrachtet wurden; die Meinungen hinsichtlich der Geschwindigkeitsbeschränkungen waren uneinheitlich. Hinsichtlich des Verkehrswissens und der Vorschriftenkenntnis sowie der Persönlichkeitsmerkmale Extraversion und Neurotizismus ergaben sich keine Unterschiede zwischen den Gruppen. Die Fahrweise der „Fehlverhalter“ war aufgrund der Verhaltensbeobachtung insgesamt als objektiv riskant, aber kontrolliert zu bezeichnen, während die „Wohlverhalter“ neben starken Absicherungstendenzen zum Teil eine überangepaßte Fahrweise zeigten, die manchmal sogar zu kritischen Situationen für nachfolgende Fahrzeuge führte. Die „Wohlverhalter“ betrachteten Regel- und Risikobewußtsein als ausschlaggebend für ihre Fahrweise, während die „Fehlverhalter“ ihre Übertretungen meist durch die Schuld der anderen Verkehrsteilnehmer, durch die jeweilige Situation oder durch die besonderen Vorzüge ihres Fahrzeugs rechtfertigten.

Die Autoren gelangten aufgrund ihrer Analyse zur Auffassung, daß **„übertriebenes Wohlverhalten“** u. U. zu kritischeren Situationen führen kann als die Übertretung einer Verkehrsvorschrift bei günstigen Verkehrsbedingungen und sehen diese Auffassung dadurch bestätigt, daß in ihrer Untersuchung **kein Zusammenhang zwischen der Einhaltung von Verkehrsvorschriften und der Unfallbeteiligung** nachgewiesen werden konnte. So einleuchtend diese Auffassung als Erklärungsmöglichkeit sein mag, so bedenklich wäre aber ihre Propagierung, zumal gerade auch diese Untersuchung zeigte, wie einseitig die „Fehlverhalter“ ihr Verhalten zu rationalisieren versuchen.

3.6.23 Zusammenfassung

Die nur selten gestellte Frage nach **psychologischen Verkehrsursachen** wurde noch seltener untersucht. Erste Hinweise deuten darauf hin, daß aufgrund ermittelter verbalisierter Einstellungen rationale gegenüber emotionalen Motiven überwiegen.

Auf der Suche nach voneinander abhebbaren **Dimensionen des Fahrverhaltens** konnten bisher Faktoren des vorsichtigen bzw. umsichtigen Fahrverhaltens, des Geschwindigkeitsverhaltens und der entschlossen-gezielten bzw. unentschlossen-ungezielten Fahrweise am besten gesichert werden; ihre – auch praktische – Bedeutung liegt in ihrer relativen Unabhängigkeit.

Neu entwickelte technische Methoden ermöglichen eine systematische **Registrierung des Blickverhaltens** von Kraftfahrern. Dabei ist das Zusammenwirken von fixierender (fovealer) und peripherer Wahrnehmung besonders wichtig. Dieses Zusammenwirken ist stark erfahrungsabhängig.

Die Bedeutung der **Aufmerksamkeit** für das Verkehrsverhalten erscheint zwar offenkundig; sie wird aber relativiert durch Unklarheiten in Zusammenhang mit dem Aufmerksamkeitsbegriff. Dem Begriff der Aufmerksamkeit als Aktivierungszustand verschiedener psychischer Funktionen steht als Komplementärbegriff der Begriff der Reservekapazität gegenüber, die mit der Methode der Nebentätigkeit zu erfassen versucht und als indirektes Aufmerksamkeitsmaß verwendet wird, jedoch mit mehreren grundsätzlichen Schwierigkeiten verbunden ist.

Dem Ausdruck „Reaktionszeit" liegen mehrere verschiedene Bedeutungen zugrunde, deren Unterscheidung besonders unter forensischem Gesichtspunkt wichtig ist; meistens ist damit eine Zeitspanne gemeint, die Wahrnehmungs-, Erkennungs-, Entscheidungs- und motorische Zeit umfaßt. Die Bedeutung der Reaktionsgeschwindigkeit wird relativiert durch den Gesichtspunkt der **Reaktionssicherheit**; dies gilt besonders für das Problem der Reaktion in Schrecksituationen.

Bei der **Informationsverarbeitung** ist zwischen **objektiver Information** als Kenngröße der aktuellen Verkehrssituation und **subjektiver Information** als Kenngröße des informationsverarbeitenden Verkehrsteilnehmers zu unterscheiden; aus der Diskrepanz zwischen verkehrsbezogenem Informationsangebot und Verarbeitungskapazität ergibt sich die Forderung nach Verringerung der Komplexität der Verkehrsumgebung.

Der **feldabhängige bzw. feldunabhängige Wahrnehmungsstil** steht nicht nur mit dem Blickverhalten, der Geschwindigkeit der Informationsaufnahme und der Informationsverarbeitung, sondern auch mit der individuellen Unfallrate in Zusammenhang.

Riskant erscheinendes Verhalten im Straßenverkehr kann entweder auf **individuelle Risikobereitschaft** oder auf **Verkennung der objektiven Gefahr** oder auf beides zurückzuführen sein. Durch die Tatsache, daß Unfälle individuell nur sehr selten wahrgenommen werden und daher in ihrer Wahrscheinlichkeit unterschätzt werden, ergibt sich für das individuelle Risikoverhalten eine Überschätzung der Wahrscheinlichkeit jener Bedingungen, die für das eigene Zielerreichen als positiv erlebt werden.

Es liegen empirische Hinweise dafür vor, daß **aggressives Verhalten im Straßenverkehr** nicht verkehrssituationsspezifisch ist, auch wenn durch die Anonymität der Begegnung im Straßenverkehr aggressive Reaktionen erleichtert werden. Bei gleichen Verhaltensweisen wirken verschiedene Gruppen von Verkehrsteilnehmern unterschiedlich aggressionsauslösend.

Das **Geschwindigkeitsverhalten** ist eine der grundlegenden, relativ unabhängigen Dimensionen des Fahrverhaltens und steht in enger Beziehung zu bestimmten Erlebnisdimensionen des Autofahrens. Die Fahrgeschwindigkeit wird in erster Linie periphervisuell wahrgenommen, in zweiter Linie akustisch. Eine allgemeine Tendenz zur Unterschätzung von eigenen Fahrgeschwindigkeiten wurde wiederholt festgestellt. Derartige Schätzfehler können sich bei aktiven Geschwindigkeitsänderungen am bedeutsamsten auswirken.

Vereinzelte Untersuchungen des **Verhaltens am Unfallort** ergaben keine Bestätigungen der Ansicht, daß das Unfallpublikum im allgemeinen passiv und nicht hilfsbereit sei.

Das allgemeine Problem der **Interpretationsmöglichkeiten erfragbarer Einstellungen** belastet auch die Interpretation vieler Analysen von verkehrsbezogenen Einstellungen, die sich häufig als ein verbales Verhalten darstellen, das sowohl in korrespondierender als auch in kompensierender als auch in gar keiner Beziehung zum beobachtbaren Verhalten stehen kann, solange zwischen Bedingtheits- und Bedingungsfunktion von erfragbaren Einstellungen nicht unterschieden wird. Der Charakter der sozialen Erwünschtheit von erfragbaren Einstellungen im Bereich des Straßenverkehrs wird durch den Vergleich mit unter Hypnosebedingungen erfragten Einstellungen besonders deutlich. Die Einstellung zum Auto ist ganz allgemein positiv und kann durch unterschiedliche Tendenzen in der Kraftfahrzeugwerbung beeinflußt werden.

Das Verkehrsverhalten wird durch **individuelle Erwartungen** stark bestimmt, von denen die zuletzt gemachten Erfahrungen besonders bedeutungsvoll sind und sich in entsprechenden Antizipationen niederschlagen.

Kraftfahrer neigen allgemein dazu, das **eigene fahrerische Können** im Vergleich zu dem der anderen Fahrer erheblich zu überschätzen.

Das **Verkehrsverhalten** hat sich in zunehmendem Maß von einem **Individualverhalten** zu einem **sozialen Verhalten** entwickelt. Allerdings weist diese Form sozialen Verhaltens die Besonderheit einer stark **eingeschränkten Verständigungsmöglichkeit** zwischen Individuen auf, aus der sich mehrere Erklärungsmöglichkeiten unangepaßten Verhaltens im Straßenverkehr ergeben. **Soziale Bewertungen** spielen dabei eine erhebliche Rolle; sie beziehen sich vor allem auf bestimmte Personengruppen, auf bestimmte Verhaltensweisen und auf bestimmte Fahrzeugklassen, aber auch auf Sicherheitsmaßnahmen.

Konformität im Verkehrsverhalten kann als einer der sichheitsfördernden Gesichtspunkte einer Homogenisierung des Straßenverkehrs betrachtet werden. Modellwirkungen lassen sich sowohl in sicherheitsfördernder als auch in sicherheitsbeeinträchtigender Form nachweisen. In jedem Fall erleichtert eine Verhaltenskonformität die **Antizipierbarkeit des Verhaltens.**

Gruppenspezifische Verhaltensunterschiede konnten im Bereich des Begegnungsverhaltens von Fußgängern und Kraftfahrern in Abhängigkeit von Geschlecht und Alter nachgewiesen werden.

Das **Fußgängerverhalten** ist zwar die elementarste Form des Verkehrsverhaltens. Um so erstaunlicher ist es, daß in diesem Bereich die Unfallforschung noch immer vorherrscht und die Analyse des Normalverhaltens noch in den ersten Anfängen steckt. Besondere Zielgruppen der Forschung bilden Kinder und ältere Personen, für die spezifische, aber jeweils unterschiedliche Gefährdungsschwerpunkte ermittelt werden konnten. Soziale Bedingungen scheinen für das Fußgängerverhalten bedeutungsvoller zu sein als äußere Verhaltensbedingungen (z. B. Zebrastreifen).

Kinder weisen eine überproportional hohe Unfallbeteiligung im Straßenverkehr auf, wobei der Schwerpunkt zwischen dem siebten und neunten Lebensjahr zu liegen scheint. Als alterstypische Ursachen für unangepaßtes Verkehrsverhalten sind vor allem affektive Verhaltenssteuerung, eingeengte Wahrnehmung, ungeteilte Aufmerksamkeit, ungenügende Trennung von Spiel- und Realsituationen sowie fehlerhafte Beurteilung der Sicherheitsbedingungen anzunehmen.

Verkehrssituationen lassen sich teilweise durch Verhaltensformen klassifizieren, die unter bestimmten Bedingungen in relativ einheitlicher Form zu beobachten sind. Ein möglicher Klassifikationsgesichtspunkt ist der der **subjektiven Gefährlichkeit,** die im wesentlichen durch die wahrgenommenen Sicht-, Wetter- und Straßenverhältnisse bestimmt wird. Die methodischen Schwierigkeiten bei der Analyse des Gefährlichkeitseindrucks sind zwar erheblich, aber nicht unüberwindlich.

Das **Kurvenfahren** läßt sich zunächst als sensomotorische Koordinationsleistung betrachten, muß aber darüber hinaus als Ergebnis vielfältiger Wechselwirkungen von straßenbaulichen, fahrdynamischen und subjektiven Variablen interpretiert werden.

Die **Überholsituation** kann als klassische Risikosituation angesehen werden. Erfolg bzw. Mißerfolg des Überholverhaltens hängen wesentlich von der Richtigkeit von Entfernungs- und Geschwindigkeitsschätzungen ab; diese sind aber in hohem Maß durch allgemeine Schätzfehlertendenzen belastet, die sich in besonders ungünstiger Weise kombinieren.

Für die Angepaßtheit des Fahrverhaltens an **innerstädtischen Knotenpunkten** scheinen das – vom übrigen Geschwindigkeitsverhalten relativ unabhängige – knotenpunktbezogene Geschwindigkeitsverhalten, das Bremsverhalten und die Fahrtrichtungsanzeige bestimmend zu sein. Auf seiten der äußeren Verhaltensbedingungen verdient die Berücksichtigung des „psychologischen Vorrangs" und seine Übereinstimmung mit dem rechtlichen Vorrang besondere Berücksichtigung.

Geschwindigkeitsbeschränkungen scheinen nicht als Führungsgrößen für das Geschwindigkeitsverhalten zu wirken, sondern als Verlangsamungsaufforderung, die mit einer erheblichen Streubreite individuell interpretiert wird. Trotzdem ist ihr Wirkungsschwerpunkt, die relative Homogenisierung der Fahrzeuggeschwindigkeiten, immer wieder nachweisbar. Hingegen erweisen sich erfragte Einstellungen gegenüber Geschwindigkeitsbeschränkungen als wenig brauchbar.

Homogenisierungsgesichtspunkte spielen auch für das Fahrverhalten in der **Dämmerung** eine Rolle: Der Zeitpunkt der Fahrzeugbeleuchtung und damit die kontrastabhängige Wahrnehmbarkeit der Fahrzeuge variiert erheblich und ist nicht zuletzt vom wahrgenommenen Beleuchtungsverhalten der jeweils anderen Fahrer abhängig.

Empirische Analysen der **Vorschriftenbeachtung und -mißachtung** ergaben, daß es sich in den meisten Fällen um absichtliche Be- und Mißachtungen handelt und daß es auch Formen übersteigerter Vorschriftenbeachtung gibt. Darüber hinaus ergaben sich Hinweise dafür, daß das eigene Fehlverhalten häufig durch die Schuld anderer Verkehrsteilnehmer, durch die jeweilige Situation oder durch Vorzüge des eigenen Fahrzeugs gerechtfertigt wird.

4 Psychologische Probleme der Fahrtüchtigkeit

In diesem Abschnitt sollen Themen behandelt werden, die mit **individuell-zeitvariablen Bedingungen des Verkehrsverhaltens** zusammenhängen, d.h. mit zeitabhängigen Zuständen des Teilsystems „Verkehrsteilnehmer" und insbesondere des Teilsystems „Fahrer".

4.1 Anforderung, Beanspruchung, Belastung, Überforderung

Zustandsabhängige Verhaltensformen werden häufig mit den Begriffen Anforderung, Beanspruchung, Belastung, Streß in Verbindung gebracht. Dabei entspricht der eher geringen Geklärtheit der Begriffe eine häufig unklare Terminologie (vgl. Hoyos 1979). Deshalb soll, bezogen auf die späteren Ausführungen, folgendes Schema für das Verhalten in einer Aufgabensituation als Verständigungshilfe und alternativ zu anderen Schemata (Hoyos 1974, Dilling u. Sömen 1976) angeboten werden (Abb. 41).

Die Aufgabe entspricht der Verkehrssituation. Diese stellt bestimmte Anforderungen (vgl. Hacker 1973) ohne Rücksicht auf die zur Verfügung stehenden Möglichkeiten zur Erfüllung dieser Anforderungen (z.B. Anhalten vor einem auf die Straße laufenden Kind) und auf „zufällige" Situationsmerkmale (z.B. regennasse Fahrbahn). Je nachdem, auf welche individuellen Verhaltensvoraussetzungen in Form von Leistungsfähigkeit im weitesten Sinn und Leistungsmotivation die Aufgabenanforderungen treffen, ergeben sich daraus die konkrete Beanspruchung oder die Belastung oder die Überforderung des Individuums durch die Aufgabe, worunter unterschiedliche Formen der Auseinandersetzung mit der Aufgabe verstanden werden können. Das Ergebnis dieser Auseinandersetzung ist dann das beobachtbare Endverhalten. Je nachdem, wie die Intensität der Auseinandersetzung mit der Aufgabe subjektiv erlebt wird, kann von unterschiedlichen Graden der Anspannung (im Sinn von Bartenwerfer 1970) gesprochen werden.
Die Unterscheidung von Beanspruchung, Belastung und Überforderung kann in Anlehnung an leistungsphysiologische Vorstellungen erfolgen (vgl. dazu Stegemann 1971), wonach je nach Ausschöpfung der „hypothetischen" 100% Leistungskapazität zwischen **automatisierten Leistungen** (ca. 40% der Gesamtkapazität), **physiologischer Leistungsbereitschaft** (ca. 50% der Gesamtkapazität), **Einsatzreserven** (bis zu ca. 80% der Gesamtkapazität) und **autonom geschützten Reserven** (über ca. 80% der Gesamtkapazität) unterschieden werden kann. Beanspruchung würde in diesem Zusammenhang dem Bereich der automatisierten Leistungen und der physiologischen Leistungsbereitschaft entsprechen, Belastung demjenigen der willkürlich mobilisierbaren Einsatzreserven und Überforderung demjenigen der autonom geschützten, nicht willkürlich mobilisierbaren, evtl. durch Notfallreaktionen (z.B.

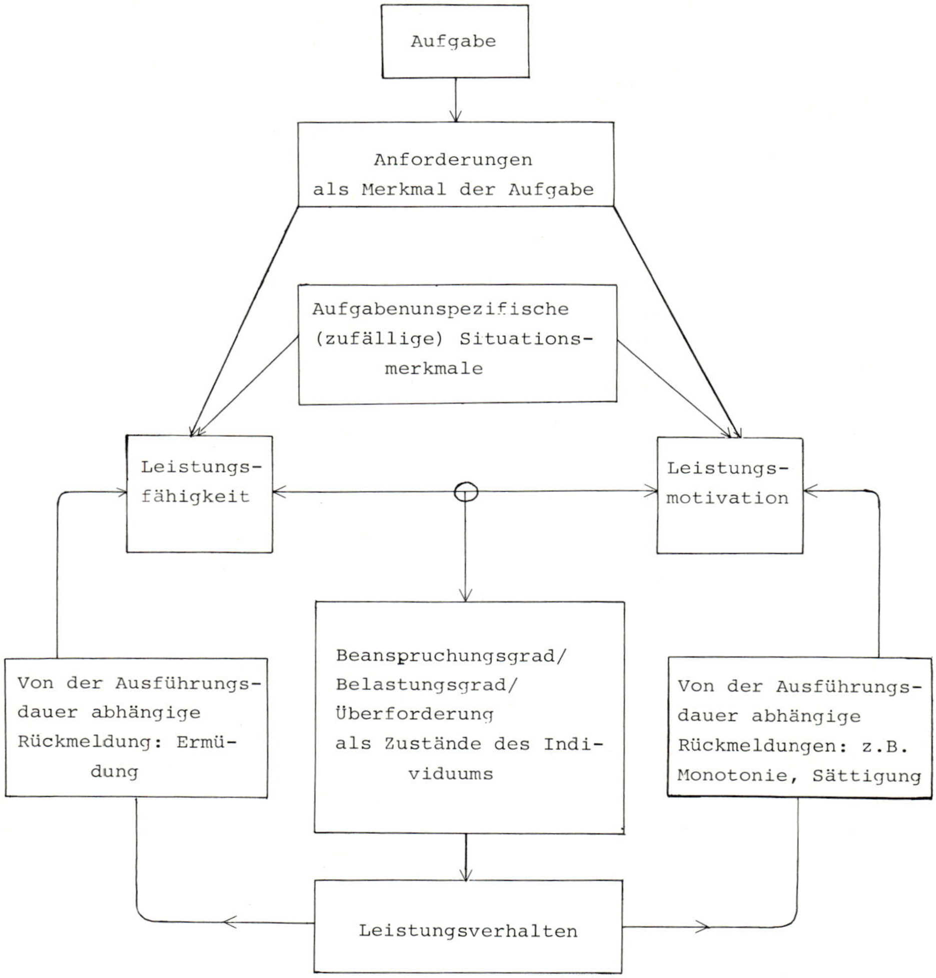

Abb. 41. Ablaufschema für das Verhalten in einer Aufgabensituation

in Lebensgefahr) verfügbaren Einsatzreserven und noch darüber hinausgehenden Anforderungen. Als operationalisierbare Grenze zwischen Beanspruchung und Belastung bietet sich die individuelle Dauerleistungsgrenze an, wie dies von Schmidtke (1973) nahegelegt wird. Die Dauerleistungsgrenze wird dabei durch jene Leistung gekennzeichnet, bei der die Pulsfrequenz nicht über 30 Pulsschläge/min über die Pulsfrequenz in Ruhelage hinausgeht, Gleichgewicht zwischen Sauerstoffaufnahme und -abgabe besteht und nach Beanspruchungsende eine rasche Rückkehr zum Ruhepuls erfolgt. **Überforderung** wäre demnach als so hoher Grad individueller Beanspruchung zu verstehen, daß die zugrundeliegende Anforderung nicht mehr erfüllt werden kann.

Hier erscheint noch eine Abgrenzung des Überforderungsbegriffs von dem der Frustration notwendig: Trotz der Gemeinsamkeit verhinderten Zielerreichens erfolgt diese Veränderung im Fall der Frustration durch außerindividuelle Bedingungen, im Fall der Überforderung hingegen durch eine überhöhte Anforderung bzw. durch eine überhöhte externe oder interne Zielsetzung.
Beanspruchung und Belastung – wobei **Streß** (als Literaturhinweis erscheint diesbezüglich der Fremdwörter-Duden aufschlußreicher als die Vielzahl der Autoren, die dem Ausdruck nicht die gleiche Bedeutung zugrundelegen) gleichbedeutend mit Belastung verstanden wird – sind im Hinblick auf ihre Auswirkungen auf die Leistungsgüte richtungsneutral. Demnach ist **„Streß" keinesfalls mit Überforderung gleichzusetzen** und „Stressoren" nicht mit leistungsbeeinträchtigenden Verhaltensbedingungen. Ob sich Belastungs-(Streß-)Bedingungen in Form von Anforderungen oder aufgabenunspezifischen Bedingungen leistungsbeeinflussend bzw. leistungsfördernd oder -mindernd auswirken, kann von den Wechselwirkungen zwischen Belastungsbedingung (Stressor) und Motivation sowie zwischen Belastungsbedingung und Art der belasteten Funktion (zunehmende Störbarkeit mit zunehmendem Komplexitätsgrad) abhängen (vgl. Yerkes-Dodson-Gesetz).

Insbesondere für die Beurteilung der Aufgabenschwierigkeit von Verkehrssituationen wäre eine systematische Erfassung der wichtigsten Verkehrssituationen in ihren spezfischen Anforderungsmerkmalen nützlich. Gesicherte Ergebnisse solcher **Anforderungsanalysen** scheinen für den Straßenverkehr noch nicht vorzuliegen. Umso wichtiger erscheinen erste Ansätze in dieser Richtung, wie sie z. B. von Galsterer (1979) entwickelt wurden. Dabei wurde in Anlehnung an Arbeitsplatzanalysen, wie sie im Bereich der Arbeitswissenschaft durchgeführt werden, eine modifizierte Form des „Position Analysis Questionnaire" von McCormick et al. (1972; vgl. Frieling u. Hoyos 1978) verwendet und die 221 Arbeitselemente im Hinblick auf ihre Anwendung zur Erfassung von Verkehrssituationen überprüft und davon für diesen Zweck 53 Items ausgewählt und entsprechende Beobachtungsmerkmale entwickelt. Dabei war der Gesichtspunkt maßgeblich: Welche Beobachtungen werden zur Einstufung der für die Fahrtätigkeit bedeutsamen Items benötigt? Daraus wurden 30 Aufgabenelemente formuliert und diese anhand eines standardisierten Beobachtungsschemas in 87 innerstädtischen und 21 außerörtlichen Verkehrssituationen einer ca. 250 km langen Versuchsstrecke registriert und daraus für jede Situation Gewichtskennzahlen für die 30 Aufgabenelemente abgeleitet. Auf diese Weise konnten wesentliche Voraussetzungen für gezieltere Beanspruchungsuntersuchungen geschaffen werden.

Im Rahmen einer umfassenden Literaturanalyse zu diesem Problemkreis der Beanspruchung und Belastung des Kraftfahrers unterscheidet Küting (1976) zwischen physiologischen und psychologischen Indikatoren für Beanspruchung und Belastung, die bisher in Untersuchungen verwendet wurden.

Physiologische Indikatoren
- Herzfrequenz und Herzvariabilität,
- Elektrokardiogramm (EKG),
- Blutdruck,

- Atemfrequenz, Atemminutenvolumen, Sauerstoffverbrauch,
- elektrischer Hautwiderstand (PGR),
- Elektroenzephalogramm (EEG),
- Elektromyogramm (EMG),
- biochemische Blut- und Urinveränderungen.

Psychologische Indikatoren
- Nebenaufgaben (vgl. Johannsen 1976),
- Veränderungen des Blickverhaltens,
- Veränderungen der Fahrzeugführung (Korrekturlenkungen, Gas- und Bremspedalbetätigungen),
- subjektive Einschätzungen des Risikogehalts von Verkehrssituationen, der Müdigkeit u. ä.

Mit sog. **Nebenaufgaben** soll die sog. Restkapazität („spare capacity“, vgl. Brown 1962, Brown u. Poulton 1961) bzw. jener Teil der kognitiven Leistungskapazität gemessen werden, der durch eine aktuelle Aufgabe nicht beansprucht wird; je kognitiv anspruchsvoller eine Hauptaufgabe ist, desto schlechter wird die Leistung in der betreffenden Nebenaufgabe sein. Nebenaufgaben werden im allgemeinen akustisch (z. B. Kopfrechenaufgaben) oder visuell (z. B. fortlaufende Kontrolle des Kilometerzählers) vorgegeben. Brown u. Poulton (1961) stellten Kraftfahrern beispielsweise die Aufgabe, Unterschiede zwischen nacheinander akustisch vorgegebenen achtstelligen Zahlen zu erkennen – eine Aufgabe, die ohne Fahrtätigkeit zu 90,6% bewältigt wurde, beim Fahren durch Wohngebiete zu 83,8% und beim Fahren durch stark frequentierte Innenstadtstraßen zu 79,5%. Auch von Curry et al. (1975) konnte die Nebenaufgabenmethode in Form von fortlaufender verbaler Markierung gleicher Zeitabstände („verbal tapping“) zur Differenzierung unterschiedlicher Anforderungen von Verkehrssituationen mit Erfolg eingesetzt werden. Allerdings hängt die Brauchbarkeit der jeweiligen Art von Nebenaufgaben stark vom individuellen Geübtheitsgrad ab.

An **Beanspruchungs- bzw. Belastungsfaktoren** wurden nach Küting (1976) bisher untersucht:
- relativ zeitkonstante Verkehrsbedingungen während der Beobachtungsfahrt (Verkehrsdichte, straßenbauliche Gestaltung, gegebenenfalls auch Fahrgeschwindigkeit);
- Verkehrssituationen (aktives/passives Überholen, Durchfahren unterschiedlich weiter Kurven, Einfädeln, Befahren von Kreuzungen, Schleudersituationen);
- Fahrtdauer;
- psychoaktive Substanzen (Alkohol, Koffein, Nikotin, Psychopharmaka);
- Beanspruchungen und Belastungen, die bereits vor Antritt der Fahrt aufgetreten sind.

Eine wichtige Folgerung der Literaturanalyse von Küting ist die Feststellung, daß sich nur geringe interindividuelle Korrelationen ergeben, wenn mehrere physiologische Indikatoren in Abhängigkeit von der variierten Belastung gemessen werden

(z. B. Abnahme der Herzfrequenz bei gleichzeitiger Zunahme anderer Belastungsindikatoren). Daher erscheint ein für alle Faktoren **einheitlicher Beanspruchungsbegriff nicht angemessen** (vgl. Häcker 1976). Bei einzelnen physiologischen Indikatoren lassen sich folgende beanspruchungsspezifische Zusammenhänge anführen:
Die **Herzfrequenz** ist im Vergleich zu den Ruhewerten erhöht:
- bei Fahrten im Straßenverkehr gegenüber verkehrsarmen Landstraßen,
- bei besonders komplexen Verkehrssituationen,
- zu Beginn längerer Fahrten gegenüber späteren Fahrtphasen,
- bei subjektivem Eindruck unangepaßter Fahrgeschwindigkeit,
- bei Fahranfängern gegenüber Erfahrenen,
- bei Fahrern mit überdurchschnittlich vielen selbstverschuldeten Verkehrsunfällen gegenüber bewährten Fahrern.

Der **elektrische Hautwiderstand** ist verringert:
- auf Fahrstrecken mit größerer Unfalldichte,
- bei kritischen Verkehrssituationen, die eine Bremsung erfordern,
- bei komplexeren Streckenabschnitten gegenüber einfacheren Abschnitten.

Die **Leistungen in Nebenaufgaben** sind erwartungsgemäß in dichtem Verkehr niedriger als auf freier Strecke.
Vermehrte **Korrekturlenkungen** treten auf:
- bei geringer Fahrerfahrung,
- bei Verkehrsauffälligkeit,
- bei Alkoholisierung,
- bei zentralaktivierenden Substanzen nach Schlafentzug,
- bei Nachtfahrt,
- bei Störeinflüssen (z. B. Windböen, Blendung),
- bei enger Fahrbahn,
- bei geringer Sichtweite nach vorn,
- bei höherer Fahrgeschwindigkeit.

Zusätzliche Angaben zu den jeweiligen Einzeluntersuchungen finden sich in der von Küting gebotenen Zusammenstellung (1976).

Als übergeordneter Interpretationsgesichtspunkt für solche Ergebnisse kann der **psychophysiologische Aktiviertheitsgrad** gelten, durch dessen situationsbedingte intraindividuelle Abweichung von der jeweiligen Ausgangslage oder Kontrollbedingung der Beanspruchungs- bzw. Belastunsgrad zum Ausdruck kommt. Diese Abweichung ist in vergleichbaren Situationen bei ungeübten Fahrern größer als bei erfahrenen. In diesem Zusammenhang ist ergänzend auf Untersuchungsergebnisse von Helander (1977) hinzuweisen, wonach sich der physiologisch meßbare Beanspruchungsgrad bei Fertigkeiten in der Fahrzeugführung im Laufe der Erfahrungsbildung schnell verringert, während für die Aufgabe der Erfassung wesentlicher Informationen der Beanspruchungsgrad nur langsam abzunehmen scheint. Auch neuere Befunde von Wlcek (1979) lassen sich damit vereinbaren, wonach das situationsbezogene Aktivierungsausmaß von der individuellen Belastbarkeit (gemessen am Wiener Determinationsgerät) abhängt: Belastungssituationen führen bei weniger belastbaren Fahrern zu stärkerer Aktivierung als bei mehr belastbaren, während kein Zusammenhang zwischen der absoluten Aktivierungsstärke und einzelnen Fahrverhaltensmerkmalen des Kölner Fahrverhaltenstests (KFVT) festzustellen war.

Daß Beanspruchungs- bzw. Belastungseinflüsse u. U. erst bei Berücksichtigung bestimmter Moderatorvariablen feststellbar werden, zeigt die Untersuchung von König (1974). Dabei unterschied sich eine Gruppe von 150 unfallbeteiligten Kraftfahrern nicht von einer Kontrollgruppe 150 unauffälliger Fahrer hinsichtlich explorierter persönlicher und beruflicher Belastung in der Zeit vor der Erfassung. Nach Differenzierung der beiden Gruppen in solche mit höherer bzw. geringerer Tendenz zu Reaktionen im Sinn sozialer Erwünschtheit waren für die Gruppe der Unfallbelasteten mit geringer sozialer Erwünschtheitstendenz stärkere Belastungen aufzufinden als für die Unauffälligen mit geringer sozialer Erwünschtheitstendenz, während sich bei den Fahrern mit erhöhter sozialer Erwünschtheitstendenz keine Unterschiede ergaben.

4.2 Ermüdung

Ermüdung als Vorgang und **Ermüdung als Zustand** (Müdigkeit) wurden wiederholt hinsichtlich ihrer Bedeutsamkeit für das – insbesonders motorisierte – Verkehrsverhalten untersucht. Die dabei in Betracht kommenden methodischen Möglichkeiten sind:

a) Messungen von Veränderungen fahrspezifischer Verhaltensmerkmale (z. B. Häufigkeit von Korrekturlenkungen);
b) simultane Messung von Veränderungen fahrunspezifischer Merkmale (z. B. PGR, Nebenaufgaben) während der Fahrt;
c) Verhaltensregistrierungen während Fahrten am Simulator;
d) sukzessive Messung der Ermüdung mit Ermüdungstests vor und nach der Fahrt.

Mit den Methoden a) und b) wird der Ermüdungsvorgang in Abhängigkeit von der Fahrtdauer zu erfassen versucht; bei der Methode a) werden Verhaltensänderungen als Ermüdungserscheinungen interpretiert, bei Methode b) werden bestimmte Merkmale als Ermüdungsindikatoren interpretiert. Mit der Methode c) kann der Ermüdungsvorgang nur insofern untersucht werden, als es sich um solche Teilgesichtspunkte dieses Vorgangs handelt, die weniger motivationsabhängig sind als Auftretenswahrscheinlichkeit, Auftretenszeitpunkt, Intensität und Dauer einzelner Ermüdungserscheinungen. Darin liegt die wesentliche Beschränkung der Simulationsmethode in der Ermüdungsforschung; sie ermöglicht aber immerhin die Untersuchung von Ermüdungserscheinungen, sofern Ermüdung *überhaupt* auftritt. Die Methode d) enthält das Problem der inhaltlichen Validität bzw. der Zulänglichkeit solcher Tests, die gerade durch die Testdurchführung beeinflußt werden kann; dies gilt insbesondere für Tätigkeiten unter Monotoniebedingungen, bei denen in der Testsituation vor allem diese Monotoniebedingungen unterbrochen werden („Test als Erholung").

Auf allgemeine Probleme der Ermüdungsmessung kann hier aber nicht eingegangen werden (vgl. dazu z. B. Schmidtke 1965).

Als Beispiel für die Methoden a) und b) sei auf die Untersuchung von Tränkle (1978) hingewiesen, in der Fahrverhaltens- und individuelle Merkmalsveränderungen im Verlauf von 780 km langen Autobahnfahrten an 44 erfahrenen Pkw-Fahrern apparativ und durch einen mitfahrenden Beobachter erfaßt und analysiert wurden. Der Auswertung wurden Vergleichsmessungen nach einer und nach 5 Stunden Fahrzeit zugrundegelegt. Dabei ergaben sich folgende Veränderungen vom ersten zum zweiten Meßzeitpunkt:
- Abnahme der Durchschnittsgeschwindigkeit,
- Zunahme der Bremsvorgänge,
- Abnahme der Verstöße gegen örtliche Geschwindigkeitsbeschränkungen,
- Abnahme der Anzahl von Fahrstreifenwechselvorgängen,
- Abnahme der relativen Häufigkeit von Mindestabstandsunterschreitungen beim Fahrstreifenwechsel,
- Zunahme der Verstöße gegen das Rechtsfahrgebot,
- Zunahme der Fehler bei der Betätigung des Blinkers nach links,
- Zunahme der subjektiven Ermüdung,
- Abnahme der verbalen Kommunikation zwischen Fahrer und Versuchsleiter.

Keine Veränderungen ergaben sich bezüglich
- Mindestabstandsunterschreitungen zu voranfahrenden Fahrzeugen,
- Häufigkeit aktiver und passiver Überholvorgänge,
- Häufigkeit und Dauer von Schaltvorgängen,
- Variabilität der Gaspedalbetätigung,
- Variabilität der gefahrenen Geschwindigkeiten,
- Leistung in den Nebenaufgaben.

Auch in der Untersuchung von Riemersma et al. (1977) wurden Fahrverhaltensmerkmale (Spurhalten, Geschwindigkeitskonstanz, Lenkbewegungen, Längs- und Querbeschleunigung), physiologische Variable (Pulsfrequenz) und Nebenaufgaben während achtstündigen Nachtfahrten erfaßt. Als Ermüdungseffekte wurden Streuungsvergrößerung der Merkmale Spurhalten und Geschwindigkeitskonstanz sowie Fehlerzunahme bei den Nebenaufgaben festgestellt.

Andere Ergebnisse aus Untersuchungen von Veränderungen des Fahrverhaltens im Verlauf langdauernder Fahrten zeigten, daß mit zunehmender Fahrtdauer eine zunehmende Verlagerung des Blickverhaltens von weit vorausliegenden Fixationspunkten zum rechten Fahrbahnrand erfolgt (Kaluger u. Smith 1970) und daß es den Fahrern immer weniger gelingt, *gleichzeitig* die gleiche Geschwindigkeit und die gleiche Fahrspurposition einzuhalten (Safford u. Rockwell 1967).

Als Ermüdungstests wurden in den frühen Untersuchungen von McFarland u. Moseley (1954) an LKW-Fahrern Messungen der Einfachreaktionszeit, Tapping-Tests und Steadiness-Tests durchgeführt, mit denen eine allgemeine Leistungsverschlechterung festzustellen war. In gleicher Richtung liegen die Ergebnisse von Lisper et al. (1971).

Untersuchungen der **Vigilanzleistungen** erbrachten uneinheitliche Ergebnisse, die von einer Leistungsverschlechterung in Tests (McFarland u. Moseley 1954) über fehlende Leistungsveränderungen (Dobbins et al. 1963) bis zu Leistungsverbesserungen (Brown et al. 1967) bei Vigilanzaufgaben im Fahrzeuginneren reichen. Fehlende Vigilanzeinbußen im Verlauf von neun- bzw. zwölfstündigen Fahrten, wie sie bei den zuletzt genannten Untersuchungen zugrundegelegt wurden, stehen im Gegensatz zu den Ergebnissen der meisten Vigilanzuntersuchungen unter Laboratoriumsbedingungen. Näätänen u. Summala (1976) sehen dafür drei Erklärungsmöglichkeiten: Das durch die Fahrtätigkeit als solche gewährleistete Mindestvigilanzniveau; fortlaufende Rückmeldung für das Fahrverhalten; die geringe Monotonie in der Fahr- gegenüber der Laboratoriumssituation. Bemerkenswert ist die Abnahme der Häufigkeit von Beinahe-Unfällen, die durch einen Beobachter während neunstündiger Fahrten bei 20 LKW-Fahrern der erwähnten Untersuchung von McFarland u. Moseley (1954) registriert wurden; die Autoren führen dieses unerwartete Ergebnis einerseits auf einen möglichen Erholungseffekt der Fahrt gegenüber einem vorangegangenen Zustand des Nichtausgeruhtseins und andererseits auf den mit der Fahrtdauer zunehmenden Abstand gegenüber Belastungen durch persönliche und berufliche Probleme zurück. Solche Erklärungen scheinen indessen weniger naheliegend als die Annahme eines möglichen Ermüdungseffekts beim mitfahrenden Beobachter zu sein.

Unter Simulationsbedingungen konnten folgende Ermüdungserscheinungen beobachtet werden (Hulbert 1972):
- Längere und verzögerte Verlangsamungsreaktionen auf veränderte Verkehrssituationen,
- weniger Lenkkorrekturen,
- verringerter Hautwiderstand bei auftretenden Verkehrsereignissen,
- mehr unspezifische Körperbewegungen.

Die Bedeutung des Ermüdungsproblems für die Sicherheit des – motorisierten – Straßenverkehrs und die Bewertung vorliegender Forschungsergebnisse zur Frage nach den Auswirkungen der Ermüdung auf das Fahrverhalten ist eng mit dem Kriterienproblem verbunden. Zu Recht fragen Näätänen u. Summala (1976), was eine ermüdungsbedingte Verminderung psychomotorischer Leistungen letztlich zu bedeuten habe. Denn was in diesbezüglichen Untersuchungen festzustellen ist, sind *relative* Leistungsminderungen gegenüber der Ausgangslage; diese sagen aber zunächst noch nichts darüber aus, ob das erforderliche Mindestleistungsniveau unterschritten wird oder nicht, zumal die Fahrtätigkeit – nach Näätänen u. Summala – in psychomotorischer Hinsicht keine besonders schwierige Aufgabe darstellt. Ob und inwiefern ermüdungsbedingte Leistungsminderungen sicherheitsbeeinträchtigend sind, kann und sollte daher nicht aufgrund von Veränderungen untergeordneter Systemeinheiten, sondern nur im Gesamtzusammenhang beurteilt werden. So plausibel Sicherheitseinschränkungen durch Ermüdung erscheinen mögen, so erscheint doch auch durch die Annahme von **Kompensationseffekten** eine fehlende Sicherheitsbeeinträchtigung denkbar, weil durch die Ermüdung evtl. andere sicherheitsbeeinträchtigende Voraussetzungen entfallen. Dafür sprechen auch mehrere der Befunde von Tränkle (1978), die durchaus in Richtung ermüdungsbedingter Herabsetzung der Leistungsmotivation, wie sie sich in einer gelasseneren und distanzierteren Fahrweise äußert, zu interpretieren sind.

4.3 Alkoholwirkungen

Die eindrucksvollste Bestätigung des **Zusammenhangs zwischen Alkoholisierung und Unfallrisiko** liefert die sog. Grand-Rapids-Studie von Borkenstein et al. (1964), die allein schon aufgrund ihrer methodischen Anlage, aber auch vom Umfang der einbezogenen

Stichproben aus gesehen hervorzuheben ist. Eine Versuchsgruppe von 5985 unfallbeteiligten Kraftfahrern, deren Blutalkoholkonzentration (BAK) am Unfallort festgestellt worden war, wurde mit einer Kontrollgruppe von 7590 Kraftfahrern verglichen, die an solchen Stellen und zu solchen Zeitpunkten im Straßenverkehr angehalten wurden, die für die Unfallorte und -zeitpunkte der erfaßten Unfälle repräsentativ waren. 11% der Fahrer aus der Kontrollgruppe hatten positive BAK-Werte, 0,8% von ihnen hatten BAK-Werte über 1,0 Promille; zur Nachtzeit zwischen 0 und 3 Uhr hatten 36% positive BAK-Werte, 3,2% BAK-Werte über 1,0 Promille (Zylman et al. 1971). Aus den Befunden der Grand-Rapids-Studie ergibt sich bei verschiedenen BAK-Werten folgende Erhöhung der Wahrscheinlichkeit, einen Unfall zu verursachen:

Bei BAK = 0,6 Promille eine rund zweimal so große Wahrscheinlichkeit wie bei BAK = 0,0 Promille,
bei BAK = 1,0 Promille eine rund sechsmal so große Wahrscheinlichkeit,
bei BAK = 1,5 Promille eine rund 25mal so große Wahrscheinlichkeit.

Die hier interessierenden psychischen Auswirkungen der Alkoholisierung werden von Buttigleri et al. (1972) in vergröberter Annäherung drei BAK-Bereichen zugeordnet:

BAK < 0,5 Promille: Beruhigung, Entspannung;
BAK = 0,5–1,5 Promille: Koordinationsstörungen;
Gesprächigkeit, Aggressivität, Hyperaktivität infolge reduzierter Hemmungsfunktionen;
BAK = 1,5–2,0 Promille: Verwirrtheit, Desorientiertheit;
BAK > 3,0 Promille: Bewußtlosigkeit.

Gerade der Bereich von BAK-Werten bis zu 1,5 Promille bedarf aber einer zusätzlichen Differenzierung, nicht zuletzt im Hinblick auf die in verschiedenen Ländern gültigen BAK-Grenzwerte für die Annahme noch bzw. nicht mehr gegebener Fahrtüchtigkeit. Relativ übereinstimmend wird dabei eine **unterschiedliche Alkoholanfälligkeit verschiedener Funktionsbereiche** angenommen. Am frühesten werden Wahrnehmungsleistungen beeinträchtigt; es folgen Beeinträchtigungen kognitiver Leistungen und dann solche der sensomotorischen Koordinationsleistungen, wobei die Feinmotorik früher als die Grobmotorik betroffen wird (Shinar 1978).

Bezogen auf Fahrfehler konnten Jex et al. (1974; zit. nach Shinar 1978) in Simulationsversuchen feststellen, daß sich bei einer BAK von 1,1 Promille die Wahrscheinlichkeit für fehlerhaftes Spurfahren um das 500fache gegenüber dem Nüchternzustand erhöht. Gleichfalls unter Simulationsbedingungen, nämlich bei Filmbetrachtung aus „Fahrerperspektive" und gleichzeitiger Blickregistierung, verglichen Buikhuisen u. Jongman (1971) eine Versuchsgruppe mit durchschnittlicher BAK = 0,8 Promille mit einer Kontrollgruppe. Dabei trat in der Versuchsgruppe verstärkt der sog. „Tunneleffekt" auf, d.h. eine Einengung des Blickfelds, ferner ein häufigeres Übersehen von Verkehrsgegebenheiten (vgl. auch Moskowitz u. Sharma 1974, Moskowitz et al. 1976).

gen Gesetze und die Gefahren des Alkohols am Steuer und auch die entsprechenden Strafmaßnahmen bekannt. Dies hatte aber praktisch keinen Einfluß auf ihre Entschei-

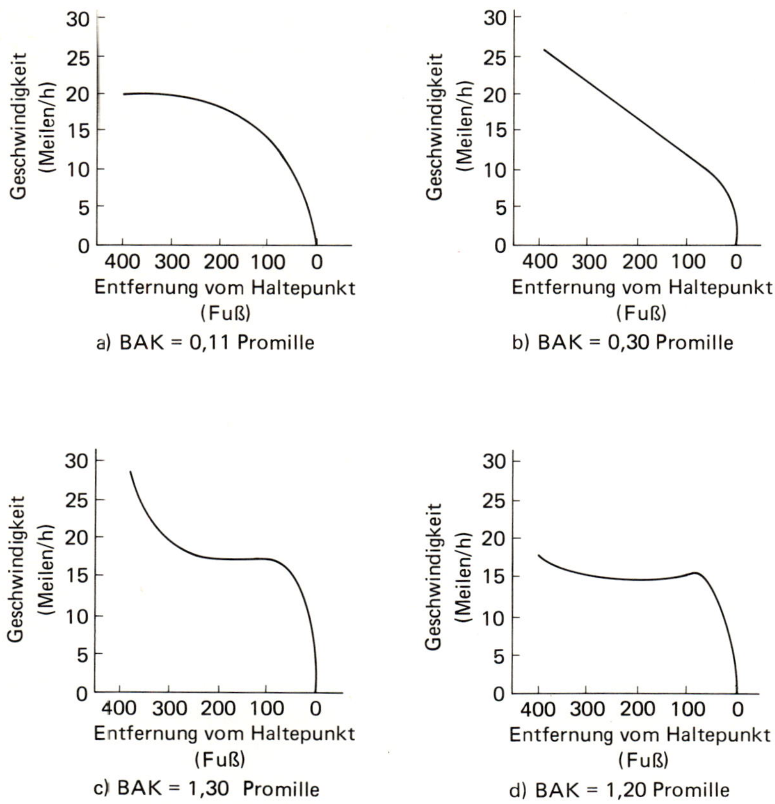

Abb. 43. Verlauf der Bremsenbetätigung bei unterschiedlichen BAK-Werten. (Nach Perrine 1977, S. 48)

Der Autor führt diesen Effekt darauf zurück, daß infolge des alkoholbedingt vergrößerten Zeitbedarfs für die Informationsverarbeitung der verbleibende zeitliche Spielraum bis zum Erreichen des betreffenden Haltepunkts (z. B. Hindernis) verkürzt wird und die Bremsintensität daher erhöht werden muß.

Durch Alkoholeinwirkung beeinträchtigte Informationsverarbeitung ist auch die Erklärung von Moskowitz u. a. (1976) für die von ihnen ermittelten Befunde der Blickverhaltensanaylse von ausgeprägt trinkgewohnten Versuchspersonen bei BAK-Werten von 0,0, 0,75 und 1,5 Promille, bei denen mit zunehmendem Alkoholisierungsgrad die Blickfixationen seltener und länger dauernd wurden.

In Ergänzung ist darauf hinzuweisen, daß die durch die wechselnden Komplexitätsgrade der jeweiligen Verkehrssituation bedingte Variabilität der Herzfrequenz durch Alkohol verringert wird (vgl. Küting 1977); d. h., daß in der weniger streuenden Herzfrequenz eine verringerte Differenzierung zwischen situationsspezifischen Komplexitätsgraden und damit eine vergröbernde Informationsverarbeitung zum Ausdruck kommt.

Ein Nachteil der Ergebnisverwertung vieler Alkoholuntersuchungen liegt darin, daß Aussagen über Auswirkungen *durchschnittlicher* BAK-Werte in den betreffenden Versuchspersonenstichproben gemacht werden, obwohl erfahrungsgemäß die individuell tatsächlich erreichten BAK-Werte mitunter erheblich von den im voraus geschätzten Werten abweichen und somit eine mittlere BAK eine sehr ungenaue Quantifizierung der unabhängigen Variable in solchen Experimenten darstellt. Dies fällt umso mehr ins Gewicht, als andererseits mit Wirkungsunterschieden auch nur geringfügig unterschiedlicher BAK-Werte argumentiert wird.

4.4 Drogenwirkungen

Eine zusammenfassende, einheitliche Beurteilung der Zusammenhänge zwischen Wirkungen von psychoaktiven Substanzen und Fahrtüchtigkeit scheint vorläufig noch nicht möglich zu sein. Trotz oder wegen der großen Anzahl vorliegender Einzelbefunde – die von Barnes u. Price (1974) erstellte Bibliographie „Drug use and driving" umfaßt bereits bis dahin 325 Titel – können kaum differenziertere, aber gleichzeitig verallgemeinerungsfähige Aussagen über entsprechende Wirkungszusammenhänge gemacht werden. Dies mag teilweise allerdings auch damit zusammenhängen, daß mit zunehmendem Fortschritt der psychopharmakologischen Forschung der Begriff „*die* Wirkung" einer psychoaktiven Substanz zunehmend in Frage gestellt und statt dessen ein kompliziertes **Wechselwirkungsgefüge von Person, Situation und Medikation** angenommen wird (vgl. dazu Janke 1964, Frank 1979). Derartige mehrfache Überlagerungen der biochemischen Primärwirkung einer Substanz werden sich im Zusammenhang mit Fragen der Fahrtüchtigkeit deshalb besonders stark auswirken können, weil es sich dabei zu einem großen Teil um Personen handelt, bei denen die aktuelle Situation wesentlich mehr Freiheitsgrade aufweist als bei Personen, die innerhalb der klinischen Situation mit psychoaktiven Substanzen in Berührung kommen.

So konnten Mäki et al. (1979) im Rahmen von Interviews mit 984 Käufern von rezeptpflichtigen Medikamenten in 30 finnischen Apotheken feststellen, daß sich unter den Medikamentenverbrauchern 49% Führerscheinbesitzer befanden, von denen 60% Medikamente kauften, bei denen eine negative Auswirkung auf die Fahrtüchtigkeit nicht ausgeschlossen werden kann. Nur ein Drittel von ihnen erhielt von ärztlicher Seite Hinweise auf eine Fahrtüchtigkeitsbeeinflussung durch die betreffenden Medikamente. In den Interviews wurden neben Anzahl, Häufigkeit und Regelmäßigkeit der Medikamenteneinnahme auch Art und Menge alkoholischer Getränke bei einer Trinkrunde erkundet; diese Angaben wurden dann mit den registrierten Unfalldaten verglichen. Ein Zusammenhang zwischen Medikamentkonsum und Unfällen konnte – sofern die Fahrleistung kontrolliert wurde – nicht festgestellt werden.

In seinem Sammelreferat über die Wirkungen von 25 verschiedenen psychoaktiven Substanzen auf kraftfahrspezifische Leistungen betont Clayton (1976) die **vielfältigen Unterschiede in Methoden, Testaufgaben, Dosierungen und Versuchspersonen,** durch die weder ein klares Bild noch gesicherte Folgerungen für die Praxis gewonnen werden können. Selbst für zwei der am meisten untersuchten Substanzen, Chlordiazepoxid (Librium) und Diazepam (Valium) sind die vorliegenden Befunde uneinheitlich, lassen aber immerhin noch am ehesten eine Verallgemeinerung in der Weise zu, daß Einzeldosierungen zu Leistungsbeeinträchtigungen tendieren.

Clayton weist auch auf zwei noch weitgehend ungeklärte Fragenkreise hin, die aber für die Beurteilung von Wirkungen psychoaktiver Substanzen große Bedeutung haben: Einerseits lassen auch statistisch signifikante Ergebnisse immer noch die Frage offen, ob die damit nachgewiesenen Wirkungen nur eine **relative Beeinträchtigung** oder eine **fahrtüchtigkeitsausschließende Leistungsminderung** bedeuten – eine Frage, die sicherlich nicht nur nach subjektivem Ermessen des einzelnen Forschers beurteilt werden sollte. Andererseits gibt es zu psychoaktiven Substanzen noch kaum irgendwelche gesicherten Langzeiteffekte, ja selbst die experimentellen Untersuchungen zu den Wirkungen von Dauermedikationen sind sehr spärlich, wobei insbesondere nichtlineare Wirkungsverläufe zu beachten wären (vgl. Richter u. Hobi 1977).

Überblicksreferate neueren Datums zum Problem der Drogenauswirkungen auf das Fahrverhalten (Joscelyn u. Donelson 1978) kommen zu dem Ergebnis, daß der derzeitige Kenntnisstand über diesen Zusammenhang im Vergleich zum Zeitpunkt vorausgegangener Überblicksreferate (Perrine 1975) sich kaum vergrößert hat, sofern von ihm Aussagemöglichkeiten erwartet werden, die über eng begrenzte Gültigkeitsbereiche spezieller Einzeluntersuchungen hinausgehen. Joscelyn u. Donelson stellen dies sowohl für die epidemiologische, als auch für die experimentelle Forschung fest. Die von ihnen abgeleitete Übersicht über die methodischen Unzulänglichkeiten unterscheidet sich nicht wesentlich von Kritikpunkten, die üblicherweise gegenüber Einzeluntersuchungen im Rahmen eines so komplizierten Zusammenhangs wie dem zwischen Drogenwirkung und Verkehrsverhalten vorgebracht werden. Die daraus abgeleiteten Folgerungen in Form von konkreten Forderungen an die Forschung erscheinen indessen so lange nicht sehr konstruktiv, als damit nicht ebenso konkrete Vorschläge verbunden werden, wie derartige Forderungen unter realistischen Gesichtspunkten erfüllt werden können.

4.5 Kombinierte Alkohol- und Drogenwirkungen

Noch schwieriger sind auch nur einigermaßen allgemeine Aussagen zur Frage der Wirkungskombination von psychoaktiven Substanzen und Alkohol, obwohl die Aktualität auch dieses Problemkreises außer Zweifel steht. So ergab eine Erhebung von Mallach u. Seitz (1975), daß bei 28552 polizeilich angeordneten (in 93,5% der Fälle anläßlich von Verkehrsdelikten) Blutentnahmen 17,3% der betreffenden Personen nach eigenen Angaben ein Arzneimittel eingenommen hatten.

Andererseits konsumiert die Mehrheit derjenigen Personen, die gelegentlich Marihuana rauchen, gleichzeitig auch Alkohol, während die Mehrheit der regelmäßigen Marihuanakonsumenten auch im „High"-Zustand ein Fahrzeug fahren und ca. zu 25% gleichzeitig in strafbarem Ausmaß alkoholisiert sind (Waller et al. 1974, Mortimer 1976; zit. nach Shinar 1978). Daß aber sogar auch in den Untersuchungen der Wirkungskombination von Alkohol und Marihuana die Untersuchungsergebnisse nicht einheitlich sind, wenn auch überwiegend in der gleichen leistungsmindernden Richtung liegen

(Ling 1973, zit. nach Shinar 1978; Kielholz 1974), wird von Klonoff (1975; zit. nach Shinar 1978) u. a. darauf zurückgeführt, daß die Wirkungen oft durch interindividuelle Unterschiede und durch unterschiedliche Motivationsbedingungen verdeckt werden.

Wirkungskombinationen von Alkohol und Tranquilizern werden im allgemeinen zwar nicht in ihrer leistungsmindernden Wirkungsrichtung, jedoch in ihrer Intensität unterschiedlich beurteilt (vgl. Kielholz 1974, Biehl 1978).

4.6 Zusammenfassung

Unter **„Fahrtüchtigkeit"** werden **individuell-zeitvariable Bedingungen des Verkehrsverhaltens** verstanden. Zu deren Beschreibung und Erklärung ist eine begriffliche Abgrenzung von „Anforderung", „Beanspruchung", „Belastung" und „Überforderung" erforderlich. Dem dringenden Bedarf an gesicherten Ergebnissen aus systematischen Anforderungsanalysen des Verkehrsverhaltens steht ein auffallender Mangel an derartigen Ergebnissen gegenüber; vorerst stehen noch methodische Probleme im Vordergrund. Abgeschwächt gilt dies auch für den Bereich von Beanspruchungsanalysen, für die jedoch die methodischen Möglichkeiten besser geklärt erscheinen, so daß eine Reihe physiologischer und psychologischer Beanspruchungsindikatoren zur Verfügung stehen. Allerdings sprechen die bisher ermittelten geringen interindividuellen Korrelationen bei Messung mehrerer physiologischer Indikatoren eher gegen die Annahme eines einheitlichen Beanspruchungsbegriffs.

Ermüdung als Vorgang und Ermüdung als Zustand können durch Veränderungsmessung fahrspezifischer Merkmale, durch simultane Veränderungsmessung fahrunspezifischer Merkmale, durch sukzessive Messung und Ermüdungstests und durch Verhaltensregistrierungen am Simulator untersucht werden. Auch wenn verschiedentlich spezifische Ermüdungsauswirkungen nachgewiesen werden konnten (z. B. Abnahme der Fahrgeschwindigkeit, Veränderungen des Blickverhaltens), so wird damit nicht die Frage nach der Bedeutung solcher *relativer* Leistungsminderungen beantwortet, zumal auch sicherheitsbeeinträchtigende Verhaltensmerkmale durch Ermüdung in ihrem Gewicht abgeschwächt werden können. Die Ergebnisse von Untersuchungen der Vigilanzleistungen beim Kraftfahrer unter Real- und unter Simulationsbedingungen sind sehr unterschiedlich und wahrscheinlich auf die unterschiedliche Ausgangsmotivation in den beiden Untersuchungssituationen zurückzuführen.

Die extrem rasche Zunahme der Unfallwahrscheinlichkeit in Abhängigkeit vom Grad der **Blutalkoholkonzentration** und die empirisch ermittelten Häufigkeiten von Fahrten in alkoholisiertem Zustand lassen keinen Zweifel an der Bedeutsamkeit alkoholbedingter Beeinträchtigungen der Fahrtüchtigkeit. Diese erstrecken sich in erster Linie auf **Wahrnehmungsleistungen,** in zweiter Linie auf **kognitive Leistungen** und schließlich auf **sensomotorische Koordinationsleistungen.** Solchen Leistungsveränderungen stehen alkoholspezifische Motivationsveränderungen gegenüber, woraus sich alkoholspezifische Wechselwirkungen zwischen objektiven Leistungsmöglichkeiten und subjektiven Zielsetzungen ergeben. Dabei unterscheiden sich die Verlaufskurven der Blutalkoholkonzentration und des subjektiven Alkoholisierungsgrades. Das Problem dieser Wechselwirkungen erscheint besonders für mittlere und geringe Alkoholisierungsgrade bedeutsam.

Die **individuelle Auseinandersetzung** mit dem Problem „Trinken und Fahren" scheint weniger von rationalen Einsichten als **von sozialpsychologischen Bedingungen gesteuert** zu werden.

Eine zusammenfassende, einheitliche Beurteilung der Zusammenhänge zwischen **Wirkungen psychoaktiver Substanzen und Fahrtüchtigkeit** erscheint vorläufig noch nicht möglich. Die Anzahl vorliegender Einzelergebnisse ist zwar groß; sie sprechen zumindest bei den beiden am häufigsten untersuchten Substanzen, Valium und Librium, für Beeinträchtigungen der Leistungsfähigkeit, lassen aber – ähnlich wie im Fall der Ermüdungswirkungen – die Frage offen, ob es sich dabei um fahrtüchtigkeitsausschließende Leistungsminderungen handelt.

Trotz der Aktualität des Problems der Wirkungskombination von psychoaktiven Substanzen und Alkohol ermöglichen die derzeit vorliegenden Ergebnisse dazu noch keine einheitlichen Aussagen.

5 Fahreignung

Das Problem der Fahreignung (Eignung zum Fahren) bzw. Fahrereignung (Eignung des Fahrers) läßt sich in zwei Problemkreise gliedern, die sich auf folgende Fragen beziehen:
- Wie läßt sich der Begriff der Fahreignung interpretieren?
- Wie läßt sich individuelle Fahreignung feststellen und vorhersagen?

Zu beiden Problemkreisen hat die Verkehrspsychologie umfangreiches empirisches Material geliefert.

5.1 Grundsätzliche Fragen der Fahrerauslese

Das gesamte Problem der Fahreignung hat nur dann aktuelle praktische Bedeutung, wenn Unterschiede in den individuellen Voraussetzungen für die Teilnahme am motorisierten Straßenverkehr nicht nur in ihren Auswirkungen auf das Gesamtsystem Straßenverkehr beschrieben werden sollen, sondern wenn aus ihnen Konsequenzen für mögliche Verbesserungen des Gesamtsystems abgeleitet werden sollen. Die Entscheidung für eine dieser beiden Alternativen, d.h. die **Festlegung von Soll-Werten,** kann jedoch nicht Aufgabe einer empirischen Wissenschaft sein, sondern ist eine **verkehrspolitische Entscheidung.** Diese verkehrspolitische Entscheidung wurde in allen Ländern zugunsten der zweiten Alternative getroffen und dabei festgelegt, daß die aktive Teilnahme am motorisierten Straßenverkehr an die Erfüllung bestimmter Teilnahmebedingungen gebunden ist.

In vielen Ländern beziehen sich diese Teilnahmebedingungen auf die normativen Begriffe der Fahreignung und der Fahrtauglichkeit. Diese Begriffe werden konkretisiert einerseits durch die Eignungsbeurteilung, andererseits durch die Fahrprüfung. Häufig wird der Eignungsbegriff nicht positiv inhaltlich bestimmt, so daß die Behörde in solchen Fällen nicht die Eignung festzustellen, sondern die Nichteignung auszuschließen hat, indem sie überprüft, ob Tatsachen vorliegen, die die Annahme rechtfertigen, daß ein Führerscheinbewerber zum Führen von Kraftfahrzeugen ungeeignet ist (vgl. z.B. § 2, Abs. 1, Straßenverkehrsgesetz der Bundesrepublik Deutschland).

Aus dieser Sachlage ergibt sich, daß unter Bewerbern für eine Fahrerlaubnis eine Auslese – wie auch immer sie vorgenommen wird – erfolgen *soll.* Eine sinnvolle Auseinandersetzung mit dem Fahreignungsproblem ist erst möglich, wenn diese Vorentscheidung berücksichtigt wird. Denn dann ergibt sich zwingend die weitere Frage: **Wie kann diese Auslese optimiert werden?**

Die entscheidende Frage für das *psychologische* Problem der Fahreignung ist somit nicht die Frage, ob psychologische Ausleseverfahren überhaupt sinnvoll sind, sondern *ob mit Hilfe psychologischer Ausleseverfahren die auf jeden Fall erfolgende Auslese verbessert werden kann oder nicht.* Unter diesem Gesichtspunkt erhält auch der wesentliche Streitpunkt diesbezüglicher Diskussionen, die Frage nach der Berechtigung der Anwendung von nachweislich fehlerbelasteten Ausleseverfahren, eine andere Bedeutung: Sind die Fehler und deren Auswirkungen im Fall einer Verwendung psychologischer Ausleseverfahren geringer als im Fall einer Auslese ohne psychologische Verfahren?
Von dieser Frage ist auch klar zu trennen die Frage nach der **Ökonomie einer psychologischen Auslese.** Selbst im Falle einer verbesserten Auslese bzw. Fehlerverringerung bei Einsatz psychologischer Verfahren bleibt zunächst noch offen, ob der Aufwand, der mit einer Ausleseverbesserung verbunden ist, hingenommen werden soll oder nicht; dies um so mehr, als es sich nicht nur um einen Aufwand in finanzieller und organisatorischer, sondern auch um einen Aufwand in rechtlicher und moralischer Hinsicht, d.h. um einen Aufwand, der individuelle Wertmaßstäbe betrifft, handelt. Dieser Aufwand wird in Beziehung zur Wirkung zu setzen sein, die durch das betreffende Auslesesystem erreicht wird; ob er als lohnend erachtet wird oder nicht, kann aber auch keine Frage einer empirischen Wissenschaft sein, sondern ist abhängig vom Wertsystem, das derartigen vorwissenschaftlichen – deshalb aber zumindest nicht weniger bedeutsamen – Entscheidungen zugrundeliegt.

5.2 Zur Frage des Begriffs der Fahreignung

Eine auch nur annähernd einheitliche positive Definition der Fahreignung kann zur Zeit noch nicht gegeben werden. Wenn die Gesetzgebung andererseits auf der Ausschließbarkeit der Ungeeignetheit besteht, so ergibt sich daraus sowohl die Notwendigkeit als auch die außerordentlich große Unbestimmtheit einer Interpretation der Eignung bzw. der Nichteignung zum Führen von Kraftfahrzeugen. Diese Interpretation steht weitgehend im Schatten des Kriterienproblems.
Es ist daher nicht überraschend, daß sich die weit verbreitete, unangemessene Einschätzung des Unfallkriteriums lange Zeit hindurch auch in der Interpretation des Eignungsbegriffs niedergeschlagen hat. Sie findet ihren Ausdruck im Begriff der **Unfallneigung** (vgl. dazu die umfassende Darstellung von Kunkel 1973) bzw. der **Unfalldisposition** bzw. der **Unfalldisponiertheit** – Begriffe, die mit dem Begriff der Ungeeignetheit zum Führen von Kraftfahrzeugen häufig gleichgesetzt werden, einerseits um damit den Begriff der Unfalldisposition zu rechtfertigen, andererseits um ihn abzuwerten. Dies ist um so erstaunlicher, als empirische Begründungen so-

wohl für seine Rechtfertigung als auch für seine Abwertung von der Brauchbarkeit des Unfallkriteriums abhängen. Daher reicht es nicht aus, die Bedeutung der Unfalldisposition für die Fahreignung aus ihren auffindbaren Beziehungen zum Unfallkriterium herzuleiten; und daher kann der Begriff der Unfalldisposition nicht durch den Hinweis auf ihre nicht auffindbaren Beziehungen zum Unfallkriterium als sinnlos erklärt werden.
Im Hinblick auf die ungünstigen Kriteriumseigenschaften des Unfallereignisses (vgl. Abschn. 3.2.1) erscheint es zumindest zweckmäßig, zwischen einem statistischen und einem psychologischen Begriff der Unfalldisposition zu unterscheiden.

5.3 Unfalldisposition als statistischer Begriff

Beim statistischen Begriff der Unfalldisposition wird eine individuelle Unfalldisposition allein aufgrund der erhöhten Unfallbeteiligung innerhalb eines bestimmten Zeitraums angenommen. Der Prototyp eines Individuums, dem eine Unfalldisposition in diesem Sinn zugesprochen wird, ist der **„Unfäller"** im Sinn von Marbe (1923): die Kennzeichnung einer Person durch eine erhöhte Anzahl ihrer Unfälle innerhalb eines bestimmten Zeitraumes.

Beim psychologischen Begriff der Unfalldisposition wird aufgrund bestimmter psychologischer Merkmale eines Individuums auf eine erhöhte Wahrscheinlichkeit – meist aktiver, d.h. verursachender – künftiger Unfallbeteiligung geschlossen.

Das in den Anfängen der Unfallforschung erhöhte Interesse am Unfällerbegriff ergab sich aus der leicht und häufig beobachteten Tatsache, daß ein relativ großer Prozentsatz von beobachteten Unfällen auf einen relativ kleinen Prozentsatz von Personen der beobachteten Stichprobe entfällt. Aus solchen Beobachtungen drängt sich leicht die Vermutung auf, daß es sich bei Unfällen möglicherweise doch nicht um primär zufallsabhängige Ereignisse handelt, weil sonst alle Personen davon annähernd gleich betroffen sein müßten.

Eine Überprüfung dieser Annahme einer Unfalldisposition kann auf drei Wegen erfolgen:
- durch den Vergleich einer empirischen Verteilung von Unfällen mit einer Zufalls-(Poisson-)Verteilung;
- durch den Vergleich der Unfallanzahlen identischer Personen in zwei unterschiedlichen Zeitabschnitten;
- durch Korrelierung der Unfallzahlen einer Gruppe von Personen in zwei unterschiedlichen Zeitabschnitten.

Auf allen drei Wegen wurden in der Unfallforschung viele Untersuchungen durchgeführt, die in verschiedenen Sammelreferaten dargestellt wurden, am ausführlichsten bei Mittenecker (1962), aber auch bei Undeutsch (1962), Drösler (1965) und Burkardt (1970).

Bei Vergleichen empirischer Unfallverteilungen mit sog. einfachen Poisson-Verteilungen[3] sind zum Teil annähernde Übereinstimmungen, zum Teil auch deutliche Abweichungen festzustellen. Auch im ersten Fall zeigt sich aber der – nur zunächst erstaunliche – Sachverhalt, daß ein großer Anteil von Unfällen auf eine Minderheit von Personen entfällt. Daraus ergibt sich, daß dieser gar nicht „zufällig" anmutende Sachverhalt durchaus mit einer Zufallverteilung von Unfallanzahlen vereinbar ist. Aber auch im anderen Fall (signifikante Abweichung der empirischen von der Poisson-Verteilung) kann erst dann auf eine individuell unterschiedliche Unfallwahrscheinlichkeit geschlossen werden, wenn die Varianz der empirischen Verteilung größer ist als die Varianz der Poisson-Verteilung. Dies ist nicht nur im Fall einer unterschiedlichen Unfalldisposition möglich, sondern auch bei sonstigen Unterschieden in den Gefährdungsbedingungen sowie bei Veränderungen ursprünglich gleicher Unfallwahrscheinlichkeiten durch das Eintreten von Unfällen (z. B. in Form von persönlicher Verunsicherung oder in Form von „Gefahrenroutine").

In den meisten derartigen Fällen hat sich gezeigt, daß sich empirische Unfallverteilungen einer sog. negativen Binomialverteilung besser anpassen lassen als einer einfachen Poisson-Verteilung. Bei der negativen Binomialverteilung handelt es sich um eine Verteilung, die aus mehreren Poisson-Verteilungen von Personengruppen mit jeweils unterschiedlichen Unfallwahrscheinlichkeiten (z. B. in Folge unterschiedlicher situativer Gefährdung) zusammengesetzt ist und daher auch **„zusammengesetzte Poisson-Verteilung"** genannt wird (Greenwood u. Woods 1919, Greenwood u. Yule 1920, vgl. Drösler 1965).

Mittenecker (1962) weist auf Möglichkeiten der Fehlinterpretation von Verteilungen hin, die einer Poisson-Verteilung zwar ähnlich, tatsächlich aber keine Zufallsverteilungen sind. Solche Fälle sind insbesondere bei kurzzeitigen Beobachtungsperioden und bei kleinem Mittelwert der Unfallverteilung möglich, weil hier viel geringere Abweichungen von der Poisson-Verteilung als bei längeren Beobachtungsperioden und größerem Mittelwert auftreten.

Newbold und Cobb (1927 bzw. 1940; beide zit. nach Mittenecker 1962) haben eine Methode zur Differenzierung zwischen dem „zufälligen" Anteil und jenem Anteil an der Gesamtvarianz der Verteilung entwickelt, der auf die unterschiedliche Unfallwahrscheinlichkeit der Personengruppe zurückzuführen ist: Die Differenz zwischen Gesamtvarianz (s_1^2) und Zufallsvarianz ($s_2^2 = \bar{X}$), ausgedrückt als prozentualer Anteil der Gesamtvarianz ($s_1^2 - s_2^2/s_1^2$) gilt als Schätzung des individuellen Beitrags zur Gesamtvarianz der Verteilung.

Die Überprüfung der Annahme einer Unfalldisposition durch den Vergleich der Unfallanzahlen identischer Personen in zwei verschiedenen Zeitabschnitten war die Methode, die auch Marbe (1923, 1926) in seiner ziemlich weit bekannt gewordenen Untersuchung anwandte und in deren Zusammenhang auch der Ausdruck **„Unfäller"** verwendet wurde. Als Unfäller wurden diejenigen Personen bezeichnet, die in einem festge-

---

3 Poisson-Verteilungen sind dadurch gekennzeichnet, daß in ihnen Mittelwert und Varianz gleich sind. Für sie gilt folgende Gleichung, aus der sich die Wahrscheinlichkeit P ergibt, bei n Beobachtungen xmal das gesuchte Ergebnis, also einen Unfall, anzutreffen:

$$P(x/n) = \frac{\mu^x}{e^\mu x!}$$

, wobei e = Basis der natürlichen Logarithmen, μ = Mittelwert der Verteilung,
$x! = x(x-1)(x-2) \ldots 1$

legten Zeitabschnitt (fünf Jahre) einen („Einser") oder mehr als einen („Mehrer") Unfall hatten, im Unterschied zu den „Nullern" ohne Unfall. Wenn der Begriff der persönlichen, aber auch einer berufsspezifischen Unfalldisposition Geltung haben sollte, dann müßten die beobachteten Personen in *beiden* ausgewählten Zeitabschnitten zur gleichen Gruppe (Nuller, Einser, Mehrer) gehören.

Während diese Methode auf relativ wenige Untersuchungen beschränkt geblieben ist, liegt heute bereits eine Fülle von Ergebnissen aus Untersuchungen vor, in denen die Unfallanzahlen unterschiedlich großer Gruppen von Kraftfahrern in zwei Zeitabschnitten miteinander in Beziehung gesetzt wurden (vgl. Schneider u. Schubert 1967; Mittenecker 1962). Diese Ergebnisse weisen außerordentlich unterschiedliche Korrelationskoeffizienten auf. Als Erklärung dafür bietet sich die – je nach Art und Umfang der Beobachtung – unterschiedliche Reliabilität des Unfallkriteriums an, die aber durch entsprechend große Beobachtungszeiträume und homogene Gruppenbildung günstig beeinflußt werden kann. Dies konnte beispielsweise durch Häkkinen (1958) gezeigt werden, der bei 44 bzw. 52 Fahrern öffentlicher Verkehrsbetriebe und über Beobachtungszeiträume von acht Jahren eine Wiederholungsreliabilität von $r = 0{,}81$ bzw. $r = 0{,}84$ fand. Auch Bach et al. (1975) ermittelten bei 35 Straßenbahn- und Busfahrern öffentlicher Verkehrsbetriebe Reliabilitäten des Unfallkrieriums zwischen $r = 0{,}73$ und $r = 0{,}76$, unabhängig davon, ob es sich um zwei aufeinanderfolgende Vierjahresabschnitte oder um die vier ungeraden und die vier geraden Jahre oder um 48 ungerade und 48 gerade Monate handelte. Derartig hohe Reliabilitätskoeffizienten für das Unfallkriterium stellen seltene Ausnahmen gegenüber der Höhe sonst ermittelter Reliabilitäten dar, die überwiegend im Bereich $r = 0{,}10$ bis $r = 0{,}40$ liegen. Sie erklären sich in erster Linie durch die Homogenität der Fahrergruppen (gleiche Fahrzeuge, gleiche oder sehr ähnliche Fahrstrecken, ähnliche Fahrzeiten, ähnliche allgemeine Arbeitsbedingungen), während die Länge der Beobachtungszeiten nicht primär dafür maßgeblich sein dürfte, weil sich in anderen Untersuchungen für Vierjahres- (Walbeehm, zit. nach Undeutsch 1962) und Sechsjahresabschnitte (Häkkinen 1958) wesentlich niedrigere Koeffizienten ergaben.

Es bleibt zu erwähnen, daß in nahezu allen Untersuchungen nicht zwischen **aktiven und passiven Unfällen,** die Fahrer „haben", unterschieden wird. Möglicherweise trägt auch dieser Umstand zur Verzerrung des Informationsgehaltes des Unfallkriteriums bei. Die systematische Erfassung dieses Unterschieds stößt allerdings insofern auf Schwierigkeiten, als es sich dabei um die Beurteilung des Schuldanteils am Unfallereignis handelt, der nicht alternativ als positiv oder negativ, sondern als graduelle Ausprägung innerhalb eines Kontinuums zu beurteilen wäre.
Die vorliegenden Ergebnisse erlauben den Schluß, daß die Annahme einer Unfalldisposition aufgrund der Unfallhäufigkeit in einem ersten Zeitabschnitt mit dem Anspruch einer Vorhersage der Unfallhäufigkeit in einem folgenden Zeitabschnitt nur unter besonders günstigen Beobachtungsbedingungen, wie sie bei relativ kleinen Fahrergruppen ermöglicht wird, gerechtfertigt erscheint. Im allgemeinen, d. h. im Hinblick auf die Mehrzahl von Kraftfahrern, muß aber die **Unfallhäufigkeit als ungeeignetes Kriterium für die Annahme einer Unfalldisposition** betrachtet werden: Die Fahrer, die in einem ersten Beobachtungszeitraum „auffallend viele" Unfälle haben, sind in den allermeisten Fällen nicht diejenigen Fahrer, auf die in einem zweiten Beobachtungszeitraum „auffallend viele" Unfälle entfallen.

Die praktische Bedeutung des Problems eines statistischen Begriffs der Unfalldisposition wird besonders deutlich in seinen Konsequenzen für eine Auslesestrategie, die mit der individuellen Unfallanzahl als Prädiktor für das Kriterium künftiger Unfälle arbeitet und für die sich die Frage nach ihrem Nutzen stellt. Dies kann dadurch verdeutlicht werden, daß an einem konkreten Fall gezeigt wird, was es bedeuten würde, Fahrer aufgrund ihrer erhöhten Unfallanzahl vom motorisierten Straßenverkehr auszuschließen. Dies wird durch die in Abschn. 3.2.1 dargestellten Ergebnisse von Campbell u. Levine (1973) veranschaulicht.

Aufgrund der ebenfalls in Abschn. 3.2.1 erwähnten Vorbehalte von Kunkel (1975) gegenüber bivariaten Häufigkeitsanalysen in Form von Korrelierungen der Unfallhäufigkeiten in zwei verschiedenen Zeitabschnitten im allgemeinen und gegenüber den Argumentationen von Campbell u. Levine (1973) im besonderen sowie unter Bezugnahme auf Daten von Campbell (1971; zit. nach Kunkel 1975) schätzt Kunkel (1975) den tatsächlichen Anteil der Fahrer, die in den beiden Zeitabschnitten aufgefallen sind, auf mindestens 33%. Kunkel leitet daraus ab, daß sich „Maßnahmen pädagogischer und seligierender Behandlung" bei dieser Gruppe zu lohnen scheinen. Die Frage der Rentabilität von Behandlungsmaßnahmen wird aber nicht ausschließlich unter dem Gesichtspunkt *relativer* Häufigkeiten zu beurteilen sein (s. weiter unten), sondern auch unter vergleichender Berücksichtigung des Gewichts der Behandlungsfolgen für die restliche Mehrheit der Personen, die nur in I, aber nicht in II aufgefallen sind.

In einer zum Zweck der Simulation verschiedener Vorhersagemöglichkeiten entwickelten Modellrechnung erstellten Stewart u. Campbell (1972; zit. nach Campbell et al. 1973) für verschiedene Korrelationsgrößen hypothetische Unfallverteilungen, deren Randverteilungen denjenigen der tatsächlichen Unfallverteilung entsprechen, jeweils auf 100000 Fahrer bezogen. Die hypothetische Verteilung für den Fall einer Korrelation von r = 0,10, wie sie auch der tatsächlichen Verteilung zugrunde lag, ergab folgendes Bild (Tabelle 17):

Tabelle 17. Hypothetische Unfallverteilung in I und II unter Zugrundelegung von r = 0,10. (Nach Stewart u. Campbell 1972, zit. nach Campbell u. Levine 1973, S. ; vgl. dazu Tabelle 1)

Anzahl der Unfälle in I	in II 0	1	2	3	4	5+	Gesamt
0	79881	7984	845	95	15	6	88826
1	8018	1508	246	35	7	0	9814
2	878	219	58	11	2	1	1169
3	90	48	16	4	0	1	159
4	12	8	2	2	1	0	25
5+	4	2	0	1	0	0	7
Gesamt	88883	9769	1167	148	25	8	100000

Davon ausgehend wurden sodann hypothetische Verteilungen für Korrelationen r = 0,01, r = 0,19, r = 0,32, r = 0,49 und r = 0,76 berechnet. Vergleicht man die Auswirkungsunterschiede zwischen allen Fällen, so ergibt sich folgendes Bild:

r = 0,01: 11% der Fahrer haben 11% der Unfälle; bei deren Ausschaltung verbleiben 89% der Unfälle;
r = 0,10: 11% der Fahrer haben 19% der Unfälle; bei deren Ausschaltung verbleiben 81% der Unfälle;
r = 0,19: 11% der Fahrer haben 31% der Unfälle; bei deren Ausschaltung verbleiben 73% der Unfälle;
r = 0,32: 11% der Fahrer haben 42% der Unfälle; bei deren Ausschaltung verbleiben 61% der Unfälle;
r = 0,49: 11% der Fahrer haben 56% der Unfälle; bei deren Ausschaltung verbleiben 45% der Unfälle;
r = 0,76: 11% der Fahrer haben 79% der Unfälle; bei deren Ausschaltung verbleiben 22% der Unfälle.

Die Folgerungen, die daraus zu ziehen sind, sind klar: Selbst bei unrealistisch hohen Wiederholungsreliabilitäten der Unfallwahrscheinlichkeit ($r \geqslant 0{,}19$) und unrealistisch strenger Auslese würde die Gesamtzahl aller Unfälle nur geringfügig herabgesetzt werden. Dies müßte, wie Campbell et al. hervorheben, um den Preis möglicher Einschränkungen der Mobilität, der Treibstoffsteuer und Erhöhung der Arbeitslosigkeit erkauft werden. Und selbst dann, wenn im konkreten Fall „nur" diejenigen Fahrer ausgeschaltet würden, die drei und mehr Unfälle innerhalb von zwei Jahren haben, könnten nur 0,8% aller Unfälle in II vermieden werden (bei $r = 0{,}10$ entsprechend Tabelle 1).

Campbell et al. machen deutlich, wie die **trügerische Argumentation mit Prozentwerten** zustande kommt (z.B. „2% der Fahrer verursachen 50% der tödlichen Unfälle"): Einerseits beziehen sich derartige Aussagen immer auf die Vergangenheit und entsprechen lediglich der Definition eines wenig wahrscheinlichen Ereignisses, das nur bei einem relativ kleinen Anteil aller Auftretensmöglichkeiten tatsächlich auftritt. Daraus läßt sich aber keinesfalls ableiten, daß es im nächsten Beobachtungszeitraum die gleichen Personen sein werden, die diesen kleinen Anteil (die 2% des Beispiels) ausmachen. Andererseits täuscht die Prozentwertdarstellung andere Verhältnisse vor im Vergleich zu den entsprechenden absoluten Häufigkeiten. Die Feststellung „2% aller Fahrer verursachen 50% der tödlichen Unfälle" legt die Vorstellung nahe, daß eine sehr kleine Gruppe von Fahrern einen sehr großen Anteil, nämlich die Hälfte, aller tödlichen Unfälle verursacht. In absoluten Häufigkeiten ausgedrückt verursachen aber 2 Mio. Fahrer 29000 tödliche Unfälle (2% von 100 Mio. Fahrern in den USA sind 2 Mio. Fahrer, und 50% von 57000 tödlichen Unfällen in den USA sind rund 29000 tödliche Unfälle); dies entspricht aber einer genau entgegengesetzten Vorstellung: Sehr viele, nämlich 2 Mio. Fahrer, verursachen insgesamt *relativ* wenige tödliche Unfälle. Während es u.U. noch erwägenswert erscheinen könnte, für „nur" 2% aller Fahrer spezielle aufwendige Maßnahmen zu ergreifen, werden die damit verbundenen Schwierigkeiten gleich wesentlich deutlicher erkennbar, wenn Klarheit darüber besteht, daß sich diese Maßnahme auf 2 Mio. Fahrer zu beziehen hätte.

Diese grundsätzlichen Überlegungen zum statistischen Begriff der Unfalldisposition gelten in abgewandelter Form aber auch für die Kriterienproblematik im Zusammenhang mit sämtlichen Versuchen, künftiges Fahrverhalten von Personen mit Hilfe verschiedenster Prädiktoren (Vorhersagevariablen) vorauszuschätzen und diese Versuche am Unfallkriterium zu validieren. Dies wurde besonders von Drösler (1965) verdeutlicht, indem er das Prinzip der Taylor-Russell-Tafeln, die ursprünglich (Taylor u. Russell 1939) für Normalverteilungen von Kriterienvariablen ausgearbeitet worden waren, auf

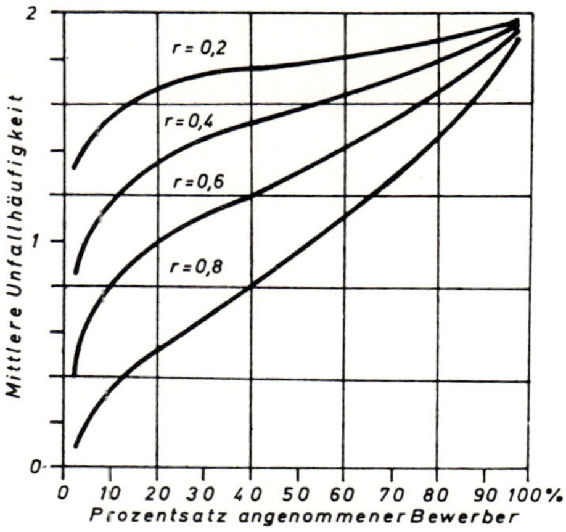

Abb. 44. Abhängigkeit der mittleren Unfallzahl einer ausgelesenen Bewerbergruppe von der Auslesequote, wenn die unausgelesene Bewerbergruppe einen Unfallmittelwert von M = 2 aufweist. (Nach Burkardt 1970, S. 398)

den Fall der Vorhersage von Unfällen übertragen hat. Abbildung 44 veranschaulicht die Verringerung der mittleren Unfallhäufigkeit bei einer Fahrerauslese mit unterschiedlich validen Prädiktoren bei unterschiedlichen Selektionsraten für den Fall, daß ohne Auslese die mittlere Unfallhäufigkeit zwei Unfälle betragen würde.

Daraus wird das **relative Ausmaß der unfallverringernden Wirkung von Auslesemaßnahmen** deutlich: Selbst bei sehr niedrigen Validitäten wird immer noch ein unfallverringernder Effekt erzielt werden können, dessen Größe durch die jeweilige Festlegung der Selektionsrate verändert werden kann; das Kriterium der **inkrementellen Validität** (Erhöhung der Validität gegenüber der a-priori-Strategie, d. h. gegenüber fehlender Auslese) wird auch in diesem Fall erfüllt – allerdings um den Preis eines unrealistisch hohen Aufwandes in Form eines extrem hohen Anteils nicht zugelassener Fahrer sowie in Form von beträchtlichen Vorhersagefehlern.

Andererseits wäre selbst bei unrealistisch hohen Validitäten und im Falle unrealistischer Selektionsraten (z. B. 50%) erst eine Halbierung der mittleren Unfallhäufigkeit zu erwarten.

Gleichzeitig wird daraus aber deutlich, daß der Einsatz von Ausleseverfahren jeglicher Form eine vorwissenschaftliche, meist politische Entscheidung darüber voraussetzt, welcher Aufwand für die Erreichung welchen Effekts hingenommen werden *soll.* Davon hängt es ab, welcher Grad an individueller Unfalldisposition (als psychologischer, nicht als statistischer Begriff) toleriert wird, zumal es sich dabei nicht um ein Alternativmerkmal (vorhanden oder nicht vorhanden), sondern um das Kontinuum eines komplexen Merkmalsbereichs handelt (vgl. Kunkel 1973).

5.4 Unfalldisposition als psychologischer Begriff

Die Besonderheiten des Unfallkriteriums lassen es nicht nur fragwürdig erscheinen, aus der individuellen Unfallhäufigkeit in der Vergangenheit auf die individuelle Unfallhäufigkeit in der Zukunft zu schließen, sondern auch individuelles Verhalten im Straßenverkehr am Unfallkriterium zu beurteilen. Unter diesem Gesichtspunkt wäre es sinnvoll, an die Stelle des Unfalldispositionsbegriffs zumindest den Begriff der **„Gefährdungsdisposition“** zu setzen. Damit sollte zum Ausdruck kommen, daß nicht nur derjenige Fahrer „geeignet“ zur Teilnahme am Straßenverkehr ist, der möglichst wenig Unfälle aufweist, sondern dessen Verhalten mit möglichst wenig Gefährdungen verbunden ist, ausgehend von der Überlegung, daß konkrete Gefährdung auch durch Zufall nicht zum Unfall führen kann. Denn verkehrssicheres Verhalten ist wohl *auch,* aber nicht *nur* die Negation des zum Unfall führenden Verhaltens.
Aber auch diese inhaltliche Verlagerung des Eignungsbegriffs wird nur einem der beiden übergeordneten Funktionskriterien des Systems Straßenverkehr gerecht: dem Sicherheitskriterium. Ein Eignungsbegriff, der auch das zweite Funktionskriterium, das der Verkehrskapazität, einbezieht, wäre im Sinn der **Verkehrsangepaßtheit** zu interpretieren. Verkehrsangepaßtes Verhalten versucht, den teilweise gegenläufigen Anforderungen des Straßenverkehrs, derjenigen nach Sicherheit und derjenigen nach Kapazität, durch einen optimalen Kompromiß (vgl. Abschn. 3.2.2.5, 3.2.2.6) gerecht zu werden.

Jeder Fahreignungsbegriff repräsentiert die Hypothese, daß es individualspezifische Zusammenhänge zwischen Fahrverhalten und Kriteriumsausprägung gibt, d.h. daß sich verschiedene Fahrer durch den Grad an Verkehrsangepaßtheit ihres Verhaltens unterscheiden. Insofern ist **Fahreignung als Konstrukt** zu verstehen, d.h. als Begriff mit Hypothesenfunktion. Diese Hypothese kann als Einzelfall betrachtet werden, an dem sich die Auseinandersetzungen zwischen sog. Eigenschaftstheoretikern, sog. Situationisten und sog. Interaktionisten konkretisieren lassen. Auch in diesem Fall stellt sich die Kernfrage, ob das Fahrverhalten (oder auch anderes Verhalten im Straßenverkehr) durch das Individuum oder durch die jeweilige Situation bestimmt wird. Auch wenn – zumindest außerhalb polemisch geführter Diskussionen (in denen Extrempositionen zwar meistens auch nur dem jeweils anderen Gesprächspartner unterstellt werden) – kaum je an solchen Alternativpositionen festgehalten wird, so kann doch auch ein graduelles Überwiegen der einen gegenüber der anderen Interpretationsrichtung erhebliche Auswirkungen für konkrete Maßnahmen im Straßenverkehr bedeuten.

Wie bei vielen anderen psychologischen Problemstellungen bieten sich auch in diesem Fall unter verkehrspsychologischem Gesichtspunkt günstige Möglichkeiten zur Veranschaulichung und gleichzeitig zur Konkretisierung des Problems.

Auch in der Fahreignungsdiagnostik scheint das eigentliche Problem nicht einmal primär in jenen Validitätsmängeln zu liegen, die auf die konstruktivspezifische Varianz zurückzuführen sind, sondern in solchen, die sich aus der Operationalisierung des Kriteriums ergeben. Auch wenn anstelle einseitig verzerrender Kriterien das übergeordnete Kriterium der Verkehrsangepaßtheit zugrundegelegt wird, bleibt zunächst die Frage offen, in welcher Weise dieses Kriterium erfaßt wird. Verkehrsangepaßtheit des Verhaltens kann aber nur in Abhängigkeit von der jeweiligen Verkehrssituation beurteilt werden. Verkehrsangepaßtheit im Sinn individueller Fahreignung kann daher grundsätzlich nur so gut erfaßt werden, wie es gelingt, die Variabilität von Verkehrssituationen zu erfassen, in denen sich eine so verstandene Fahreignung beweisen soll.

Ein entgegengesetzter Standpunkt könnte von der Annahme ausgehen, daß interindividuelle Fahreignungsunterschiede für das konkrete Fahrverhalten viel weniger maßgeblich sind als die situativen Bedingungen. Auf die möglichen Schwierigkeiten eines derartigen **Situationismus** hat Krohne (1977) hingewiesen: Einerseits läßt sich die psychologische Bedeutsamkeit einer – im Sinn des Behaviorismus – subjektunabhängigen Situation nur aus dem Verhalten erschließen; andererseits führt die Einschränkung der „Situation" auf ihre subjektive Bedeutung zur Annahme relativ stabiler subjektiver Interpretationstendenzen und somit indirekt wieder zu einer Betonung des Dispositionsbegriffs.

Der vorwiegend mit Problemen der Verkehrspraxis befaßte Psychologe wird allerdings nicht erst auf dem Umweg über solche theoretische Alternativstandpunkte seine Position des **Interaktionismus** beziehen, die sich für eine Beschreibung und Erklärung des Verkehrsverhaltens anbietet: Verhalten als Ergebnis von Wechselwirkungen zwischen Situations- und Persönlichkeitsmerkmalen (vgl. Spörli 1974), ein theoretischer Standpunkt, für dessen allgemeinste Form nach wie vor die von Lewin (1936) formulierte Beziehung $B = f(P, E)$, d.h. Verhalten als Funktion von Persönlichkeit und Umgebung bzw. Situation, gilt, auch wenn darin das Prinzip der Wechselwirkung noch nicht ausdrücklich aufscheint.

Allerdings erfuhr dieser Standpunkt in späterer Zeit (Mischel 1973) eine Differenzierung, die sich gerade auch für das Verkehrsverhalten als bedeutsam erweist. Dabei treten an die Stelle von Eigenschaften und Dispositionen nunmehr Kognitionen, die das Verhalten steuern und unter denen Erwartungen eine besonders wichtige Rolle spielen. Die besondere Bedeutung von Erwartungen für das Verkehrsverhalten wird von Näätänen u. Summala (1976) hervorgehoben (vgl. Abschn. 3.6.13). Krohne (1977) verweist auf den möglichen Fall inkonsistent erscheinender Verhaltensweisen, die letztlich konsistente Formen von Wechselwirkungen zwischen Situationen und Erwartungen sein können und gewissermaßen „Dispositionen höherer Ordnung" sind; so gesehen, wäre dann der Interaktionismus als Weiterentwicklung dispositionsorientierter Ansätze zu betrachten.

Daß auch die **Verkehrssituation eine Unfalldisposition** aufweisen kann, wird durch eine Untersuchung von Mittenecker (1966) nachgewiesen, deren methodischer Ansatz bedauerlicherweise nicht auch anderweitig aufgegriffen wurde. In dieser Untersuchung übernahmen die einzelnen Kilometerabschnitte einer Autobahnstrecke die Funktion von Merkmalsträgern, so wie dies in üblichen Untersuchungen zur individuellen Unfalldisposition einzelne Fahrer tun. Für die einzelnen Streckenabschnitte wurde die Korrelation der Unfallhäufigkeit zwischen je zwei Berichtsjahren berechnet; sie lag bei einer Autobahnstrecke zwischen $r = 0{,}55$ und $r = 0{,}68$, bei der anderen Autobahnstrecke zwischen $r = 0{,}40$ und $r = 0{,}62$ und somit ungleich höher als bei Untersuchungen der individuellen Unfalldisposition. Die Ergebnisse von Mittenecker belegen in eindrucksvoller Weise die **Bedeutung situativer Verhaltensbedingungen,** deren Gewicht demnach zweifellos größer ist als dasjenige individuumspezifischer Verhaltensbedingungen. Damit weisen diese Ergebnisse nachdrücklich auf die Notwendigkeit der Erweiterung eines eigenschafts-(trait-)orientierten Modells der Verkehrsangepaßtheit zu einem interaktionistisch orientierten Modell hin.

Ansätze zu einer interaktionistischen Variante des Begriffs der Unfalldisposition stellen Untersuchungen zur „konstellationsspezifischen Unfallneigung" (Vanecek 1978) dar, denen die Annahme zugrundeliegt, daß bestimmte Fahrer in bestimmten Situationen gefährdet sind. In diesem Zusammenhang konnten in ersten Studien an 57 Fahrern mit mindestens vier Unfällen in den letzten drei Jahren anhand von Interview- und Testdaten zwei Fahrergruppen ermittelt werden, von denen die eine durch „erhöhte Tendenz zu riskanten Verhaltensweisen", die andere durch „mangelnde Erfassung der Gefährlichkeit komplexer Situationen" gekennzeichnet werden konnte. Die Analyse der jeweiligen Unfallsituation ergab Zusammenhänge zwischen bestimmten Situationsmerkmalen und den beiden Fahrergruppen.

Die Frage, wie sich der Begriff der Fahreignung psychologisch interpretieren läßt, wäre somit am ehesten so zu beantworten: Der Begriff der Fahreignung entspricht demjenigen Varianzanteil an der Gesamtvarianz des Konstrukts Verkehrsangepaßtheit, der auf relativ konstante individuelle Verhaltenstendenzen in der Auseinandersetzung mit der Vielfalt von Verkehrssituationen zurückzuführen ist.

5.5 Wie läßt sich individuelle Fahreignung feststellen und vorhersagen?

Es wurde bereits im Zusammenhang mit der historischen Entwicklung der Verkehrspsychologie festgestellt, daß nicht nur die Anfänge der Verkehrspsychologie, sondern auch zu einem beträchtlichen Teil ihre weitere Entwicklung – insbesonders in deutschsprachigen Ländern – durch die Beschäftigung mit dieser Frage gekennzeichnet waren. Dementsprechend groß ist die Anzahl vorliegender Ergebnisse von diagnostischen Studien zur Entwicklung und Validierung von entsprechenden Prädiktoren. Einen zusammenfassenden Überblick über die bis zum Jahre 1967 vorliegenden Ergebnisse bieten Schneider u. Schubert (1967).

Zunächst ist davon auszugehen, daß mit jeder individuellen Fahreignungsbeurteilung versucht werden soll, den Ausprägungsgrad der Fahreignung eines Individuums in Beziehung zu setzen mit bestimmten Vergleichsstichproben, d.h., es soll der relative Standort des Individuums in bezug auf eine Norm bestimmt werden. Diese Norm wird in den meisten Fällen psychologischer Eignungsbeurteilungen als statistische, nur in seltenen Fällen (hingegen häufig bei medizinischen Eignungsbeurteilungen) als funktionale Norm verstanden.

Die Eignungsbeurteilung setzt sich meistens aus einer größeren Anzahl von Beurteilungen einzelner Eignungsmerkmale zusammen. Die diagnostische bzw. prognostische Funktion der einzelnen Prädiktoren im konkreten Einzelfall (Individualdiagnostik) hängt dabei von zwei Fragen ab:

1. **Ist der Prädiktor (das einzelne Testverfahren) valide?**
   Als Validierungsnachweise kommen bei Fahreignungsmerkmalen neben Korrelationen zwischen Prädiktor und Kriterium häufig Mittelwertsvergleiche zwischen Extremgruppen (z.B. „bewährte“ vs. „nicht bewährte“ Fahrer) in Betracht. Gerade aufgrund der früher geschilderten Kriteriumsproblematik wäre hier eine Klärung der differentiellen Validität eines Prädiktors sehr wünschenswert.
2. **Welcher Differenziertheitsgrad der Interpretation wird durch die individuelle Merkmalsausprägung (Testleistung) gerechtfertigt?**
   Im Bereich der Fahreignungsdiagnostik wird häufig nur zwischen den drei Ausprägungsbereichen „unterdurchschnittlich“, „durchschnittlich“ und „überdurchschnittlich“ unterschieden, wobei der Durchschnittsbereich durch die mittleren 50% der Normalverteilung, bzw. durch den Bereich $\bar{X} \pm 1$ s festgelegt wird; bei psychometrischen Persönlichkeitstests werden zum Teil auch größere Durchschnittsbereiche zugrundegelegt.

Die zweite Frage ist insbesondere für solche Merkmale bedeutsam, die sich im Rahmen von Stichprobenerhebungen als valide erwiesen haben (in Form signifikanter Korrelationen mit dem Kriterium oder in Form signifikanter Mittelwertsunterschiede zwischen Extremgruppen), für die jedoch keine Normen zur Verfügung stehen (z.B. bei manchen biographischen Daten). In solchen Fällen rechtfertigt allein die erwiesene Validität des betreffenden Prädiktors noch nicht eine auf den konkreten Einzelfall bezogene Aussage oder Prognose, da die Validitätskoeffizienten im allgemeinen weit von $r = 1{,}00$ entfernt sind und es somit durchaus möglich ist, daß Merkmals- und Kriteriumsausprägung im Einzelfall voneinander unabhängig oder auch entgegengesetzt sind. So kann z.B. die Belastung mit kriminellen Delikten, die im Rahmen von Stichprobenvergleichen meist starke negative Zusammenhänge mit der Fahreignung aufweist (s. Abschn. 5.9), im Einzelfall noch nicht als diagnostisches Indiz für Ungeeignetheit verwendet werden, weil in Ermangelung von Normen in keiner Weise, auch nicht mit größerer oder geringerer Wahrscheinlichkeit, Aussagen darüber gemacht werden können, ob für den betreffenden Fahrer der *allgemeine* Zusammenhang zwischen Delinquenz und Fahreignung gilt oder ob er zu jenen Fällen gehört, die dafür verantwortlich sind, daß diese Korrelation nicht $r = 1{,}00$ ist bzw. daß sich die Merkmalsverteilungen beider Extremgruppen überlappen.

Als Beispiele für umfassendere Validierungsuntersuchungen sollen im folgenden jene von Klebelsberg et al. (1970), Oswald (1970) und Huguenin (1979) kurz erörtert werden. Im übrigen wird auf die Bibliographie von Seydel (1976) verwiesen.

Die Untersuchung von Klebelsberg et al. (1970) setzt sich aus zwei voneinander unabhängigen Validierungsstudien an Stichproben von 91 und 182 freiwilligen Pkw-Fahrern zusammen. Für beide Stichproben wurden während einer Probefahrt durch zwei Mitfahrer Verhaltensmerkmale registriert und diese Daten anschließend einer Faktorenanalyse unterzogen, aus der sich vier interpretierbare Fahrverhaltensfaktoren ergaben (vgl. Abschn. 3.6.2). Außerdem wurde für jeden Fahrer der Ausprägungsgrad an Verkehrsangepaßtheit durch beide Beobachter geschätzt und daraus eine „Fahrnote“ gebildet. Somit standen die „Fahrnote“ und vier Verhaltensfaktoren als Validierungskriterien zur Verfügung. Validiert wurden 50 bzw. 51 Prädiktoren aus verschiedenen Merkmalsbereichen. Dabei ergab sich übereinstimmend in beiden Studien folgende Rangfolge signifikanter Validitäten: **Lebensalter** und **visuelle Fähigkeiten** erreichten die höchsten Validitäten, gefolgt von **Persönlichkeits-** und **Intelligenzmerkmalen,** sodann von **psychomotorischen und Konzentrationsleistungen;** Zusammenhänge mit der explorativ erhobenen Unfallanzahl waren weitgehend bedeutungslos. Durch Verwendung der verschiedenen Kriterien konnten auch differentielle Validitäten (z. B. für die Faktoren „vorsichtiges vs. unvorsichtiges Fahrverhalten", „Fahrgeschwindigkeit", „entschlossenes vs. unentschlossenes Fahrverhalten") ermittelt werden.

Oswald (1970) führte eine Faktorenanalyse von Testvariablen (Reaktions-, Wahrnehmungs- und Konzentrationstests), biographischen Daten und explorativ erhobenen Kriterien (Prüfungsversagen, Übertretungen, Unfälle) durch. Aus den Ergebnissen leitet der Autor ab, daß Unfälle und Prüfungsversagen durch **geringe Reaktionssicherheit, geringe Belastbarkeit** und **geringe visuelle Orientierungsfähigkeit** bestimmt werden, während Übertretungen weder mit Leistungsdimensionen noch mit Prüfungsmißerfolgen zusammenhängen. Bei Extremgruppenvergleichen fand sich:

- ein erhöhtes Unfallrisiko bei geringer Reaktionssicherheit, erhöhter Störbarkeit, Verlangsamung im Erfassen von Gestaltzusammenhängen und in Konzentrationstests sowie bei Störungen in Familie, Ausbildung und Beruf;
- mangelnde Verkehrsanpassung bei Auffälligkeiten in Familie, Ausbildung, Beruf und allgemeiner normativer Anpassung sowie bei sozialer Labilisierung (auch trotz durchschnittlicher Bildung und Begabung);
- Prüfungsversagen bei Konzentrations- und Orientierungsschwächen sowie bei geringer praktisch konkreter Intelligenz und persönlicher Verunsicherung.

Huguenin (1979) berichtet über eine Validierung der „psychologischen Gruppenuntersuchung nach ‚Beck'" (1979), die als Fahrerausleseverfahren bei den Schweizerischen Post-, Telegraphen- und Telefonbetrieben (PTT) verwendet wird. Für die Untersuchung wurden aus rund 8000 PTT-Fahrern 125 unfallauffällige Fahrer als Versuchsgruppe ausgewählt und zu jedem dieser Fahrer ein möglichst entsprechender „bewährter Gegenkandidat" für die Zusammenstellung einer Kontrollgruppe von 125 Fahrern gesucht. 232 von den 250 eingeladenen Fahrern nahmen an der diagnostischen Untersuchung teil; ihre Anzahl verringerte sich durch späteren Ausfall auf $n = 228$. Die Untersuchung erstreckte sich auf vier Prädiktorengruppen: a) Interview (standardisierte Fragebogen zu Lebenslauf und Verkehrserfahrung sowie ein halbstrukturiertes Interview); b) tiefenpsychologische Beurteilung (gestützt auf Lebenslauf, Erzähltest, graphologische Analyse, Baumtest); Leistungstests (Sehtest, Reaktions-, Konzentrationstests u. a.); Gesamturteil (kombinierende Gesamtbeurteilung aus a), b) und c) in Form von Interpretationsmerkmalen, deren Ausprägung anhand von siebenstufigen Beurteilungsskalen eingestuft wird). Als Kriterien wurden verschiedene Unfalldaten, vor allem aber die Gesamtanzahl aller verschuldeten Unfälle innerhalb einer Gesamtbeobachtungszeit von 13 Jahren verwendet; die Wiederholungsreliabilität des Kriteriums (Unfallanzahl im 1. bis 6. Jahr/Unfallanzahl im 7. bis 13. Jahr) beträgt $r = 0{,}52$. Die ermittelte Validität des Gesamturteils beträgt $r = 0{,}41$.

Bei Beurteilung dieses im Vergleich zu anderen Validierungsuntersuchungen auffallend hohen Zusammenhangs sind zwei Punkte zu berücksichtigen. Einerseits sind von den 228 untersuchten Fahrern 66 Fahrer, also immerhin 29%, während der 13 Jahre „ausgefallen", ohne daß erkennbar ist, welche Gründe für diesen Ausfall anzunehmen sind. Andererseits scheinen *Interpretations*merkmale einzelner Tests (z.B. „Reaktionsverhalten“ und „charakterliche Struktur“ innerhalb des Gesamturteils) aussagekräftiger zu sein als die betreffenden Testwerte, so daß anzunehmen ist, daß die eigentlich für die Vorhersage bedeutsame Information nicht aus Tests, sondern aus Beurteilungen durch die Versuchsleiter stammt. Für eine Überprüfung möglicher Auswirkungen dieser Annahme auf das Validierungsergebnis wäre allerdings die Kenntnis der Reliabilität der Interviewvariablen und des Gesamturteils (in Form einer Beurteilerübereinstimmung) erforderlich.

5.6 Psychologische Prädiktoren für die Fahreignung

Aus dem Sammelreferat von Schneider u. Schubert (1967) ergeben sich für die wichtigsten der verschiedenen Prädiktorenbereiche folgende Schlußfolgerungen (vgl. die tabellarischen Zusammenstellungen dieser Autoren):

5.6.1 Tests zur Erfassung visueller Leistungsmerkmale

Der Zusammenhang zwischen **Sehschärfe** und Verkehrsbewährung erwies sich in der Mehrzahl der Untersuchungen als nicht gesichert. Gleiches gilt für die **Größe des Gesichtsfeldes.** Auch für einen Zusammenhang zwischen **Farbtüchtigkeit** und Verkehrsbewährung lassen sich kaum gesicherte Nachweise erbringen (vgl. Hills u. Burg 1977). Hingegen ist zwischen **visuellen Wahrnehmungs- und Orientierungsleistungen** einerseits und Verkehrsbewährung andererseits ein deutlicher Zusammenhang anzunehmen.

5.6.2 Konzentrationstests

Die **Konzentrationsleistung** – erfaßt vor allem in Form von Mengenleistungen bei üblichen Konzentrationstests – steht im Zusammenhang mit der Verkehrsbewährung.

5.6.3 Reaktionstests

Während die Leistungen in Einfachreaktionsversuchen im allgemeinen keinen Zusammenhang mit der Verkehrsbewährung zeigen, haben sich die Leistungen in **Wahlreaktions- und Mehrfachreaktionsversuchen** wiederholt als bedeutsam erwiesen (vgl. Kunkel 1970).

5.6.4 *Intelligenztests*

Zusammenhänge zwischen **allgemeinen intellektuellen Leistungen** und Verkehrsbewährung sind nicht zu sichern; wahrscheinlich deshalb, weil dabei kein linearer Zusammenhang angenommen werden kann, während eine **Mindesthöhe intellektueller Befähigung** als Bedingung für eine Verkehrsbewährung sicherlich anzunehmen ist. Hingegen erscheint ein Zusammenhang mit **bestimmten Intelligenzfunktionen** (anschauungsbezogen-umstrukturierendes Denken) aufgrund der vorliegenden Ergebnisse wahrscheinlicher.

5.6.5 *Persönlichkeitsfragebogen*

In diesem Prädiktorenbereich sind die Ergebnisse sehr uneinheitlich und deshalb kaum zusammenfassend zu beurteilen. Zusammenhänge mit der Verkehrsbewährung scheinen sich auf bestimmte **Einzelskalen bzw. Einzelfaktoren** bzw. deren Kombinationen zu beschränken (vgl. dazu auch McGuire 1976). Teilweise sind relativ hohe empirische Validitäten bei Prädiktoren zu finden, deren Konstruktbedeutung noch weitgehend ungeklärt ist (z. B. der Kurzfragebogen für Problemfälle, K-F-P von Müller u. Brickenkamp 1970).

Schneider u. Schubert (1967) gelangen zur Auffassung, daß für die Beurteilung der individuellen Fahreignung visuelle Wahrnehmungs- und Orientierungsleistungen bedeutsamer als die optischen Funktionen, komplexe Reaktionsleistungen bedeutsamer als Einfachreaktionen, verkehrsspezifische Persönlichkeitstests bedeutsamer als allgemeine Persönlichkeitsfragebogen und verkehrsnahe Untersuchungsverfahren bedeutsamer als allgemein anwendbare Tests sind.

Der Gesichtspunkt der „Verkehrsnähe" verkehrspsychologischer Testverfahren ist allerdings, wie Gubser u. Spörli (1976, Spörli 1977) betonen, insofern zu relativieren, als es weniger auf eine möglichst **realistische Abbildung der Fahrsituation** in der Testsituation ankommt, sondern auf die Erfassung der **an der Fahrtätigkeit beteiligten psychischen Funktionen.** Die Übereinstimmung der Funktionsbeanspruchung in Real- und Testsituation ist demnach wichtiger als die äußere Übereinstimmung der beiden Situationen.

Zu den genannten Prädiktorgruppen kommen folgende hinzu, die in das Sammelreferat von Schneider u. Schubert noch nicht einbezogen wurden.

5.6.6 *Fahrverhaltenstests bzw. Fahrproben*

Mit dem **Kölner Fahrverhaltens-Test** von Kroj u. Pfeiffer (1973) wurden – vermutlich erstmals – die Erfahrungen aus systematischen Beobachtungen des Fahrverhaltens in die Entwicklung eines Tests zur individualdiagnostischen Erfassung des Fahrverhaltens von Kraftfahrern eingebracht. Ein derartiger Test kann inhaltliche Validität beanspruchen, weil mit ihm eine annähernd repräsentative Stichprobe aus der Grundgesamtheit individueller Fahrverhaltensformen erfaßt wird. Diese als Test gestaltete Fahrprobe umfaßt 10 Untertests (Mitfahren, Spurgenauigkeit, Rechtsfahren, Sichern, Abstand, Gefährden, Zögern, Zeichenorientierung nach Wegweisern, Geschwindigkeitsverhalten gegenüber Geschwindigkeitsbeschränkungen, Geschwindigkeitsverhalten je nach situativen Umständen) mit insgesamt 169 Items, die von zwei mitfahrenden Beobachtern auf einer festgelegten Teststrecke mit insgesamt 67 Beobachtungsabschnitten registriert werden (1 = richtiges Verhalten, 2 = falsches Verhalten, 0 = nicht beobachtbares Verhalten). Die Halbierungsreliabilität für den Gesamttest beträgt $r = 0{,}84$. Empirische Validierungen einzelner Untertests an Unfall- und Deliktkriterien ergaben gesicherte Zusammenhänge. Der Faktorenstruktur des mit diesem Test erfaßten Fahrverhaltens liegen folgende vier Faktoren zugrunde: Situationsbezogenes vs. nicht situationsbezogenes Fahrverhalten; vorschriftsmäßiges vs. vorschriftswidriges Fahren; umsichtiges vs. wenig vorausschauendes Fahren; Gesamtverhaltensfaktor.

Unter ganz ähnlichen Zielsetzungen hat Barthelmess (1975) einen **Fahrprobentest für Kraftfahrer im Stadium der Ausbildung** entwickelt, bei dem die anhand von 44 Beobachtungsvariablen ermittelte Fahrleistung mit der Fahrlehrerbeurteilung zu $r = 0{,}48$, mit der Fahrstundenanzahl zu $r = 0{,}46$ und mit der späteren Fahrprüfungsbeurteilung zu $r = 0{,}28$ ($n = 134$) korreliert. Die zugrundeliegenden Fahrverhaltensfaktoren unterscheiden sich teilweise von denen des Kölner Fahrverhaltenstests: primäre Fahrfertigkeit, Dynamik des Fahrverhaltens, Aufgabenbezogenheit des Fahrverhaltens, Riskantheit des Fahrverhaltens.

Diese Faktoren weisen eine überraschend große Ähnlichkeit mit Faktoren auf, die Dvorak (1976) bei Verwendung von 58 vorgegebenen gefährlichen Situationen ermittelte, die von den Versuchspersonen im Hinblick auf ihren Zusammenhang mit bestimmten Gefährdungsbedingungen zu beurteilen waren: Fahrfertigkeit (skill), Außenbestimmtheit, erhöhte Tendenz zu riskanten Verhaltensweisen, Nichterfassen der Gefährlichkeit einer Situation. Bei Zuordnung verunfallter Kraftfahrer zu den beiden letztgenannten Faktoren ergaben sich positive Differenzierungsmöglichkeiten zwischen diesen Gruppen durch Persönlichkeitsmerkmale (16-PF-Test, Sensation-Seeking-Scale), woraus der Autor – trotz Ablehnung des Begriffs der allgemeinen Unfällerpersönlichkeit – die Bedeutung eines mehrdimensionalen „Unfällerkonzepts" durch die Kombination von situations- und persönlichkeitsspezifischen Merkmalen ableitet.

Die Ergiebigkeit der Berücksichtigung von **Moderatorvariablen** für die differentielle Validität von verkehrspsychologischen Testverfahren wurde auch von Spörli (1974) bei Fahrschülern nachgewiesen.

Die Validität der **Fahrprüfung als Prädiktor** für die nachfolgende Fahrbewährung haben Conley u. Smiley (1976) in Illinois an einer Stichprobe von 22523 Fahrern in einem Beobachtungszeitraum von vier Jahren überprüft. Bei 26% der Fahrer wurden ein oder mehrere Verkehrsverstöße registriert, bei 5% ein Unfall. Ein Vergleich der Verkehrsverstoßdaten mit den Fehlern in einer von Conley (1969; zit. nach Conley u. Smiley 1976) entwickelten schriftlichen Führerscheinprüfung ergab keine gesicherten Zusammenhänge; allerdings bleibt dabei zu berücksichtigen, daß die Validierungsstichprobe Personen umfaßte, die die für den Prüfungserfolg geforderte Minimalleistung erbracht hatten.

5.6.7 Kognitive Variablen der Fahreignung

Obwohl die Bedeutung kognitiver Leistungen für das Verkehrsverhalten neuerdings stark betont wird (besonders bei Näätänen u. Summala 1976), sind die Möglichkeiten einer diagnostischen Erfassung solcher Variablen noch in den Anfangsstadien ihrer Entwicklung. Ansätze dazu wurden z.B. von Maukisch (1976) mit der Entwicklung eines **„Gefahrenkognitionstests“** geleistet, dessen zugrundeliegendes Konstrukt durch zwei Faktoren der „Vertrautheit mit den Tücken der statischen Verkehrsumwelt“ und der „Vertrautheit mit kleinen versteckten oder interferierenden Reizen“ umschrieben wird; die Testleistung steht nach den bisherigen Erfahrungen in engem Zusammenhang mit dem Unfallkriterium, korreliert jedoch bemerkenswerterweise nur schwach mit folgenlosen Delikten. Auch die Berücksichtigung **„kognitiver Komplexitätsvariablen“** und anderer **Informationsverarbeitungsvariablen** scheint zusätzliche Möglichkeiten zur Differenzierung verschiedener Risikogruppen von Verkehrsteilnehmern zu ermöglichen; dies zeigen Untersuchungen von v. Eye u. Hussy (1979).

Ausgehend von den Untersuchungen von Harano (1963; zit. nach Goodenough 1976) und Barrett et al. (1968, 1969) erfuhr der kognitive Stil der **Feldabhängigkeit bzw. -unabhängigkeit** zunehmende Beachtung für das Problem der Fahreignung. Das Sammelreferat von Goodenough (1976) spricht für die Annahme eines deutlichen Zusammenhangs zwischen Feldunabhängigkeit und positiven Fahreignungsmerkmalen. Feldabhängige Fahrer erfassen sich anbahnende Hindernissituationen langsamer, sind in ihren Reaktionen auf schwer erkennbare („embedded“ = eingebettete) Verkehrszeichen langsamer und haben eher Schwierigkeiten im Erlernen der Fahrzeugbeherrschung in Schleudersituationen und beim defensiven Fahren (insbesondere gegenüber dem Vorderfahrzeug, vgl. Olson 1974).

5.7 Biographische und Explorationsdaten

Eine besondere Stellung unter den Prädiktoren für Verkehrsbewährung nehmen biographische und Explorationsdaten ein. Für bestimmte Gruppen von biographischen Daten haben sich immer wieder signifikante, deutlich ausgeprägte Zusammenhänge mit Kriterien der Verkehrsbewährung nachweisen lassen (vgl. Schneider u. Schubert 1967). Dabei handelt es sich vor allem um folgende Bereiche (Schubert u. Spoerer 1968; in Klammern sind die kritischen Merkmale genannt):

- **Elternhaus** (unvollständige Familienstruktur, unharmonisches Familienleben);
- **Schulzeit** (kein Schulabschluß, Leistungsschwierigkeiten, gestörtes Verhältnis zu Lehrern und Mitschülern);
- **beruflicher Werdegang** (Diskontinuität, häufiger Arbeitsplatzwechsel, Schwierigkeiten mit Vorgesetzten und Mitarbeitern);
- **eigene Familie** (unharmonische Ehe bzw. Familie, finanzielle Schwierigkeiten);
- **Gesundheit** (gesundheitlicher Zustand wird nicht beachtet, Gewohnheitsrauchen, Arbeits-, Sport-, Hausunfälle).

Die Bedeutung der individuellen Ausprägungsform dieser Verhaltensbereiche interpretiert Undeutsch (1962) als **„sozialkulturelle Persönlichkeit"**, unter der er den „Inbegriff der im Erziehungs- und Bildungsprozeß integrierten Normen" (S. 124) versteht; seiner Auffassung nach handelt es sich dabei um „diejenigen unbewußten oder bewußten Einstellungen, Bereitschaften und Instanzen der Persönlichkeit, welche von dem Normenkodex einer bestimmten Gesellschaft in einer spezifischen Weise geprägt wurden und welche die Lenkung des Verhaltens im Sinne dieses Kodex allgemein garantieren" (S. 124). Diesbezüglich könnte auch von **sozialer Angepaßtheit** gesprochen werden, die darin besteht, daß sich das Individuum in der Steuerung seines Verhaltens an überindividuellen Normen (konventionellen Wertvorstellungen, Gesetzesnormen usw.) orientiert. In diesem Zusammenhang erweist sich eine *allzu* weitgehende Relativierung solcher überindividueller Normen (z. B. als unverbindliche Vorurteile) als zumindest fragwürdig, weil sich empirisch belegen läßt, daß ihre Negation mit einem Verhalten korreliert, das in erhöhtem Maß unfallträchtig und somit auch sich selbst gefährdend ist.

Neuere Entwicklungsansätze zur testmäßigen Verwertung der Informationen aus biographischen Daten (vgl. z. B. Jäger et al. 1973) und zur Objektivierung von Explorationsdaten (Kunkel 1975c) lassen für die Zukunft eine erhöhte individualdiagnostische Funktion dieser beiden Prädiktorgruppen für möglich erscheinen, im Fall der Exploration allerdings wohl auf Kosten der *inhaltlichen* Ergiebigkeit. Die systematisch-diagnostische Verwertbarkeit von inhaltlichen Explorationsdaten würde wohl erst die Entwicklung einer spezifischen Testtheorie voraussetzen, für die aber derzeit noch keinerlei Ansätze erkennbar sind. Daß es sich bei sozialer Angepaßtheit bzw. Unangepaßtheit sowohl um eine solche innerhalb des „Normalverhaltens", als auch um eine solche im **Zusammenhang mit delinquentem Verhalten** handelt, konnte verschiedentlich nachgewiesen werden (vgl. Schneider u. Schubert 1967, McGuire 1976). Darüber hinaus konnte Mittenecker (1967) die Gültigkeit des Zusammenhangs der Verkehrsangepaßtheit von jugendlichen Mopedfahrern in Österreich mit den „durch Familie und soziale Klasse bestimmten allgemeinen Einstellungen zur Leistung und zur Gesellschaft" (S. 92) nachweisen. In gleicher Richtung liegen die Ergebnisse von Mayer u. Treat (1977), ermittelt an 18–19jährigen Kraftfahrern in Indiana. In den Untersuchungen von Irk (1975) an ungarischen Kraftfahrern mittleren Alters wiesen die unfallverursachenden Fahrer neben Unterschieden in der Fahrpraxis (früherer Beginn, aber geringerer Umfang) geringere Schulbildung, geringere berufliche Qualifikation und öfteren Arbeitsortwechsel auf.

So durchgängig nachweisbar Zusammenhänge zwischen bestimmten biographischen Daten und Kriterien der Verkehrsbewährung sind, so bleibt doch zu bedenken, daß es sich dabei um *allgemeine* Zusammenhänge handelt, die im Rahmen von Gruppenvergleichen (meist: bewährte vs. nicht bewährte Kraftfahrer) ermittelt werden konnten. Um daraus eine Prognose für den individuellen Einzelfall abzuleiten, bedarf es aber nicht nur einer metrischen Erfassung des individuellen Ausprägungsgrades des betreffenden Merkmals, sondern auch entsprechender empirischer Normen, die es ermöglichen, die Wahrscheinlichkeit dafür abzuschätzen, ob der konkrete Einzelfall jenen Fällen zuzuordnen ist, für die der ermittelte allgemeine Zusammenhang gilt, oder jenen Fällen, für die dieser Zusammenhang *nicht* gilt (weil $r \neq 1{,}0$). Solche Normen liegen vorläufig noch nicht in gesicherter Form vor.

Auch wenn die Zusammenhänge zwischen biographischen Daten und Verkehrsbewährung im allgemeinen stärker sind als bei vielen psychologisch-diagnostischen Prädiktoren, sollte der durch sie aufgeklärte *absolute* Anteil an Kriteriumsvarianz als Möglichkeit der Eignungsbeurteilung auch aus folgendem Grund nicht überschätzt werden: Je stärker die – in Ermangelung empirischer Normierung subjektive – Gewichtung biographischer Daten für die Verhaltensvorhersage ist, desto weniger Entwicklungs- und Veränderungsspielraum wird dem Individuum grundsätzlich zugebilligt, obwohl dieser zumindest durch veränderte situative Verhaltensbedingungen immer möglich sein wird.
Darin kommt ein grundlegendes diagnostisches bzw. prognostisches Problem zum Ausdruck: Selbst bei optimaler Diagnose der individuellen Verhaltensbedingungen muß die Prognose immer noch zu jenem Anteil unsicher bleiben, der der möglichen Veränderung situativer Verhaltensbedingungen entspricht. Dieser Sachverhalt wird aber nicht der Diagnose als „Fehler" angelastet werden können, wenn dabei ein interaktionistischer Standpunkt eingenommen wird, von dem aus das Verhalten in einer Situation als Ergebnis einer Wechselwirkung zwischen habituellen Verhaltensbedingungen bzw. Verhaltenstendenzen des Individuums und situativen Verhaltensbedingungen betrachtet wird.

Grundsätzlich ähnliche, graduell aber noch größere Schwierigkeiten individualdiagnostischer Verwendungsmöglichkeiten bestehen bei Explorationsdaten. Die **verkehrspsychologische Exploration** im Rahmen von Fahreignungsuntersuchungen richtet sich im allgemeinen auf diejenigen Verhaltensbereiche, die bei der Erhebung der individuellen „Vorgeschichte" in Form von biographischen Daten zu erfassen versucht werden. Während die Erfassung biographischer Daten im allgemeinen noch relativ objektiv (bezüglich Standardisiertheit der Erhebung, Übereinstimmung der Aktenauswertung) erfolgen kann, scheint bei der Exploration in der weitgehend fehlenden Objektivität geradezu die spezifische Ergiebigkeit dieses Verfahrens zu liegen: je geringer die Standardisiertheit, desto stärker die Bezogenheit auf das konkrete Individuum. Außerdem kann in der Exploration auch die subjektive Stellungnahme des Explorierten zu – evtl. „aktenkundigen" – biographischen Daten seiner Vorgeschichte ermittelt werden. Diese Vorzüge können der Exploration verschiedene Funktionen verleihen:

- **strukturierende Funktion:** Strukturierung der Fragestellung durch die subjektiv aktuelle Situation des Explorierten;
- **informierende Funktion:** Gewinnung von Informationen, die für eine gezielte Durchführung der diagnostischen Untersuchung und Beantwortung der Frage-

stellung nützlich sind (Untersuchungsschwerpunkt, Testniveau, Wiederholungseffekte u.ä.);
- **motivierende Funktion:** Ermittlung und nach Möglichkeit Abbau subjektiver Widerstände gegen die Untersuchung (Untersuchungsnervosität, Testangst).

Diese Funktionen, die die Durchführung einer Exploration in jedem Fall einer Eignungsbeurteilung unumgänglich machen, können aber nicht darüber hinwegtäuschen, daß der Exploration in Ermangelung nachgewiesener ausreichender Testgütekriterien (Objektivität, Reliabilität und Validität) keine *diagnostische* Funktion zugesprochen werden kann. Explorationsdaten können in diesem Sinn nicht den Charakter von Aussagen über Sachverhalte, sondern lediglich den Charakter von Hinweisen auf mögliche, vom Untersucher vermutete, erschlossene Sachverhalte haben. Die Unterscheidung zwischen diesen beiden Informationsebenen wird in der Praxis häufig vernachlässigt bzw. die Entscheidung je nach impliziter Hypothesenbildung des Untersuchers zugunsten der einen oder anderen Informationsebene erst *nach* Vorliegen der Antworten zu einzelnen Explorationsfragen getroffen und somit eine grundsätzliche Nichtfalsifizierbarkeit herbeigeführt.

Beispiel

Frage: „Können Sie fünf Stunden lang ohne Pause auf der Autobahn fahren, ohne daß Ihr Fahrverhalten beeinträchtigt wird?"

Antwort: „Ja":

a) Interpretation auf dem Niveau der Aussage über einen Sachverhalt: uneingeschränkte diesbezügliche Leistungsfähigkeit;
b) Interpretation auf dem Hinweisniveau: fehlende Selbstkritik.

Antwort: „Nein":

a) Interpretation auf dem Niveau der Aussage über einen Sachverhalt: eingeschränkte diesbezügliche Leistungsfähigkeit;
b) Interpretation auf dem Hinweisniveau: ausgeprägte Selbstkritik.

Je nach impliziter Ausgangshypothese über die vermutete Eignung bzw. Nichteignung wird bei positiver Antwort die Interpretationsebene a) und bei negativer Antwort die Interpretationsebene b) gewählt bzw. umgekehrt; unabhängig vom Antwortinhalt findet der Untersucher in jedem Fall eine Möglichkeit, seine Hypothese zu verifizieren. Es dürfte klar sein, daß im Fall des Anspruchs auf ein wissenschaftliches Aussagesystem die jeweilige Interpretationsebene *im voraus* festzulegen ist (vgl. dazu im Zusammenhang mit Anamnesen im psychopathologischen Bereich das Problem der sog. „Krankheitseinsicht", bei dem die Verhältnisse analog liegen).

Zusätzlich wird die diagnostische Funktion der Exploration durch mehr oder weniger beabsichtigte, diesbezüglich aber durch den Untersucher nicht eindeutig und objektiv unterscheidbare Verzerrung der Darstellung von Sachverhalten durch den Explorierten eingeschränkt. Die Übertragung von aussageanalytischen Techniken aus dem strafrechtlichen Bereich auf den Bereich der psychologischen Eignungsbeurteilung dürfte am **Unterschied zwischen Exploration und Vernehmung** ihre Grenze finden und wäre unter berufsethischen Gesichtspunkten kaum zu rechtfertigen.

Die fehlende *individual*diagnostische Funktion von biographischen und Explorationsdaten beruht somit im Fall der biographischen Daten auf ihrem zwar relativ objektiven, aber wenig individualspezifischen Aussagewert, im Fall der Explorationsdaten auf ihrem zwar individualspezifischen, aber kaum objektivierbaren Aussagewert. Diese grundsätzliche Schwierigkeit kann auch nicht durch die Berücksichtigung *mehrerer* Merkmale, die für den Einzelfall gelten, behoben werden (vgl. Kunkel 1978), solange nicht empirisch geeichte Normen (wie bei Tests) vorliegen, anhand deren dem Individuum ein Rangplatz innerhalb eines überindividuellen Bezugssystems für jedes einzelne Merkmal zugewiesen werden kann.

Trotzdem können sowohl biographische Daten als auch eine Exploration indirekt den diagnostischen und prognostischen Wert der Eignungsbeurteilung durch ihre **hypothesenbildende Funktion** erhöhen: Sie können Anlaß zur Formulierung von gezielten Hypothesen sein, die mit diagnostischen Verfahren überprüft werden, deren Gütekriterien günstiger sind. Ein Befund zur Vorgeschichte oder Exploration, bestehend aus einzelnen Hypothesen, wird auch dazu beitragen können, daß nicht subjektive Eindrücke und Erwartungen des Untersuchers in unkontrollierter Weise in die Eignungsbeurteilung einfließen.

5.8 Alter und Erfahrung

Es besteht weitgehende Übereinstimmung in der Literatur, daß Alter und Erfahrung im Hinblick auf das Fahrverhalten als **konfundierende Variablen** zu betrachten sind: Sie wirken (bis zu einer ungefähren Altersgrenze bei 65 Jahren) in die gleiche Richtung und weisen jeweils gesicherte, allerdings nichtlineare Zusammenhänge mit der Verkehrsbewährung auf (Burg 1972, Breinbauer u. Höfner 1974, Kunkel 1975; OECD 1975, Bundesanstalt für Straßenwesen 1977, Marek u. Sten 1977). Bezogen auf die Grundgesamtheit von Pkw-Fahrern in der Bundesrepublik Deutschland im Jahre 1970 ist die Unfallbeteiligungswahrscheinlichkeit der unter 25jährigen Fahrer 2,5mal so groß wie diejenige der durchschnittlichen Pkw-Population, während die durchschnittliche Unfallwahrscheinlichkeit für Fahranfänger über alle Lebensgruppen 1,6mal so groß ist wie für Fahrer mit einer Fahrerlaubnisdauer von mehr als vier Jahren (Zelinka 1975). Spezifische Wirkungsnachweise für die beiden Bedingungen sind sehr schwer zu erbringen, sind aber für viele Fragestellungen in der Praxis auch nicht unbedingt erforderlich. Denn die noch immer zunehmende Motorisierung bringt es mit sich, daß **Lebensalter und Fahrpraxis in zunehmendem Maß parallel verlaufen,** so daß die Zielgruppen junger und älterer Kraftfahrer immer mehr übereinstimmen mit den Zielgruppen unerfahrener und erfahrener Kraftfahrer.

Anhaltspunkte für die Altersanteile von Führerscheininhabern in der Bundesrepublik Deutschland und in den USA liefert Tabelle 18 s. S. 174.

Dabei fällt auf, daß sich die Daten für die Bundesrepublik Deutschland gegenüber den amerikanischen Daten von 1960 weniger unterscheiden als gegenüber den amerikanischen Daten von 1969. Möglicherweise läßt sich die in den USA erkennbare Entwicklungstendenz – Erhöhung des Anteils junger und älterer Führerscheininhaber, Verringerung des Anteils der 25- bis 44jährigen Führerscheininhaber – auch auf die Bundesrepublik Deutschland übertragen.

Unfallstatistiken ermöglichen in erster Linie Untersuchungen des Zusammenhangs zwischen absoluten Unfallhäufigkeiten und Lebensalter, während die Erfassung und Einbeziehung von Fahrleistungsdaten auf ungleich größere Schwierigkeiten stößt, die

Tabelle 18. Altersverteilungen von Führerscheininhabern in der Bundesrepublik Deutschland und in den USA in Prozent. [Nach Zelinka (1974) und Burg (1972)]

Altersgruppe	Bundesrepublik Deutschland 1971 (n ≈ 16,2 Mio.)		Altersgruppe	USA 1960 (n ≈ 87 Mio.)		USA 1969 (n ≈ 107,5 Mio.)	
16–17	0,05	13,2					
18–20	3,6		unter 20	7,2	18,4	10,2	21,2
21–24	9,5		20–24	11,2		11,0	
25–34	32,0		25–34	25,2		19,5	
35–44	23,9		35–44	21,9		20,4	
45–54	14,8		45–54	16,9		18,4	
55–64	10,6		55–64	10,9		12,0	
65–84	5,5		≧ 65	6,7		8,5	
	99,95			100,0		100,0	

nur ein Teil der vorliegenden Untersuchungen systematisch und nach unterschiedlichen Methoden zu bewältigen versucht hat (vgl. OECD 1975, Marek u. Sten 1977). Fahrleistungsdaten können entweder auf der Grundlage von Verkehrsstichproben an bestimmten zeitlichen und örtlichen Querschnitten oder durch schriftliche Befragungen erhoben oder über die registrierte Fahrerlaubnisdauer erschlossen werden. Allen drei Möglichkeiten gegenüber sind naheliegende Vorbehalte hinsichtlich der Gültigkeit ihrer Ergebnisse zu machen; im ersten Fall hinsichtlich der Verallgemeinerungsmöglichkeit, im zweiten hinsichtlich hoher Subjektivität (vgl. Marek u. Sten 1977), im dritten hinsichtlich der Korrelation zwischen Fahrerlaubnisdauer und tatsächlicher Fahrleistung, die zwar gesichert zu sein, aber nur in der Größenordnung von $r = 0{,}60$ zu liegen scheint (Stegen 1974, zit. nach Haas u. Reker 1976).

Die umfassenden Sammelreferate der OECD (1975) und von Kunkel (1975) über diesen Problemkreis, in denen alle wichtigen bis dahin durchgeführten Forschungsarbeiten (insbesonders diejenigen von Munsch 1966, Brezina 1969, Coppin et al. 1965a–c, Pelz u. Schuman 1969) berücksichtigt worden sind, gelangen zur Ansicht, daß die Frage nach der Priorität von Alter oder Fahrerfahrung noch nicht ausreichend sicher entscheidbar ist. Andererseits ist keine Untersuchung bekannt, durch die der Einfluß von Lebensalter und Fahrerfahrung auf das Fahrverhalten in Zweifel gezogen wurde. Es gilt unbestritten, daß **Kraftfahrer unter 25 Jahren** und **unerfahrene Fahrer** (besonders mit weniger als drei Jahren Fahrpraxis; Kunkel 1975) in besonderem Maß gefährdet sind. Ein zweiter Gefährdungsschwerpunkt scheint bei **älteren Kraftfahrern** (über 60 Jahre) zu liegen. Die Ergebnisse von Munsch (1966) und Pelz u. Schuman (1969) legen überdies die Annahme nahe, daß die benötigte Lernphase, nach der keine wesentliche erfahrungsmäßige Verbesserung des Fahrverhaltens mehr erfolgt, bei 7 bzw. 8 Jahren durchschnittlicher Fahrpraxis liegen dürfte, was einer Fahrleistung in der Größenordnung von 100000 km entspräche.

Ein in diesem Zusammenhang bemerkenswertes Ergebnis erbrachte eine Untersuchung von Williams u. O'Neill (1974), wonach amerikanische Autorennfahrer, die spezielle Kurse im Gefahrentraining absolviert hatten, in ihrem Verhalten im normalen Straßenverkehr in zwei von drei regionalen Stichproben (Florida, New York, Texas) mehr Unfälle und Verkehrsdelikte aufwiesen als die jeweilige altersentsprechende Kontrollstichprobe aus Normalfahrern. Auch wenn es naheliegend erscheint, daß sich Rennfahrer auch in sonstigen individuellen Voraussetzungen (z. B. Persönlichkeitsmerkmalen) von zufälligen Kraftfahrerstichproben unterscheiden, läßt das Ergebnis doch Zweifel an einem direkten Zusammenhang zwischen Fahrerfahrung und Fahrbewährung aufkommen.

Einen wichtigen Beitrag liefert die Untersuchung von Haas u. Reker (1976). In Ermangelung statistischer Erhebungsdaten über den Führerscheinbestand mit Angaben über die jeweilige Dauer der Fahrerlaubnis in der Wohnbevölkerung der Bundesrepublik Deutschland, aufgeschlüsselt nach Lebensalter der Führerscheininhaber, mußten geschätzte Daten verwendet werden. Diese Schätzung stützte sich auf eine Mikrozensuserhebung aus dem Jahre 1965 und ermöglichte eine Prognose des Führerscheinbestands nach Dauer der Fahrerlaubnis und ihrer Verteilung auf Lebensaltergruppen der

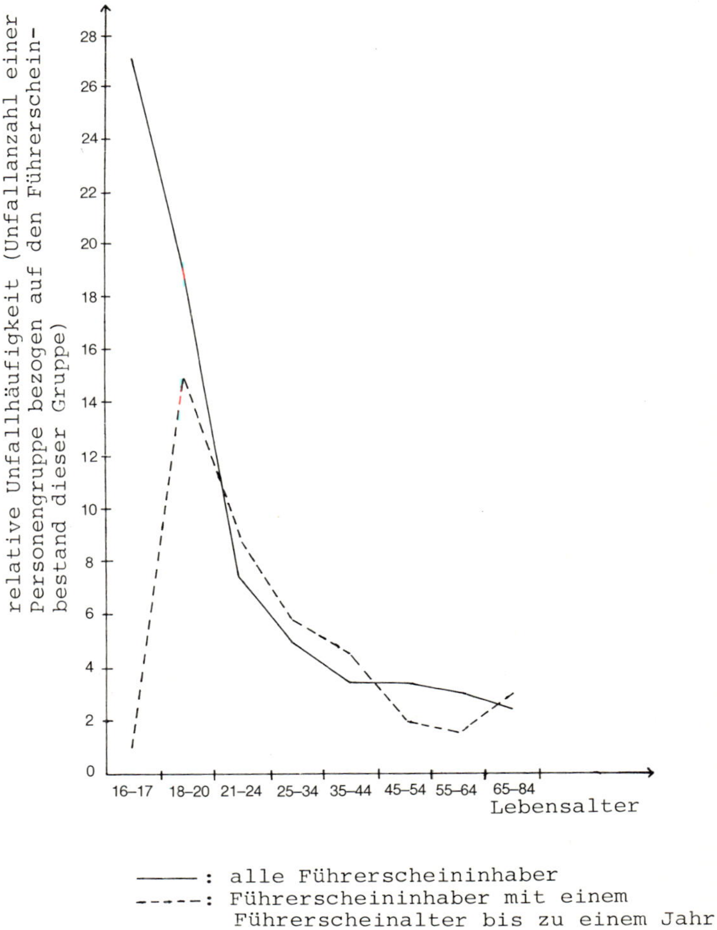

Abb. 45. Unfallbelastung mit Personen- und Sachschaden 1971–1973 in Hessen nach Lebensalter der Führerscheininhaber für PKW; — Alle Führerscheininhaber; ----- Führerscheininhaber mit einem Führerscheinalter bis zu einem Jahr. (Nach Haas u. Reker 1976, S. 120–122)

Personen, die zum jeweiligen Jahresbeginn 1971, 1972 und 1973 die Fahrerlaubnis für Pkw besaßen (vgl. Zelinka 1974). Diese Fahrerlaubnisbestandsdaten konnten jedoch – nach entsprechender Umrechnung – nur mit den Unfalldaten von Hessen verknüpft werden, weil nur diese (im Gegensatz zu den Unfalldaten für die gesamte Bundesrepublik Deutschland), gegliedert nach beteiligten Verursachern, bezüglich Lebensalter und/oder Fahrerlaubnisdauer ausgewertet werden können (Führerscheinbestand 1971: 1552635; Führerscheinbestand bei Fahrerlaubnisdauer bis zu einem Jahr: 115108). Dabei ergab sich folgendes Bild der relativen Unfallhäufigkeit (= prozentuales Verhältnis zwischen der Anzahl der Unfälle einer bestimmten Personengruppe und dem Führerscheinbestand dieser Gruppe) für verschiedene Altersgruppen, getrennt einerseits für alle Führerscheininhaber und andererseits für Führerscheininhaber mit einer Fahrerlaubnisdauer bis zu einem Jahr (Abb. 45).

Bei der Interpretation der Abb. 45 ist zu berücksichtigen, daß für die Personen bis einschließlich zum 19. Lebensjahr mit erheblichen Schwarzfahreranteilen zu rechnen ist: nach Angabe der Autoren bei den Personen unter 18 Jahren ca. 90%, bei den 18jährigen ca. 13%, bei den 19jährigen ca. 6%. Die Relation aller Unfälle dieser Altersgruppe zum Bestand der Führerscheininhaber gibt daher ein falsches Bild, so daß die Kurve der Führerscheininhaber mit einer Fahrerlaubnisdauer bis zu einem Jahr für die beiden niedrigsten Altersgruppen nicht interpretierbar ist.

Im übrigen läßt sich aus Abb. 45 aber entnehmen, daß sich der Erfahrungsmangel bei einer Fahrerlaubnisdauer bis zu einem Jahr in den Altersgruppen zwischen 21 und 44 Jahren weitgehend ähnlich auswirkt: Die Unfallrate ist durchwegs höher als bei den Erfahreneren. Auch die Gruppe der 21- bis 24jährigen unterscheidet sich diesbezüglich nicht von jenen der 25- bis 34- und 35- bis 44jährigen. Eine für die Gruppe der jungen Fahrer spezifische Erfahrungsabhängigkeit der Verkehrsbewährung läßt sich aus diesen Ergebnissen somit nicht entnehmen; hingegen ist die **Altersabhängigkeit überaus deutlich ausgeprägt.** Andererseits wirkt sich ein über das erste Jahr der Fahrerlaubnisdauer hinausgehender Erfahrungszuwachs in den meisten Altersgruppen günstig aus. Eine Ausnahme bilden die 45- bis 65jährigen, bei denen die größere Erfahrung mit einer größeren Unfallrate verbunden ist. Leider bieten die vorliegenden Ergebnisse keine Vergleichsmöglichkeiten mit anderen Erfahrungsgrößen (z. B. zwei-, drei- oder vierjährige Fahrerlaubnisdauer), zumal die Ergebnisse sowohl von Munsch (1966) als auch von Pelz u. Schuman (1969) einen Anstieg der Unfallbelastung bis zum dritten bzw. vierten Jahr der Fahrpraxis zeigen und insofern auch gegen einen direkten positiven Einfluß der Fahrerfahrung auf die Verkehrsbewährung sprechen.

Es fällt auf, daß zur Klärung der Beziehungen zwischen Alter und/oder Erfahrung einerseits und Verkehrsbewährung andererseits keine Untersuchung bekannt geworden ist, in der zu diesem Zweck Berechnungen der entsprechenden Partialkorrelationen durchgeführt worden wären. Mittenecker (1962) weist lediglich auf einen diesbezüglichen Versuch von Newbold (1926) im Zusammenhang mit Unfällen im industriellen Bereich hin, dessen Ergebnis dafür spricht, daß die Korrelation zwischen Erfahrung und Unfallwahrscheinlichkeit im wesentlichen durch den Einfluß des Alters zustandekommt.

Für die Beurteilung des Erfahrungseinflusses auf das Fahrverhalten erscheint eine Klärung des Begriffs **„exposure“** (Ausgesetztsein) erforderlich, zumal „exposure“-Daten auch in anderen Zusammenhängen sehr häufig als Bezugsgrößen für Verhaltensmerkmale verwendet werden. In der Literatur finden sich häufig folgende Interpretationen:

- „exposure" als die Häufigkeit von Verkehrssituationen, die ein Unfallrisiko enthalten (Carroll et al. 1971; zit. nach OECD 1975);
- „exposure" als „quantitative exposure to risk" (Burg 1972).

Die erste Interpretation erscheint zwar sehr sinnvoll, sofern eine einheitliche, operationale Definition des Unfallrisikos vorliegen würde. Die systematische Ermittlung des Unfallrisikos für Stichproben vertretbaren Umfangs erfordert dabei allerdings außerordentlich großen Aufwand. Dabei bleibt immer noch zu bedenken, daß diese Art von „exposure" keine Kennzeichnung derjenigen Fahrsituationen sein muß, denen der Fahrer ohne sein Dazutun exponiert ist, sondern viel eher – zumindest teilweise – abhängig von einer mehr oder weniger defensiven Fahrweise ist. Dadurch wird klar, daß ein so interpretiertes „exposure"-Maß keine sinnvolle Bezugsgröße bzw. Vergleichsgrundlage z. B. für Unfallhäufigkeiten sein kann. In ähnlicher Weise kann die Häufigkeit von Verkehrssituationen mit Unfallrisiko auch keine sinnvolle Bezugs- und Vergleichsmöglichkeiten für Fahrerfahrung bieten, weil diese Häufigkeit u. U. selbst von unterschiedlicher Fahrerfahrung abhängig sein kann.

Die zweite Interpretation ist gleichbedeutend mit der absoluten Fahrleistung („mileage"), also mit der bis zu einem bestimmten Zeitpunkt erbrachten Gesamtfahrleistung. Bei ihr wird auf qualitative Differenzierung der Fahrleistung – z. B. nach Anteilen von Stadt- und Landfahrten, von Tag- und Nachtfahrten, von Berufs- und Privatfahrten usw. – verzichtet.

Beide Arten von „exposure" sind aber zu unterscheiden von der relativen Fahrleistung, die als Maß für die Intensität zu verstehen ist, mit der pro Zeiteinheit durch die ausgeübte Fahrtätigkeit gelernt wird (z. B. jährliche km-Leistung).

Der Begriff, auf den sich die im Angelsächsischen übliche Bezeichnung „exposure" bezieht, läßt sich daher auch mit der Bezeichnung „Fahrpraxis" umschreiben. Der Oberbegriff „Fahrpraxis" wäre zu differenzieren in:
- **qualitative Fahrpraxis** (z. B. Zweck, Art, zeitlich-örtliche Verteilung der Fahrtätigkeit);
- **absolute Fahrleistung** (Gesamtfahrleistung) bis zu einem bestimmten Zeitpunkt;
- **relative Fahrleistung** innerhalb eines bestimmten Zeitabschnitts.

Beziehen sich Aussagen über die Fahrbewährung auf einen Zeitabschnitt, der auch für die jeweilige Bemessung der relativen Fahrleistung zugrundegelegt wird, so müssen solche Aussagen mehrdeutig bleiben. Denn es läßt sich dann – beispielsweise im ersten Jahr der Fahrpraxis – eine hohe Unfallhäufigkeit als Folge einer großen relativen Fahrleistung (im Sinn großer Exponiertheit) interpretieren oder aber als Folge einer – trotz hoher relativer Fahrleistung – geringen absoluten Fahrleistung (im Sinn geringer Erfahrenheit) oder als Folge von beidem. Die **vier möglichen Kombinationen zwischen den jeweiligen Extremausprägungen** können diesen Sachverhalt zusätzlich verdeutlichen:

a) hohe absolute Fahrleistung/niedrige relative Fahrleistung,
b) hohe absolute Fahrleistung/hohe relative Fahrleistung,
c) geringe absolute Fahrleistung/geringe relative Fahrleistung,
d) geringe absolute Fahrleistung/hohe relative Fahrleistung.

Die Kombinationen a) und b) entsprechen dem routinierten Fahrer, die Kombinationen c) und d) dem Anfänger. Die Gefährdungswahrscheinlichkeit ist im Fall a) deshalb am geringsten, weil hier am ehesten Unfälle durch große bereits erworbene Erfahrung vermieden werden können, gleichzeitig aber eine Erhöhung des Gefährdungsrisikos infolge erhöhter Exponiertheit durch eine nunmehr geringe Fahrpraxis verhindert wird. Der routinierte Fahrer im Fall b) büßt einen Teil seines Erfahrungsgewinns durch seine erhöhte Exponiertheit infolge großer relativer Fahrleistung ein. Derjenige Anfänger, der – wie im Fall c) – nur wenig fährt, läßt eine geringere Gefährdungswahrscheinlichkeit erwarten als der Anfänger im Fall d), der mit fehlender oder minimaler Erfahrung wegen seiner großen relativen Fahrleistung mehr Gefährdungssituationen ausgesetzt ist.

Selbstverständlich kann die absolute Fahrleistung niemals größer sein als die Summe aller individuellen relativen Fahrleistungen, d.h. als die Summe aller jährlichen Fahrleistungen. Wenn aber die unterschiedlichen Auswirkungen von – beispielsweise einjähriger und fünfjähriger – Fahrerfahrung auf das Fahrverhalten beurteilt werden sollen, so kann dies nicht anhand der Kriteriumsausprägung (z.B. Unfallhäufigkeit) *innerhalb* des Einjahres- bzw. Fünfjahresabschnitts geprüft werden, auch dann nicht, wenn dabei nach Fahrern unterschiedlicher relativer Fahrleistung unterschieden wird. Statt dessen wäre das Kriterium *nach* Ablauf des ersten bzw. fünften Jahres innerhalb eines bestimmten Beobachtungszeitabschnitts zu erheben und auf die für *diesen* Zeitabschnitt gültige relative Fahrleistung zu beziehen. Nur so scheint es möglich, Aussagen über die Bedeutung der Fahrerfahrung zu machen, sofern darunter der Lerngewinn aus den innerhalb der absoluten Fahrleistung kennengelernten Situationen (= Gelegenheiten zum „Erfahrung sammeln") verstanden wird (im Sinn von „Erfahrenheit") und nicht bloß der Umfang dieser Lerngelegenheiten. Ohne diese Differenzierung bleiben die Ergebnisse vieler vorliegender Untersuchungen zum Problem des Einflusses von Erfahrung oder Alter uneindeutig. Andererseits werden auch die methodischen Schwierigkeiten erkennbar, die mit der Untersuchung dieses Problems verbunden sind.

So unbestritten die Altersabhängigkeit der Unfallwahrscheinlichkeit auch ist, so wird der jedenfalls auch wirksame Erfahrungseinfluß unter folgendem Gesichtspunkt doch nicht zu unterschätzen sein, auch wenn er sich mit den bisher verwendeten Methoden nicht eindeutig abschätzen läßt: Wie aus der Fahrpraxis die Erfahrenheit des routinierten Fahrers wird, ist – sowohl in positiver als auch in negativer Richtung – eine Frage der Verarbeitung und Verwertung der in der Fahrpraxis gesammelten Einzelerfahrungen. Diese Art der Verarbeitung scheint in verschiedenen Altersstufen unterschiedlich zu sein, so daß **gleiche Erfahrungen in verschiedenen Altersstufen zu unterschiedlicher Erfahrenheit führen können.** Manche der Unterschiede und Gegensätze in diesbezüglichen Untersuchungsergebnissen lassen sich durch eine derartige Interpretation erklären, wonach Erfahrung nicht als solche für die Verkehrsbewährung ausschlaggebend ist, sondern in ihrer altersspezifischen Verarbeitung. Dafür spricht beispielsweise das Teilergebnis der Untersuchung von Haas u. Reker (1976), wonach der Erfahrungsmangel bei Fahranfängern zwischen 45 und 64 Jahren im Gegensatz zu den anderen Altersgruppen zu einer relativ niedrigen Unfallrate beiträgt; eine mögliche Erklärung dafür könnte darin liegen, daß dabei der Erfahrungsmangel eine altersgruppenspezifische Herabsetzung der subjektiven Sicherheit bewirkt und auf diese Weise kompensiert wird, während diese Kompensation in der Altersgruppe über 64 Jahren aufgrund erhöhter altersbedingter Einschränkungen nicht mehr gelingt.

Auch wenn der Zusammenhang zwischen Lebensalter und Unfallbelastung zwei deutliche Schwerpunkte aufweist – einerseits bei der Gruppe der unter 25jährigen Fahrer, andererseits bei der Gruppe der über 60jährigen Fahrer –, so kommt der Gruppe der jungen Fahrer dennoch die eindeutig vorrangige Bedeutung zu; dies nicht nur im Hinblick auf die absolute Größe der beiden Gruppen, sondern vor allem darauf, daß die relative Unfallbeteiligung dieser Gruppe ungleich größer ist als diejenige der älteren Fahrer (vgl. dazu Abb. 45). Dazu kommt, daß das **psychologische Problem der altersspezifischen Unfallbelastung bei beiden Gruppen sehr unterschiedlich ist.** Die Verringerung der Fahrsicherheit im höheren Alter erscheint im Hinblick auf die auch in anderen Verhaltensbereichen abnehmende Leistungsfähigkeit plausibel, so daß beispielsweise Vorrangmißachtungen als dominierende Unfallursache älterer Fahrer (Kunkel 1975) auf die verringerten Wahrnehmungs- und Orientierungsleistungen zurückzuführen sein werden. Möglicherweise unterscheidet sich das Fahrverhalten älterer Fahrer – im positiven wie im negativen Sinn – von dem der übrigen Fahrer nicht so stark wie ihr Selbstbild im Vergleich zu dem Fremdbild, das die übrigen Fahrer von ihnen haben. Diesen Unterschied konnte Winkler (1974b) in einer schriftlichen Befragung von 500 Kraftfahrern (mit vorgegebenen Antwortmöglichkeiten) ermitteln. Dabei ist das Fremdbild der älteren Fahrer durch schlechteres Sehen, schlechtere Kenntnis und weniger Beachtung von Verkehrsregeln und häufigeres gefährliches Überholen gekennzeichnet, während sich die älteren Fahrer (älter als 50 Jahre) selbst als ruhiger, ausgeglichener, höflicher und bei Unfällen hilfsbereiter beschreiben und sich erstaunlich gute Qualitäten als Kraftfahrer, defensivere, konzentriertere Fahrweise, weniger Unfälle und besseren Fahrzeugzustand zuschreiben.

Demgegenüber scheint in der **Gruppe der jungen Fahrer** die dort unbestrittene optimale Leistungsfähigkeit in sensorischer, motorischer, intelligenzmäßiger und verkehrswissensmäßiger Hinsicht (vgl. dazu die Zusammenfassung einschlägiger Forschungsergebnisse bei Höfner 1974) gerade das eigentliche Problem auszumachen. Merkmale wie Unbeschwertheit, Unbekümmertheit, Impulsivität, Elan, Expansionsstreben, Individualismus, Kraftentfaltung, Selbstbestätigungsstreben, Risikobereitschaft sind Persönlichkeitsmerkmale, die keineswegs *allgemein* als sozial unerwünscht einzustufen sind, vielmehr werden sie in anderen Lebensbereichen häufig als Attribute der Jugendlichkeit besonders positiv bewertet (z. B. beim Sport oder auch in manchen Berufstätigkeiten oder auch nur in der rückblickenden Perspektive des *nicht mehr* jungen Menschen). Im Gegensatz dazu können die meisten dieser Merkmale im Bereich des Verkehrsverhaltens zu Dispositionen für unangepaßtes Verhalten werden. Dies zeigt sich mit großer Deutlichkeit in den Ergebnissen von Analysen der Unfälle 18- bis 24jähriger Pkw-Fahrer (Breinbauer u. Höfner 1974). Die dabei am häufigsten beobachteten Verhaltensweisen sind Kurvenschneiden, ungenügendes Rechtsfahren, Fahren auf der falschen Fahrbahnseite, Schleudern und Abkommen von der Fahrbahn. Diese Verhaltensweisen werden von den Autoren auf die Tendenz zu überhöhter Geschwindigkeit bzw. zu raschem Vorwärtskommen zurückgeführt, wobei Gefahren nicht so sehr übersehen, sondern vielmehr unterschätzt werden. Auch bei der Untergruppe der jungen Fahranfänger stehen überhöhte Geschwindigkeit und Abkommen von der Fahrbahn im Vordergrund, hinzu kommen noch der situationsbezogene Verlust der Fahrzeugbeherrschung und das Überwiegen außerörtlicher Unfälle (Spoerer 1975).

Aus einer Analyse der österreichischen Unfallstatistik ermittelte Knoflacher (1979) drei Gruppen von Unfallumständen (gleichbedeutend mit „Unfallursachen"):

- Unfallursachen, die der Autor auf meist überhöhte Geschwindigkeit, mangelnde fahrdynamische Kenntnisse und geringe Fahrpraxis zurückführt und die mit zunehmendem Alter an Bedeutung abnehmen (Schleudern, Abkommen nach rechts, Kurvenschneiden, ungenügendes Rechtsfahren, Fahren auf falscher Fahrbahnseite, Abkommen nach links);
- Unfallursachen, die nach Auffassung des Autors komplexe Bewegungsabläufe kennzeichnen und mit zunehmendem Alter an Bedeutung gewinnen (Vorrangmißachtung, Einordnen, Linksabbiegen, rechtwinkelige Kollision, Wenden und Rückwärtsfahren);
- Unfallursachen, die relativ häufig in der Altersgruppe der 25- bis 55jährigen Fahrer auftreten (Frontalzusammenstöße, mangelnde Beachtung der Verkehrsregelung, verkehrsbehinderndes Halten und Parken).

In dieser Analyse erweisen sich die Unfallursachen Ausbrechen aus der Kolonne, Überholen, Rechts-Abbiegen nicht als altersspezifisch. Allerdings ist zu berücksichtigen, daß diese Analyse nicht Unfallraten, sondern prozentuale Anteile an der Gesamtheit der erfaßten Unfälle betrifft.

Eine differenzierte Interpretation des Vorgangs der **Erfahrungsbildung des Kraftfahrers** liefert Barthelmess (1976). Demnach geht es bei der Erfahrungsbildung um die Optimierung von mindestens zwei Zielen: genaue Identifizierung und Kodierung des einlaufenden Materials einerseits und ökonomische und rasche Abrufbarkeit der Information andererseits. Erfahrungsbildung und Risikoverhalten sind in diesem Zusammenhang unter einem gemeinsamen Gesichtspunkt zu sehen, wobei der verbindende Begriff der Kategorienweite (im Sinn von Kogan u. Wallach 1965) eine personspezifische Art der Bewältigung von Unsicherheit ist, bei dem große Kategorienweite mit geringem Risiko korreliert. Auch die Erfahrungsbildung des Kraftfahrers stellt demnach einen Kategorisierungsvorgang dar. Sicheres Verkehrsverhalten wird demnach dadurch gekennzeichnet, „daß differenziert aufgenommene Information in bezug auf die Risikosituation bzw. auf die Verhaltenskonsequenzen eher breit kategorisiert wird" (Barthelmess 1976, S. 286), d.h. im Zweifelsfall ein zu hoher Risikogehalt angenommen wird: „Den als riskant klassifizierten Situationsbegriffen wird eine zu bewältigende Situation lieber zu häufig bzw. zu früh als zu selten bzw. zu spät zugeordnet" (S. 286). Sicheres und in diesem Sinn defensives Fahrverhalten wird vom Autor demnach als ein Vorgang wechselseitigen Differenzierens und Generalisierens interpretiert.

Entsprechend dem Kennzeichen des allgemeinen jugendlichen Verhaltens ist auch das Fahrverhalten des jungen Kraftfahrers ein **Erprobungsverhalten** (Bundesanstalt für Straßenwesen 1975): Er versucht, sein Verhalten von Konventionen und überindividuellen Normen loszulösen und es nach eigenen Erfahrungen und selbstentwickelten Normen zu steuern. In diesem Zusammenhang ist es zu verstehen, wenn junge Kraftfahrer eine erhöhte Bereitschaft zur Überschreitung von Geschwindigkeitsbeschränkungen äußern (Kunkel 1966, Winkler 1974). Die erhöhte Risikobereitschaft des jungen Fahrers ist nicht eindeutig zu interpretieren, da sie sowohl auf eine erhöhte Angstschwelle als auch auf eine Verkennung der objektiven Gefährlichkeit zurückgeführt und schließlich auch noch als Wechselwirkung zwischen beiden Alternativen gedacht werden könnte. Dabei ist auch eine intensive Identifizierungstendenz gerade des jungen Fahrers mit seinem Fahrzeug anzunehmen, die ihn die Leistungsfähigkeit des Fahrzeugs als persönliche Leistungsfähigkeit erleben läßt.

In kombinierten Fahrverhaltens- und Persönlichkeitsanalysen bei jugendlichen Mopedfahrern in Österreich konnten Mittenecker (1967) und Höfner (1972) nachweisen, daß sich verkehrsangepaßte von verkehrsunangepaßten Fahrern vor allen durch bessere Familienatmosphäre, größere erfahrene Erziehungsstrenge, mehr Anerkennung von Autoritäten und Normen, größeres Leistungsstreben, geringere Risikobereitschaft und angepaßtere Verkehrseinstellung unterscheiden.

Daß das **Selbstbild jugendlicher Kraftfahrer** nur zum Teil mit derartigen Kennzeichnungen übereinstimmt, konnten Oppermann u. de Matos (1976) in Ergebnissen aus 100 halbstrukturierten Explorationen von 16- bis 20jährigen Kraftfahrern zeigen. Unter den dabei festgestellten Abweichungen vom Fremdbild dieser Gruppe fällt die geringe subjektive Wertigkeit von Risikobereitschaft auf. Dies spricht dafür, daß das erhöhte objektive Risiko nicht um des Risikos willen, sondern eher auf dessen Verkennung zurückzuführen ist, zumal auch im Idealbild des Fahrers, wie es von dieser Gruppe gesehen wird, Risikobereitschaft oder Risikofreude fehlen. Es ist allerdings auch nicht auszuschließen, daß die Selbstdarstellung der eigenen Risikobereitschaft im Straßenverkehr nach Gesichtspunkten sozialer Erwünschtheit verzerrt ist.

Einzelne Ergebnisse sprechen dafür, daß die Fahrzeuge jüngerer Kraftfahrer im allgemeinen etwas älter und in einem etwas schlechteren Zustand sind als diejenigen anderer Altersgruppen (OECD 1975). Letzteres gilt hauptsächlich hinsichtlich Bremsdefekten und abgefahrenen Reifen (Winkler 1975).

Die übergeordnete Entwicklungstendenz, die sowohl das Fahrverhalten des jungen Fahrers als auch jenes des Fahranfängers im allgemeinen bestimmt, läßt sich durch die Annahme verschiedener Lernphasen bzw. **verschiedener Anfängerphasen** zusätzlich verdeutlichen (vgl. Klebelsberg 1977):

- *Phase I:* Überwiegen subjektiver Unsicherheit. Diese allererste Fahrphase, u.U. nur die ersten Tage oder Wochen der Fahrpraxis, wird von der Neuartigkeit der Aufgabensituation beherrscht, zu deren Bewältigung der Fahrer noch keinerlei spezifische Erfahrung mitbringt. In dieser Phase vermeidet er daher nach Möglichkeit die Auseinandersetzung mit kritischen Verkehrssituationen.
- *Phase II:* Überwiegen der subjektiven Sicherheit. Infolge des Vermeidens kritischer Situationen kam es in der Phase I kaum zu schwerwiegenden Verhaltensformen oder Unfällen. Dieser Tatbestand kann aber in Form einer Selbsttäuschung sehr leicht dem eigenen Fahrkönnen zugeschrieben werden mit der Folge, daß nun das Anspruchsniveau sprunghaft angehoben wird; der Fahrer wählt daher nun dementsprechend eine freizügigere Fahrweise und läßt sich nun auf kritischere Situationen ein, obwohl seine tatsächliche Erfahrenheit inzwischen kaum zugenommen hat.
- *Phase III:* Ausgleich und Korrektur der überhöhten subjektiven Sicherheit. In dieser Phase wirkt sich allmählich der beständige Zuwachs an Erfahrenheit ausgleichend auf das Verhältnis zur überhöhten subjektiven Sicherheit aus; gleichzeitig erweist sich die subjektive Sicherheit zunehmend auch für den Fahrer selbst als trügerisch und wird daher korrigiert.
- *Phase IV:* Überwiegen der objektiven Sicherheit. In dieser Phase kommt – nach ent-

sprechend langem Lernvorgang – der Lerngewinn der bisherigen Fahrleistung voll zum Tragen und hält auch die subjektive Sicherheit unter Kontrolle.

Die Phase II erscheint als die eigentlich kritische Anfängerphase, in der die Gefährdung am größten ist. Zusammen mit Phase III entspricht sie den ersten drei bis vier Jahren, die auch in den Untersuchungsergebnissen von Munsch (1966) und Pelz u. Schuman (1969) als kritischeste Teilphase erkennbar sind. Diese beiden Phasen umfassen etwa die 100000 km absolute Fahrleistung, die als Lernphase betrachtet werden, sofern in dieser Phase, wie üblich, nach dem Grundsatz von Versuch und Irrtum gelernt und der Lerninhalt dieser Phase nicht in Form systematischer Weiterbildung in kürzerer Zeit vermittelt wird.

5.9 Verkehrsdelinquenz

Die individuelle Verkehrsdelinquenz wurde am ausführlichsten für die Gruppe der sog. Trunkenheitstäter untersucht (vgl. Müller 1976, Sömen 1975, Welzel o.J., Perrine 1977). Die Mehrheit dieser Personengruppe sind nach Müller viel bis exzessiv Trinkende, aber keine Alkoholiker und stellen keinen einheitlichen Persönlichkeitstyp dar. Das **Erscheinungsbild mehrfach auffälliger Trunkenheitsfahrer** läßt sich nach Sömen (1975) aufgrund der Analyse von 368 Strafakten zum Delikt „Trunkenheit am Steuer" nach vier Tätertypen differenzieren: Geselligkeitstrinker; beginnende Trinker mit krimineller Neigung; fortgeschrittene Trinker mit krimineller Neigung; Problemtrinker.

Untersuchungen zur Frage, ob bzw. wie sich 143 alkoholauffällige Fahrer im Nüchternzustand hinsichtlich psychologisch diagnostizierbarer Leistungs- und Persönlichkeitsmerkmale gegenüber einer Kontrollgruppe von 144 unauffälligen Kraftfahrern unterscheiden, wurden von Fuhrmann (1972) durchgeführt und erbrachten in 21 von 36 Testvariablen gesicherte Unterschiede; diese bezogen sich auf schlechtere Leistungen bei visuellen Wahrnehmungs-, Konzentrations-, Reaktions- und spezifischen Intelligenzleistungen sowie auf eine Reihe von Persönlichkeitsmerkmalen, die mit dem 16-PF-Test von Cattell erfaßt wurden (darunter mehrere Merkmalsausprägungen im Sinne eines verringerten Composite Scores für „Freiheit von Unfalldisposition").

Wenn auch nur ca. jede dreihundertste Trunkenheitsfahrt (BAK > 0,5 Promille) in der Bundesrepublik Deutschland entdeckt wird, so muß doch nach Müller (1976) mit einer Rückfallneigung von 20 bis 25% – im Vergleich zu einer Auffälligkeitsrate von 5% beim durchschnittlichen Kraftfahrer – gerechnet werden, nach Spoerer (1979) sogar mit einer solchen von 35%. Nach Müller (1976) variieren die entsprechenden Werte bei verschiedenen in- und ausländischen Trunkenheitstätergruppen zwischen 14 und 72%, wobei die Höhe von der Vollständigkeit der Erfassung von Trunkenheitsauffälligkeiten, von der Länge des Beobachtungszeitraums und von der ausgewählten Stichprobe (z.B. Erst- oder Wiederholungstäter) abhängt (vgl. dazu z.B. Buikhuisen 1971). Nach Welzel (o.J.) unterscheiden sich die Rückfäller in der Bundesrepublik Deutschland von Nicht-Rückfällern hinsichtlich Alter, Verkehrsdeliktbelastung, Risikobereitschaft, Trinkgewohnheiten und Persönlichkeitsmerkmalen.

Trunkenheitsfahrer in den USA weisen nach Perrine (1977) häufigen Bierkonsum und hohen Konsum „harter" Alkoholika pro Trinkanlaß auf sowie neben ein- oder mehrmaligen Verurteilungen als Trunkenheitstäter auch ein oder mehrere nicht alkoholbezogene Delikte; ihre Population ist durch **mittleres Alter, niedrigen sozioökonomischen Status, geringes Ausbildungsniveau, geschiedene Ehen** und **großen Alkoholkonsum** (besonders in Gaststätten) gekennzeichnet; ihre spezifischen Gefährdungssituationen sind nächtliche Fahrten (besonders freitags und samstags), ausgehend von öffentlichen Lokalen; ihre häufigsten Unfallmerkmale sind Aufprall auf ein stehendes Hindernis, Abkommen von der Fahrbahn, Auffahren auf ein anderes Fahrzeug an einer Kreuzung, Schaden an der Vorderseite des Fahrzeugs.

Für den seit Tillman u. Hobbs (1949) wiederholt festgestellten **Zusammenhang zwischen allgemeiner Kriminalität und negativer Verkehrsauffälligkeit** liefern die Untersuchungen von Moser (1974) und Kunkel (1975) neuere Belege: Mit zunehmender individueller Belastung durch allgemeine kriminelle Delikte steigt die Anzahl von Verkehrszuwiderhandlungen, von Körperverletzungen und Tötungen im Straßenverkehr, von Unfällen bei Schwarzfahrten, von Fahrerflucht, von Verstößen gegen die Straßenverkehrszulassungsordnung (Moser 1974). Umgekehrt fallen verkehrsauffällige, insbesonders alkoholauffällige Kraftfahrer und Unfallfluchttäter auch durch häufigere allgemeine kriminelle Delikte auf als nicht verkehrsauffällige Kraftfahrer (Kunkel 1975). Sog. polytrope Straftäter, d.h. solche mit unterschiedlichen kriminellen Delikten, werden im Straßenverkehr öfter auffällig als monotrope (homotrope) Straftäter (Sömen 1970). Analog zur erwähnten Erklärungshypothese von Undeutsch (1962) für den Zusammenhang zwischen biographischen Daten und Verkehrsbewährung führt Moser (1974) den Zusammenhang zwischen Kriminalität und Verkehrsdelinquenz darauf zurück, „daß der Unangepaßtheit in beiden Verhaltensbereichen gleiche psychische Bedingungskomplexe zugrundeliegen könnten" (S. 11).

5.10 Zusammenfassung

Eine Entscheidung darüber zu treffen, **ob eine Fahrerauslese** erfolgen soll oder nicht, kann nicht Aufgabe einer empirischen Wissenschaft sein, sondern ist eine **verkehrspolitische Entscheidung.** Aus einer diesbezüglich positiven Entscheidung ergibt sich zwangsläufig die Frage nach den Möglichkeiten einer **Ausleseoptimierung.** Einer Beurteilung des Wirkungsgrades einer psychologischen Fahrerauslese muß daher die Frage zugrundegelegt werden, ob Auslesefehler sowie deren individuelle und allgemeine Auswirkungen im Fall einer Verwendung psychologischer Ausleseverfahren geringer sind als im Fall einer Auslese ohne psychologische Verfahren.

Eine einheitliche **positive Definition der Fahreignung** kann zur Zeit noch nicht gegeben werden; Fahrerauslese bezieht sich vielmehr auf die Ausschließbarkeit der Ungeeignetheit. In dem damit verbundenen Kriterienproblem stand und steht der Begriff der **Unfalldisposition** häufig im Mittelpunkt. Unfalldisposition kann einerseits als statistischer Begriff im Sinn einer erhöhten Anzahl von Unfällen *einer* Person innerhalb eines bestimmten Zeitraumes verstanden werden. Der daraus abgeleitete Begriff des „Unfällers" erwies sich jedoch als nicht haltbar, weil die Fahrer, die in einem Beobachtungszeitraum „auffallend viele" Unfälle haben, in den allermeisten Fällen nicht mit jenen Personen identisch sind, die auch in einem weiteren Beobachtungszeitraum „auffallend viele" Unfälle haben.

Unfalldisposition kann andererseits als psychologischer Begriff im Sinn der **Gefährdungsdisposition einer Person** verstanden werden, die aufgrund individueller spezifischer Voraussetzungen einer erhöhten Gefährdung, unter anderem auch in Form von Unfällen, ausgesetzt ist. Daraus läßt sich eine positive Kennzeichnung des Eignungsbegriffs ableiten: ihm liegt das Kriterium der **Verkehrsangepaßtheit** zugrunde, das die beiden Teilkriterien der Verkehrskapazität und der Verkehrssicherheit einschließt.

Die Feststellung bzw. Vorhersage der individuellen Fahreignung zielt auf die Bestimmung des relativen Standorts eines Individuums in bezug auf eine statistische Norm der Fahreignung ab. Aussagen über die Fahreignung einer Person setzen neben der allgemeinen Validität der verwendeten Prädiktoren auch gesicherte Differenzierungsmöglichkeiten für die Interpretation der individuellen Prädiktorwerte voraus. Die vorliegenden empirischen Ergebnisse sprechen überwiegend dafür, daß diese Voraussetzungen durch die verkehrspsychologische Eignungsdiagnostik erfüllt werden können.

Die am häufigsten verwendeten **Prädiktoren** sind solche der visuellen Leistungsmerkmale, der Konzentrationsleistung, des Reaktionsverhaltens, bestimmter kognitiver Merkmale und Persönlichkeitsmerkmale sowie systematisch erfaßte Verhaltensmerkmale aus Fahrproben. Wegen dem zwar relativ objektiven, aber wenig individualspezifischen Aussagewert biographischer Daten und dem zwar individualspezifischen, aber kaum objektivierbaren Aussagewert von **Explorationsdaten** kann diesen Daten zwar keine im strengen Sinn individualdiagnostische, wohl aber eine wichtige hypothesenbildende Funktion zugesprochen werden.

Alter und Erfahrung weisen jeweils gesicherte positive Zusammenhänge mit der Verkehrsbewährung auf. Spezifische Wirkungsnachweise für die beiden Bedingungen machen einen erheblichen methodischen Aufwand erforderlich, sind allerdings für praktische Fragestellungen in Zusammenhang mit der Fahreignung auch nicht unbedingt erforderlich, da sie sich in gleicher Richtung auswirken. Untersuchungen dieser spezifischen Wirkungsnachweise lassen niedriges Lebensalter als vergleichsweise schwerwiegenderen Eignungsmangel als geringere Fahrerfahrung erscheinen. Andererseits weist der Zusammenhang zwischen Lebensalter und Unfallbelastung neben der Gruppe der unter 25jährigen Fahrer auch noch die Gruppe der über 60jährigen Fahrer als Schwerpunkte auf, wenn auch jeweils aus sehr unterschiedlichen Gründen.

Ein Zusammenhang zwischen **allgemeiner Delinquenz** und negativer Verkehrsauffälligkeit konnte wiederholt festgestellt werden. Dabei fallen sowohl Personen mit allgemeiner krimineller Belastung durch relativ hohe Unangepaßtheit im Straßenverkehr als auch Personen mit stark negativer Verkehrsauffälligkeit durch relativ häufigere allgemeine kriminelle Delikte auf. Trunkenheitsfahrer verkörpern jene Form von Verkehrsdelinquenz, die für die Beurteilung der individuellen Fahreignung von besonderer Bedeutung ist.

6 Ergonomische Verkehrspsychologie

6.1 Psychologische Gesichtspunkte des Teilsystems Straße

Fragen der Straßengestaltung und ihrer möglichen Einflüsse auf das Verkehrsverhalten sind vor allem im Hinblick auf das Verhalten derjenigen Verkehrsteilnehmergruppe bedeutsam, die pro Zeiteinheit am meisten „Straße verbraucht", d.h. der Gruppe der Kraftfahrer. Für sie ist die große Bedeutung situativer Sicherheits- bzw. Unfallbedingungen in Form der umgebenden Verkehrsfläche schon daran abzuschätzen, daß diese Bedingungen für *jeden* damit konfrontierten Fahrer wirksam werden und nicht nur für bestimmte Personengruppen. Die kriteriumspositiven und -negativen Merkmale dieser Bedingungen erfahren somit durch jeden einzelnen Verkehrsteilnehmer eine zusätzliche Gewichtung. Schon allein unter diesem Gesichtspunkt erscheint es wesentlich wirkungsvoller, die Angepaßtheit des allgemeinen Verkehrsverhaltens durch Optimierung der Gestaltung dieser äußeren Bedingungen anzustreben als durch Beeinflussung der einzelnen Verkehrsteilnehmer, bei der es sich im Fall einer wirkungsvollen Beeinflussung immer nur um kleine Stichproben der Grundgesamtheit handeln könnte.

Das Fahrverhalten kann u.a. auch dadurch gekennzeichnet werden, daß es eine Verhaltensform ist, die in besonders ausgeprägter Form zeitbezogen ist: Die **Änderungshäufigkeit der Verhaltensbedingungen pro Zeiteinheit** ist extrem groß. Daraus ergibt sich eine sehr spezifische Variante eines sehr allgemeinen Verhaltensmerkmals: die **Kurzfristigkeit der Zielorientierung.** Der Fahrer muß in kurzen Zeitabschnitten sehr viele wechselnde Teilziele festsetzen. Diese Form der Zielorientiertheit ist – so wie jedes Zielverhalten – mit bestimmten **Erwartungen** verbunden. So ist beispielsweise das Durchfahren jeder Kurve mit ganz konkreten subjektiven Erwartungen über den weiteren Straßenverlauf verbunden. Diese Erwartungen sind umso konkreter und nehmen umso mehr die Form von antizipierten Verhaltensbedingungen an, je routinierter der Fahrer ist. Solche subjektiven Erwartungen bzw. Antizipationen können sich für das Fahrverhalten günstig oder ungünstig auswirken; günstig, wenn die subjektiven Erwartungen mit den objektiv vorgefundenen Bedingungen übereinstimmen, wenn also richtig antizipiert und das Fahrverhalten daher schon frühzeitig auf die bevorstehende Situation eingestellt wurde; ungünstig, wenn eine Diskrepanz zwischen subjektiver Erwartung und objektiven Bedingungen besteht und somit falsch antizipiert wurde.

Dabei wird der Einfluß der Erfahrenheit des Fahrers eine wesentliche Rolle spielen können. Der Anfänger hat im allgemeinen erst so wenige Situationen kennengelernt, daß er aufgrund der subjektiven Neuartigkeit der meisten Situationen, in die er kommt, kaum differenzierte situationsbezogene Antizipationen entwickelt. Seine Schwierigkeit geht somit auf eine fehlende Situationsantizipation zurück. Je routinierter der Fahrer ist,

d. h. je mehr Fahrsituationen er schon kennengelernt hat, desto näher liegt es für ihn, von den n erfahrenen Situationen auf die Situation n + 1 zu extrapolieren. Sosehr ihm diese **Situationsantizipation** im allgemeinen zugutekommen wird, so kann seine Gefährdung doch darin bestehen, daß er – im Hinblick auf die praktisch unendlich große Vielfältigkeit der objektiven Bedingungen, beispielsweise der einzelnen Kurven, – falsch antizipiert. Dabei unterscheiden sich die beiden Fahrerextreme zusätzlich in einem sehr wichtigen Punkt: In derartigen Situationen hat der Anfänger eine sehr geringe, der routinierte Fahrer hingegen eine sehr hohe subjektive Sicherheit.

Für eine psychologische Optimierung der Straßengestaltung unter dem Gesichtspunkt der Sicherheit wird es daher darauf ankommen, die **Übereinstimmung von Situationsantizipationen und objektiven Bedingungen** zu maximieren. Dazu ist es notwendig, dem Fahrer rechtzeitig Informationen über die bevorstehenden Situationen zu vermitteln. Dies kann grundsätzlich auf zwei Wegen erfolgen: Die jeweilige Information kann primär an den objektiven Bedingungen oder primär an den subjektiven Erwartungen orientiert sein. So kann beispielsweise für eine bevorstehende Kurve die Information „scharfe Kurve" einerseits in Verkehrszeichenform oder andererseits in Form von „optischer Führung" (besser: visueller Führung) gegeben werden. Zweifellos ist jede der beiden Informationen besser als keine Information. Es stellt sich aber doch die Frage, welche der beiden Formen im Zweifelsfall vorzuziehen ist. Diese Frage führt zur Unterscheidung zwischen einem Leitprinzip und einem Hemmungsprinzip bei der Anwendung verkehrslenkender Maßnahmen.

6.1.1 Leitprinzip vs. Hemmungsprinzip

Während dem *Leitprinzip* die *Funktion des Hinführens zum situationsangepaßten Verhalten* zugrundeliegt, liegt dem *Hemmungsprinzip* die *Funktion der Hemmung situationsunangepaßten Verhaltens* zugrunde. Durch das Hemmungsprinzip wird das Vorhandensein der zu berücksichtigenden Gegebenheit (die Besonderheit einer Kurve oder ein Hindernis) hervorgehoben, die entsprechenden Informationen knüpfen an den objektiven Bedingungen an, unabhängig von den vorherrschenden subjektiven Antizipationen und bewirken im Extremfall Blockierungen unangepaßter Verhaltenstendenzen. In diesem Sinn wären alle Arten von Verbotszeichen dem Hemmungsprinzip zuzuordnen. Beim Leitprinzip knüpft die entsprechende Information an situationstypische subjektive Erwartungen bzw. Antizipationen an und versucht, die vorhandenen Verhaltenstendenzen nicht zu blockieren, sondern umzulenken.

Beide Prinzipien der Verhaltensbeeinflussung durch bestimmte Formen der Gestaltung von äußeren Verhaltensbedingungen haben zwar das gleiche Ziel, weisen aber jeweils **spezifische Vor- und Nachteile** auf. Das **Leitprinzip** verbessert die Wahrnehmungsbedingungen nach gestaltpsychologischen Gesichtspunkten. Subjektive Erwartungen sind offene Gestalten, deren Schließung im Sinn des situationsbezogenen Sicherheitskriteriums herbeigeführt wird. So kann besonders das Gesetz der durchgehenden Linie vielfach im Zusammenhang mit visueller Führung angewandt werden, indem bestimmten Spurführungen oder auch Straßenführungen durch Leiteinrichtungen und/oder Bodenmarkierungen ein erwünschter **Aufforderungscharakter** verliehen oder ein unerwünschter genommen wird. Burkardt (1965) spricht in diesem Zusammenhang von der Zerstörung einer bestehenden wahrnehmungspsychologischen guten Gestalt zugunsten einer besseren Gestalt. Außerdem kann das Leitprinzip den Konflikt zwischen ursprünglicher Verhaltenstendenz und ihrer Behinderung durch objektive Bedingungen und damit negative Motivierungen gegenüber der Verkehrsreglementierung abschwächen. Aber selbst dort, wo auf das Hemmungsprinzip nicht verzichtet werden kann (z. B. bei Geschwindigkeitsbeschränkungen oder bei Umleitungen), wird es nützlich sein, zusätzlich das Leitprinzip anzuwenden (z. B. durch eine „optische Bremse" oder durch führende Umleitungssignalisierungen).

Das **Prinzip der visuellen Führung** stützt sich im wesentlichen auf das Leitprinzip. Es bietet den Vorteil, die häufig zu allgemeinen Informationen von Warnzeichen (Kurvenzeichen, Gefahrenzeichen) durch Leiteinrichtungen in situationsspezifischerer Form zu ersetzen und den subjektiven Spielraum möglicher Situationsinterpretationen einzuschränken. So enthalten beispielsweise entsprechende Bodenmarkierungen und Leiteinrichtungen spezifischere Informationen über einen Kurvenverlauf, die unmittelbar für die Verkehrssteuerung (z. B. Bewegungssteuerung) verwertet werden können, als Kurvenzeichen.

6.1.2 Bodenmarkierungen

Bodenmarkierungen in Form von Längsmarkierungen (Leit-, Sperr- und Randlinien) können eine Orientierungs- und/oder eine Barrierenfunktion haben. Das Vorherrschen der einen oder anderen Funktion hängt vermutlich von den jeweiligen Sichtverhältnissen ab: Je besser die Sicht- und sonstigen Orientierungsmöglichkeiten für die Spurführung sind, desto stärker wird die Barrierefunktion zur Geltung kommen können und umgekehrt. **Auswirkungen von Rand- und Mittelmarkierungen auf die Spurführung** konnten u. a. von Seydel (1967), Kendzia (1972) und Knoflacher u. Schrammel (1975) nachgewiesen werden. Die Markierung des rechten Fahrbahnrandes wirkt sich in einer deutlichen Verlagerung der Fahrspuren nach rechts aus (Knoflacher u. Schrammel 1975). Die alleinige Mittelmarkierung als Leitlinie bewirkt bei Tag und übersichtlicher Strecke eine Konzentrierung der Fahrspuren auf die linke Hälfte des rechten Fahrstreifens, verbunden mit einer Zunahme der Häufigkeit von Fahrspuren in der Fahrbahnmitte (Seydel 1967), während sie in einer unübersichtlichen Linkskurve deutlich eine Barrierenfunktion ausübt (Kendzia 1972). Die Kombination von Leit- und Randlinien vermag die Leitfunktion beider Markierungen zusätzlich zu modifizieren (Seydel 1967, Knoflacher u. Schrammel 1975).

Die vorliegenden Ergebnisse scheinen indessen lediglich für die Wirkung der Randmarkierung eindeutig zu sein: Hier kommt die Leitfunktion besonders bei Nacht und in Rechtskurven klar zum Ausdruck. Gerade im Hinblick einerseits auf die eindeutige Wirkung der Randmarkierung und andererseits auf die komplizierteren Beurteilungsmöglichkeiten der Leitlinienwirkung wäre der allgemeinen Anbringung von Randmarkierungen der Vorrang zu geben. Knoflacher u. Schrammel (1975) weisen auf den damit verbundenen zusätzlichen sicherheitsfördernden Gesichtspunkt einer verringerten Blendungswahrscheinlichkeit im Fall vorwiegender visueller Orientierung am rechten Fahrbahnrand hin. Außerdem wird der mögliche negative Effekt einer erhöhten Gefahr des Kollidierens mit Fußgängern oder abgestellten Fahrzeugen nach Ansicht der Autoren durch deren deutlichere Abhebung von der weißen Randlinie abgeschwächt.

Zur Frage optischer Führung durch Bodenmarkierungen teilt Domhan (1979) Ergebnisse von Versuchsfahrten mit, die das Moskauer Automobil- und Straßenbauinstitut vor und nach Anbringung 20 cm breiter Fahrbahnbegrenzungen auf längeren Streckenabschnitten durchgeführt hat: bei Augenbewegungen eine Abnahme der Frequenz um 38% und der „Amplitude" (des Abstandes zwischen fixierten Punkten, d.h. der „Erfassungsweite) um 42%; in der durchschnittlichen Pulsfrequenz eine Abnahme von 72 auf 60 Pulsschläge/min.

Kendzia (1972) wies auf mögliche **„Feldwirkungen" von Bodenmarkierungen** hin, wie sie etwa auch in den Ergebnissen von Seydel (1967) bezüglich des Zusammenwirkens von Leit- und Randlinie angenommen werden können. Demnach wäre an unterschiedliche Kombinationen von Orientierungs- bzw. Leit- und Barrierefunktionen zu denken, die das Kräftefeld bestimmen, in dem sich der Fahrer befindet (vgl. dazu die Skizzierung einer feldtheoretischen Interpretation des Verkehrsverhaltens bei Klebelsberg 1965). Für eine stringente Beurteilung solcher Feldwirkungen reichen die vorliegenden und in dieser Hinsicht nicht einheitlichen Befunde nicht aus, da hier offenbar Wechselwirkungen zwischen Streckenführung (Gerade/Kurve), Sichtmöglichkeiten (Tag/Nacht, übersichtlich/unübersichtlich) und Art der Markierung (Breite) anzunehmen sind.

Daß Bodenmarkierungen dem Fahrer aber auch in differenzierterer Form Informationen übermitteln können, ergaben die Untersuchungen von Witt (1976), in denen die Auswirkungen einer **Voranzeige des Straßenverlaufs** durch unterschiedliche rechtsseitige Randmarkierungen überprüft wurden. Dabei wurden in einem Simulatorexperiment (durch Rechner erzeugtes Bild einer stilisierten Straße) Fahrstrecken mit Kurven in sechs Radienklassen vorgegeben, die mit einer Leitlinie in der Mitte versehen waren. Die Straßenränder wurden einmal als durchgehende Linien (keine Vorankündigung) und einmal als unterbrochene Linien dargestellt, wobei Länge und Abstände der einzelnen Striche je nach Radiusgröße verschieden sind und 35 bzw. 70 m vor einer Kurve beginnen. Diese Art der Voranzeige wirkte sich bei 12 Versuchspersonen insofern positiv aus, als gleichmäßiger und genauer gefahren und die Geschwindigkeit besser angepaßt wurde. In einer Anschlußuntersuchung ging Grimm (1978) der Frage nach, ob in der geschilderten Versuchssituation auch das Nachfahrverhalten beeinflußt wird. Dazu wurde die Aufgabe am Simulator so verändert, daß die Versuchsperson einem „Vorderfahrzeug" zu folgen hatte. Dabei zeigte sich ein verbessertes Spurhalten des Folgefahrzeugs infolge besserer Geschwindigkeitsanpassung des Vorderfahrzeugs auf einer Strecke mit Voranzeige und eine geringfügige Verringerung der Beanspruchung des nachfolgenden Fahrers. Außerdem schließen auf Strecken mit Vorankündigung die nachfolgenden Fahrer weniger schnell zu dem Vorderfahrzeug auf, und die Streuung der Abstände ist kleiner. Das Nachfahrverhalten wird also sowohl durch das infolge Voranzeige geänderte Geschwindigkeitsverhalten des Vorausfahrenden als auch durch die Voranzeige selbst beeinflußt. Allerdings ist die Frage der Übertragbarkeit dieser Ergebnisse auf Realsituationen vorläufig noch nicht voll geklärt.

Obwohl Bodenmarkierungen sowohl in weißer als auch in gelber Farbe anzutreffen sind, dürfte unter dem Gesichtspunkt optimaler Wahrnehmungsbedingungen der weißen Farbe der Vorzug zu geben sein (Stieg 1972, Domhan 1979).

Bodenmarkierungen können auch in Form von Quermarkierungen mit der Funktion der sog. **„optischen Bremse"** verwendet werden. Dies konnte deutlich durch die Untersuchungen von Denton (1971) und Rutley (1975) in Realsituationen gezeigt werden. In beiden Fällen wurden Muster von wiederholten Querstreifen auf der Fahrbahn verwendet, bei denen die Abstände zwischen den Streifen exponentiell zunehmend kleiner wurden und auf diese Weise den Eindruck erhöhter Geschwindigkeit vermitteln sollten. In der Untersuchung von Rutley (1975) wurden die letzten 400 m von zwei Autobahnen jeweils mit 90 Querstreifen von 60 cm Breite versehen, deren Abstand von 7 auf 2 m verringert wurde (Abb. 46).

Die Markierungen bewirkten auf den beiden Streckenabschnitten Geschwindigkeitsverringerungen, die unmittelbar nach Anbringung der Markierung am größten (ma-

Abb. 46. Beispiel einer optischen Bremse (Nach Rutley 1975, S. 98)

ximal bis zu 30% in der 85%-Geschwindigkeit) und nach einem Jahr schwächer, aber dennoch deutlich feststellbar waren. In Analogie zur „optischen Bremse" wurde aufgrund von Simulatorversuchen auch eine **„akustische Bremse"** in Form von „Rumpelflächen" empfohlen, bei denen Geräuschmuster regelmäßig im Abstand und in der Dauer von 0,5 s mit einer Geräuschzunahme von mind. 4 dB(A) vorgegeben werden (Watts 1977).

Der wesentliche Vorteil von Bodenmarkierungen im Vergleich zu anderen Formen der Informationsvermittlung wird darin zu sehen sein, daß es sich um Informationen handelt, die im zentralen oder peripheren Blickfeld des Fahrers liegen. Sie erfordern daher vom Fahrer weniger willkürliche Aufmerksamkeitszuwendung und sind leichter in entsprechende motorische Reaktionen umzusetzen.

6.1.3 Verkehrszeichen

Psychologische Fragen im Zusammenhang mit Verkehrszeichen stellen sich einerseits hinsichtlich ihrer Wahrnehmbarkeit, andererseits hinsichtlich ihrer Möglichkeiten der Verhaltensbeeinflussung.

6.1.3.1 Wahrnehmung von Verkehrszeichen

Wichtigster Gesichtspunkt für die Wahrnehmbarkeit von Verkehrszeichen ist ihr **Auffälligkeitswert.** Es liegen mehrere Untersuchungsergebnisse vor, die Aufschlüsse über Größe und Bedingungen des Auffälligkeitswerts geben. In einem Teil dieser Untersuchungen wurde versucht, den durchschnittlichen Anteil wahrgenommener Verkehrszeichen nach längerer Fahrstrecke zu ermitteln. In anderen Untersuchungen wurde versucht, die Häufigkeit der Wahrnehmung des jeweils zuletzt passierten Verkehrszeichens zu ermitteln.

Die Untersuchungen zur ersten Fragestellung von Undeutsch (1963), Johansson u. Rumar (1966) und Summala u. Näätänen (1974) führten zu übereinstimmenden Ergebnissen: Es werden zwischen 91 und 97% aller vorhandenen Verkehrszeichen wahrgenommen, unabhängig davon, ob die Zeichen jeweils genannt (Undeutsch) oder durch Knopfdruck registriert (Johansson u. Rumar) werden sollten und ob es sich um längere (170 bzw. 257 km) oder kürzere Strecken (70 km) oder um Fahrten bei Tag oder bei Nacht (Undeutsch) handelte. Die Untersuchung von Summala u. Näätänen (1974) unterschied sich von den beiden anderen genannten Untersuchungen lediglich dadurch, daß die Fahrer zusätzlich aufgefordert wurden, möglichst sicher, korrekt und rücksichtsvoll zu fahren (durchschnittliche Wahrnehmungshäufigkeit: 97%).

Undeutsch (1963) untersuchte zusätzlich die Frage der Wahrnehmbarkeit von Verkehrszeichen auf 16 km langen Fahrten im Straßenverkehr, bei denen die Versuchspersonen aufgefordert wurden, nur die für sie bedeutsamen Verkehrszeichen (27,5% von allen Verkehrszeichen auf dieser Strecke) zu nennen. Der durchschnittliche Anteil der tatsächlich wahrgenommenen Zeichen von allen in Betracht kommenden Zeichen betrug 83,2% mit einer Streubreite zwischen den Versuchspersonen von 61,6–91,9%. Die Notwendigkeit einer Differenzierung der ursprünglichen Fragestellung wurde dadurch nahegelegt, daß sich deutliche Unterschiede in der Wahrnehmungshäufigkeit verschiedener Verkehrszeichen ergaben; Tabelle 19 gibt die wichtigsten Ergebnisse wieder (Undeutsch 1979):

Tabelle 19. Rangordnung der Verkehrszeichen hinsichtlich ihres durchschnittlichen Beachtungsgrades. (Nach Undeutsch 1979)

Zeichen	*Genannt* [%]
Haltegebot	100,0
Ampeln	98,6
Zebrastreifen und Blinklicht	96,3
Überholverbot	94,4
Positive Vorfahrt	92,4
Vorfahrt gewähren	90,7
Richtungspfeile	87,2
Fußgängerüberweg (Schild)	86,1
Zebrastreifen und Schild	85,5
Bundesstraßennummernschild	85,4
Zebrastreifen	77,7
Kinder	72,9
Fahrbahnverengung	72,2
Ampelvorankündigung	63,9
Vorgeschriebene Vorbeifahrt	63,2
Einbahnstraße	54,8
Schule, Krankenhaus usw.	50,0
Durchgezogene weiße Linie	37,5

Auch diesbezüglich stimmen die Ergebnisse von Undeutsch (1963) und Summala u. Näätänen (1974) weitestgehend überein, während dieser Gesichtspunkt in den bisher erwähnten Befunden von Johansson u. Rumar (1966) nicht berücksichtigt wurde.

Insbesondere die zuletzt genannten Befunde weisen darauf hin, daß nur mit einer eingeschränkten tatsächlichen Wahrnehmung von Verkehrszeichen zu rechnen ist und daß die Wahrnehmungsrangfolge der Verkehrszeichen subjektive Bedeutsamkeiten zum Ausdruck bringt, die sich mit der objektiven Bedeutsamkeit nicht in jedem Fall decken müssen.

Den Untersuchungen zur zweiten Fragestellung lagen weitgehend ähnliche Versuchsanordnungen zugrunde (Häkkinen 1965, Johansson u. Rumar 1966, Johansson u. Backlund 1970): Auf offener Strecke einer Außerortsstraße wurden Kraftfahrer angehalten und danach befragt, welches Verkehrszeichen sie zuletzt gesehen hätten. Einige hundert Meter zu der Befragungsstelle, jedoch ohne Sichtmöglichkeit von ihr, wurden abwechselnd verschiedene Verkehrszeichen angebracht. Auch in ihrem Hauptergebnis stimmen die drei Untersuchungen weitgehend überein: Es kann lediglich in rund der Hälfte aller Fälle das kurz zuvor passierte Verkehrszeichen richtig wiedergegeben werden. (Die Art der geforderten Wiedergabe bestand bei Johansson u. Rumar und Johansson u. Backlund im Nennen des Verkehrszeichens, bei Häkkinen im Identifizieren des Zeichens anhand einer vorgegebenen Tafel mit allen üblichen Verkehrszeichen). Die Untersuchungen erbrachten aber auch eine Reihe von zusätzlichen Aufschlüssen. So hängt die richtige Wiedergabe ganz offensichtlich auch bei diesen Untersuchungen von der **subjektiven Bedeutsamkeit** der einzelnen Zeichen ab; Verkehrszeichen, die auf eine bevorstehende Geschwindigkeitsbeschränkung oder Polizeikontrolle hinweisen, erreichen wesentlich höhere Wiedergabehäufigkeiten als Zeichen, die (auf der Landstraße) allgemeine Vorsicht signalisieren oder einen Fußgängerüberweg ankündigen. Tabelle 20 gibt die Ergebnisse der Untersuchungen wieder:

Tabelle 20. Relative Häufigkeiten der Erfassung verschiedener Verkehrszeichen. (Nach Häkkinen 1965, Johansson u. Rumar 1966, Johansson u. Backlund 1970)

	Häkkinen	Johansson u. Rumar	Johansson u. Backlund
n	ca. 2000	627	2215
Geschwindigkeitsbeschränkung 50 km/h	80%	78%	76,5%
Vorsichtszeichen mit Zusatz „Polizeikontrolle“	62%	63%	64%
Vorsichtszeichen mit Zusatz „Frostschaden“		55%	
Vorsichtszeichen allein	28%	18%	28%

Johansson u. Backlund (1970) konnten feststellen, daß die Wiedergabehäufigkeit bei schlechten Straßenverhältnissen eher größer war als bei guten und daß sie eher geringer war bei schlechter Sicht und bei großer Verkehrsdichte. Diese Unterschiede waren aber nicht signifikant, sondern lediglich als Tendenzen feststellbar. Infolge der Versuchsausdehnung über mehrere Tage konnten nachträglich auch drei Fahrergruppen in Abhängigkeit von ihrem Kenntnisstand über die Versuche gebildet werden: a) Fahrer, die keinerlei Kenntnis hatten (n = 1866), b) Fahrer, die bereits von den Versuchen wußten, aber nicht in besonderer Weise nach Verkehrszeichen Ausschau hielten (n = 451), und c) Fahrer, die in besonderer Weise nach Verkehrszeichen Ausschau hielten (n = 208). Die Häufigkeit korrekter Wiedergabe war bei Gruppe a) am kleinsten (30–70%), bei Gruppe c) am größten (87–97%), aber die Rangfolge der einzelnen Zeichen blieb jeweils die gleiche. Die Ergebnisse von Häkkinen (1965) zeigen, daß die Wiedergabehäufigkeit bei Fahrern mit höherem Alter und höherer Fahrerfahrung (absolute Fahrleistung) kleiner, bei Privatfahrern (im Vergleich zu Berufsfahrern) und Fahrern von mit Sicherheitsgurten ausgerüsteten Fahrzeugen größer ist. Die jeweilige Örtlichkeit, die Fahrgeschwindigkeit, die Länge der bis zum Untersuchungsort zurückgelegten Strecke und die relative Fahrleistung sind ohne Einfluß.

Durch die Anwesenheit eines Polizeiautos (im Vergleich zu einem Privatauto) in der Nähe des Testzeichens wird die Wahrnehmung systematisch beeinflußt, wie Syvänen [1968, (1971; zit. nach Häkkinen 1974)] nachweisen konnte: Wenn sich das Polizeiauto 10 m vom Testzeichen entfernt befand, wurde dieses signifikant seltener wahrgenommen als in Anwesenheit des Privatautos; wenn die Fahrzeuge jeweils 250 m entfernt vom Testzeichen waren, wurde dieses im Fall des Polizeiautos signifikant häufiger erkannt als im Fall des Privatautos. Dieser wahrnehmungsaktivierende Effekt der Überwachung hielt aber nur über eine Strecke von ca. 2 km an.

Näätänen u. Summala (1976) heben in ihrer zusammenfassenden Interpretation dieser Ergebnisse ebenso wie Häkkinen (1974) hervor, daß sie weniger durch eine begrenzte Leistungsfähigkeit der Wahrnehmung als solcher zu erklären sind, sondern in erster Linie durch die **Motivationsabhängigkeit der Wahrnehmung.**

Hinweise auf die Art dieser Motivationsabhängigkeit der Wahrnehmung von Verkehrszeichen brachte die Laboratoriumsuntersuchung von Gheri (1969). Dabei konnte gezeigt werden, daß die Verkehrszeichen: Ende des Überholverbots, Ende der Geschwindigkeitsbegrenzung, Vorfahrtsstraße, Parken und Ende der Bevorrechtigung des Gegenverkehrs im tachistoskopischen Versuch rascher erkannt werden als andere Zeichen. Dieser Unterschied steht in gesichertem Zusammenhang mit dem Umfang der Fahrpraxis, und die genannten Zeichen werden auch häufiger als sympathisch eingestuft als die anderen Zeichen. Bei diesen Zusammenhängen ist die Verkürzung der Erkennungszeit bei sympathischen Zeichen deutlicher ausgeprägt als eine Erkennungszeitverlängerung bei den unsympathischen Zeichen. Gheri interpretiert seine Befunde in der Weise, daß Signale mit hohem **Informationswert** in Systemen mit begrenzter Kapazität bevorzugt verarbeitet werden. Die bevorzugten Zeichen stellen deshalb eine hohe Information für den Kraftfahrer dar, weil sie ihm eine mögliche Aufmerksamkeitsverringerung und Rückkehr zu stärker automatisierten Verhaltensweisen ankündigen.

Die Ergebnisse eines zusätzlichen Experiments von Gheri (1969), wonach durch Bestrafung für das Nichterkennen von Zeichen nicht eine Verlängerung, sondern eine Verkürzung der Erkennungszeiten bewirkt wird, werden mit einer Anpassung der Reizerwartungsform an die Reizgegebenheiten erklärt; obwohl sich dabei keine Zusammenhänge mit Persönlichkeitsvariablen wie Extraversion und Neurotizismus nachweisen ließen, wäre doch an einen möglichen Zusammenhang mit der Persönlichkeitsvariable „Abwehr vs. Sensibilisierung“ (Byrne 1964) zu denken.

Den Einfluß von Persönlichkeitsmerkmalen auf die Wahrnehmung von Verkehrszeichen untersuchte Loo (1979). In Laboratoriumsversuchen wurden Dias von wahrnehmungsmäßig eingebetteten und nichteingebetteten Verkehrszeichen gezeigt und die Zeit bis zur verbalen Identifizierung des Zeichens gemessen. Erwartungsgemäß zeigen feldabhängige Personen längere Zeiten. Derartige differentiell-psychologische Befunde dürften aber für ergonomische Fragestellungen von untergeordneter Bedeutung sein, da keine realistische Möglichkeit erkennbar ist, solchen interindividuellen Unterschieden Rechnung zu tragen.

Die Abhängigkeit der Verkehrszeichenwahrnehmung von bestimmten Gestaltungsgesichtspunkten wurde von Eklund (1968) untersucht. Die wesentlichen Kriterien für eine – unter Laboratoriumsbedingungen – optimale Wahrnehmbarkeit sind demnach **Kontrast** und **Struktur.** Das Kontrastkriterium gilt einerseits für den Helligkeitsgrad des Zeichens im Vergleich zur Umgebung und andererseits für den Kontrast gegenüber anderen Zeichen; das Strukturkriterium gilt für die Gestaltung des Zeichens: je einfacher und prägnanter, desto besser die Wahrnehmbarkeit. Näätänen u. Summala (1976) weisen zu Recht darauf hin, daß der physikalisch bedingte Auffälligkeitswert wohl eine günstige, aber nicht eine ausschlaggebende Bedingung für die Wahrnehmung von Verkehrszeichen in der Realsituation sein kann.

Sofern es sich um Verkehrszeichen mit Texten handelt, ist deren Wahrnehmbarkeit auch unter dem Gesichtspunkt der **Lesbarkeit** zu sehen. Da es sich dabei weniger um genuin verkehrspsychologische Fragen handelt, soll hier darauf nicht näher eingegangen werden. Von den vielfach ermittelten Normwerten soll hier nur auf die von Odescalchi (1962) entwickelten Beziehungen zwischen Schriftgröße, Fahrgeschwindigkeit und Anzahl der Wörter (Ortsnamen) hingewiesen werden:

$$H = \frac{3}{4}\left[\frac{s}{10} + \frac{V}{100}(n+6)\right]$$

$$x = \frac{s}{10} + \frac{V}{100}(n+6)$$

$$t = \frac{n}{3} + 2$$

Dabei bedeuten:

H Höhe der Großbuchstaben in Inch,
x Höhe der Kleinbuchstaben,
s seitliche Entfernung von der Fahrspur in Feet,
n Anzahl der Ortsnamen,
V Geschwindigkeit in mph,
t Erkennungszeit in s für 137 · 122 cm große Zeichen mit 10 cm großen Blockbuchstaben bei 20 mph Fahrgeschwindigkeit.

Für den Abstand zwischen Ankündigungen und deren Anlaß empfiehlt Forbes (1953) eine Zeitspanne von 8–10 s zugrundezulegen. Für die Frage der Lesbarkeitsentfernungen von Ortsnamen sind derartige Berechnungsgrößen aber hinsichtlich des Bekanntheitsgrades zu relativieren (vgl. dazu Forbes 1972b).

Aufgrund von Interviews mit rund 12000 Kraftfahrern bezüglich deren Erfahrungen mit Richtungsanzeigen wurden von Schoppert et al. (1960) als allgemeine **Gestaltungsgesichtspunkte für Richtungsanzeigen** die folgenden empfohlen:

- *Interpretation:* Die gegebene Information soll eindeutig und auf *alle* bestehenden Alternativen bezogen, aber in der verfügbaren Zeit erfaßbar sein.
- *Kontinuität:* Die gegebene Information soll an die Informationen aus vorausgegangenen Zeichen anschließen und diejenigen aus folgenden Zeichen vorbereiten.
- *Vorankündigung:* Hinweis auf eine bevorstehende Entscheidungsnotwendigkeit.
- *Vergleichbarkeit:* Entsprechung zu Bezeichnungen in Straßenkarten. Auffälligkeitswert.
- *Bedarfsbezogenheit:* Richtungsanzeige an Stellen, die eine unerwartete oder unübliche Richtungsänderung erfordern.

Zur Frage der Vergleichbarkeit von Ergebnissen aus Laboratoriums- und aus Felduntersuchungen konnten Dewar et al. (1976) signifikante Zusammenhänge zwischen Reaktionszeiten auf Verkehrszeichen in Laboratoriumsversuchen einerseits und Lesbarkeitsentfernungen bei Fahrgeschwindigkeiten von 48 und 80 km/h andererseits ermitteln.

Eine vielversprechende Möglichkeit zur Erhöhung der Wahrnehmbarkeit von Verkehrszeichen liegt in ihrer Wiederholung auf der Fahrbahn; am häufigsten angewandt für Fußgängerüberwege, Geschwindigkeitsbeschränkungen, Engstellen, Vorfahrtbeachtung, Stopstellen. Für die **Zebrastreifenmarkierung** wurde auch die Frage der opti-

Abb. 47. Modifizierte Form des Zebrastreifens

malen Wahrnehmbarkeit aus der Fahrerperspektive unter Berücksichtigung gestaltpsychologischer Gesichtspunkte untersucht (Klebelsberg 1963). Dabei ergab sich, daß die gestaltpsychologisch plausiblere Form einer Markierung in Querrichtung zur Fahrbahn (hemmende Wirkung für den Fahrer, leitende Wirkung für den Fußgänger) im Vergleich zur Normalausführung mit dem schwerwiegenden Nachteil einer schlechteren Wahrnehmbarkeit für den Fahrer verbunden ist. Hingegen erwies sich eine Kompromißlösung in Form von Abb. 47 hinsichtlich ihrer Wahrnehmbarkeit (erfaßt durch verbale Einstufungen der Versuchspersonen aus 55 m Entfernung) der üblichen Ausführungsform hochsignifikant überlegen.

Der entscheidende Vorteil der Signalisierung durch Bodenmarkierungen ist darin zu sehen, daß das Verkehrszeichen, dessen Inhalt nicht peripher wahrgenommen werden kann, in das primäre Blickfeld des Fahrers verlagert wird, d.h. in das Blickfeld, das mit der durch die Fahrtrichtung bestimmten Blickrichtung übereinstimmt. Es ist anzunehmen, daß dadurch nicht nur die Wahrnehmungswahrscheinlichkeit, sondern auch die Wahrnehmungsintensität erhöht wird.

In der Frage nach der **Wahrnehmbarkeit von mehreren Verkehrszeichen** wurde das Ergebnis aus Laboratoriumsversuchen von Klebelsberg u. Kallina (1960) seither sowohl durch Undeutsch (1963) als auch durch Turtola (1969; zit. nach Häkkinen 1974) bestätigt. Danach ist die Wahrnehmbarkeit klar auf zwei gleichzeitig vorgegebene Zeichen beschränkt. Dieser Befund gilt für tachistoskopische Darbietungszeiten unter – gegenüber Realitätsbedingungen – deutlich günstigeren Laboratoriumsbedingungen, aber relativ unabhängig von Darbietungszeiten zwischen 1,05 und 2 Sekunden. Liedemit (1977) bietet für dieses erstaunlich reliable Ergebnis folgende informationstheoretische Erklärung an: Unter der Annahme einer Zuflußkapazität von maximal 16 bit/s und unter der Voraussetzung von 95 verschiedenen optischen Konfigurationen der zugelassenen Verkehrszeichen ergibt sich ein Informationsgehalt von 6,57 bit pro Zeichen, so daß im Hinblick auf die begrenzte Zuflußkapazität gar nicht mehr als zwei Zeichen wahrgenommen werden können.

6.1.3.2 Verhaltensbeeinflussung durch Verkehrszeichen

Die verhaltenssteuernde Funktion von Verkehrszeichen wird vor allem durch ihren Nachteil der unflexiblen **Informationsvermittlung** eingeschränkt. Dieser Nachteil kann neuerdings durch zentral gesteuerte Wechselzeichen wesentlich gemildert werden.

Durch sie können zwei sekundäre Nachteile unflexibler Informationsvermittlung durch herkömmliche Verkehrszeichen ausgeschaltet werden: die zeitweise Situationsunangemessenheit mit dem damit verbundenen negativen Lerneffekt und die Entlastung von überflüssiger Information.

Einen anderen Nachteil haben herkömmliche und Wechselzeichen mit allen Vorschrifts- bzw. Verbotsmaßnahmen gemeinsam: die Abhängigkeit ihrer verhaltensbeeinflussenden Wirkung von der **Verkehrsüberwachung.** Es erscheint beim heutigen Stand der Erfahrung als unwahrscheinlich, daß einerseits jedes Verkehrsverhalten durch eine entsprechende Überwachung erzwungen werden kann, andererseits aber allgemeine Verhaltens*tendenzen* durch Überwachungsmaßnahmen nicht nachhaltig beeinflußt werden können. Das bedeutet, daß sich die Möglichkeiten der Überwachung primär auf eine Beeinflussung des *Verhaltens* beschränken, nicht aber auf eine Beeinflussung grundlegender Verhaltensmotive erstrecken: So ist es zum Beispiel im Fall einer Geschwindigkeitsbeschränkung ebensowenig das Ziel der Überwachung wie das Ziel der Geschwindigkeitsbeschränkung, das *Motiv,* schneller zu fahren, zu verändern, sondern lediglich das Verhalten. Eine wesentliche Schwierigkeit, gegen die sich die Überwachung behaupten muß, ist die von ihr geforderte Erzwingung von Verhaltensweisen, die u. U. im *konkreten* Fall gar nicht zu einer Situationsverbesserung beitragen würde (weil ihre Unterlassung im konkreten Fall u. U. zu keiner Situationsverschlechterung führen würde), die aber im *allgemeinen* Sinn einer Verkehrsordnung erforderlich sind.

6.1.3.3 Die Bedeutung der Verkehrsüberwachung

Sofern die Verkehrsüberwachung von diesen Aufgaben der Motivbeeinflussung entbunden ist, hängt ihr Erfolg im wesentlichen von der Wahrscheinlichkeit des Entdeckt-(Erwischt-)Werdens und von der Höhe der Bestrafung ab. Dabei ist es nach Slavik (1979) illusorisch, bei Entdeckungshäufigkeiten von weniger als 50% einen Überwachungserfolg zu erwarten, sofern der Erfolg in einer allgemeinen Erhöhung der Verkehrsangepaßtheit des tatsächlichen Verhaltens gesehen wird.

Die vorliegenden empirischen Befunde sprechen eindeutig zugunsten einer unmittelbaren, jedoch ebenso eindeutig gegen eine mittelbare Wirkung: Im Fall subjektiv gegenwärtiger Überwachung ist die Verhaltensänderung maximal, im Fall subjektiv fehlender Überwachung ist sie minimal; alle dazwischenliegenden Verhaltensänderungsgrade hängen von der **subjektiven Wahrscheinlichkeit der Überwachung** ab. Die subjektive Wahrscheinlichkeit hängt ihrerseits wieder von den Erfahrungen ab, die der Fahrer bisher im Umgang mit Verkehrsregelungen und ihrer Überwachung gemacht hat – abgesehen von interindividuellen Unterschieden in der Bereitschaft zur Befolgung von Vorschriften auch ohne deren Überwachung. So wird die Frage des Überwachungserfolgs zu einer Frage positiver und negativer Rückmeldungen bzw. Verstärkungen, die der Fahrer zu seinem Verhalten gegenüber Verkehrsvorschriften erhält. Werden Übertretungen häufiger belohnt (durch ein dem ursprünglichen Motiv entsprechendes und nicht durch Überwachung behindertes Verhalten) als bestraft, so wird die Übertragung dieses Lernerfolgs (Transfer) auf ähnliche künftige Situationen begünstigt („negatives Lernen" bei Seydel 1973); werden Übertretungen häufiger bestraft als belohnt und somit die Entdeckungswahrscheinlichkeit größer als 50% (vgl. Slavik 1979), so überwiegt ein gegenteiliger Transfereffekt.

> Daraus ergibt sich die ebenso zwingende wie praktisch kaum zu realisierende Folgerung, daß im Grundsatz der Erfolg einer Verkehrsvorschrift vom Erfolg ihrer Überwachung abhängt und daß eine unzureichend überwachte Vorschrift schlechter sein kann als keine Vorschrift. Denn der negative (subjektiv positive) Lernerfolg einer nicht bestraften Übertretung kann in seiner Übertragung auf weitere Verkehrssituationen zu einer weitgehenden **Entwertung von Verkehrsvorschriften** führen. In diesem Dilemma bietet sich die Unterscheidung zwischen Leit- und Hemmungsprinzip als möglicher Ausweg an: Wo die konkrete Form des Hemmungsprinzips (Vorschriften, die ursprüngliche Verhaltenstendenzen blockieren) nicht hinreichend überwacht werden kann, wäre verstärkt das Leitprinzip einzusetzen. Bezogen auf das Beispiel der Geschwindigkeitsbeschränkung:
> Örtliche Geschwindigkeitsbeschränkungen, deren Einhaltung nicht konsequent, d.h. mit einer Entdeckungsrate von mehr als 50% überwacht werden kann, sollten durch entsprechende Richtgeschwindigkeiten ersetzt werden. Diese geben die gleiche Information wie die Geschwindigkeitsbeschränkung, verhindern aber – durch ihren Empfehlungscharakter – im Fall ihrer Mißachtung, daß daraus das erfolgreiche Mißachten von Verkehrsvorschriften gelernt werden kann. Auch Überlegungen hinsichtlich eines positiven Rückmeldesystems im Gegensatz oder zumindest in Ergänzung zu einem Strafpunktsystem entsprechen einer verstärkten Anwendung des Leitprinzips und der lernpsychologischen Erfahrung, daß positive Rückmeldungen bessere Lernbedingungen darstellen als negative Rückmeldungen.

Die erwähnte Untersuchung von Syvänen (1968) läßt erkennen, wie groß die Bedeutung der subjektiven Überwachungswahrscheinlichkeit ist: Sie ist bei sichtbarer Gegenwärtigkeit der Überwachung maximal und bewirkt auch ohne tatsächliche Überwachung Verhaltensänderungen. Alltagsbeobachtungen im Straßenverkehr zeigen, daß manche Fahrer bei sichtbarer Polizeiüberwachung sogar langsamer, als das die jeweilige Geschwindigkeitsbeschränkung erlauben würde, fahren. Dieser Effekt konnte von Galizio et al. (1979) empirisch nachgewiesen werden, die in einer Feldstudie feststellten, daß Fahrer, deren Geschwindigkeit unter derjenigen der Geschwindigkeitsbeschränkung liegt, ihre Geschwindigkeit zusätzlich verlangsamen, wenn anstelle eines Normalfahrzeugs ein Polizeifahrzeug sichtbar ist. Die Autoren sprechen von einem **„Überreaktionseffekt"** und führen diesen auf die Furcht vor Bestrafung zurück, die stärker wirksam zu sein scheint als die rationale Kontrolle der Geschwindigkeitsanpassung.

Empirische Belege für die Wirkung der bloß sichtbaren Überwachung lieferten die Untersuchungen von Klebelsberg (1963) und Reinfurt et al. (1973; zit. nach Shinar 1978). Die Untersuchungen von Klebelsberg ergaben dabei, daß zur Auslösung der Verhaltensanpassung auch die Sichtbarkeit eines Fahrzeugs ausreicht, das in Typ und Farbe den üblichen Polizeifahrzeugen entspricht, sonst aber *nicht* als Polizeifahrzeug gekennzeichnet ist. Im übrigen betrug das Verhältnis von Höchstgeschwindigkeitsüberschreitungen ohne/mit sichtbarem Polizeifahrzeug auf städtischen Ausfallstraßen 6:1, auf Überlandstraßen 3,6:1.

Eine für die Verkehrsregelung wichtige Frage ist die nach der **Dauer der Gelbphase.** Sofern dabei nicht nur Kapazitätsgesichtspunkte wie Verkehrsmenge und Verkehrsflüssigkeit, sondern auch solche der Verkehrssicherheit berücksichtigt werden, ergibt sich daraus ein relativ schwieriges Problem, das in der angelsächsischen Literatur als **„amber light dilemma“** umschrieben wird. Es wird im wesentlichen durch die Entscheidungsvorgänge der Fahrer beim Übergang von der Grün- zur Rotphase bestimmt („noch durchfahren“ vs. „schon anhalten“). Untersuchungen, die den damit verbundenen psychologischen Gesichtspunkten Rechnung trugen, kamen zu dem Ergebnis, daß die Gelbphase im allgemeinen eher zu kurz ist (Olson u. Rothery 1961), und gelangten zur Empfehlung einer Phasenlänge von 5,5 s. Die Häufigkeit des Durchfahrens bei gelbem Ampellicht liegt nach Böcher et al. (1973) bei 60% (bezogen auf 728 beobachtete Fälle), diejenige des Durchfahrens bei rotem Ampellicht bei 4,5%.

Als Entscheidungshilfe für den Fahrer ist die Phase des **Grünblinkens** gedacht, durch das das Ende der Grünphase angezeigt wird. Überprüfungen der Auswirkungen ergaben Verringerungen der Unfälle mit dem Querverkehr, aber andererseits Erhöhungen der Auffahrunfälle (Mehalel u. Hakkert 1975; zit. nach Shinar 1978). Die Erhöhung der Zahl der Auffahrunfälle ist vermutlich auf den vergrößerten Entscheidungsspielraum bzw. auf die vermehrten Entscheidungsalternativen zurückzuführen, die, interindividuell gesehen, mehr kollidierende Verhaltenstendenzen ermöglichen. Darin kann ein Beispiel für die **sicherheitsbeeinträchtigenden Wirkungen einer Heterogenisierung des Verkehrsablaufes** gesehen werden. Allerdings ist es schwierig, bei Vorher-Nachher-Vergleichen, wie in der genannten Untersuchung, diesen Einfluß der Heterogenisierung zu kontrollieren. Es könnte nämlich auch so sein, daß gerade die uneinheitliche Anwendung des Grünblinkens innerhalb einer Stadt – sei es in der Form, daß nur einige, aber nicht alle Ampeln eine Grünblinkphase haben, sei es in der Form, daß die Grünblinkphasen an verschiedenen Ampeln verschieden lang sind – die ungünstigen Heterogenisierungswirkungen herbeiführt, während bei einer einheitlichen Grünblinkregelung die zusätzliche Information sogar zu einer Homogenisierung des Entscheidungsverhaltens beitragen könnte.

Die ungünstigen Auswirkungen von zu vielen und daher nicht klar überschaubaren Verhaltensmöglichkeiten wurden von Wilde et al. (1976) für bestimmte Situationen beim Überqueren von Bahngeleisen nachgewiesen. Der dabei beobachtbare hohe Anteil von Fehlverhaltensweisen wird einerseits auf die Heterogenität hinsichtlich Annäherungsgeschwindigkeiten, Geschwindigkeitsänderungen und Beschleunigungsänderungen zurückgeführt, die mit zunehmender Annäherung an die beobachteten Bahnübergänge größer wurde, sowie andererseits auf das ungünstige Signalisierungssystem. Die Empfehlung eines besseren Signalisierungssystems („sequential and standardized warning signal“) hat vor allem eine **Verringerung der Entscheidungsalternativen** und somit der Entscheidungsschwierigkeiten sowie eine Vereinheitlichung und daher bessere Antizipierbarkeit der individuellen Verhaltensweisen zum Ziel.

Auf die Möglichkeit, daß Sicherheitsmaßnahmen auch negativ wirksam werden können, hat besonders Wilde (1974) hingewiesen; so z.B. auf die Steigerung der Auffahrunfälle an 65 Kreuzungen in Ohio zwei Jahre nach Einführung von Ampeln um 116% gegenüber dem Vorherzustand (Conner 1960). Da andererseits nach Errichtung von Blinklichtern, anders als bei Verkehrszeichen, die Unfallziffer entscheidend absinken kann (Box 1970; zit. nach Wilde 1974) und die Sicherheit an Kreuzungen positiv mit dem Verkehrsaufkommen der betreffenden Kreuzungen korreliert, zieht Wilde den Schluß, daß die Vorsichtigkeit der Fahrer direkt von der *wahrgenommenen* Gefahr abhänge; zur Erklärung dieses Zusammenhangs wird von ihm die „Risikokompensationshypothese“ herangezogen, auf die an anderer Stelle eingegangen wird (vgl. Abschnitt 8.3).

6.2 Psychologische Gesichtspunkte des Teilsystems Fahrzeug

Veränderungen eines Teilsystems sind immer im Hinblick auf ihre Rückwirkungen auf andere Teilsysteme und auf das Gesamtsystem zu sehen. Beim Teilsystem Fahrzeug stehen unter psychologischem Gesichtspunkt vor allem Fragen von **direkten und indirekten Rückwirkungen auf den Fahrer** und sein Verhalten im Vordergrund des Interesses. So wirkt sich die im Lauf der technischen Entwicklung erfolgte Herabsetzung des Lärmniveaus im Fahrzeuginneren eines PKWs nicht nur in einer verringerten Lärmbelastung aus, sondern indirekt auch in einer verringerten Information über die Fahrgeschwindigkeit; ein anderes Beispiel wäre der Federungskomfort, der in den Anfängen des Automobils – in Verbindung mit schlechterem Straßenzustand – eine Steuerungsgröße für das Geschwindigkeitsverhalten war, diese Funktion aber zunehmend eingebüßt hat. Gerade unter dem Gesichtspunkt möglicher Monotoniebedingungen bleibt die Frage aktuell, wie Einflüsse, die in verschiedener Hinsicht unerwünscht sind, ohne wesentliche Herabsetzung des Aktivierungsniveaus ausgeschaltet werden können.

6.2.1 Informationsdifferenzierung

Die entgegengesetzte Frage besteht darin, wie dem Fahrer mehr und differenziertere Informationen angeboten werden können, ohne seine Informationsverarbeitungskapazität zu übersteigen. Ein Beispiel für eine Kompromißlösung ist die Bereitstellung von zusätzlichen Informationen für den Fahrer, deren Inanspruchnahme aber dem Fahrer selbst

Abb. 48. Ansicht des „Bordcomputers“. (Nach Siemens 1979, S. 61)

überlassen bleibt. Als ein Versuch in dieser Richtung kann der neuerdings entwickelte **„Bordcomputer"** angesehen werden (vgl. Abb. 48).

Dieses Gerät bietet Informationen über die Außentemperatur, über die Restentfernung bis zu einem eingegebenen Fahrtziel, über die voraussichtliche Ankunftszeit, über die zuletzt gefahrene Durchschnittsgeschwindigkeit, über den augenblicklichen Kraftstoffverbrauch, über die Länge der Fahrstrecke, für die der Kraftstoff noch ausreicht; außerdem kann eine Uhrzeit für das Einschalten der Standheizung und eine beliebige vierstellige Sperrzahl als Diebstahlschutz eingegeben werden. Es ist dabei aber auch möglich, selbst zu entscheiden, ob bestimmte Informationen passiv – also unabhängig vom aktiven Abrufen – gegeben werden sollen; dies ist möglich z. B. für die automatische Anzeige des Absinkens der Außentemperatur unter + 3° C, für das Überschreiten einer eingegebenen Geschwindigkeit u. a. m.

Eine andere Möglichkeit für eine Abstimmung zwischen maximal möglichen und minimal erforderlichen Informationen ist das Prinzip der Informationshierarchie, das beispielsweise im **„master warning light"** aufgegriffen wird: Es handelt sich dabei um eine Anzeigevorrichtung, die mehreren anderen Anzeigen übergeordnet ist, indem sie anzeigt, daß irgendeine der sonstigen Anzeigen (Kraftstoffmenge, Öldruck, Bremsflüssigkeit, Kühlwassertemperatur) einen kritischen Wert überschritten hat. Auf diese Weise ist der Fahrer nicht gezwungen, mehrere Anzeigen fortlaufend zu kontrollieren, sondern es genügt, wenn er nur die übergeordnete Anzeige kontrolliert. In solchen Fällen wird es sich empfehlen, die visuelle Anzeige mit einer akustischen zu verbinden, um die Informationsaufnahme relativ „kanalunabhängig" zu machen und beim Fahrer die ohnehin relativ überbeanspruchte visuelle Wahrnehmung zu entlasten.

6.2.2 Vereinheitlichung von Anzeigen

Ein wichtiger Gesichtspunkt für alle Formen von Anzeigen für bestimmte Fahrzeugfunktionen ist die Vereinheitlichung von Anzeigeformen für gleiche Anzeigeninhalte. Dies gilt beispielsweise für die Genauigkeit der Geschwindigkeitsanzeige, für die Blinkhäufigkeit der Richtungsanzeige sowie für die Bremslichtschaltereinstellung.

Psychologisch, nicht zuletzt sozialpsychologisch besonders ungünstig kann sich die **unterschiedliche Genauigkeit der Geschwindigkeitsanzeige verschiedener Fahrzeuge** auswirken. Zunächst wird dadurch die Beurteilung der Eigengeschwindigkeit von der subjektiven Interpretation des Ungenauigkeitsbereichs der Anzeige abhängig gemacht, so daß sich beispielsweise in der Situation einer Geschwindigkeitsbeschränkung – selbst bei gleicher Bereitschaft zur Einhaltung der geforderten Höchstgeschwindigkeit – mehrere verschiedene „korrekte" Geschwindigkeiten ergeben. Daraus können sich aber die Voraussetzungen für eine Verminderung des positiven Homogenisierungseffekts einer Geschwindigkeitsbeschränkung ergeben: Von zwei subjektiv korrekt Fahrenden erlebt der objektiv langsamer Fahrende den objektiv schneller, aber u. U. trotzdem korrekt Fahrenden als Geschwindigkeitsüberschreiter und muß erkennen, daß dieser für sein vermeintliches Fehlverhalten durch das relativ schnellere Vorwärtskommen belohnt wird – eine in ihren Auswirkungen höchst unerwünschte Form sozialen Lernens. Dabei handelt es sich keineswegs um wenig bekannte psychologische Zusammenhänge, sondern offensichtlich um so gut bekannte Zusammenhänge, daß sie bei der Fahrzeugkonstruktion ganz gezielt zugrunde gelegt werden; anders wäre es kaum zu erklären, daß die Geschwindigkeitsanzeigen, abgesehen von äußerst wenigen Ausnahmen, durchwegs überhöhte Werte anzeigen. Dem entspricht auch, daß die Tachometerskalen in den meisten Fällen in einen Geschwindigkeitsbereich reichen, der tatsächlich nicht erreicht werden kann und gerade demjenigen Fahrer, der an der Grenze der Leistungsfähigkeit seines Fahrzeuges interessiert ist, ständig vor Augen halten, daß er eine bestimmte obere Grenze noch immer nicht erreicht hat. Hier erschiene es hingegen erwägenswert, Tachometerskalen zu verwenden, die bis zum Wert der höchsten üblichen Geschwindigkeitsbeschränkungen reichen. Denn eine darüber hinausgehende Beurteilung der eigenen Geschwindigkeit kann ohnedies nur für die persönliche Anspruchsniveausetzung bedeutsam sein, für die aber – im Hinblick auf die von Bubb (1977) ermittelten Befunde – im Interesse der Verkehrssicherheit ein subjektives Bezugssystem wahrscheinlich besser, zumindest aber nicht schlechter als ein objektives ist: Geschwindigkeiten über 80 km/h werden im allgemeinen eher überschätzt.

Das Beispiel kann einmal mehr zeigen, daß es nicht von den psychologischen Sachverhalten und ihrer Erforschung abhängt, wie sie verwertet werden: Die Kenntnis der im Beispiel geschilderten Zusammenhänge wird einerseits kaufmännisch erfolgreich verwertet, andererseits bietet sie mögliche Ansatzpunkte für Verbesserungsmöglichkeiten im Sinn der Verkehrssicherheit.

Zum Ausgleich allgemeiner Fehlertendenzen wurde auch vorgeschlagen, die Geschwindigkeit durch **sec/km** anstatt durch **km/h** anzuzeigen (Svenson 1978), da sich der in diesem Fall eher lineare Zusammenhang mit der Bremsweglänge psychologisch günstig auswirken könnte.

Das Einhalten eines bestimmten Abstandes zum Vorderfahrzeug bei verschiedenen Geschwindigkeiten ist für den Fahrer eine Aufgabe, die eine sehr fein differenzierende Wahrnehmung von Entfernungen und Geschwindigkeiten erfordert. Am Transport Road Research Laboratory in England wurden Experimente mit dem sog. **„station keeping indicator“** durchgeführt, mit dem der Fahrer den Abstand über eine Visiereinrichtung kontrollieren kann (vgl. Abb. 49).

Allerdings werden dabei Beeinflussungen der Sicherheitsabstände durch unterschiedliche Fahrbahnzustände nicht automatisch berücksichtigt.

Wenn in der **Blinkhäufigkeit der Richtungsanzeige** zwischen verschiedenen Fahrzeugtypen größere Unterschiede bestehen, kann es in Situationen kurzfristiger Änderungen der Blickbewegungen infolge falsch antizipierter Blinkfrequenz zum Übersehen angezeigter Richtungsänderungen kommen. Auch diesem Nachteil könnte durch Homogenisierung der Richtungsanzeigeformen entgegengewirkt werden.

Die Bedeutung des erwähnten Beispiels der Bremslichtschaltereinstellung liegt ebenso wie im Fall der Richtungsanzeige in der Antizipierbarkeit des anzuzeigenden Verhaltens für die anderen Verkehrsteilnehmer. Auch hier sollte es das Ziel sein, gleiche Informationen über gleiche Sachverhalte und unterschiedliche Informationen über unterschiedliche Sachverhalte zu geben. Dementsprechend wäre eine möglichst frühzeitige, vor allem aber eine allgemein verbindlich genormte Schaltereinstellung zu fordern.

Möglichkeiten zu einer erhöhten **Differenziertheit der Bremsleuchtenfunktion** bieten mehrstufige Bremsleuchten, wie sie am Transport Road Research Laboratory erprobt wurden. Dabei ist das Fahrzeug mit sieben Bremsleuchten ausgestattet, die in Abhängigkeit von bestimmten Bremsverzögerungswerten eingeschaltet werden; die mittlere

Abb. 49. Blick auf den „station keeping indicator“ bei sicherem (oben) und unsicherem (unten) Abstand. Die angezeigte Geschwindigkeit beträgt in beiden Fällen 40 mph. (Nach Irving u. Rutley 1971, S. 10)

Bremsleuchte bei 0,075 g ($g = 9{,}81\ m/s^2$), zusätzlich die zwei benachbarten Leuchten bei 0,15 g und alle sieben Leuchten bei Verzögerungswerten über 0,4 g (Irving u. Rutley 1971).

In diesem Zusammenhang kann auch das **Antiblockiersystem** (ABS) zum Problem werden – ein Problem, das allerdings bei jeder Änderung einer Systemeinheit auftritt: Die kritische Phase des Übergangs von einer einheitlichen Funktionsweise zu einer anderen einheitlichen Funktionsweise. Dementsprechend ist es möglich, daß der Heterogenisierungseffekt der Übergangsphase mit den damit verbundenen ungünstigen Auswirkungen auf die Verkehrssicherheit vorübergehend stärker in Erscheinung tritt als die Vorteile des homogeneren Vorherzustands. Der Gewinn des ABS besteht in der Entlastung des Fahrers von einem sensomotorischen Teilregelkreis, der in einer schnell differenzierenden Registrierung und Dosierung des Bremsdrucks besteht. So unzweifelhaft die fahrdynamischen Vorteile des ABS für die Verkehrssicherheit sind, so kritisch kann sich u. U. das Nebeneinander bzw. das Hintereinander von Fahrzeugen auswirken, die teils mit, teils ohne ABS ausgestattet sind: Der Fahrer eines Fahrzeugs ohne ABS wird häufiger mit einem falsch antizipierten Bremsverhalten eines Fahrzeugs mit ABS konfrontiert und der Gefahr eines Auffahrunfalles ausgesetzt sein. Diese Gefahr wird zwar durch entsprechende Kennzeichnung von Fahrzeugen mit ABS etwas gemildert werden, aber die fehlende konkrete Erfahrung nicht ersetzen können. Die Frage nach der Auswirkung des ABS auf die subjektive Sicherheit ist zwar vorläufig noch nicht zu beantworten, jedoch auch in diesem Fall bei der Nutzenbeurteilung zu berücksichtigen.

Derartige Überlegungen können und sollen den Wert solcher technischen Weiterentwicklungen als *Möglichkeiten* für eine Sicherheitserhöhung in keiner Weise schmälern; ihre Bedeutung als *Möglichkeit* zur Sicherheitserhöhung wird aber vermutlich größer sein als die Bedeutung des konkreten Sicherheitsgewinns durch die Umsetzung dieser Möglichkeit in reales Verhalten.

6.2.3 Gestaltung von Rückleuchtsystemen

Untersuchungen zur verbesserten Gestaltung der Rückleuchtsysteme bieten reichhaltige Experimentierbedingungen hinsichtlich unterschiedlicher Kombinationen von Farb- und Formmerkmalen. So konnte beispielsweise Rosemann (1977) bei Simulation von Dunkelheitsfahrten die kürzesten und gegenüber Normalausführungen deutlich verbesserte Reaktionszeiten bei Fahrzeugen mit roten Brems- und grünen Schlußleuchten feststellen; gleichzeitig stellte sich allerdings heraus, daß unter dieser Bedingung auch der eingehaltene Abstand zum Vorderfahrzeug am kleinsten ist. Dabei muß aber wohl von vornherein bedacht werden, welche weitreichenden Folgen mit *jeder* Veränderung gesetzlich verankerter und den Verkehrsteilnehmern jahrelang vertraut gewordener Rückleuchtsysteme – etwa durch Verwendung grüner Leuchtelemente – verbunden wäre. Dies soll sicherlich kein grundsätzlicher Gesichtspunkt gegen die Umsetzung diesbezüglicher experimenteller Befunde sein, aber es ist ein Hinweis darauf, in solchen Fällen umso mehr die möglichen Vorteile und möglichen Nachteile abzuwägen.

Es zeigt sich an solchen Beispielen, daß empirisch-wissenschaftliche Befunde für die Praxis umso wertvoller sind, je früher sie vorgelegt und damit als Informationen für die *ersten* Entscheidungen und Regelungen verwendet werden können. Hingegen sinkt ihr pragmatischer Wert, wenn bereits Entscheidungen und Regelungen getroffen worden sind und eine Verwendung der Befunde nicht neue Regelungen, sondern die Revidierung bereits gültiger Regelungen bedeuten würde.

Die Ergebnisse von Mortimer (1971) aus Versuchen, in denen der Differenzierungsgrad von Rückleuchtsystemen hinsichtlich getrennter vs. gekoppelter sowie ein- vs. mehrfarbiger Funktionsanzeigen für Rücklicht, Bremslicht und Richtungsanzeige geprüft wurde, lassen deutlich erkennen, daß die Reaktionsgeschwindigkeit des nachfolgenden Fahrers am nachhaltigsten durch getrennte Anzeigen mit verschiedenen Leuchten für die verschiedenen Funktionen positiv beeinflußt werden kann; eine farbliche Differenzierung kann wohl zusätzlich nützlich sein, aber nicht den Nachteil gekoppelter Leuchten für zwei Funktionen ausgleichen. Aus den zahlreichen Versuchen von Mortimer (1971) ließ sich folgende Empfehlung für die Gestaltung von Rückleuchtsystemen ableiten (vgl. Abb. 50):

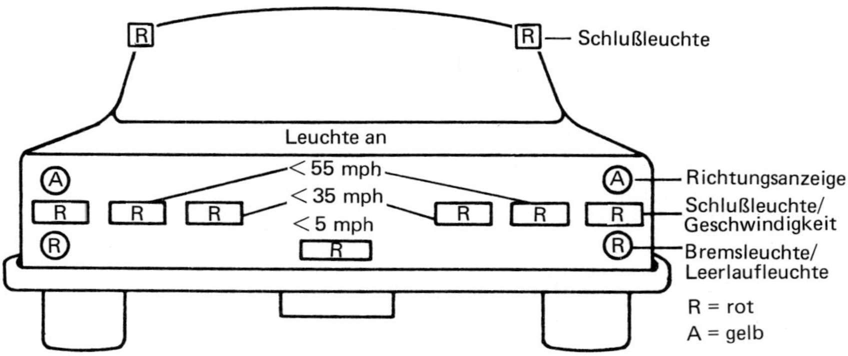

Abb. 50. Differenzierende Gestaltung von Rückleuchtsystemen an Personenkraftwagen. (Nach Mortimer 1971, S. 14)

Dabei wird ein **Maximum an Anzeigendifferenzierung** für folgende Funktionen – unter Beibehaltung der beiden Farben Rot und Gelb (R, A) – erreicht: Schlußleuchte (Presence), Bremsleuchte (Stop), Leerlaufleuchte (Coasting), Richtungsanzeige (Turn) und Geschwindigkeitsanzeige. Die Leerlaufleuchte zeigt eine Verlangsamung an, die durch das Loslassen des Gaspedals herbeigeführt wird (abgeschwächtes Aufleuchten der Bremsleuchte). Die Geschwindigkeitsanzeige erfolgt in vier Bereichen (0–4 mph, 5–34 mph, 35–54 mph, 55 mph und darüber). Dabei wäre noch zu erwägen, die oberen Schlußleuchten durch die neuerdings gesetzlich (in der Bundesrepublik Deutschland) genehmigten verdoppelten Bremsleuchten zu ersetzen. Diese sind auch als Ergänzung für herkömmliche Rückleuchtsysteme gedacht, um dem Fahrer das Abbremsen nicht nur des unmittelbaren, sondern auch weiterer Vorderfahrzeuge durch die Fenster der dazwischen fahrenden Fahrzeuge wahrnehmbar zu machen und auf diese Weise den **Kumulationseffekt von Bremswegverkürzungen** bei plötzlichem Anhalten des ersten Fahrzeugs einer Fahrzeugkolonne abzuschwächen.

In einer vergleichenden Untersuchung von Kraftfahrzeugkennzeichen in Normalausführung und in rückstrahlender Ausführung konnten Biehl et al. (1969) nicht nur Auswirkungen auf Helligkeit und Lesbarkeit nachweisen, sondern auch auf die Schätzung der Entfernung von Fahrzeugen: Fahrzeuge mit rückwärtigen rückstrahlenden

Kennzeichen werden in ihrer Entfernung besser eingeschätzt als Fahrzeuge mit Normalkennzeichen, deren Entfernung im allgemeinen überschätzt wird, was durchaus als sicherheitsbeeinträchtigend beurteilt werden muß.

6.2.4 Anzeigen durch „head-up-display"

Die äußere Gestaltung der Anzeigevorrichtungen des Fahrzeugs mit Schwerpunkt ihrer Funktion in der Information für den Fahrer selbst ist im wesentlichen eine Frage der Gestaltung des Armaturenbretts unter dem Gesichtspunkt der Lesbarkeit und soll hier nicht näher erörtert werden. Hingegen sind hier noch neu entwickelte Formen der Anzeigen wie das sog. **head-up-display (HUD)** zu erwähnen. Dabei handelt es sich um Anzeigen von situativ bedeutsamen Informationen, die im Blickfeld des Fahrers als virtuelles Bild dargeboten werden, so daß keine Blick- oder Kopfbewegungen zu ihrer Wahrnehmung erforderlich sind. Dies kann beispielsweise beim Durchfahren von Kurven bedeutsam werden, wo die Blickfixationen auf Punkte der Fahrbahn besonders wichtig sind, andererseits aber eine genaue Kontrolle der Fahrgeschwindigkeit eine Blickverlagerung notwendig machen würde. Im Fall einer Geschwindigkeitsanzeige durch HUD wird der jeweilige Tachometerwert hingegen direkt in das Blickfeld des Fahrers projiziert, so daß auch eine Neuakkommodation entfällt (vgl. Abb. 51).

Diesbezügliche Versuche von Rutley (1975) wurden in der Weise durchgeführt, daß 36 freiwillige Versuchspersonen nach 60 km Probefahrt eine 160 km lange Strecke, die 16 Kurven mit Geschwindigkeitsbeschränkungen enthielt, in zwei gleichen Fahrzeugen

Abb. 51. Geschwindigkeitsanzeige durch head-up-display. (Nach Rutley 1975, S. 94)

durchfuhren, einmal mit, einmal ohne HUD. Mittlere und 85%-Geschwindigkeit in den 19 geschwindigkeitsbeschränkten Kurven unterschieden sich signifikant zugunsten der Fahrten mit HUD. Rutley hebt noch den Einzelbefund hervor, wonach in Kurven, in denen die Geschwindigkeitsbeschränkung auch ohne HUD eingehalten wurde, die Geschwindigkeit bei Fahrten mit HUD niedriger lagen. Andere HUD-Arten zeigen Abstandsveränderungen zum Vorderfahrzeug an. Daß dadurch die intraindividuelle Variabilität der Abstände von Fahrern eingeschränkt werden kann, konnten Harras u. Mourant (1970; zit. nach Shinar 1978) zeigen. Eine technische Weiterentwicklung in Form einer Bremsweganzeige als HUD stammt von Bubb (1976). Die ständige Messung des Kraftschlußbeiwerts unter den jeweiligen Fahrbahnbedingungen ergibt dabei die Führungsgröße, während der in Abhängigkeit von der Fahrgeschwindigkeit jeweils zur Verfügung stehende Bremsweg die Nachführgröße (im Sinn einer Verfolgungs-Tracking-Aufgabe) darstellt. Der Vergleich der beiden Größen erfolgt durch ein analog anzeigendes HUD, „durch das der Fahrer den Eindruck hat, daß die Stelle, an der sein Fahrzeug bei einer Notbremsung zum Stillstand kommen würde, durch einen quer auf der Straße liegenden Lichtbalken markiert wird" (Bubb 1976, S. 118). Die Photomontage der Abb. 52 zeigt, wie bei einer Ausgangsgeschwindigkeit von 100 km/h und einem Kraft-

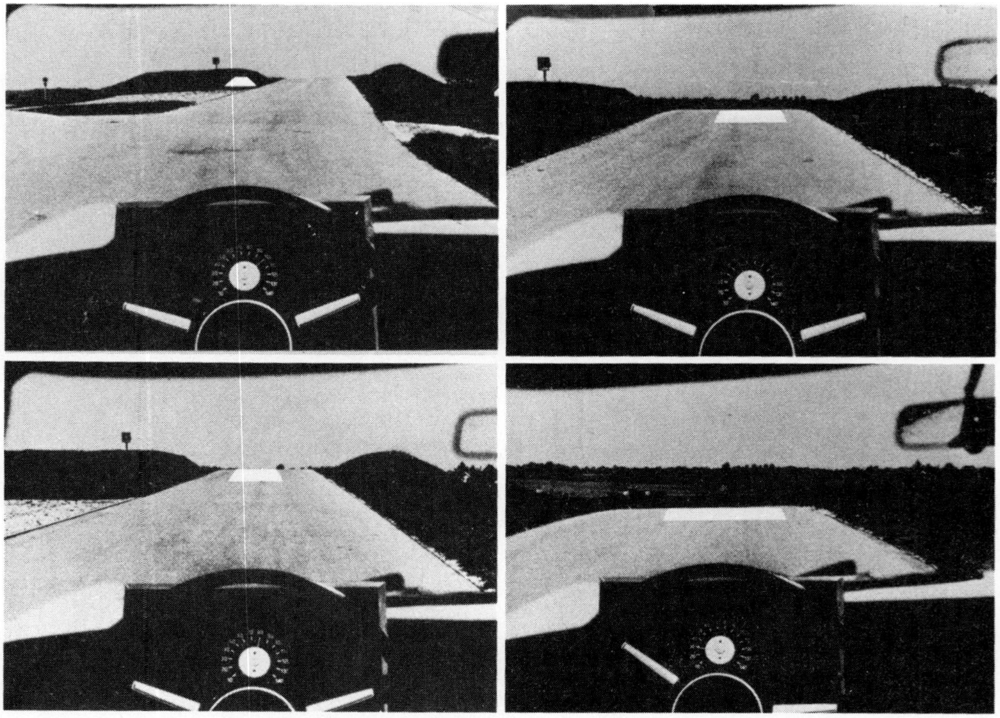

Abb. 52. Wirkung der Bremsweganzeige bei Zufahrt auf eine Kuppe. Geschwindigkeits- und Bremsweg für die einzelnen Situationen; **a** 100 km/h, 77 m; **b** 80 km/h, 53 m; **c** 60 km/h, 34 m; **d** 30 km/h, 12 m. (Nach Bubb 1976, S. 117)

schlußbeiwert von 0,8 (trockene, griffige Straße) je nach Sichtweite die Geschwindigkeit bis auf 30 km/h verringert werden muß, damit der benötigte Bremsweg nicht die Sichtweite übersteigt.

6.2.5 Sicherheitsausstattung

Ein grundsätzliches Problem der Beurteilung von Sicherheitsausstattungen des Fahrzeugs soll am Beispiel der **Spikereifen** aufgezeigt werden. Der physikalisch definierbare Sicherheitsgewinn durch Spikereifen gegenüber Normalreifen auf Schnee- oder eisglatter Fahrbahn ist solange unzweifelhaft, als der Fahrer auf die Tatsache der Ausrüstung mit Spikereifen nicht auch mit erhöhter Geschwindigkeit reagiert und somit den gewonnenen Vorteil wieder entwertet (vgl. dazu das in Abschn. 8.4 beschriebene Modell der subjektiven und objektiven Sicherheit). Dieses grundsätzliche Problem wurde von Rumar et al. 1976) systematisch untersucht, indem sie die Geschwindigkeiten und Haftreibwerte von Fahrzeugen an zwei Kurven unter trockenen und vereisten Straßenbedingungen erfaßten und daraus für Fahrzeuge mit und solche ohne Spikereifen entsprechende Sicherheitsmarginale errechneten. Es zeigte sich, daß bei vereister Fahrbahn mit Spikereifen zwar die Geschwindigkeiten höher liegen als bei Fahrzeugen mit Normalreifen, daß aber trotzdem ein vergrößertes Sicherheitsmarginal erreicht wurde; d.h., die Fahrer schöpften den durch die Spikereifen erzielten Sicherheitsgewinn durch den Grad ihrer Geschwindigkeitserhöhung nicht voll aus, so daß ein echter Sicherheitsgewinn verblieb. Dieses Ergebnis wird zwar nicht ohne weiteres verallgemeinert werden können, zumal sich unter trockenen Bedingungen keine eindeutigen Geschwindigkeitsunterschiede nachweisen ließen; solche müßten aber im Sinn eines uneingeschränkten Sicherheitsgewinns vorhanden sein, indem auf trockenen Straßen mit Spikereifen langsamer gefahren werden müßte als mit Normalreifen. (Die vorliegenden Einzelergebnisse, z.B. für die einzelnen Meßzeitpunkte, ermöglichen hier uneinheitliche Interpretationen.) Der besondere Wert dieser Untersuchung liegt aber darin, daß sie klar erkennen läßt, daß erst nach systematischer Prüfung der direkten *und* indirekten Auswirkungen einer Sicherheitsmaßnahme beurteilt werden kann, ob ihr tatsächlich ein Sicherheitsgewinn zugesprochen werden kann.

Die Begrenztheit des Nutzens isoliert technischer Sicherheitsvorkehrungen wird am deutlichsten am Beispiel der **Sicherheitsgurte:** Trotz nahezu optimaler Konstruktion und unbestreitbarem *möglichem* Nutzen scheitert die Umsetzung dieser Möglichkeit häufig genug an der fehlenden Nutzungsbereitschaft des Fahrers. Besonders eindrucksvoll ist die Situation in der Schweiz, wo im Jahr 1976 durch die Einführung des Gurttragobligatoriums die Anlegequote auf 78% innerorts, 85% außerorts, 92% auf Autobahnen angehoben worden war, diese sich aber im Lauf der Jahre bis 1980 auf 23% bzw. 35% bzw. 52% wieder gesenkt hat; allerdings erfolgte in der Zwischenzeit aus rein formellen Gründen wieder eine Aufhebung der Anlegepflicht durch zwei Urteile des Bundesgerichts (Beratungsstelle für Unfallverhütung 1979, 1980) – ein eindrucksvolles Beispiel dafür, wie eine Sicherheitsmaßnahme, die noch dazu im Vergleich zu anderen Sicherheitsmaßnahmen einen maximal positiven Kosten-Nutzen-Effekt hat, systematisch unterlaufen werden kann. Aber auch in anderen Ländern ist die Anlegehäufigkeit, besonders im innerstädtischen Bereich, unbefriedigend. Ähnliche Anfangseffekte konnten Fhanér u. Hane (1979) in Schweden durch einen Vergleich von Untersuchungsdaten aus dem Jahr 1971 und aus dem Jahr 1976 feststellen, nachdem in Schweden mit Beginn des Jahres 1975 die Gurttragepflicht eingeführt worden war. Die Benutzungshäufigkeit stieg von ca. 30% (5–10% innerorts, 30–40% außerorts) auf 85%. In Befragungen wurde eine gleichzeitige Abnahme ablehnender Meinungen, besonders hinsichtlich Unbehagen und Unbequemlichkeit ermittelt; dieser Effekt war besonders bei jenen Personen ausgeprägt, deren Gurtbenützung durch die Vorschrift herbeigeführt wurde, während Personen, die den Sicherheitsgurt auch nachher nicht benutzten, in ihrer ablehnenden Haltung – im Sinn der Reaktanzhypothese (Brehm 1966) – noch ausgeprägter waren als vorher. Die Autoren interpretieren ihre Ergebnisse in der Weise, daß die Meinungsänderungen durch Verhaltensänderungen bewirkt wurden und sehen darin ein Gegenstück zu den Ergebnissen, die im Zusammenhang mit der Umstellung vom Links- auf den Rechtsverkehr in Schweden 1967 gewonnen wurden: Intensive Informations- und Werbemaßnahmen erzielten nur wenig Erfolg bezüglich negativer Einstellungen gegenüber dem Rechtsverkehr; ein Jahr nach der erfolgten Umstellung hatten sich die Meinungen deutlich zum Positiven verändert (Spolander 1968; zit. nach Fhanér u. Hane 1979).

Als Erklärungshypothese für die relativ häufige **Ablehnung der Sicherheitsgurtbenutzung** kommt die Assoziation zwischen Sicherheitsgurt und Unfall in Betracht (Bundesanstalt für Straßenwesen 1974, Blomgren u. Scheunemann 1961). Solche negativen Assoziationen sind in zweierlei Formen möglich: einerseits in Form einer Erinnerung an die Möglichkeit eines Unfalls überhaupt und andererseits in Form einer Vorstellung negativer Folgen der Gurtbenützung im Falle eines Unfalls. So konnten in gezielten Befragungen als hauptsächliche Einwände gegen eine Gurtbenützung die Befürchtung, Unfallhelfer könnten ggf. den Gurt nicht lösen können, und die Angst vor dem Verbrennen im Fahrzeug ermittelt werden (Bundesanstalt für Straßenwesen 1974). Diese negativen Einstellungen können um so stärker wirksam werden, weil im allgemeinen, wie von Kroj u. Pfafferott (1974) und Berger et al. (1974) hervorgehoben wird, die sinnlich erfahrene Gewißheit für die Nützlichkeit des Sicherheitsgurts fehlt und nur eine abstrakte Gewißheit geboten wird. Darüber hinaus sind Einstellungen gegenüber dem Sicherheitsgurt nach Auffassung der genannten Autoren vor dem Hintergrund von individuell verschiedenen Formen der Verkehrsbewältigung, sog. „Fahrwelten", zu sehen, indem sich das Erleben und Verhalten eines Fahrers in jeweils spezifischer Weise ausbildet: Im Fall der Fahrwelt des „Auslebens" kann es zu einer Ablehnung des Sicherheitsgurts aufgrund von Angstvermeidung kommen, während im Fall der Fahrwelt des „Absicherns" der Sicherheitsgurt eine stützende Funktion erhalten kann. Auf die ungünstigen Verstärkungseffekte bei der Benützung des Sicherheitsgurtes weisen auch Slovic et al. (1978) hin: Während die Nichtbenutzung durch das subjektiv als gering wahrgenommene Unfallrisiko „belohnt" wird, wird die Benutzung durch damit verbundenen Aufwand und Unbequemlichkeit häufig „bestraft".

Vorrichtungen zur Fahrzeugblockierung im Fall einer Alkoholisierung des Fahrers **(alcohol ignition interlock device, AIIB)** wurden in neuerer Zeit verschiedentlich entwickelt. Sie enthalten nach Shinar (1978) eine psychomotorische Aufgabe, die der Fahrer lösen muß, damit die Zündung eingeschaltet werden kann, und sollen folgende Anforderungen erfüllen: Die Aufgabe sollte fahrspezifisch sein; sie sollte wenig Zeit und Mühe erfordern; sie sollte kritische Alkoholisierungsgrade zuverlässig differenzieren, ohne jedoch in ihrer Bewältigung von anderen zeitkonstanten oder zeitvariablen Fahrerbedingungen (z. B. Altersunterschieden, Ermüdungsschwankungen u. a.) abhängig zu sein. Während es noch relativ leicht möglich erscheint, dabei eine Aufgabe zu entwickeln, die Alkoholisierungswirkungen sensibel erfaßt, erscheint es ungleich schwieriger, solche Wirkungen *spezifisch* zu erfassen. Auch eine Reihe damit zusammenhängender rechtlicher Fragen ist vorerst noch weitgehend ungeklärt.

6.3 Zusammenfassung

Die Beeinflussung des Verkehrs- und besonders des Fahrverhaltens durch die Straßengestaltung hat insofern einen hohen Wirkungsgrad, als es sich dabei um Wirkungen auf jeden damit konfrontierten Verkehrsteilnehmer handelt und nicht nur auf bestimmte Personengruppen.

Merkmale der Straßengestaltung stehen in Wechselwirkung mit den subjektiven Erwartungen des Verkehrsteilnehmers und können sich je nach Übereinstimmung bzw. Diskrepanz zwischen antizipierter und tatsächlicher Situation günstig oder ungünstig auswirken.

Gestaltungsmerkmale der Straße und der Verkehrseinrichtungen können entsprechend dem **Hemmungsprinzip** unangepaßtes Verhalten verhindern oder entsprechend dem **Leitprinzip** zu angepaßtem Verhalten hinführen. Eine der wichtigsten Anwendungsformen des Leitprinzips ist die visuelle Führung durch Leiteinrichtungen und Bodenmarkierungen. Längsmarkierungen können – je nach Sichtverhältnissen – Orientierungs- oder Barrierenfunktion haben, wobei Randmarkierungen wichtiger sind als Leitlinien. Die informationsvermittelnde Funktion von Bodenmarkierungen wird durch ihre Lokalisierung im zentralen oder peripheren Blickfeld des Fahrers begünstigt.

Die **Wahrnehmbarkeit von Verkehrszeichen** wurde einerseits unter dem Gesichtspunkt des **Anteils erfaßter Verkehrszeichen** an allen Verkehrszeichen einer bestimmten Fahrstrecke untersucht, andererseits unter dem Gesichtspunkt der **Wahrnehmungshäufigkeit eines bestimmten Verkehrszeichens.** Die Nichtwahrnehmung von Verkehrszeichen scheint sowohl von gestaltungsmäßigen als auch von motivationsbezogenen als auch von situativen Bedingungen abzuhängen.

Die verhaltensbeeinflussende Funktion von Verkehrszeichen bezieht sich auf ein bestimmtes situationsspezifisches Verhalten, nicht auf Verhaltensmotive. Diese Wirkung ist weitgehend von der damit verbundenen Verkehrsüberwachung abhängig, deren Erfolg durch Art und Häufigkeit von Rückmeldungen an den Fahrer abhängt. Die Wirksamkeit von Verkehrszeichen ohne ausreichende Überwachung kann sogar negativ im Sinn unerwünschter Lerneffekte sein.

Für die Verkehrsregelung durch **Verkehrsampeln** kommt der Dauer der Gelbphase bzw. der Grünblinkphase besondere Bedeutung zu. Ihre Gestaltung sollte vor allem unter den Gesichtspunkten eindeutiger Entscheidungsalternativen und einer Homogenisierung erfolgen.

Veränderungen des **Teilsystems Fahrzeug** müssen besonders sorgfältig im Hinblick auf ihre Rückwirkungen auf andere Teilsysteme, vor allem jenes des Fahrers, beurteilt werden.

Unter den psychologischen Gesichtspunkten der Fahrzeuggestaltung kommt den Gesichtspunkten der Ausgewogenheit zwischen maximal möglichen und minimal erforderlichen Informationen und der **Vereinheitlichung von Anzeigeformen** für gleiche Anzeigeinhalte besondere Bedeutung zu.

Neben der Funktion von Anzeigen für den Fahrer selbst (z.B. in Form von Geschwindigkeitsanzeigen) ist auch die Funktion von Anzeigen für die Fahrer anderer Fahrzeuge zu berücksichtigen (z.B. in Form von Richtungs- und Bremsanzeigen); im letztgenannten Fall liegt die Bedeutung der Anzeigefunktion in der **Antizipierbarkeit des anzuzeigenden Verhaltens für die anderen Verkehrsteilnehmer.**

Eine neu entwickelte Form der Anzeige sind sog. **head-up-displays,** durch die situationsbezogene Informationen in Form virtueller Bilder in das Blickfeld des Fahrers projiziert werden und somit ohne größere Blickbewegungen erfaßt werden können.

Insbesonders die **Sicherheitsausstattungen von Fahrzeugen** können in ihrem Wirkungsgrad erst nach Prüfung ihrer direkten und indirekten Auswirkungen beurteilt werden, weil es hier darauf ankommt, ob ein technisch möglicher Sicherheitsgewinn durch die Fahrweise des Fahrers auch tatsächlich realisiert oder aber entwertet wird. In manchen Fällen (z.B. beim Sicherheitsgurt) hängt die Realisierung des Sicherheitsgewinns durch technische Einrichtungen von der Bereitschaft ab, diese überhaupt anzunehmen. Die Gründe für die verhaltensmäßige Ablehnung von Sicherheitsgurten scheinen in relativ komplizierten Motivkonstellationen zu liegen.

7 Pädagogische Verkehrspsychologie

7.1 Verkehrspsychologische Sicherheitswerbung

Der Ausdruck „verkehrspsychologische Sicherheitswerbung“ wird als Bezeichnung für jenen Bereich pädagogischer Verkehrspsychologie verwendet, der häufig auch als **Verkehrserziehung** und/oder **Verkehrsaufklärung** für Erwachsene bezeichnet wird. Diese Unterscheidung in der Terminologie erscheint aus zwei Gründen angebracht. Einerseits handelt es sich in diesen Fällen im Hinblick auf die Zielgruppe sicherlich um keine Erziehungssituation. Andererseits kann gerade durch die Klassifizierung mancher hierher gehörender Einzelmaßnahmen als „Verkehrserziehungsmaßnahmen“ bereits eine Voraussetzung für ihren Mißerfolg geschaffen werden, indem die Zielgruppe (Erwachsene, Berufstätige, lebenserfahrene Menschen) leicht brüskiert werden kann, wenn ihr Erziehungsmaßnahmen zugedacht werden. Verkehrserziehungs- und Verkehrsaufklärungsmaßnahmen für Erwachsene richten sich – zum Unterschied von Verkehrserziehungsmaßnahmen für Kinder und Jugendliche – an Zielgruppen, die wohl der Absicht nach bestimmt, dem tatsächlichen Erreichen der Zielgruppe nach aber unbestimmt sind. Dieser Umstand ist solchen Maßnahmen und allgemeinen Werbeaktivitäten gemeinsam.

Bei jeder Art von Werbung ist es das Ziel, Verbrauchern ein Produkt so nahezubringen, daß sie es als ihnen zugehörig erleben und beurteilen und es in ihre Zielvorstellungen und Zielsetzungen einbeziehen. Dies wird im allgemeinen auf dem Weg versucht, daß dem Vorstellungsbild des Produkts eine instrumentelle Funktion für das individuelle Zielerreichen verliehen wird: Der Verbraucher soll von der Zweckmäßigkeit oder Notwendigkeit des Produkts für das Erreichen individueller Ziele bzw. für individuelle Bedürfnisbefriedigungen überzeugt werden; d.h. das Produkt soll – im Lewinschen Sinn – ein Quasibedürfnis wecken, um die Befriedigung eines übergeordneten Bedürfnisses zu ermöglichen.

Das Wirksamwerden des Quasibedürfnisses, d.h. des Produktbedürfnisses, ist dabei schon als das Ergebnis erfolgreicher Werbung anzusehen. Die eigentliche Aufgabe der Werbung liegt darin, zu erreichen, daß dieses **Quasibedürfnis** sich überhaupt aus einem übergeordneten Bedürfnis ergibt. Dazu bestehen grundsätzlich zwei Möglichkeiten: entweder an einem bereits vorhandenen Bedürfnis anzuknüpfen und es in Richtung des – vom Werbeziel her gesehen – gewünschten Quasibedürfnisses zu intensivieren; oder ein Bedürfnis, aus dem sich das betreffende Quasibedürfnis mit relativ großer Wahrscheinlichkeit ergibt, zu wecken. Es ist naheliegend, anzunehmen, daß das Werbeziel im ersten Fall leichter erreicht werden kann als im zweiten. Wenn das Werbeziel z.B. im Kaufen einer bestimmten Seifenmarke besteht, so wird dies einfacher sein, wenn es sich um eine Zielgruppe handelt, bei der ein ausgeprägtes Sauberkeitsbedürfnis besteht, als wenn dieses Sauberkeitsbedürfnis erst geweckt werden müßte. Dies wird auch dann noch gelten, wenn aufgrund des bestehenden Sauberkeitsbedürfnisses ein Quasibedürfnis in Bezug auf eine andere Seifenmarke bereits wirksam ist, wie dies in den meisten Fällen der Produktwerbung der Fall ist.

7.1.1 Sicherheits- vs. Produktwerbung

Allerdings scheinen zwischen den üblichen Formen der Produktwerbung und der Sicherheitswerbung grundsätzliche Unterschiede in den psychologischen Ausgangsbedingungen zu bestehen. Je mehr eine Produktwerbung von Kosten-Nutzen-Überlegungen ausgeht, desto mehr wird sie sich an bestimmten Verbraucherbedürfnissen orientieren. Demgegenüber mußte gerade diejenige Form von Sicherheitswerbung, die sich am Sicherheitsbedürfnis des Verkehrsteilnehmers orientiert hatte, die größten Mißerfolge hinnehmen. Die Erklärung dafür wird in den Ergebnissen von Einstellungs- und Verhaltensanalysen zu suchen sein, die deutlich machen, daß das Sicherheitsbedürfnis bzw. das Sicherheitsmotiv für das Verhalten im Straßenverkehr keine übergeordnete und ausschlaggebende Funktion für die Verhaltenssteuerung hat. Jedes Motiv der aktiven Teilnahme am Straßenverkehr – sogar auch im nichtmotorisierten Bereich – bewirkt zwangsläufig die Umfunktionierung eines in anderen Lebensbereichen eher dominierenden Sicherheitsmotivs in ein instrumentelles Motiv: Sicherheit als Mittel zum Zweck, nicht als Selbstzweck: **Sicherheit als Quasibedürfnis,** nicht als Bedürfnis an sich. (Niemand nimmt am Straßenverkehr teil, um sicherer zu leben, sondern um von A nach B zu kommen.)

Die besondere Schwierigkeit, mit der sich die **Sicherheitswerbung** im Gegensatz zur **Produktwerbung** auseinanderzusetzen hat, besteht in dem subjektiv als Gegensatz erlebten Verhältnis zwischen dem dominierenden **Motiv des Zielerreichens** und dem **Sicherheitsmotiv.** In der Verkennung des Unterschieds zwischen Produkt- und Motivwerbung wird auch eine der grundlegenden Ursachen des weitgehenden Ausbleibens von Erfolgen herkömmlicher Art von Sicherheitswerbung in Form verschiedenster Verkehrserziehungs- und Verkehrsaufklärungsaktionen und -kampagnen liegen: Weil letztlich Sicherheit erreicht werden sollte, glaubte man, an das Sicherheitsmotiv appellieren zu müssen, ohne zu wissen, welcher Stellenwert dem Sicherheitsbedürfnis in der aktuellen Bedürfnishierarchie des Verkehrsteilnehmers zukommt.

In diesem Zusammenhang wird auch deutlich, daß den Annahmen relativ stabiler Bedürfnishierarchien (vgl. Maslow 1970) nur sehr begrenzte Bedeutung für die Beschreibung und Erklärung konkreten Verhaltens zukommt. Gerade das Verhalten im Straßenverkehr im Vergleich zum Verhalten in anderen Lebensbereichen zeigt deutlich, daß die für das aktuelle Verhalten wirksamen **Bedürfnis- bzw. Motivhierarchien in hohem Maß situationsabhängig** sind. Daß eine derartige intraindividuelle Bedürfnis- bzw. Motivvariabilität im Sinn des Interaktionismus eine Stabilität höherer Ordnung nicht ausschließt, bleibt unbestritten, kommt aber in den bisher entwickelten Motivationsmodellen zum Verkehrsverhalten nicht zur Geltung (vgl. Hoyos u. v. Pupka 1977).

Auch die Tatsache, daß sich eine auf Sicherheitsappelle aufbauende und mit erheblichem Aufwand verbundene Sicherheitswerbung solange behaupten konnte, ist letztlich auf die bis dahin noch **fehlende Kenntnis der differenzierten Motivationsstruktur des Verkehrsteilnehmers** zurückzuführen: Die Argumentation: „Weil es um Sicherheit geht, muß an Sicherheit appelliert werden", erscheint offensichtlich nicht nur den Initiatoren solcher Werbeaktionen, sondern auch den Zielgruppenangehörigen so plausibel, daß es allgemeine Zustimmung fand, „die Leute", zu denen man selbst nicht unbedingt gehört, an vorsichtiges Verhalten zu erinnern.

Eine auf größere Erfolgsaussichten ausgerichtete Sicherheitswerbung wird sich daher wesentlich mehr an den Ergebnissen der inzwischen angereicherten empirischen Forschung orientieren. Sie wird vor allem die differenzierte Motivations- und Verhaltensstruktur verschiedener Verkehrsteilnehmergruppen und insofern das Verkehrsverhalten als Risikoverhalten (vgl. Abschn. 3 2.2.6) verstehen. Um erfolgreich zu sein, muß es ihr gelingen, dem Sicherheitsbedürfnis die Funktion eines Quasibedürfnisses im Dienst des übergeordneten Bedürfnisses des Zielerreichens zu verleihen: Werbetechnisch gesehen läßt sich Sicherheit nicht um ihrer selbst willen verkaufen, sondern nur zum Zweck der Realisierung dominierender individueller Interessen (vgl. Undeutsch 1961). Insofern wird verkehrspsychologische Sicherheitswerbung nicht umhinkönnen, gelegentlich auch „negativ werben" zu müssen,

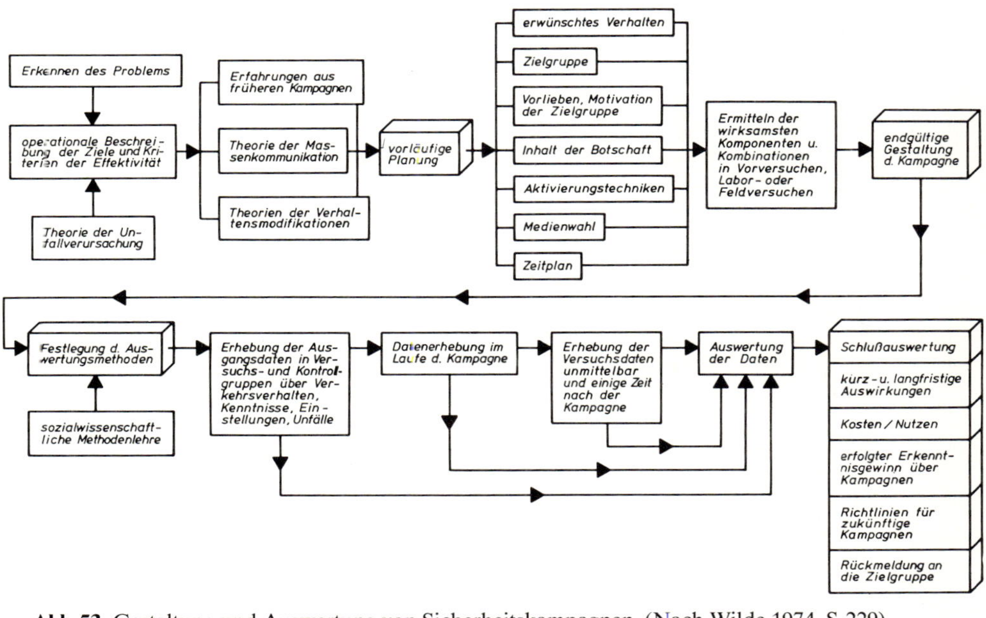

Abb. 53. Gestaltung und Auswertung von Sicherheitskampagnen. (Nach Wilde 1974, S. 229)

d. h. gegen bestimmte Einzelbedürfnisse zu argumentieren, so unbestritten einer positiven Werbung unter Erfolgsgesichtspunkten im allgemeinen der Vorrang einzuräumen ist. So wird etwa dem Verkehrsteilnehmer klarzumachen sein, daß die Funktionsfähigkeit des Gesamtsystems Straßenverkehr, der sinnvollerweise sein übergeordnetes Interesse gelten müßte, nur dann ermöglicht wird, wenn ihr andere Teilinteressen untergeordnet und somit manche individuellen Ansprüche an das Gesamtsystem (z. B. hinsichtlich „Freiheit" und Unabhängigkeit) verringert werden.

Grundlegende Gesichtspunkte für aussichtsreiche Sicherheitswerbung im Straßenverkehr wurden von Wilde et al. (1971) im Rahmen einer Forschungsgruppe der Organisation für wirtschaftliche Zusammenarbeit und Entwicklung (OECD) zusammengestellt. Die Beziehungen zwischen den verschiedenen für eine Sicherheitswerbung maßgeblichen Gesichtspunkten werden in einem von Wilde (1974) entwickelten Ablaufdiagramm verdeutlicht (Abb. 53).

Die wesentlichen Gesichtspunkte sollen im folgenden kurz erläutert werden.

7.1.2 Festlegung des Zielverhaltens

Am Beginn jeder gezielten Sicherheitswerbung muß klargestellt werden, welches Verhalten überhaupt Gegenstand der Werbemaßnahme sein soll. Dabei ist zu bedenken, daß mit einer gewissen Gegenläufigkeit von Allgemeinheit des Zielverhaltens einerseits und Intensität im Ansprechen der Zielgruppe andererseits zu rechnen ist: Je weitläufiger und allgemeiner das Zielverhalten ist, desto schwächer wird die Intensität sein und umgekehrt. Daraus ergibt sich die Veranlassung zu einer eher engen Festlegung des Zielverhaltens; z. B. wäre eine Werbung für das häufige Anlegen von Sicherheitsgurten im Stadtverkehr durch eine gezielte Ansprache des Fahrverhaltens im Stadtverkehr intensiver als durch einen Appell an das Fahren mit Sicherheitsgurten im allgemeinen.

Hier wird auch zu entscheiden sein, ob es sich beim Zielverhalten um Verkehrsverhalten im eigentlichen Sinn oder um Verkehrseinstellungen oder Verkehrswissen handeln soll. Dabei ist zu berücksichtigen, daß Änderungen des Ist-Zustandes im allgemeinen beim Verkehrswissen am leichtesten und beim eigentlichen Verkehrsverhalten durch Sicherheitswerbung am schwierigsten zu erreichen sind. Naturgemäß ist für den eigentlichen Erfolg von Sicherheitswerbung die Beeinflussung des tatsächlichen Verhaltens ausschlaggebend; Veränderungen von Verkehrswissen und erfragbaren Verkehrseinstellungen besagen strenggenommen noch nichts über den verhaltensändernden Erfolg einer Werbemaßnahme.

Die Festlegung des Zielverhaltens wird umso nutzbringender sein können, je mehr sie sich auf Ergebnisse von empirischen Verhaltensanalysen stützen kann. Dadurch wird eine genauere **„Diagnose" der Ausgangslage** ermöglicht und die darauf ausgerichtete „Therapie" durch Sicherheitswerbung um denjenigen Anteil an Fehlervarianz verringert, der zu Lasten falscher Beurteilungen des zu beeinflussenden Verhaltens geht.

7.1.3 Festlegung der Zielgruppe

Auch diesbezüglich gilt, daß eine Wechselbeziehung zwischen Allgemeinheit der Zielgröße und Gezieltheit bzw. Intensität der Ansprache besteht. Dabei werden allerdings auch noch Aufwandsgesichtspunkte zu berücksichtigen sein, weil die Ansprache der gleichen Population bei Aufgliederung in viele Teilzielgruppen aufwendiger ist als bei Aufgliederung in wenige Teilzielgruppen.

Übergeordneter Gesichtspunkt für die Zielgruppenbildung ist die **Art der Verkehrsteilnahme.** Aus ihm können sich dann weitere Differenzierungen ergeben, z. B. hinsichtlich soziodemographischer Gesichtspunkte (z. B. Alter, Wohnregion), aber auch bestimmter äußerer Bedingungen der Verkehrsteilnahme (z. B. Tageszeit, Verkehrssituation). Aus der Kombination verschiedener Gesichtspunkte können sich dadurch u. U. eng oder weit umschriebene Zielgruppen ergeben (z. B. Pkw-Fahrer, die vorwiegend untertags im Stadtbereich fahren, oder Mopedfahrer auf der Fahrt zur Schule). Es ist offenkundig, daß diese Gesichtspunkte für die Zielgruppenbildung in Wechselbeziehung mit der Festlegung des Zielverhaltens stehen.

Andererseits soll durch den Grundsatz der Zielgruppenbildung eine verbesserte Möglichkeit für die Zielgruppenangehörigen geboten werden, sich mit dem durch die Werbemaßnahme anvisierten Personenkreis zu identifizieren, da der Grad einer derartigen Identifikation entscheidend für die Annahme des Werbeinhalts und somit für dessen weitere individuelle Verarbeitung ist. Ein wichtiger Gesichtspunkt ist die Vermeidung der sogenannten **„autonomen Zielgruppenbildung"**, d. h. solcher Zielgruppen, die sich selbst und u. U. entgegen der angestrebten Zielgruppenbildungsabsicht herauskristallisieren. So können sich beispielsweise an einem auf freiwilliger Teilnahmegrundlage durchgeführten Sicherheitstraining gerade diejenigen Personen beteiligen, in deren Teilnahmebereitschaft gerade ihre ohnedies schon vorhandene überdurchschnittliche Sicherheitseinstellung zum Ausdruck kommt. Das würde bedeuten, daß sich eine Zielgruppe bildet, die gerade *nicht* derjenigen entspricht, die ursprünglich angesprochen werden sollte.

Es wird für zweckmäßig gehalten, im allgemeinen keine Zielgruppen der öffentlichen Sicherheitswerbung anzusprechen, deren Verkehrsunangepaßtheit allgemein bekannt ist (z. B. Personen mit starker Alkoholneigung). Denn in solchen Fällen müßte damit gerechnet werden, daß solche Zielgruppen Entlastungs- bzw. Alibifunktion für andere Zielgruppen erhalten könnten **(„Sündenbockeffekt")**. Solche Personengruppen wären nur im Rahmen nicht- oder zumindest nur halböffentlicher Sicherheitswerbung als Zielgruppen anzusprechen.

7.1.4 Motivierung

Bei der Motivierung handelt es sich um den zentralen Begriff jeder Sicherheitswerbung, weil es dabei um die Frage geht, wie bestimmten Inhalten einer Sicherheitswerbung die ausschlaggebende motivierende Funktion verliehen werden kann. Insofern kann zwischen dem Inhalt einer Sicherheitswerbung und der Motivierung durch eine Sicherheitswerbung unterschieden werden, wenn auch beide Gesichtspunkte sehr eng zusammenwirken. Dabei wird es vor allem darauf ankommen, daß der jeweilige Inhalt dem einzelnen Zielgruppenangehörigen in einer Weise nahegebracht wird, daß er darin die Möglichkeit zur Verwirklichung eigener aktueller Zielsetzungen und Interessen wahrnehmen kann.

Dieser Gesichtspunkt liegt beispielsweise auch der Propagierung des defensiven Verhaltens im Straßenverkehr zugrunde, wobei es weder notwendig noch zweckmäßig ist, diese *Bezeichnung* im Rahmen von Sicherheitswerbung zu verwenden. Der **Begriff des defensiven Verhaltens** im Straßenverkehr entspricht aber einem Verhalten, das seine Ziele dadurch zu erreichen versucht, daß *mögliche* Hindernisse auf dem Weg zum Ziel antizipiert und als solche in der eigenen Verhaltenssteuerung berücksichtigt bzw. in sie einkalkuliert werden.

Auch hier gilt, daß eine Motivierung um so eher zu erreichen ist, je unmittelbarer ein Appell in konkretes Verhalten umgesetzt werden kann. Dies wird umso eher möglich sein, je weniger allgemein gehalten die Ansprache ist.

Der hinlänglich bekannten Wirkungsweise von **„Schockpropaganda"** ist hier nichts Wesentliches hinzuzufügen. Sie scheint sich auf dem Gebiet der Werbung für Verkehrssicherheit allerdings in besonderer Weise anzubieten und wird dementsprechend auch immer noch in einzelnen Fällen angewandt. Das Ausmaß und die Intensität der negativen Rückmeldung ist aber im Fall der mit emotionaler Schockwirkung arbeitenden Werbung so groß, daß die dadurch aktualisierte kognitive Dissonanz (z.B. in Form gegensätzlicher Attribute des Objekts „Kraftfahrzeug" wie „statussymbolisierend" und „existenzbedrohend") um so dringlicher nach Auflösung strebt. Damit wird dann – abgesehen von einer evtl. kurzfristigen Wirkung – eine darüber hinaus gehende Wirksamkeit des Appells unwahrscheinlich. Dieser Umstand allein würde aber noch nicht eine konsequente Ablehnung des Schockprinzips in der Sicherheitswerbung rechtfertigen, weil damit lediglich seine Unwirksamkeit hingenommen würde. Es besteht aber außerdem die Gefahr, daß die erfolgreiche Dissonanzauflösung in einer Weise generalisiert wird, daß das Individuum dadurch auch gegen andere Arten der Sicherheitswerbung immunisiert wird oder daß sich im Fall einer fehlenden Dissonanzauflösung eine vorwiegend fatalistische Einstellung gegenüber dem Straßenverkehr entwickelt. Letzteres könnte dadurch begünstigt werden, daß für das individuelle Verkehrsverhalten externe Mißerfolgsattribuierungen und interne Erfolgsattribuierungen in besonders ausgeprägter Weise Geltung zu haben scheinen.

Als Möglichkeiten geeigneter **„Appeals"** für Sicherheitswerbung wurden die folgenden von Mackie (1972) unter Laboratoriumsbedingungen einer vergleichenden Prüfung unterzogen: Schrecken, Appell an die Vernunft, Appell an die Verantwortung für die Familie, Satire, Humor, Sex-Appeal. Die Werbewirksamkeit erwies sich beim **Appell an die Verantwortung für die Familie** und beim **Appell an die Vernunft** am stärksten. Der Humor-Appeal wird zwar häufig gewählt, obwohl er mit dem möglichen Nachteil verbunden ist, daß er als solcher zwar angenommen, der eigentliche Werbeinhalt jedoch nicht mehr ernstgenommen wird.

Motivierungsversuche in Form von **Belehrungen** werden im allgemeinen nur wenig aussichtsreich sein. Andererseits müssen aber gerade im Bereich der Verkehrssicherheitswerbung immer wieder Inhalte informierenden, wissensvermittelnden Charakters verbreitet werden. In solchen Fällen stellt sich die Frage nach Information *oder* Motivation als wichtiges Teilproblem der Sicherheitswerbung.

7.1.5 *Information vs. Motivation*

Information bietet dabei den Vorteil, situationsspezifische Kenntnisse zu vermitteln und damit eine Voraussetzung für unmittelbare Umsetzbarkeit zu erfüllen. Sie hat neben dem Nachteil geringer Motivierung auch jenen einer geringen oder fehlenden Übertragbarkeit ihres Effekts auf das Verhalten in anderen Situationen. Information in der Sicherheitswerbung ohne Motivation ist somit zwar begrenzt nützlich, aber unökonomisch.

Motivierung in Form einer Mobilisierung von Sicherheitseinstellungen im Straßenverkehr zielt demgegenüber auf übergeordnete Verhaltensbereitschaften und Einstellungen ab, die sich nicht so eng auf bestimmte Einzelsituationen begrenzen. Ihr Nachteil ist häufig ihre zu große Allgemeinheit. Motivierung ohne Information erscheint somit zwar ökonomisch, weil für mehrere Verhaltensbereiche grundsätzlich wirksam, ist aber u. U. in der konkreten Situation wenig nützlich, solange der Verkehrsteilnehmer überhaupt nicht weiß, wie hier sicheres Verhalten zu operationalisieren ist.

Für eine erfolgversprechende Sicherheitswerbung werden daher Information und Motivation aufeinander bezogen werden müssen. Auf die – in nicht angemessener Weise alternativ gestellte – Frage nach Information *oder* Motivation kann daher die Antwort nur lauten: **Motivation *durch* Information.** Es kommt darauf an, dem Verkehrsteilnehmer solche Informationen anzubieten, die ihm neue Einsichten vermitteln. Dabei kann es sich nur um Einsichten in die Funktionsfähigkeit des Gesamtsystems Straßenverkehr handeln und somit um eine Umstrukturierung des aktuellen „Lebensraumes" in der Weise, daß der Verkehrsteilnehmer Zusammenhänge zwischen bestimmten Verhaltensweisen und der Funktionsfähigkeit des Gesamtsystems erkennt.

Verkehrsbezogene Informationen können sich aber auch systemstörend auswirken. Dies hängt nicht nur davon ab, ob sie richtig oder falsch sind, sondern auch davon, wie sie verarbeitet werden. Dem entsprechend gibt es – auf ein vereinfachendes Vierfelderschema bezogen – **richtige angenommene, richtige nicht angenommene, falsche angenommene** und **falsche nicht angenommene Informationen.**

Beispiele für die wichtige Gruppe falscher angenommener Informationen wären solche, wonach Verhaltensweisen, die von 85% aller Verkehrsteilnehmer praktiziert werden, eben deshalb als angepaßt zu gelten hätten; dies wird aber durch verschiedene Formen kollektiven Fehlverhaltens (z. B. Abstandhalten, Fahrgeschwindigkeit bei Abblendlicht) widerlegt. Der relativ größte motivierende Effekt wird von solchen Informationen zu erwarten sein, die das eigene positive Selbstbild verstärken. Diesbezüglich besteht ein **grundlegender Unterschied zwischen der tatsächlichen Funktionsweise des Systems Straßenverkehr und einer Funktionsweise, wie sie aus elementaren lerntheoretischen Überlegungen zu fordern wäre.** So unbestritten es auch im Bereich des Verkehrsverhaltens ist, daß die positive externe Anerkennung richtigen Verhaltens aussichtsreicher ist als ausschließlich negative Rückmeldungen über Fehlverhalten, so unbestritten ist es auch, daß das Lernverhalten von Verkehrsteilnehmern, insbesondere von motorisierten, anders verläuft: durch **positive Rückmeldung für Fehlverhalten.** In der Verbesserung dieser Situation liegt sicherlich ein noch kaum erschlossenes Gebiet neuer Möglichkeiten erfolgreicher Sicherheitswerbung.

Der Motivierungsgrad einer Sicherheitswerbung kann sicherlich auch durch den jeweiligen Werbeträger maßgeblich beeinflußt werden, meist in der Form von **personifizierten Leitbildern.** Grundsätzlich sind dabei positive und negative Leitbilder möglich, allerdings wird auf die Verwendung negativer Leitbilder meistens verzichtet, teils aus Wirksamkeitsüberlegungen, teils aus ethischen Erwägungen. Wirksamkeitsüberlegungen berücksichtigen auch in diesem Zusammenhang die Möglichkeit von „Sündenbockeffekten“, unter ethischem Gesichtspunkt erscheint aber die „soziale Ächtung“ von Personengruppen – so leicht sie auch herbeizuführen sein mag – bedenklich. Aber auch bei der Auswahl positiver Leitbilder wird je nach Zielgruppe zu differenzieren sein. Wichtig erscheint, daß das jeweilige Leitbild sowohl für die betreffende Zielgruppe als auch im Hinblick auf das jeweilige Zielverhalten eine Leitfunktion beanspruchen kann. „Der Könner“ und „der Erfahrene“ könnten, insbesondere wenn sie zusätzlich mit sozialem Prestige ausgestattet werden, in der Richtung aussichtsreicher Leitbilder gesehen werden.

7.1.6 Inhalt und Form

Der spezifische Inhalt einer Sicherheitswerbung ergibt sich aus ihrer Zielsetzung, die ihrerseits wieder aus der feststellbaren Ausgangslage abgeleitet wird. Dennoch erscheinen einige allgemeine Hinweise auf inhaltliche Bedingungen für eine erfolgreiche Sicherheitswerbung möglich. Dazu gehört beispielsweise der **Neuigkeitswert des Inhalts,** ohne den der Werbeerfolg stark in Frage gestellt werden kann. Es wurde bereits erwähnt, daß eine Sicherheitswerbung u. U. auch für die Zielgruppe negative Inhalte ansprechen muß. In solchen Fällen ist es wichtig, **negative und positive Inhalte in optimaler Abfolge** anzubieten, d. h. zuerst die negativen und dann die positiven (im Gegensatz zu Primär- bzw. Rezenzeffekten bei bedeutungsneutralem Lernmaterial). In vielen Fällen ist mit Widerständen gegen den Inhalt zu rechnen. Hier wird es wichtig sein, solche Widerstände zu analysieren (barrier research), damit in der Werbeargumentation eine Auseinandersetzung mit ihnen erfolgen kann, bevor der neue Werbeinhalt dargeboten wird. Für derartige Fragen kommen die meisten der für das Problem von Einstellungsänderungen maßgeblichen Gesichtspunkte zur Geltung.

Für die Darbietung eines neuen Inhalts kann sich auch die Form der unvollständigen Argumentation oder der Frageform als günstig erweisen. In Anlehnung an den **Ovsiankina-Effekt** wird dabei die letzte entscheidende Schlußfolgerung einer Argumentation nicht dargeboten oder als Frage ohne Antwort formuliert, so daß der Angesprochene dazu gedrängt wird, „die Gestalt zu schließen“; auf diese Weise kann das Spannungsmoment erhöht und die Identifizierung mit der „selbst“ gefundenen Lösung oder der „selbst“ gezogenen Schlußfolgerung begünstigt werden.

Von Fall zu Fall stellt sich die Frage, ob sich der Initiator der Werbemaßnahme mit dem Werbeinhalt identifizieren soll. Die Entscheidung darüber wird vom allgemeinen, aber auch vom spezifischen Prestigewert des Initiators auf dem durch die Werbung angesprochenen Verhaltensbereich abhängig zu machen sein.

7.1.7 Aktivierung der Zielgruppe

Im Hinblick auf die bekannten Schwierigkeiten, Gruppeneinstellungen gezielt zu verändern, kann es aussichtsreich sein, dies auf dem Weg über die **Beeinflussung von Teilgruppen** oder von einzelnen **Meinungsträgern** (opinion leaders) zu versuchen. Das dabei zugrunde gelegte Wirkungsmodell ist das des Lernens durch Nachahmung **(Modellernen)** und das der Gruppenbildung durch gleiche Verhaltensbedingungen. Ein Beispiel für die Nachahmung von Meinungsträgern wäre das Verkehrsverhalten des Lehrers, der in einer Klasse Verkehrserziehung unterrichtet; ein Beispiel für Gruppenbildung wäre die Verabreichung von Kraftfahrzeugplaketten, von denen zusätzlich noch eine Rückwirkung auf das eigene Fahrverhalten erwartet wird. Andere Möglichkeiten, die Zielgruppe zu aktivieren, können die Mitwirkung von Zielgruppenangehörigen an der betreffenden Werbeaktion (z.B. an Rundfunk- oder Fernsehsendungen) oder Rückmeldungen an die Zielgruppe über den Verlauf oder den Erfolg der Aktion sein.

7.1.8 Medienwahl

Die Wahl des Mediums, in dem eine Werbeaktion erfolgen soll, wird wesentlich durch **demographische Merkmale der Zielgruppe** bestimmt werden, wobei insbesondere der jeweilige **Verbreitungsgrad verschiedener Massenmedien** zu berücksichtigen ist. Der übergeordnete Gesichtspunkt für die Medienwahl wird die Nähe von Sender und Empfänger sein. Diesbezüglich kann zwischen **örtlicher, zeitlicher** und **sozialer** Nähe unterschieden werden: Örtliche und zeitliche Nähe wären beispielsweise auf dem Weg über den aktuellen Verkehrsfunk als Verbindung zwischen dem Sender des Werbeinhalts und dem Empfänger in einer dem Inhalt entsprechenden Verkehrssituation gegeben; soziale Nähe ermöglicht eine individuumsnahe Form der Ansprache. Die wichtigste Funktion der optimalen Medienwahl ist die Maximierung der Unmittelbarkeit, mit der der Werbeinhalt vom Sender zum Empfänger gelangt.

7.1.9 Zeitliche Planung

Die zeitliche Planung einer Sicherheitswerbung ist unter zwei Gesichtspunkten zu sehen: dem des **Zeitpunkts** und dem der **Zeitdauer.** Für die Wahl des Zeitpunkts gilt im wesentlichen auch das Kriterium der Unmittelbarkeit; d.h., der zeitliche Abstand zwischen der Werbeaktion und dem vorgesehenen Zeitpunkt für die Umsetzung ihres Inhalts soll möglichst klein sein (z.B. Werbeaktionen hinsichtlich jahreszeitlich unterschiedlicher Verkehrsbedingungen, Urlaubsverkehr).

Hinsichtlich der Zeitdauer haben sich kurzdauernde Werbeaktionen als wenig wirkungsvoll erwiesen. Mit der häufig geforderten **kontinuierlichen Fortführung einer Werbeaktion** ist allerdings die Schwierigkeit verbunden, daß bei einer Werbeaktion mit zunehmender Dauer der Neuigkeitswert ihres Inhalts abnimmt. Dadurch wird es erforderlich, diesem Dilemma mit einer **„Leitmotivtechnik“** zu begegnen: Die kontinuierlich durchzuhaltende Grundidee einer Werbeaktion muß in ihrer Konkretisierung über den zeitlichen Verlauf hinweg immer wieder variiert werden.

7.1.10 Wirksamkeitsbeurteilung

Systematisch aufgebaute Sicherheitswerbung ist nicht zuletzt dadurch zu kennzeichnen, daß sie die Möglichkeiten einer **Wirksamkeitsbeurteilung schon im Stadium der Planung berücksichtigt.** Dem kommt das Bestreben entgegen, in zunehmendem Maß Werbeaktionen im Straßenverkehr nur mehr mit dem gleichzeitig damit verbundenen Anspruch auf Überprüfung ihrer Wirksamkeit durchzuführen. Dieser Anspruch hat erhebliche Auswirkungen auf die Anlage der jeweiligen Werbemaßnahme.

Die wichtigste Folgerung besteht in der **Festlegung des Wirksamkeitskriteriums.** Die in solchem Zusammenhang herangezogenen Kriterien durchgeführter Wirksamkeitskontrollen erstrecken sich im wesentlichen auf Unfallhäufigkeit, Delikthäufigkeit, Einzelmerkmale beobachteten Verkehrsverhaltens, erfragbare Einstellungen und Verkehrswissen. Daß es sich dabei um Kriterien mit höchst unterschiedlichen Kriteriumseigenschaften – sowohl hinsichtlich ihrer Reliabilität, als auch hinsichtlich ihrer Zulänglichkeit und Validität – handelt, wurde an anderer Stelle erwähnt. Wie entscheidend die Wahl des jeweiligen Wirksamkeitskriteriums für das Ergebnis einer Wirksamkeitsbeurteilung ist, muß nicht näher erläutert werden. Trotzdem sei auch an dieser Stelle nochmals auf die Problematik der Verwendung von Fehlverhaltensmerkmalen als Kriterien hingewiesen, zumal Fehlverhalten nur dann angenommen werden könnte, wenn es häufiger bei unfallbeteiligten Verkehrsteilnehmern nachzuweisen wäre als bei nichtunfallbeteiligten. Dies aber ist ebensowenig belegt wie ein Zusammenhang zwischen korrektem Verhalten und fehlenden Unfällen (Shaoul 1976). Viel eher bieten sich sog. Zwischenkriterien an, die dem Normalverhalten näher stehen (z. B. Geschwindigkeitsverhalten bei Kraftfahrern, Überquerungsverhalten bei Fußgängern).

Naheliegend ist die Kriterienerfassung vor und nach einer Werbemaßnahme. Der **Vorher-Nachher-Vergleich** ist zwar eine **notwendige, aber keine hinreichende Voraussetzung** für eine Wirksamkeitsprüfung, weil der Einfluß gleichzeitiger anderweitiger Bedingungsveränderungen nicht kontrolliert werden kann. Daher ist seine Ergänzung durch **Kontrollgruppenvergleich** erforderlich, in dem ein paralleler Vorher-Nachher-Vergleich an einer Stichprobe durchgeführt wird, die von der Werbemaßnahme nicht betroffen war. Daraus ergibt sich dann ein **kombinierter Vorher-Nachher-/Mit-Ohne-Vergleich** (Abb. 54):

	Vorher	Nachher
Mit		
Ohne		

Abb. 54. Versuchsplan für Wirksamkeitskontrollen

Bereits die Verwirklichung dieses relativ einfachen Versuchsplans bringt in der Praxis ein außerordentliches Maß an Organisations- und Durchführungsaufwand mit sich, so daß häufig entweder der Plan letztlich doch nicht eingehalten werden kann oder die Stichproben so klein gehalten werden müssen, daß dadurch trotz statistischer Absicherung der **quantitativen Verallgemeinerungsmöglichkeiten** der Ergebnisse nun Probleme der **qualitativen Verallgemeinerungsmöglichkeiten** (in Richtung auf anders zusammengesetzte Stichproben) umso bedeutsamer werden. Zusätzliche Komplikationen können sich im Zusammenhang mit der Stichprobenbildung ergeben; ferner durch unvorhersehbare tiefgreifende Veränderungen der allgemeinen Verkehrsbedingungen (z.B. Energiekrise, Gesetzesänderungen).

Daraus wird ersichtlich, daß die Schwierigkeiten experimentellen Vorgehens unter solchen Realitätsbedingungen überhaupt nicht vergleichbar sind mit jenen des Laboratoriumsexperiments. Darin liegt wohl ein Hauptgrund dafür, daß die Anzahl stichhaltiger Ergebnisse von Wirksamkeitsüberprüfungen im Bereich der Sicherheitswerbung so gering ist.

Die grundsätzliche methodische Problematik im Zusammenhang mit der Durchführung von Wirksamkeitsanalysen läßt sich an einer Reihe von Punkten aufzeigen, die von Campbell (1969; zit nach Büschges 1977) im allgemeineren Zusammenhang genannt und von Büschges (1977, S. 240ff.) für den Bereich verkehrsbeeinflussender Maßnahmen dargestellt wurden. Demnach wären folgende **Beeinträchtigungsmöglichkeiten der internen Gültigkeit** zu berücksichtigen:

- Geschichte (Änderung von Randbedingungen zwischen den Beobachtungszeitpunkten);
- Reifung und Entwicklung (z.B. Wachstum, Ermüdung, Fahrerfahrung);
- Instabilität (z.B. Fluktuation der Versuchsperson);
- Testungseffekte;
- Regressionsartefakte (scheinbare Veränderungen bei Verwendung von Extremgruppen);
- Instrumentation (Funktionsveränderung der Meßinstrumente);
- Selektion (Stichprobenveränderungen);
- experimentelle Mortalität (Ausfallen von Merkmalsträgern);
- Wechselwirkung zwischen Selektion und Reifung.

Als **Beeinträchtigungsmöglichkeiten der externen Gültigkeit** werden genannt:

- Interaktionseffekte des Testens (Gültigkeitseinschränkung auf die getesteten Stichproben infolge Reaktionsbeeinflussung durch den Test);
- Wechselwirkung zwischen Selektion und Maßnahme (Selektion als Folge der Maßnahme);
- unspezifische Reaktionen auf Untersuchungsdurchführung (z.B. Hawthorne-Effekt);
- Wechselwirkung zwischen verschiedenen Maßnahmen mit gleichem Ziel;
- Reaktionen der Indikatoren und Indizes auf für die Maßnahme bedeutsame Fakten (Vermengung spezifischer und unspezifischer Einflüsse infolge Meßungenauigkeit);
- mangelnde Wiederholbarkeit der Versuchsbedingungen.

7.1.11 Spezielle Formen der Sicherheitswerbung

Ein besonders häufig gewähltes Medium für Sicherheitswerbung ist **schriftliches Material** mit teils informierender, teils motivierender Funktion. Eine der umfangreichsten diesbezüglichen Wirksamkeitsuntersuchungen ist die von Anderson (1977) beschriebene, in die insgesamt über 92.000 Kraftfahrer in Kalifornien einbezogen und in insgesamt vier Versuchs- und zwei Kontrollgruppen gegliedert wurden. Bei der Bildung der Versuchsgruppen wurden inhaltliche Gesichtspunkte des Werbeinhalts und Altersgesichtspunkte systematisch berücksichtigt. Wirksamkeitskriterien waren die Verkehrsunfall- und Deliktdaten der erfaßten Kraftfahrer. Das Werbematerial enthielt eine annähernd repräsentative Zusammenstellung von textlichem und graphischem Informations- und Motivierungsmaterial im Zusammenhang mit Unfallvermeidung. Die ein halbes Jahr später erfolgende Kriterienerfassung ergab keinerlei gesicherte Wirkungsnachweise. Aus diesem Ergebnis wurde die Empfehlung an das Department of Motor Vehicles abgeleitet, auf weitere Werbemaßnahmen ähnlicher Art zu verzichten.

Aus ihrer Untersuchung des **Sicherheitsbewußtseins** („concern for road safety") leiten Wilde et al. (1975) insbesondere drei Folgerungen für die Sicherheitswerbung ab: Vermittlung von Möglichkeiten zu **verstärkter Risikowahrnehmung** im Straßenverkehr, **mehr Berichterstattung über Unfälle** (entsprechend ihrer tatsächlichen Häufigkeit) und stärkere Berücksichtigung **konstruktiver Komponenten der Unfallberichterstattung.** Der zweitgenannte Punkt bezieht sich auf die Diskrepanz zwischen der subjektiven und objektiven Unfallwahrscheinlichkeit: Der einzelne Verkehrsteilnehmer erfährt üblicherweise nur von einer verschwindend kleinen Anzahl aller tatsächlichen Unfälle und erhält auf diese Weise ein verzerrtes Bezugssystem für seine subjektive Unfallwahrscheinlichkeit, aus der er dann in weiterer Folge ein unangemessenes Sicherheitsbewußtsein ableitet.

Die Überprüfung der Sicherheitswerbung in Österreich mit dem Ziel einer Verdeutlichung der Unvereinbarkeit von Alkohol und Autofahren wurde in Form einer Vorher-/Nachher-Untersuchung anhand standardisierter Interviews mit ca. 300 im Straßenverkehr angehaltenen Kraftfahrern durchgeführt (Schmidt 1975). Die Ergebnisse zeigten weder für den Informationsstand noch für Einstellungen zum Thema „Alkohol am Steuer" spezifische Veränderungen. Aus der inhaltlichen Analyse der Interviews wurde die Konsequenz abgeleitet, daß Kraftfahrer, die häufig in alkoholisiertem Zustand fahren, durch ein deutliches Überlegenheitsgefühl und eine Betonung der eigenen Urteilsfähigkeit gekennzeichnet und einer Argumentation mit der beeinträchtigenden Wirkung und Unfallgefährdung durch Alkohol wenig zugänglich sind und demgegenüber mögliche Polizeikontrollen und Strafen als wichtigstes Gegenargument betrachten. Diese Konsequenzen sind nicht ohne weiteres mit den Konsequenzen in Einklang zu bringen, die Undeutsch et al. (1976) aus 120 Explorationen alkoholauffälliger Kraftfahrer ziehen. Diese Autoren leiten daraus die Empfehlung ab, bei Aufklärungs- und Werbeaktionen die Einhaltung „eiserner Regeln" zur Beschränkung und Kontrolle des Alkoholkonsums zu betonen. Zu ganz ähnlichen Folgerungen für die Sicherheitswerbung gelangen Berger et al. (1976) aufgrund von Intensivexplorationen von 20 Kraftfahrern und halbstandardisierten Interviews mit 152 Kraftfahrern einer für deutsche Führerscheinbesitzer repräsentativen Stichprobe.

7.2 Verkehrserziehung

Der Ausdruck „Verkehrserziehung“ soll für jenen Bereich der pädagogischen Verkehrspsychologie vorbehalten bleiben, der sich auf die gezielte Beeinflussung des Verkehrsverhaltens von Kindern und Jugendlichen bezieht, also desjenigen Personenkreises, demgegenüber die Gesetzgebung noch eine Erziehungsberechtigung vorsieht. Es soll hier nicht näher erörtert werden, ob dieser Bereich mehr der Pädagogik oder der Psychologie zuzuordnen ist und wo diesbezügliche Zuständigkeitsgrenzen zu suchen wären. Die Zuständigkeitsfrage sollte wohl auch in diesem Zusammenhang einfach dadurch entschieden werden, daß sie von der erfolgreichen Aufgabenbewältigung und nicht vom Berufsstand oder von der Zugehörigkeit zu bestimmten Wissenschaftsdisziplinen abhängig gemacht wird.

Verkehrserziehung als vorwissenschaftliches Problemfeld ist seit langem ein Bereich außerordentlich zahlreicher staatlicher, öffentlicher und privater Initiativen und Bemühungen, denen allerdings meistens gesicherte Erfolgsnachweise versagt blieben.

Demgegenüber setzte die **wissenschaftliche Auseinandersetzung** mit Fragen der Verkehrserziehung von Kindern und Jugendlichen erstaunlich spät ein, obwohl die Unfallstatistiken seit jeher keinen Zweifel an ihrer Notwendigkeit gelassen haben. Dies gilt auch für Länder wie die USA, in denen nicht nur die Motorisierung, sondern auch die Verkehrsforschung auf eine wesentlich längere Entwicklung zurückblicken kann als in den europäischen Ländern. Auffallend ist ferner, daß dieser Problemkreis auch in umfassenden wissenschaftlichen Darstellungen der individuumsbezogenen Verkehrsprobleme überhaupt nicht (Forbes 1972c, Näätänen u. Sumala 1976, Marek u. Sten 1977) oder nur ganz peripher (Shinar 1978) behandelt wird. Dabei scheint doch besonders seit Mitte der 70er Jahre eine deutliche Intensivierung der Forschung auf diesem Gebiet zu erfolgen, in europäischen Ländern offenbar stärker als in amerikanischen.

Ein wesentlicher Anstoß dazu ging von den Untersuchungen von Sandels (1971, 1975) aus, in denen die altersspezifischen Verhaltensschwierigkeiten von Kindern im Straßenverkehr aufgezeigt wurden. In der Bundesrepublik Deutschland wurden in der Folge der Empfehlungen der Kultusministerkonferenz vom Jahre 1972 (vgl. dazu Böcher et al. 1978) mehrfach Forschungsinitiativen ausgelöst. Dazu gehört vor allem das Forschungsprogramm der Bundesanstalt für Straßenwesen in Köln zur empirischen Grundlegung der Verkehrserziehung (vgl. dazu Kroj u. Pfafferott 1975), mit dem wissenschaftliche Grundlagen zur Methodik und Didaktik der Verkehrserziehung bereitgestellt werden sollten.

7.2.1 Allgemeine Gesichtspunkte

Die „integrative Funktion" (Böcher 1978) wird der Verkehrserziehung weitgehend einheitlich zugesprochen. Gemeint sind damit die Kontinuität dieses Erziehungsvorgangs, die Einbeziehung aller erzieherischen Instanzen, die Wechselbeziehung zwischen Theorie und Praxis sowie ein umfassendes Lehrziel, das Wissen, Einstellung und Verhalten umfaßt. Limbourg u. Günther (1977) betonen dabei die Notwendigkeit einer Kombination von Maßnahmen, die sich in spezifischer Weise an Kinder, Eltern, Kindergärten, Schulen und die verschiedenen Verkehrsteilnehmergruppen wenden.

Im Sinn der erwähnten Eingrenzung der Verkehrserziehung auf Zielgruppen, deren Verhaltensbeeinflussung als erzieherische Verpflichtung und nicht bloß als Werbung für bestimmte Verhaltensformen zu verstehen ist, kann festgestellt werden, daß Verkehrserziehungsmaßnahmen umso aussichtsreicher erscheinen, auf je mehr *vorausgegangene* Verkehrserziehungseinflüsse sie sich stützen können. Selbstverständlich bestehen **Wechselbeziehungen zwischen der Altersstufe und den jeweiligen Verkehrserziehungsinhalten und -formen.** Aber es kommt vor allem darauf an, mit der jeweiligen Verkehrserziehung so frühzeitig einzusetzen, daß das Lernen unangepaßter Verhaltensweisen und Einstellungen rechtzeitig verhindert wird. Darin liegt auch die ökonomische Bedeutung entwicklungspsychologischer Gesichtspunkte der Verkehrserziehung: Jeder versäumte Verkehrserziehungszeitpunkt kostet die folgende Verkehrserziehung deshalb mehr Aufwand, weil sie das inzwischen ohne Verkehrserziehung – und deshalb häufig falsch – Gelernte erst abbauen muß, bevor sie ihre Inhalte mit Aussicht auf Erfolg vermitteln kann.
Aus diesem Grundsatz lassen sich auch unschwer die unterschiedlichen Erfolgsaussichten nicht nur von Verkehrserziehungs-, sondern auch von Sicherheitswerbungsmaßnahmen abschätzen: Sicherheitswerbung bei Zielgruppen, deren Generation ein Minimum an systematischer Verkehrserziehung erfahren hat und deren Verhalten und Einstellungen im Straßenverkehr nicht systematisch geformt wurden, wird nur mit geringen Erfolgsaussichten rechnen können im Vergleich zu Verkehrserziehungsmaßnahmen, die bereits im Kindesalter einsetzen: Sofern dieser Ablaufsgesichtspunkt der Verkehrserziehung als bedeutsam erachtet wird, ergibt sich als Folgerung daraus auch die Notwendigkeit der **Kontinuierlichkeit in der Verkehrserziehung.**

7.2.2 Verkehrserziehung von Kindern

Beide genannten Gesichtspunkte der Verkehrserziehung können durch die von Günther (1979) vorgelegten empirischen Befunde und die daraus gezogenen Schlußfolgerungen für die Verkehrserziehung von Kindern des Kindergartenalters und der Schuleingangsstufe verdeutlicht werden. Dabei zeigt sich, daß beispielsweise **Verkehrserziehungsbemühungen** zum Themenbereich Fußgängerverhalten, wie sie in der Schuleingangsstufe häufig zu finden sind, eine nur mehr **ergänzende Bedeutung** haben können, weil die Kinder dieses Alters bereits etwa seit zwei Jahren sich selbständig als Fußgänger im Straßenverkehr bewegen. Ähnliches gilt für Kinder als Radfahrer, die bereits vor Schuleintritt zu einem außerordentlich hohen Anteil auf dem Fahrrad mit dem Verkehr in Berührung kommen. Aus der Notwendigkeit länger andauernder, regelmäßiger Verhaltenseinübung unter Bedingungen des Verkehrsalltags – im Gegensatz zu Übungsmethoden im Schonraum –, verbunden mit der Möglichkeit zu selbständiger Ausführung der angestrebten Verhaltensform und möglichst unmittelbarer Rückmeldung, ergibt sich die besondere Zuständigkeit solcher Erziehungspersonen für die Verkehrserziehung, die kontinuierlich das Verhalten der Kinder im Alltag beobachten, begleitend überwachen und korrigieren können, also in erster Linie der Eltern.

Eine wichtige Folgerung aus den Verhaltensstudien von Kindern und Jugendlichen im Straßenverkehr für die Verkehrserziehung ist die Differenzierung der Zielgruppen nach Altersstufen und somit die Entwicklung altersspezifischer Erziehungsprogramme. Ein Anwendungsbeispiel dieser Forderung stellt der Bildungsplan für Verkehrserziehung im Kleinkindalter und der Lehrplan für Verkehrserziehung in der Schule des ADAC (1973) dar (Tabelle 21):

Tabelle 21. Bildungsplan für Verkehrserziehung im Kleinkindalter (Nach ADAC 1973)

Alter	Umweltkunde			
	Partner	Straßenkunde	Fahrzeugkunde	Tageskunde
3. Lebensjahr	Vater und Mutter sind Beispiel Familie, Bezugspersonen	Gehweg – der Bordstein eine Grenze Fahrbahn – ein verbotener Bereich	Fahrzeuge große und kleine stehende und fahrende schnelle und langsame	Hell und dunkel Trocken und naß Warm und kalt
3./4. Lebensjahr	Menschen auf der Straße Wen kenne ich? Was tun die Leute? Wie sehen sie aus? Der Schutzmann – dein Freund Wie sieht er aus? Was tut er? Er hilft auch dir! Wie heiße ich? Wo wohne ich?	Straßenbereiche Gehweg, Radweg, Fahrbahn Der Bordstein – eine Grenze	Meine Spielfahrzeuge Roller, Dreirad, Schlitten Andere Fahrzeuge zwei- und vierrädrige mit und ohne Motor für Menschen und Lasten auf Schienen	Helligkeit und Dunkelheit auf der Straße Dämmerung Es wird Tag Es wird Nacht Im Dunkeln sieht vieles anders aus Lichter erhellen die Dunkelheit
4./5. Lebensjahr	3-A-Training Wer errät, was andere tun wollen? Absicht	Gesicherte Übergänge Übergänge an Ampeln (Lichtsignalanlagen)	Merkmale einzelner Fahrzeuge Farben Formen Geräusche Verschiedene	Das Wetter beeinflußt den Verkehr Sonne und Nebel Regen und Sturm Eis und Schnee Hitze und Kälte

Tabelle 21. (Fortsetzung)

Alter	Umweltkunde			
	Partner	Straßenkunde	Fahrzeugkunde	Tageskunde
	Einer hat nicht aufgepaßt! Aufmerksamkeit Wie alt sind die Leute, die dir begegnen? Alter	Zebrastreifen (Fußgängerüberweg) Unter- und Überführungen Bahnübergänge	Lichter	Blitz und Donner
5./6. Lebensjahr	Weitere Verhaltensbeobachtungen Was machen Mutti, Vati, der Briefträger … richtig, was falsch? Wer geht langsam, wer geht schnell? Wer hat's schwer, wer tut sich leicht? Warum?	Mein Weg zum Kindergarten Das Haus, in dem ich wohne Andere Gebäude und Plätze Baustellen, Haltestellen … Verkehrszeichen, die ich kennen muß	Fahrzeuge in Bewegung Losfahren und Anhalten Tempoänderungen Richtungsänderungen Lenken und Bremsen	Mein Weg zum Kindergarten zu verschiedenen Tages- und Jahreszeiten Sehen und gesehen werden
	Tiere auf der Straße Welche kannst du sehen? Was tun sie da? Kannst du ihnen helfen? Wann können sie für dich gefährlich werden? Der Schülerlotse Wie sieht er aus? Was tut er?	Gebot für Fußgänger Gebot für Radfahrer Gebot für Fußgänger und Radfahrer Hinweis auf Fußgängerweg Hinweis auf Fußgängerüber- oder -unterführung Hinweis auf Schule Hinweis auf Kindergarten Hinweis auf Schülerlotsen Warnzeichen Kinder	Der Schulbus	

Alter	Verhaltenslehre		
	Bewegungslehre	Verkehrslehre	Taktiklehre
3./4. Lebensjahr	Richtig gehen lernen aufrecht, geradeaus auf Zuruf oder Signal stehenbleiben Freie Bewegung im Raum Gehen ohne anzustoßen paarweise, nebenein-	Aufsichtspflicht Nicht allein im Verkehrsraum Bewegung im Verkehrsraum an der Hand einer geeigneten Begleitperson Wir passen auf andere auf gehorchen, nicht an-	Spiele nur im Haus im Hof auf dem Spielplatz Das Kind wird daran gewöhnt, daß es die Straße immer an der gleichen Stelle überquert auf der Häuserseite des

Tabelle 21. (Fortsetzung)

Alter	Verhaltenslehre		
	Bewegungslehre	Verkehrslehre	Taktiklehre
	ander und hintereinander seitwärts und rückwärts Gleichgewichtsübungen Fahrversuche im gesicherten Spielraum mit dem Roller … Aufsteigen – gerade Spur – Bogenfahrt – Absteigen	stoßen, ausweichen, nicht rückwärts schauen	Gehwegs bleibt bzw. die richtige Straßenseite benutzt Ball und anderes Spielzeug in der Tasche trägt vor dem Bordstein immer anhält, auch wenn sein Ball wegrollt oder jemand von der anderen Straßenseite ruft
4./5. Lebensjahr	Orientierungstraining auf optische und akustische Zeichen Vorwärts, rückwärts, oben, unten, seitwärts, rechts und links … Rascher Tempowechsel von verschiedenen Bewegungsarten Gehen, Laufen, Rennen, Hüpfen, Springen, Überholen, Ausweichen, Wenden, Anhalten … In Linie, Reihe oder Kreis aufstellen In verschiedene Richtungen bewegen Verschieden große Abstände bilden Wichtige Farben geben Zeichen Grünes Tuch: Schauen, gehen Gelbes Tuch: Vorsicht, schauen, stehenbleiben Rotes Tuch: Halt, schauen Rollerturnier, Dreiradturnier	Aufsichtspflicht Freiere Bewegung im Verkehrsraum als Fußgänger und Spielfahrzeuglenker neben einer geeigneten Begleitperson Das Kind als Mitfahrer Auf dem Fahrrad Auf dem Traktor Im Auto Wo man nicht Roller-, Schlittenfahren und dgl. darf Auf der Fahrbahn Auf abschüssigen Wegen Über Treppen Überqueren der Fahrbahn in Begleitung an gesicherten Übergängen Achten auf Verkehrsregelungen	Das Kind wird geschützt, wenn es auffallende, bunte Kleider trägt bei Dunkelheit schon zuhause ist an gesicherten Übergängen erst geht, wenn die Autos halten die Straße an ungesicherten Übergängen erst überquert, nachdem es nach links und nach rechts geschaut hat und kein Auto mehr kommt
5./6. Lebensjahr	Richtiges Einschätzen von Entfernungen Messen einer Strecke in Schritten Einteilen in 1, 2, 3 oder … Schritte Gehen einer Strecke mit verbundenen Augen Richtungshören Differenzieren von Geräuschen in Verbindung mit Bewegungsverände-	Aufsichtspflicht Selbständige Bewegung im gewohnten Verkehrsraum Wo darf ich mit dem Roller … fahren? Wo muß ich ihn … schieben? Wo, wann und wie überquere ich die Straße? Überhol-, Wende- und Ausweichmanöver	Das Kind verhält sich – auch allein – richtig, wenn es die Straße zügig im rechten Winkel überquert den sichersten Weg nach Wegplänen wählt auf kleine Kinder, alte, behinderte Menschen besonders achtet als Fahrzeuglenker deutlich anzeigt, was es will

Tabelle 21. (Fortsetzung)

Alter	Verhaltenslehre		
	Bewegungslehre	Verkehrslehre	Taktiklehre
	rungen beim Gehen und Fahren Bewegen nach gegebenen und eigenen Zeichen Gehen und Fahren mit Handzeichen Schutzmannspiel	Achten auf bekannte Verkehrszeichen Was ich auf der Straße nicht tun darf Autos verschmieren oder verkratzen Obst- und andere Abfälle wegwerfen Roller ... auf Gehweg, Fahrbahn und Parkplätzen liegen lassen Tieren nachlaufen An Verkehrseinrichtungen herumturnen	auf Verkehrseinrichtungen achtet, weiß, daß der Schülerlotse und der Schutzmann sichere Führer sind und nicht alle Großen sich richtig verhalten
	Feststellen der Verkehrstüchtigkeit als Fußgänger und Spielfahrzeuglenker		

Aus den Verhaltensstudien von Limbourg u. Günther (1975) kann die Unangemessenheit einer starken Betonung der Vermittlung von Verkehrs- und Regelwissen in älteren Verkehrserziehungsansätzen abgeleitet werden. Bei den untersuchten 4- bis 9jährigen Kindern konnte **kein Zusammenhang zwischen Umfang des Regelwissens und Verkehrsangepaßtheit des Verhaltens** festgestellt werden. Demgegenüber käme es offensichtlich auf verstärkte Förderung des Verkehrsverständnisses und deren Kombination mit einer Förderung des Verhaltens im Straßenverkehr an, wobei das zu fördernde Verkehrsverständnis in differenziert-umweltbezogener Weise vermittelt werden müßte (Bongard u. Winterfeld 1977). Insbesondere den Eltern wäre die unzureichende Wirksamkeit von verbalen Formen der Einflußnahme klarzumachen. Heinrich et al. (1978) heben in einer Auswertung verschiedener Untersuchungsergebnisse die Notwendigkeit der Berücksichtigung regionaler Unterschiede in der Verkehrserziehung hervor, da verschiedene Umgebungen (z.B. Stadt und Land) unterschiedliche Anforderungen an die Verkehrsteilnahme stellen.

Für 2- bis 7jährige Kinder wurde von Limbourg u. Günther (1979) ein Trainingsprogramm entwickelt, das als **„Mediatorentraining"** auf dem Weg über die Eltern eine Verbesserung der Angepaßtheit des Verkehrsverhaltens von Kindern bewirken soll. Das Programm versucht sowohl die jeweiligen Unterschiede des Entwicklungsstandes, die in der früher erwähnten Arbeit von Günther u. Limbourg (1976) empirisch untersucht worden waren, als auch die verkehrserzieherischen Fähigkeiten der Eltern aus verschiedenen sozioökonomischen Schichten, die in einer gezielten Befragung erkundet worden waren, zu berücksichtigen. Es wurde besonders danach getrachtet, dem Training streng operationalisierte Lehrziele, die hierarchisch geordnet sind, zugrundezulegen. Das Programm gliedert sich in **vier Trainingsstufen** mit folgenden Lehrzielen:

Erste Trainingsstufe (Zielgruppe: 2- bis 3jährige): Übergeordnetes Lehrziel: Sicherung des Kindes.
a) Auf dem Gehweg innen gehen.
b) Am Bordstein anhalten.
c) Unterscheidung der Bereiche Gehweg, Bordstein, Fahrbahn,
u.a.

Zweite Trainingsstufe (Zielgruppe: 4- bis 6jährige): Übergeordnetes Lehrziel: Alleiniges Überqueren der Straße.
a) Umsehen an der Bordsteinkante nach links und nach rechts.
b) Aufsuchen von Stellen zum Überqueren, wo keine Sichthindernisse sind.
c) Überqueren der Fahrbahn in gerader, nicht schräger Richtung,
u.a.

Dritte Trainingsstufe (Zielgruppe: 5- bis 6jährige): Übergeordnetes Lehrziel: Straßenüberquerung an Stellen mit Sichthindernissen.
a) Anhalten an der Sichtlinie.
b) An der Sichtlinie nach links, nach rechts und nochmals nach links schauen.
c) Anhalten an der Sichtlinie auch bei Ablenkung,
u.a.

Vierte Trainingsstufe (Zielgruppe: 6- bis 7jährige): Übergeordnetes Lehrziel: Vorbereitung auf den Schulweg.
a) Alleiniges Zurücklegen des Weges zum Kindergarten oder zur Schule.
b) Selbständiges Auswählen sicherer Wege.
c) Bewältigung von besonderen Situationen (z.B. Ausfall der Ampel, Baustellen usw.).

Dieses Trainingsprogramm soll im Rahmen von Elternabenden oder auch im Fernsehen bekanntgemacht werden, zumal der gesamte Trainingsablauf in einem Modellfilm vorgeführt werden kann.

Auch für die Zielgruppe selbst erwiesen sich **audiovisuelle Methoden wirkungsvoller als verbale Methoden.** Dies konnte bei Kindern der zweiten Schulstufe in ihrem Verhalten beim Überqueren der Straße vor und nach Darbietung audiovisueller Verkehrserziehungsmethoden (Versuchsgruppe 1) bzw. verbaler Methoden zum Thema Überqueren (Versuchsgruppe 2) bzw. ohne dazwischenliegenden Unterricht (Kontrollgruppe) nachgewiesen werden (Valavuo 1976).

Ein Sicherheitstraining für Kinder im Vorschulalter wurde von Winkler (1974a) entwickelt. Es baut auf der Methode von „Sicherheitsspielen" auf und umfaßt Haltübungen, Fahrbahnüberquerungsübungen, Übungen zur Landstraßenbenützung, Mitfahrerübungen u.a.

> Im Sinn der erwähnten „integrativen Funktion" der Verkehrserziehung werden die Folgerungen, die aus den Ergebnissen der Grundlagenforschung für die Verkehrserziehung zu ziehen sind, sicherlich nicht nur auf die Zielgruppe der Kinder bzw. Jugendlichen beschränkt werden können, auch wenn dieser Bereich der Verkehrserziehung mit dem übergeordneten Lehrziel der Erziehung zu verkehrssicherem Verhalten vorrangig ist.

Dazu kommt aber als zweiter Aufgabenbereich das **spezifisch defensive Verhalten der Erwachsenen gegenüber dieser Zielgruppe.** Dazu gehört einerseits die Beaufsichtigung und andererseits der Beitrag der Erwachsenen zur Gefährdungsvermeidung. Beide Aufgaben erfordern die Kenntnis zielgruppenspezifischer Verhaltensbedingungen und -tendenzen: Angemessene Beaufsichtigung setzt voraus, daß bekannt ist, was dem Kind noch nicht oder schon an selbständigem Verhalten zugemutet werden kann; erfolgreiche Gefährdungsvermeidung setzt die Kenntnis typischer Verhaltensformen der Zielgruppenangehörigen voraus, damit diese in die eigene Verhaltenssteuerung „einkalkuliert“ werden können.

Als dritter Aufgabenbereich ist an das Verkehrsverhalten der Erwachsenen in seiner Funktion als **Modellverhalten** zu denken. Gerade hier wird die übergreifende Funktion der Verkehrserziehung bzw. ihr Standort innerhalb der pädagogischen Verkehrspsychologie besonders deutlich: Die Zielgruppe der Erwachsenen und die Zielgruppe der Kinder können gar nicht unabhängig voneinander, sondern nur in ihrer Beziehung zueinander gesehen werden. Bei Beeinflussung der einen Zielgruppe geht es indirekt gleichzeitig auch um diejenige der anderen.

7.2.3 Verkehrserziehung von Jugendlichen

Eine mit fortschreitender Motorisierungsentwicklung zunehmend an Bedeutung gewinnende Zielgruppe der Verkehrserziehung sind junge motorisierte Zweiradfahrer. Das für diese Gruppe kennzeichnende Zusammentreffen von fehlender bzw. geringer Fahrpraxis einerseits und **jugendspezifischer Risikoeignung** andererseits macht diese Gruppe zu einer besonderen Risikogruppe unter den Verkehrsteilnehmern. Diese Zielgruppe wird von Heinrich et al. (1978) zusätzlich dadurch charakterisiert, daß bei ihr eine Lücke besteht zwischen der bisherigen Verkehrserziehung in Elternhaus und Schule einerseits und der Ausbildung zum Kraftfahrer andererseits, daß aber die Angehörigen dieser Gruppe zum Zeitpunkt ihrer ersten Erfahrungen mit motorisierten Fahrzeugen am günstigsten zu beeinflussen wären.

Auswertungen vorliegender Forschungsergebnisse führten zur Zusammenstellung folgender **Kennzeichen dieser Zielgruppe** (Heinrich u. Langosch 1976, Klebelsberg 1976):

- Erfahrungsmängel bei der Umsetzung von globalen Einstellungen in konkrete Verhaltensweisen;
- stark emotionale Beziehung zum Auto und zum Autofahren (Auto als Prestigegegenstand, Faszinierung durch die Motorisierung);
- erheblicher Anteil von Personen mit erhöhter Risikoneigung;
- unangemessene Gefährlichkeitseinschätzung konkreter Situationen und Verhaltensweisen;
- Tendenz zu normabweichendem Verhalten bei Jugendlichen mit höherem Bildungsniveau;

- Zweifel an der Möglichkeit einer Vorbereitung auf Lebens- und Berufsprobleme durch die Schule;
- Überwiegen von Fahrten zu privaten Zwecken (Fahren um des Fahrens willen);
- raschere Zunahme der subjektiven als der objektiven Sicherheit;
- Einschränkung der Bereitschaft, aus den Erfahrungen anderer zu lernen infolge Überwiegens von Erprobungsverhalten;
- skeptische Einstellung gegenüber gängigen Formen der Fahrausbildung und Fahrprüfung;
- Geschwindigkeitsverhalten, Fahren außerorts, Gefahrenantizipation, Fahren bei Dunkelheit, Fahrzeugwartung als kritische Fahrverhaltensbereiche.

Daraus leitet sich die Entwicklung einer besonderen Verkehrserziehungsform für diese Zielgruppe in Form von Versuchen ab, wie sie z.B. durch die **„Einführung in den motorisierten Straßenverkehr"** (EMS) neuerdings bekanntgeworden sind. Mit diesem Verkehrserziehungsprogramm soll eine Verbindung zwischen schulischer und außerschulischer Verkehrserziehung geschaffen werden. Nachdem sich gezeigt hatte, daß eine Übertragung des amerikanischen Systems der schulischen Fahrausbildung (driver education) auf Länder mit anderen Schul- und Fahrschulsystemen nicht sinnvoll ist, wurden der EMS folgende Ziele zugrunde gelegt:
- Fortsetzung der vorschulischen und schulischen Verkehrserziehung;
- Vorbereitung auf stärker sicherheitsbetonte Teilnahme Jugendlicher am motorisierten Straßenverkehr;
- Erhöhung des sicheren Umgangs mit motorisierten Zweirädern (Mofa, Moped).

Das Programm zielt in erster Linie auf eine Einstellungsänderung ab, die durch Vermittlung von Kenntnissen und Einsichten sowie durch Auseinandersetzung mit Konfliktsituationen unter Einbeziehung fahrpraktischer Situationen erreicht werden soll. Dazu ist eine spezielle Ausbildung derjenigen Lehrer vorgesehen, die mit der Durchführung des Programms betraut werden.

7.3 Aus- und Weiterbildung von Kraftfahrern

7.3.1 Zur Frage der Lehrziele in der Ausbildung

Unter psychologischem Gesichtspunkt erscheint es im Zusammenhang mit Problemen der Aus- und Weiterbildung von Kraftfahrern wichtig, auf die spezifischen Lernbedingungen hinzuweisen, die für die gesamte Entwicklung individuellen Fahrverhaltens bedeutsam sind. Diese Besonderheiten werden besonders von Böcher (1975, 1977) hervorgehoben.

So wünschenswert ein auf angepaßtes Fahrverhalten in *allen* Verkehrssituationen gerichtetes Lehrziel der Fahrausbildung wäre, so weicht die tatsächliche Fahrausbildung davon in den meisten Fällen insofern erheblich ab, als an dessen Stelle das

Lehrziel „Führerscheinerwerb" tritt. Dadurch wird dann die Fahrausbildung vor allem durch psychomotorisches Lernen einerseits und Wissensaneignung andererseits bestimmt; dies aber im wesentlichen in solchen Situationsbereichen, die für den Inhalt der *Prüfung* repräsentativ sind.

Die Phase des selbständigen Fahrens unterliegt demgegenüber ganz anderen Lernbedingungen, die letztlich dem Prinzip des Versuchs und Irrtums unterzuordnen sind. Der Fahrer muß jetzt lernen, auch in solchen Situationen und unter solchen Verkehrsbedingungen zu fahren, die er während seiner Ausbildung gar nicht kennenlernen konnte, so daß ihm dafür häufig jede Möglichkeit einer Übungsübertragung (Transfer) fehlt. Dies bedeutet aber, daß er die neuen Aufgaben erst dann überhaupt kennenlernt, sobald er sie auch schon beim ersten Versuch bewältigen muß (z.B. erstmaliges Fahren auf Schneeglätte). Zudem ist die Begegnung mit solchen Situationen weitgehend zufallsabhängig, so daß in keiner Weise vorauszusehen ist, innerhalb welcher Zeit er die üblichen Gefahrensituationen kennen- und bewältigen gelernt haben wird. Gerade unter diesem Gesichtspunkt wird es verständlich, daß das Anfängerstadium im weiteren Sinn, jenseits dessen der Fahrer als erfahrener Fahrer eingestuft wird, auf ca. 100000 Fahrkilometer geschätzt wird (Marek u. Sten 1977). Für diese Phase ist auch das dominierende Prinzip des **„negativen Lernens"** (Seydel 1973) bedeutsam, **d. h. das Lernen des erfolgreichen Fehlverhaltens.** Die Anzahl der Fälle individuellen Fehlverhaltens im Straßenverkehr, die negativ verstärkt werden, ist verschwindend gering gegenüber der Anzahl jener Fälle, in denen Fehlverhalten in Form begünstigten Vorwärtskommens positiv verstärkt wird.

Eine andere Entwicklungstendenz des individuellen Fahrverhaltens kann anhand der **Änderungen von subjektiver und objektiver Sicherheit** aufgezeigt werden. Subjektive Sicherheit und objektive Sicherheit des Führerscheinneulings weisen zu Beginn der selbständigen Fahrpraxis sicherlich ein Minimum auf. Im weiteren Verlauf ist aber ein wesentlich steilerer Anstieg der subjektiven Sicherheit im Vergleich zur objektiven anzunehmen, so daß gerade die Anfängerphase durch eine Diskrepanz zwischen subjektiver und objektiver Sicherheit gekennzeichnet ist, die erst mit allmählich zunehmender objektiver Sicherheit wieder verringert wird. Dem entspricht auch die nachweisbare Zunahme der Unfallrate innerhalb der ersten Jahre der Fahrpraxis (vgl. Pelz u. Schuman 1969).

Sicherlich wäre es unrealistisch, vom derzeit üblichen Fahrausbildungssystem zu fordern, daß alle Teillehrziele, die dem übergeordneten Lehrziel des verkehrsangepaßten Verhaltens unterzuordnen sind, in der Grundausbildung abgedeckt werden müssen. Aber es wäre ein übergreifendes Fahrausbildungs- und -prüfungssystem zu entwickeln, für das zunächst die wissenschaftlichen Grundlagen zu erarbeiten sind [vgl. dazu die Forschungsplanung der Bundesanstalt für Straßenwesen in Köln zur Fahrausbildung und -prüfung (Sömen 1977)]. Dabei kommt der **Differenzierung verschiedener Lehrziele für verschiedene Lernphasen** vorrangige Bedeutung zu. Aus ihr ergibt sich, entsprechend dem Prinzip des verteilten Lernens, die Notwendigkeit einer gestuften Ausbildung und als Konsequenz daraus eine gestufte Fahrerlaubnis, wobei auch Befristungen der Fahrerlaubnis als pädagogisch wirksame Maßnahme einzubeziehen sind (vgl. dazu Böcher 1977).

Als **Kriterien,** an denen Fahrausbildungssysteme zu orientieren und hinsichtlich ihrer Wirksamkeit zu validieren sind, wurden von Keller u. Graf (1977) neben Unfall- und

Deliktkriterien zusätzlich besonders folgende hervorgehoben: Einstellung von Fahrlehrern und Fahrschülern zum Ausbildungssystem, Ökonomie, unmittelbare Kriterien in Form von Nahzielen der Ausbildung (z. B. Wissensfragen, spezifische Fahrfertigkeit), Zwischenkriterien in Form von Fahrprüfung und Fahrproben.

Das Kriterium der Ökonomie erhält dadurch seine Bedeutung, daß ein angereicherter Ausbildungsinhalt auch einen vergrößerten Ausbildungsumfang mit sich bringt, der sowohl aus der Sicht der Ausbildungsinstitution als auch aus jener des Auszubildenden mit gewichtigen wirtschaftlichen Folgen verbunden ist. In diesem Zusammenhang sind Befunde von Jones (1973) und Dreyer u. Janke (1979) bemerkenswert, wonach die Fahrstunden*anzahl* nicht mit Unfallhäufigkeit, Delikthäufigkeit und Unfallraten zusammenhängt. Auf langzeitliche Veränderungen in der Dauer der praktischen Fahrausbildung hat Braun (1978) hingewiesen. Diese Veränderungen wurden an 1624 Fahrschülern einer deutschen Fahrschule in der Zeit von 1960 bis 1976 festgestellt. Zunächst ergab sich, daß Fahrschüler über 25 Jahren mehr Fahrstunden absolvieren als Fahrschüler bis zu 25 Jahren (19,7 : 14,1), weibliche Fahrschüler mehr als männliche Fahrschüler (20,3 : 13,9) und Ausländer mehr als Inländer (21,4 : 16,6). Des weiteren unterscheiden sich bei den Männern ältere und jüngere Fahrschüler deutlicher als bei den Frauen. Alle genannten Unterschiede sind aber einem Wandel innerhalb des Beobachtungszeitraums unterworfen. Die Anzahl von Fahrstunden für eine erfolgreiche Fahrprüfung innerhalb des Beobachtungszeitraums stieg auf das Doppelte (12,5 : 25,6). Besonders groß ist die Veränderung der Zugangsquote der männlichen älteren deutschen Fahrschüler der untersuchten Fahrschule von 120 in den Jahren 1960/61 auf sechs in den Jahren 1974–1976. Derartige Ergebnisse werden sicherlich für Ausbildungsprogramme der Zukunft berücksichtigt werden müssen.

Hinweise auf Lehrziele der Fahrausbildung, die von erfahrenen Kraftfahrern für wesentlich gehalten werden, versuchte Lutze (1975) in einer schriftlichen Befragung von 120 erfahrenen, teils Berufskraftfahrern hinsichtlich der Bedeutung von 54 Themen (betreffend die Bereiche Fahrer, Fahrzeug, Straße, andere Verkehrsteilnehmer, Verkehrsordnung und Fahrschule, Wechselwirkungen zwischen Fahrer und Straße) für die Verkehrssicherheit zu ermitteln. Als besonders wichtig wurden Probleme der Fahrtechnik und der Fahrzeugbeherrschung unter ungünstigen Witterungsbedingungen bezeichnet, verkehrsrechtliche Kenntnisse demgegenüber als weitgehend unbedeutend. Für eine Festlegung von Ausbildungsinhalten werden diese Ergebnisse kaum direkt zu verwerten sein, viel eher aber die in ihnen zum Ausdruck kommenden Einstellungen bzw. Bewertungen, die als solche zum Ausbildungsgegenstand gemacht werden können.

Versuche, psychologische Grundlagen und Einsichten im Bereich der Fahrausbildung zum Zweck der Berücksichtigung und Umsetzung durch den Fahrlehrer zu konkretisieren, wurden verschiedentlich unternommen; so von Böcher (1973) für lerntheoretische Begriffe und Theorien und von v. Hebenstreit (1977) für die psychologischen Grundlagen des Kraftfahrens.

7.3.2 „Verkehrsverhaltenslehre"

Die von Jensch et al. (1978) entwickelte „Verkehrsverhaltenslehre" stellt einen neuartigen Entwurf eines umfassenden Ausbildungssystems dar, dessen organisatorische Umsetzung zwar erst noch geleistet werden muß, das aber für diesbezügliche Entscheidungen zunächst eine inhaltliche Systematik der zu berücksichtigenden Inhalte anbietet. Das Programm ist auf das Ziel gerichtet, „Verhalten so zu formen, daß es allen Systemkomponenten und den Zwecken des Systems ‚Straßenverkehr' gerecht wird" (S. 54). Daraus werden folgende „Leitlinien" abgeleitet:

- Bestimmung und Vermittlung verkehrsgerechten Verhaltens;
- Analyse des Systems „Straßenverkehr" in seinen Auswirkungen auf das Verhalten der Kraftfahrer;
- Zuordnung spezifischer Stellenwerte zu den verschiedenen Anforderungen des Verkehrsverhaltens;
- Berücksichtigung sowohl des Soll-Zustands des erwünschten Endverhaltens als auch des Ist-Zustands der individuell erlebten Verkehrsrealität.

Ausgehend von den Grundmotiven „Vorwärtskommen" und „Weiterkommen" werden eine Reihe von „prototypischen Fahraufgaben" festgelegt, die im wesentlichen den auf 16 Unterrichtseinheiten (Doppelstunden) verteilten Stoff kennzeichnen:

1. Überblick über die Verkehrsverhaltenslehre;
2. Reinkommen (Einsteigen, Anfahren, Einfädeln);
3. Nicht-Abkommen (auf gerader Strecke, in Kurven, im Gefälle);
4. Mitkommen (Vorausfahren, Hinterherfahren I);
5. Mitkommen (Hinterherfahren II, Nebeneinanderfahren);
6. Vorbeikommen (Begegnen, Überholen I);
7. Vorbeikommen (Überholen II, Ausweichen, Passieren);

8.–10. Durchkommen (an und zwischen Verkehrsknoten);

11. Durchkommen (an Fußgängerübergängen, an Bahnübergängen);
12. Zurückkommen (Rückwärtsfahren, Wenden, Umwegfahren);
13. Rauskommen (Ausfädeln, Ankommen, Aussteigen);
14. fahrtechnische, fahrzeugtechnische, gesetzliche Voraussetzungen und Grundlagen für das Verkehrsverhalten;
15. wahrnehmungspsychologische und sozialpsychologische Einflußgrößen auf das Verkehrsverhalten;
16. Einflüsse von Licht-, Wetter-, Straßen- und Verkehrsverhältnissen und Verkehrsregeln.

Die Autoren leiten daraus auch Vorschläge für ein auf dieses Programm aufgebautes, lehrzielorientiertes Prüfverfahren ab, das durch folgende Merkmale kurz zu kennzeichnen wäre:

- „Realisieren statt Idealisieren"; z. B. in Form von Verwendung von realistischem, nicht schematischem Bildmaterial;
- „Integrieren statt Isolieren"; keine Gegenüberstellung von Real- und Idealverkehr; keine Isolierung der Bedeutung von Zeichen und Regeln (z. B. nicht: „Welche Bedeutung hat dieses Verkehrszeichen?", sondern: „Dürfen Sie hier halten?");
- „Dynamisieren statt Fixieren"; Einbeziehung der Bewegung in das Anschauungsmaterial anstelle einer statischen Darstellung;
- „Konkret Darstellen statt logisch Kodieren"; z. B. bei Fahraufgaben: „Was soll man tun?", nicht: „Was darf man tun?"; audiovisuelle Darbietung statt abstrakter Vorgabe.

Im Mittelpunkt einer derartigen Verkehrsverhaltenslehre steht somit das Verkehrs*verhalten* in bestimmten typischen Situationen. In der didaktischen Aufbereitung dieses

Gegenstandes sollen „theoretische" und praktische Ausbildung einerseits und Unterrichtsgegenstände und Didaktik andererseits aufeinander bezogen werden.

Die Vorstellung eines Ausbildungsprogramms in Form eines Aufbausystems, in dem der Lernende stufenweise an die Realitäten des Straßenverkehrs herangeführt wird, Möglichkeiten für vorläufige Fahrerlaubniserteilungen vorgesehen werden und die Fahrerlaubnisprüfung ein Abbild der üblicherweise vorkommenden Fahraufgaben sein soll, liegt auch den Forderungen der OTA (World Touring and Automobile Organisation) zugrunde (vgl. Michalik 1977). Als Beispiel für eine Konkretisierungsmöglichkeit kann der Entwurf des Wiener Verkehrspsychologischen Instituts für einen „Mehrstufenplan für den Erwerb der Lenkerberechtigung" gelten (Tabelle 22).

Tabelle 22. Vorschlag für die langfristige Einführung eines Stufenführerscheins. (Nach Michalik 1977, S. 164–165)

Alter (Jahre)	Fahrzeugart	Technische Beschreibung	Zulässige Höchstgeschwindigkeit	Prüfung[a]	Lenkerberechtigung
15	Mofa	50 ccm, 2 PS	30 km/h	Theoretisch und praktisch	Mofa-Führerschein
16	Mofa	50 ccm, 2 PS	30 km/h	Keine Prüfung	Jeder ab 16 Jahre
16	Kleinmotorrad (Moped)	50 ccm, 6,5 PS	60 km/h	Theoretisch und praktisch	Provisorischer A-Führerschein, Kennzeichnung[b]
18	Kleinmotorrad	250 ccm, 20 PS	Bundesstraße 80 km/h	Wenn unauffällig:	Befristeter A-Führerschein, Kennzeichnung des Fahrzeuges
				Wenn auffällig: verkehrspsychologische Untersuchung	Je nach Lage des Falles: befristeter A-Führerschein, bestimmte Auflagen, Bedingungen oder Beschränkungen, kein Führerschein
18	Pkw	1600 ccm, 70 PS	Bundesstraße 80 km/h Autobahn 100 km/h	Theoretisch und praktisch	Befristeter B-Führerschein, Kennzeichnung des Fahrzeugs
18	Lkw	Kein Tankwagen, ohne Hänger	Bundesstraße 70 km/h Autobahn 80 km/h	Theoretisch und praktisch Verkehrspsychologische Untersuchung	Befristeter C-Führerschein
21	Motorrad	Über 250 ccm über 20 PS	Bundesstraße 100 km/h Autobahn 130 km/h	Wenn unauffällig: Ausdehnung der Lenkerberechtigung	Unbefristeter A-Führerschein
				Wenn auffällig: verkehrspsychologische Unter-	Je nach Lage des Falles: unbefristeter A-Führerschein, be-

Tabelle 22. (Fortsetzung)

Alter (Jahre)	Fahrzeugart	Technische Beschreibung	Zulässige Höchstgeschwindigkeit	Prüfung[a]	Lenkerberechtigung
				suchung, Driver Improvement oder Fahrtrainingskurs	stimmte Auflagen, Bedingungen oder Beschränkungen, kein Führerschein
21	Pkw	Über 1600 ccm, über 70 PS	Bundesstraße 100 km/h Autobahn 130 km/h	Wenn unauffällig: Ausdehnung der Lenkerberechtigung	unbefristeteter B-Führerschein
				Wenn auffällig: verkehrspsychologische Untersuchung, Driver Improvement oder Fahrtrainingskurs	Je nach Lage des Falles: unbefristeter B-Führerschein, bestimmte Auflagen, Bedingungen oder Beschränkungen, kein Führerschein
21	Lkw	Auch Tankwagen, auch Hänger	Bundesstraße 70 km/h ohne und mit Anhänger 60 km/h Autobahn 80 km/h ohne und mit Anhänger 70 km/h	Wenn unauffällig: Ausdehnung der Lenkerberechtigung für die Gruppe C, theoretische und praktische Zusatzprüfung für die Gruppe E	unbefristeter C- bzw. E-Führerschein
				Wenn auffällig: verkehrspsychologische Untersuchung, Driver Improvement oder Fahrtrainingskurs	Je nach Lage des Falles: unbefristeter C- bzw. E-Führerschein, bestimmte Auflagen, Bedingungen oder Beschränkungen, kein Führerschein

[a] Vor jeder Prüfung ab dem 16. Lebensjahr (provisorischer A-Führerschein) sollte eine amtsärztliche Untersuchung durchgeführt werden, falls die letzte Untersuchung länger als 1 Jahr zurückliegt. Bei Verkehrsauffälligen sollte eine solche Untersuchung jedenfalls vor Ausdehnung der Lenkerberechtigung stattfinden

[b] Eine solche Kennzeichnung des Fahrzeugs soll darauf hinweisen, daß es sich bei dem Fahrer um einen Anfänger handelt. Sie könnte z.B. in einer Plakette mit der jeweils erlaubten Höchstgeschwindigkeit bestehen

Der Entwurf läßt deutlich erkennen, daß hier Fahrprüfung als Funktion innerhalb eines differenzierten Ausbildungssystems verstanden wird.

7.3.3 *Zur psychologischen Funktion der Fahrprüfung*

Auf Fragen der Fahrprüfung soll hier nicht eingegangen, sondern lediglich betont werden, daß die Fahrprüfung nur dann eine psychologische Funktion erfüllen kann, wenn sie als Systemeinheit innerhalb des gesamten Teilsystems Ausbildung eingegliedert ist. Trotzdem sei darauf hingewiesen, daß auch von psychologischer Seite Kritik und Vorschläge, nicht zuletzt auch unter diagnostischem Gesichtspunkt, vorgebracht wurden (Schneider 1977, Hampel 1977, Kroj 1977, Hampel 1976 (unveröffentlicht), Barthelmess 1973).

7.3.4 *Fahrerweiterbildung*

> Unter dem Ausdruck „Fahrerweiterbildung" werden im allgemeinen Ausbildungsformen zusammengefaßt, die für solche Kraftfahrer gedacht sind, die die Fahrerlaubnis bereits erhalten haben und deren Fahrverhalten im Hinblick auf die Verkehrsangepaßtheit weiter verbessert werden soll. Da es sich dabei nicht um Nachschulung auffällig gewordener Fahrer handelt, sind Weiterbildungskurse im wesentlichen als Angebot zu verstehen, das vorläufig noch auf freiwilliger Grundlage in Anspruch genommen werden kann. Unter diesem Gesichtspunkt ist jedoch nicht die eigentliche Bedeutung der Weiterbildung zu sehen, weil sich dabei das Prinzip der autonomen Zielgruppenbildung so auswirken kann und sich in der Praxis auch wiederholt so ausgewirkt hat, daß gerade die eigentlich dafür vorgesehenen Zielgruppen dadurch nicht erreicht werden. Umso mehr ist die Weiterbildung in der Weise als eine Aufgabe der Zukunft zu sehen, daß sie Bestandteil eines gestuften Gesamtsystems der Ausbildung wird. Ihr übergeordnetes Lehrziel bestände in der Abkürzung des 100000 Fahrkilometer dauernden Lernvorgangs, in dem das Lernprinzip von Versuch und Irrtum ersetzt wird durch die systematische Auseinandersetzung mit den üblicherweise vorkommenden Fahraufgaben.

In seiner Grundform könnte sich ein derartiges, an die elementare Fahrausbildung (Lehrziel: Fahrzeugbeherrschung unter Normalbedingungen) anschließendes Weiterbildungssystem an den drei Aufgabenbereichen **Gefahrenerkennen, Gefahrenvermeiden** und **Gefahrenbewältigen** orientieren, nach denen manche Weiterbildungssysteme bereits aufgebaut sind. Das unterschiedliche Gewicht dieser drei Aufgabenbereiche in pädagogischer Hinsicht kann durch folgendes Schema verdeutlicht werden (Abb. 55).

Das **Verhaltenskontinuum vom Normalverhalten bis zum Unfall** wird demnach in verschiedene Stadien der Auseinandersetzung mit einer Gefahrensituation gegliedert: Sobald der Fahrer in eine Gefahrensituation gerät, kommt es zunächst darauf an, ob er die Gefahr erkennt oder nicht (GE+ bzw. GE−); die allgemeine Methode, mit der das Lehrziel Gefahrenerkennen verwirklicht werden soll, ist daher das systematische Wahrnehmungstraining. Im nächsten Stadium kommt es darauf an, ob die erkannte Gefahr

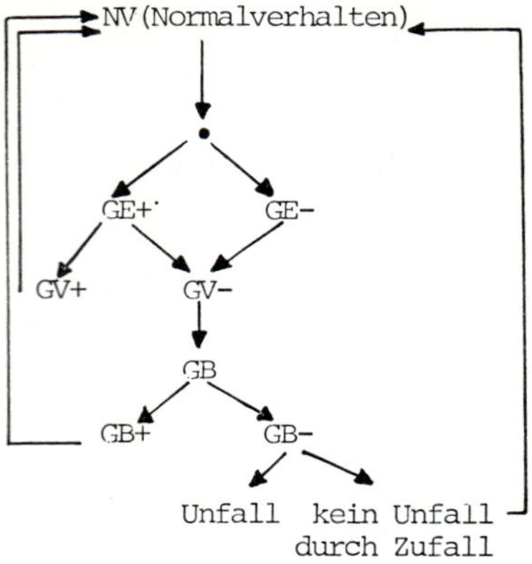

Zeichenerklärung:

G	:	Gefahrensituation
GE+/-	:	Gefahr erkannt bzw. nicht erkannt
GV+/-	:	Gefahr vermieden bzw. nicht vermieden
GB+/-	:	Gefahr bewältigt bzw. nicht bewältigt

Abb. 55. Verschiedene Stadien der Begegnung mit einer Gefahrensituation. (*G* Gefahrensituation, *GE+/–* Gefahr erkannt bzw. nicht erkannt, *GV+/–* Gefahr vermieden bzw. nicht vermieden, *GB+/–* Gefahr bewältigt bzw. nicht bewältigt)

vermieden werden kann oder nicht (GV+ bzw. GV–), während eine überhaupt nicht erkannte Gefahr im allgemeinen auch nicht vermieden werden kann; die auf das Lehrziel Gefahrenvermeiden gerichtete Methode ist das sog. Defensivtraining. Das folgende Stadium wird dadurch bestimmt, ob die nicht vermiedene Gefahr bewältigt oder nicht bewältigt wird (GB+ bzw. GB–); die zugehörige Methode ist das Gefahrentraining. Ob im Fall negativer Gefahrenbewältigung ein Unfall eintritt oder nicht, ist allerdings keine Frage der Weiterbildung, sondern des „Zufalls", d.h. in diesem Fall eine Frage jener jeweiligen Situationsbedingungen, auf die der Fahrer keinen Einfluß nehmen kann.

Dadurch wird klar, daß das Unfallereignis mit umso größerer Wahrscheinlichkeit vermieden werden kann, in je früherem Stadium der Abweichung vom Normalverhalten das Verhalten beeinflußt wird. Anders ausgedrückt: **Je mehr Gefahrensituationen erkannt werden, desto mehr können vermieden und desto weniger müssen bewältigt werden.** Entsprechend der unterschiedlichen Auftretenswahrscheinlichkeit der einzelnen Stadien ist das unterschiedliche Gewicht der einzelnen Lehrziele abzuleiten, so daß in einem solchen System dem Gefahrenbewältigen sicherlich das relativ geringste Gewicht beizumessen ist, weil der Fahrer bei positiver Lösung der Aufgaben Gefahrenerkennen und Gefahrenvermeiden vor diese Aufgabe viel seltener gestellt sein wird. Andererseits wird bei Vernachlässigung der Aufgaben des Gefahrenerkennens und Gefahrenvermeidens über die Folgen einer Abweichung vom Normalverhalten erst im Stadium des Gefahrenbewältigens entschieden werden können.

7.3.5 *Wahrnehmungs-, Defensiv- und Gefahrentraining*

Von den Weiterbildungsinhalten her gesehen könnte in Anlehnung an Marek u. Sten (1977) folgendes Programm zugrundegelegt werden, das als Fortführung der Elementarausbildung (übliche Fahrschulausbildung) zu verstehen ist:

Übergeordnetes Lehrziel: Verkehrsanpassung im Hinblick auf Sicherheit und Flüssigkeit des Verkehrsablaufs.
Erste Stufe: **Wahrnehmungstraining;**
Lehrziel: Gefahrenerkennen.
a) Richtiges Sehen: Training sowohl unter Laboratoriums- als auch unter Realbedingungen; Methode des „kommentierenden Fahrens".
b) Richtiges Schauen: Blickverhaltenstraining; Gewöhnung an fluktuierendes statt fixierendes Blickverhalten einschließlich ständiger Rückspiegelbenützung; richtiges Blickverhalten bei Blendung zur Verringerung physiologischer Blendwirkungen; Vorausverlagerung der Blickfixation.
c) Kontrolle des Gesehenwerdens: Differenzierende Beurteilung der Wahrnehmbarkeit des eigenen Fahrzeugs für andere Verkehrsteilnehmer.

Zweite Stufe: **Defensivtraining;**
Lehrziel: Gefahrenvermeiden.
a) Differenzierende Beurteilung der Erkennbarkeit eigener Fahrverhaltenstendenzen für die anderen Verkehrsteilnehmer (systematisiertes „Deutlich-Fahren"; vgl. Deutsche Verkehrswacht).
b) Antizipationstraining: Abbau der Orientierung an den gegenwärtigen, Hinführen zur verstärkten Orientierung an den zeitlich unmittelbar bevorstehenden Situationsbedingungen; systematisches Einkalkulieren möglicher Gefahren, insbesondere möglichen Fehlverhaltens anderer Verkehrsteilnehmer.

Dritte Stufe: **Gefahrentraining;**
Lehrziel: „Respekt" vor der Gefahr (nicht primär Gefahrenbewältigen).
Kennenlernen konkreter Gefahrensituationen.

Die besondere Bedeutung von Einstellungen gegenüber dem Straßenverkehr im allgemeinen und gegenüber bestimmten Verkehrssituationen im besonderen legt deren Berücksichtigung in Weiterbildungsprogrammen, insbesondere solchen für junge Kraftfahrer, nahe. Böcher (1977) nennt dafür folgende Lehrziele:

- Bewußtmachen der Motive für die Wahl relativ hoher Geschwindigkeiten; Einstellungsänderungen gegenüber der Fahrgeschwindigkeit.
- Änderung der Einstellung zum Erprobungsverhalten und zu den Grenzen der eigenen Leistungsfähigkeit.
- Allgemeines Erkennen und Verstehen des Fahrverhaltens als komplexen Sachverhalt und spezielles Erkennen und Verstehen von Umständen, die in der Per-

son, in der Fahrzeug- oder Straßenbeschaffenheit, in der geltenden Verkehrsordnung und spezifischen Situationen begründet sind und eine freie Wahl von Geschwindigkeiten und die zu treffenden Entscheidung eingrenzen.
- Einstellungsänderung gegenüber der technischen Sicherheit und dem eigenen Fahrzeug.
- Entwicklung von angemessener Vorsicht im Sinn umsichtiger Voraussicht und entsprechender Verhaltenskontrolle.
- Einsicht in die allgemeine Notwendigkeit von Regelungen bei gleichzeitigem Erhalten und Fördern der Eigenverantwortlichkeit.
- Kenntnis und Beachtung sozialer Beziehungen, d.h. Herausstellen der Rolle, die ein Verkehrsteilnehmer in einem sich ständig verändernden Umfeld spielt, unter besonderer Berücksichtigung der Anfängerrolle.
- Verbesserung des Entscheidungsstils und der Fahrzeugbeherrschung in kritischen Situationen.

Die Inhalte eines derartigen Weiterbildungsprogramms lassen erkennen, daß dessen Anwendung nur im Rahmen eines gestuften Vorgehens sinnvoll sein kann, beginnend erst in einem Stadium, in dem der Fahrer die erste Phase selbständigen Fahrens bereits hinter sich gebracht hat.

7.3.6 Spezielle Methoden

An speziellen Methoden kommen einige empirisch erprobte Möglichkeiten in Betracht. So handelt es sich bei dem erwähnten **„kommentierenden Fahren“** darum, daß der Fahrer dem begleitenden Instruktor fortlaufend alle von ihm als situationsbedeutsam erfaßten äußeren Gegebenheiten berichtet. Marek u. Sten (1977) sehen die wesentlichen Vorteile dieser in Großbritannien entwickelten Methode darin, daß der Fahrer zu konzentrierter Situationskontrolle veranlaßt wird, daß ihm die Vielfalt der Teilaufgaben bewußt wird, daß ihm das Erkennen einiger Fehler ermöglicht wird und daß die Verbindung zwischen Schüler und Instruktor verbessert wird (vgl. dazu Carmichael u. Huguenin 1956, Anderson 1968). Marek u. Sten verweisen auch auf **apparativ unterstützte Methoden,** z. B. in Form des früher erwähnten V-Geräts, und andererseits auf die Einbeziehung von Simulatoren. Eine weitere von diesen Autoren hervorgehobene Methode ist das Fahren auf Übungsgelände, auf dem der Fahrer auch ohne begleitenden Instruktor trainiert. Die Anwendbarkeit dieser Methode dürfte stark vom jeweiligen Lehrziel und somit auch vom jeweils erreichten Ausbildungsstand abhängen. Einerseits wird die Methode große Vorteile für das Erproben spezieller fahrtechnischer Verhaltensweisen bieten können, die unter Normalbedingungen nicht ohne Gefährdung praktiziert werden können (z. B. Zielbremsungen). Andererseits kann eine Gefahr in Form von Generalisierungseffekten entstehen, wenn z. B. verhaltensbezogene Sicherheitseinstellungen von der Trainingssituation auf die Realsituation übertragen werden. Die Wirksamkeit des Trainings am Übungsgelände im Rahmen der Ausbildung – nicht Weiterbildung – von insgesamt 2.057 16jährigen amerikanischen Schülern wurde von Dreyer u. Janke (1979) untersucht. Die Schüler wurden nach Zufall zwei Gruppen zugeordnet, die beide zunächst 45 Stunden „driver education“ im Rahmen ihrer High School absolvierten, deren weitere Ausbildung sich aber folgendermaßen unterschied (Tabelle 23):

Tabelle 23. Ausbildungsunterschiede der Vpn in der Untersuchung von Dreyer u. Janke (1979)

	Versuchsgruppe mit Fahrstunden am Übungsgelände	Kontrollgruppe ohne Fahrstunden am Übungsgelände
Simulatorstunden (Aetna-Simulator)	10	12
Fahrstunden auf der Straße	2	3
Mitfahrstunden (als Beobachter)	4	9
Fahrstunden am Übungsgelände	8	0
Gesamte Stundenanzahl	24	24

Hinsichtlich des späteren Fahrprüfungserfolgs ergaben sich keine Unterschiede zwischen den beiden Gruppen. Die Versuchsgruppe wies jedoch im Folgejahr weniger Unfälle auf, während die Kontrollgruppe bessere Ergebnisse im abschließenden Verkehrswissenstest, in den Ergebnissen am Simulator und im „driver training course-grade“ erzielte. Einmal mehr zeigen sich die Schwierigkeiten einer einheitlichen Interpretation solcher Ergebnisse, die in erster Linie die Kriterienproblematik widerzuspiegeln scheinen.

Für das Erfassen von Gefahrensituationen wurde von Rella (1976) ein Trainingsprogramm entwickelt, das 36 in Dias dargestellte Gefahrensituationen enthält. Jede Situation wird zunächst als Fragebild, auf dem die Gefahr nur angedeutet und daher antizipierbar ist, und einige Sekunden später als Lösungsbild, auf dem die Gefahr deutlich erkennbar geworden ist, dargeboten. Die Wirksamkeit wurde so geprüft, daß im Rahmen eines Fahrschulkurses acht Tage vor und 14 Tage nach dem Trainingsprogramm ein Vor- bzw. Nachtest mit zwei Paralleltests, ähnlich den Fragebildern des Trainingsprogramms, durchgeführt wurde. Eine Kontrollgruppe erhielt kein Training ($n = 101$ bzw. 105). Die trainierten Personen erzielten eine deutliche Leistungssteigerung, während die Kontrollgruppe keine signifikante Leistungsverbesserung aufwies. Der positive Trainingseffekt war bei jüngeren Personen (bis 21 Jahre) und bei männlichen Personen deutlicher als bei älteren bzw. bei weiblichen Personen. Offen bleibt allerdings die Frage nach einer Wirksamkeit, die nicht *nur* an unmittelbaren Kriterien beurteilt wird.

Bei einer ähnlichen Trainingsmethode (Vanecek 1978) wurden einer Versuchsgruppe von 35 Fahranfängern im Rahmen von drei ca. einstündigen Sitzungen Situationsdias vorgeführt und diese anschließend hinsichtlich der günstigsten Situationsbewältigung besprochen. Versuchs- und Kontrollgruppe hatten auf einer späteren Testfahrt alle Verkehrsgegebenheiten, die für den Fahrer Bedeutung haben (Verkehrszeichen, Bodenmarkierungen), zu nennen. Dabei erzielte die Versuchsgruppe deutlich bessere Ergebnisse.

Ausgehend von den Ergebnissen aus Untersuchungen des Blickverhaltens bietet sich auch die Möglichkeit des **systematischen Trainings des Blickverhaltens** (Verkehrspsychologisches Insitut Wien 1978). Es liegt dabei nahe, die Merkmale des Blickverhaltens erfahrener Kraftfahrer (ökonomisches Blickverhalten, Wahrnehmung wesentlicher Einzelheiten, häufiger Wechsel der Blickfixationen von Fern- auf Nahorientierung) als Ausbildungsziele zu verwenden. Auch dabei wird es sich aber um eine Trainingsmöglichkeit handeln, die erst in einem fortgeschrittenen Erfahrungsstadium des Kraftfahrers sinnvoll einzusetzen ist.

Auf Anwendungsmöglichkeiten des **mentalen Trainings** in der Kraftfahrerschulung haben Rosenfeldt (1976), Böcher (1968) und Kemmler (1974) hingewiesen. Dabei wäre nicht nur an den Anwendungsbereich elementarer psychomotorischer Abläufe in der Fahrtätigkeit zu denken, sondern auch an komplexere Fahraufgaben. Rosenfeldt sieht ein 3-Stufen-Programm vor:

a) „subvokales Verbalisieren" kennengelernter Bewegungsabläufe;
b) „verdecktes Wahrnehmungstraining", bei dem die in den vorausgegangenen Fahrstunden vom Fahrlehrer demonstrierten Bewegungsabläufe vorgestellt werden;
c) „ideomotorisches Training", bei dem sich der Schüler vorstellungsmäßig in das Fahrzeug bzw. auf den Übungsplatz versetzt und die dabei vorkommenden Bewegungsabläufe und die dabei auftretenden Körpergefühle nachvollzieht.

Einen kritischen Beitrag zur Frage der Beurteilung unmittelbarer Kriterien bei Weiterbildungsprogrammen von Kraftfahrern liefern Fischer u. Studach (1977) mit einer Untersuchung des Beurteilungssystems, das in Schweizer Weiterbildungskursen angewandt wird. Bei diesem Beurteilungssystem werden sechs Merkmalsbereiche (z. B. Lenkübungen, Slalomfahren) anhand fünfstufiger Skalen durch die Instruktoren beurteilt. Die Untersuchung ergab, daß die Einzelbeurteilungen durch deutliche Haloeffekte belastet sind und sich nicht nur in Abhängigkeit vom Alter und Geschlecht der Schüler, sondern auch zwischen den Beurteilern und zwischen den Kursen unterscheiden. In ihrer skeptischen Schlußfolgerung sehen sich daher die Autoren genötigt, die Frage offen zu lassen, inwieweit diese Unterschiede die individuellen Unterschiede der Kursteilnehmer oder die unterschiedliche Handhabung des Beurteilungssystems widerspiegeln.

7.3.7 Wirksamkeitsüberprüfungen

Wie bei allgemeinen Sicherheitswerbungsprogrammen stehen experimentell angelegten Wirksamkeitsüberprüfungen auch bei Aus- und Weiterbildungsprogrammen erhebliche Schwierigkeiten entgegen, deren unterschiedliche Bewältigung, vor allem aber deren unterschiedliche experimentelle Kontrolle zur Uneindeutigkeit vieler ihrer Ergebnisse beitragen. Einige der dabei auftretenden und von Klein u. Waller (1970) hervorgehobenen Probleme sind folgende:

- Unvollständige Kontrolle individueller Hintergrundvariablen der Versuchspersonen, die für die Teilnahme an dem betreffenden Experiment maßgeblich sein können (z. B. größeres oder geringeres Interesse an Möglichkeiten zur Sicherheitserhöhung); der Einfluß solcher Variablen kann für das Ergebnis bedeutungsvoller sein als der eigentliche Trainingseffekt.
- Kurze Zeiträume, in denen Kriterien der Fahrbewährung (Delikt-, Unfallhäufigkeit) erhoben werden, mit der Folge, daß nur anfänglich auftretende Wirkungen

überschätzt oder Wirkungen, die durch zufälliges Zusammentreffen mit anderen Einflüssen zumindest aufgehoben werden, unterschätzt werden.
- Geringe Verallgemeinerungsmöglichkeiten der Ergebnisse wegen Spezifität und Verschiedenartigkeit der einzelnen Programme.

Eine skeptische Beurteilung der grundsätzlichen Möglichkeiten von Aus- und Weiterbildungsprogrammen für Kraftfahrer geben auch Näätänen u. Summala (1976). In ihren Schlußfolgerungen aus den bekanntgewordenen, sehr uneinheitlichen Ergebnissen von Wirksamkeitsuntersuchungen gelangen sie zur Auffassung, daß es aussichtsreichere und kostensparendere Möglichkeiten gibt, zur Verbesserung des Systems Straßenverkehr beizutragen als auf dem Weg über Maßnahmen und Einflußnahmen, die sich auf den Fahrer beziehen.

7.4 Nachschulung auffällig gewordener Kraftfahrer

Verschiedene Versuche, das Verkehrsverhalten auffällig gewordener Kraftfahrer gezielt zu verbessern, werden unterschiedlich bezeichnet, obwohl den verschiedenen Bezeichnungen keine spezifisch unterschiedlichen Bedeutungen zuzuordnen sind. Beispiele: Nachschulung, driver improvement, Nacherziehung, Weiterbildung. „Nachschulung" ist dabei die im deutschsprachigen Bereich am meisten verbreitete und auch offizielle Bezeichnung, obwohl sie – ebenso wie die anderen deutschen Bezeichnungen – nicht das Ziel dieser Versuche, sondern eine bestimmte Art des versuchten Zielerreichens zum Ausdruck bringt.

Der wesentliche Anstoß zu systematischer Beeinflussung des Verhaltens verkehrsauffälliger Personen geht sicherlich auf die entsprechende, in den 30er Jahren beginnende Entwicklung in den USA zurück. Zu dieser Zeit wurden dort die ersten driver clinics (De Silva 1938) errichtet. In einem Vergleich der älteren und neueren Formen des driver improvement in den USA gelangt Kaestner (1972) zu der Ansicht, daß die älteren Programme mehr dadurch gekennzeichnet waren, daß sie den Fahrer ganzheitlich betrachteten, wobei medizinische, psychologische, psychophysische und pädagogische Gesichtspunkte einbezogen wurden; demgegenüber seien die neueren Programme mehr auf die Änderung von Einstellungen eingeschränkt, wobei die übrigen Gesichtspunkte in den Hintergrund treten. In den europäischen Ländern, in denen in neuerer Zeit intensive Entwicklungen im Nachschulungsbereich zu beobachten sind, scheint eher eine gegenläufige Tendenz erkennbar zu sein.

Wesentliche Grundformen des driver improvement sind der sog. Warnbrief, das Einzelinterview und das Gruppeninterview.

7.4.1 Warnbriefe

Der Warnbrief (vgl. Schmidt u. Schützenhöfer 1976), den der betreffende Fahrer von der zuständigen Verkehrsbehörde erhält, enthält zunächst die Mitteilung, daß der Fahrer nun zu einer Minderheit auffälliger Fahrer gehört. Des weiteren enthält der Brief eine Aufforderung, das Verhalten im Straßenverkehr künftig zu verbessern. Und schließlich wird dem Fahrer in Aussicht gestellt, daß sein Name in der Liste der Verkehrsauffälligen wieder gestrichen wird, sofern er innerhalb der nachfolgenden Einjahresfrist im Straßenverkehr nicht auffällt. Die Eindringlichkeit des Briefinhalts wird durch mehrere Varianten je nach Einzelfall abgestuft. Trotzdem bleibt ein wesentlicher Vorzug dieses Verfahrens gewahrt: seine Ökonomie.

7.4.2 Einzelinterviews

Das Einzelinterview, das von sehr unterschiedlich ausgebildetem Personal bei der zuständigen Behörde durchgeführt wird, hat auch in diesem Bereich viele Merkmale gemeinsam mit Einzelinterviews in anderen Bereichen. Es erfordert erheblichen personellen Aufwand und wird daher immer nur für sehr eng umgrenzte Personengruppen in Betracht kommen, die eine verschwindende Minderheit nicht nur gegenüber der Gesamtzahl motorisierter Verkehrsteilnehmer, sondern auch noch gegenüber der Gesamtzahl aller auffällig gewordenen Kraftfahrer darstellen werden. Insofern können sich Schwierigkeiten im Hinblick auf Gleichheits- und Gleichbehandlungsgrundsätze ergeben. Die Beeinflussungsmöglichkeiten sind aufgrund der Unmittelbarkeit der persönlichen Auseinandersetzung und der damit verbundenen erhöhten emotionalen Beteiligung vergleichsweise groß. Das **Objektivitäts-/Ergiebigkeitsdilemma** wirkt sich auch hier so aus, daß die Ergiebigkeit des Gesprächs mit zunehmendem Standardisiertheitsgrad abnimmt und umgekehrt.

Trotz Unterschieden zwischen den in der Literatur beschriebenen driver-improvement-Programmen (vgl. Kaestner 1972, Spoerer 1979) lassen sich etwa folgende inhaltliche Gliederungsgesichtspunkte von Einzelinterviews herausheben (Kaestner 1972):

- allgemeine Hinweise auf die Verkehrsordnung;
- Suche nach Zusammenhängen zwischen den registrierten Verkehrsauffälligkeiten und individuellen Fehlverhaltenstendenzen;
- Vergleich mit der Verkehrsbewährung der übrigen Angehörigen der betreffenden Altersgruppe, um die abweichende Position des Fahrers hervorzuheben;
- Zusammenfassung.

Diagnostische Erhebungen (abgesehen von einem Sehtest) oder Beobachtungen des Fahrverhaltens erfolgen nicht.

7.4.3 Gruppeninterviews

Die Einführung von Gruppeninterviews erfolgt vor allem unter dem Druck der Notwendigkeit, möglichst viele in Betracht kommende Personen in driver-improvement-Programme einzubeziehen. Derartige Gruppeninterviews, bei denen die eigentliche Interviewfunktion eher in den Hintergrund rückt und die somit mehr den Charakter von **Gruppengesprächen** haben, wurden zuerst in New York und Kalifornien eingeführt. Sie werden einmalig oder mehrmalig (z. B. in New Jersey) mit auffälligen Kraftfahrern durchgeführt. Bei einmaligen ca. einstündigen Gruppengesprächen absolviert – z. B. in Kalifornien – jeder Fahrer zunächst einen Fahrereinstellungstest, den er selbst auswertet. Sodann werden Informationen über sicheres Fahrverhalten und seine Beeinflussungsmöglichkeiten durch private und berufliche Belastungen gegeben. Weiter erhält jeder Teilnehmer Einblick in seine registrierten Auffälligkeiten im Straßenverkehr während der letzten drei Jahre und die Möglichkeit, darüber zu diskutieren.

Voraussetzung für eine konsequente Durchführung derartiger Versuche ist ein **Registriersystem,** das es ermöglicht, Auffälligkeitshäufigkeiten einzelner Verkehrsteilnehmer zu erfassen und auszuwerten (verschiedene Arten von Strafpunktsystemen, auf die hier aber nicht näher eingegangen werden soll). In Ländern, die zwar Nachschulungsmaßnahmen vorsehen, jedoch ohne ein derartiges Strafpunktsystem arbeiten, wird dadurch das Problem der einheitlichen Anwendung solcher Maßnahmen erheblich vergrößert.

Die Entwicklung der Nachschulung in deutschsprachigen Ländern setzte vergleichsweise sehr spät ein (Spoerer 1972) und konnte sich die langjährigen und vielfältigen Erfahrungen amerikanischer driver-improvement-Programme zunutze machen.

7.4.4 Kurse für auffällige Kraftfahrer in der Bundesrepublik Deutschland

Weitgehend repräsentativ für die europäischen Nachschulungssysteme sind die Kurse für auffällige Kraftfahrer in der Bundesrepublik Deutschland (v. Hebenstreit et al. 1978). Auch wenn es sich dabei zum Teil noch um Modellversuche handelt, stellen sie doch einen Querschnitt durch die heute – nach Verwertung amerikanischer Erfahrungen – für sinnvoll angesehenen Möglichkeiten dar.

Zunächst ist dabei zu unterscheiden zwischen Nachschulung auf freiwilliger und auf obligatorischer Grundlage. Nachschulung auf freiwilliger Grundlage wird als angebotene „Hilfe zur Selbsthilfe" verstanden. Obligatorische Nachschulungskurse sind für Personen mit 14–17 Strafpunkten als Ersatz für die bisher übliche obligatorische Wiederholung der Fahrprüfung vorgesehen. Je nach Altersgruppe, Art und Grad der bisherigen Verkehrsauffälligkeit (ausgedrückt in Strafpunkten im Verkehrszentralregister) kommen folgende Nachschulungsmodelle in Betracht:

BAST[4]-Modell

Zielgruppe:
PKW-Fahrer unter 25 Jahren, die ihre Fahrerlaubnis kürzer als zwei Jahre besitzen und neun oder mehr Strafpunkte aufweisen.

Zuweisung:
Freiwillige Teilnahme, Gutschrift von drei Strafpunkten bei Absolvierung.

Übergeordnetes Lehrziel:
Abbau von Einstellungs-„Defiziten".

Spezielle Lehrziele:
Bewußtmachen der erhöhten Gefährdung,
Verbesserung der verkehrsspezifischen Wahrnehmung,
Verminderung der Risikobereitschaft, Vermehrung des technischen und juristischen Wissens,
Betonung sozialer Einstellungen zum Verkehr,
Auseinandersetzung mit den eigenen gruppenspezifischen Fehlverhaltensweisen.

Kursform und -inhalt:
Sechs Doppelstunden mit medienunterstützten Gruppengesprächen (Gruppenbildung, spezifisches Jugendlichen- bzw. Anfängerrisiko, Psychologie des Autofahrens, Straßenverkehr als soziale Interaktion, Unfallvermeidung, Konsequenzen).

Kursleiter:
Diplompsychologen.

BAST/DVR[5]-Modell

Zielgruppe:
Wie beim BAST-Modell.

Zuweisung:
Wie beim BAST-Modell.

Übergeordnetes Lehrziel:
Abbau von „Einstellungs"-Defiziten und subjektiver Sicherheit sowie Verbesserung fahrphysikalischen Wissens durch fahrpraktische Übungen.

Spezielle Lehrziele:
Wie beim BAST-Modell; zusätzlich:
Verbesserung der Kenntnisse über die Gesetze der Fahrphysik,
Verbesserung der Fahrzeugbeherrschung in kritischen Situationen,
Aufzeigen der Grenzen des eigenen Fahrkönnens mit gleichzeitiger Senkung der subjektiven Sicherheit.

Kursform und -inhalt:
Sieben Doppelstunden mit medienunterstützten Gruppengesprächen und praxisbegleitenden Lehrgesprächen (wie bei BAST-Modell, jedoch Fahrpraxis und fahrpraktische Übungen statt Unfallvermeidung).

---

[4] BAST: Bundesanstalt für Straßenwesen in Köln
[5] DVR: Deutscher Verkerssicherheitsrat

Kursleiter:
Ein Diplompsychologe und ein Instruktor.

Individualpsychologisches Modell (BAST)
Zielgruppe:
Kraftfahrer mit zweimaliger Auffälligkeit wegen Trunkenheit am Steuer und Entzug der Fahrerlaubnis.

Zuweisung:
Hinweis der Verkehrsbehörde an die Betroffenen; Teilnahme freiwillig.

Übergeordnetes Lehrziel:
Ermöglichung einer Auseinandersetzung mit der individuellen Problematik, um Fahrten in alkoholbedingt fahruntüchtigem Zustand zu vermeiden.

Lehrziel:
Verminderung der Rückfallwahrscheinlichkeit (Verbesserung des Wissens um die Gefahren des Fahrens unter Alkoholeinfluß, Auflösung von „Pechvogelargumenten“, Verhaltenstechniken zur Bewältigung des Konflikts „Alkohol und Fahren“).

Kursform und -inhalt:
Vier Doppelstunden Gruppengespräche, eine Stunde Einzelgespräch.

Kursleiter:
Psychologen.

Modell „Fortbildung der Kraftfahrer in Verkehrsseminaren“
(Bayerisches Staatsministerium des Innern)
Zielgruppe:
Kraftfahrer mit weniger als 14 Punkten im Verkehrszentralregister.

Zuweisung:
Freiwillige Teilnahme.

Übergeordnetes Lehrziel:
Änderung des Verkehrsverhaltens durch Vertrautmachen mit den Gefahren des Straßenverkehrs.

Kursform und -inhalt:
Drei Doppelstunden gelenkte Diskussion innerhalb von sechs Tagen (Gefahrenlehre, evtl. Fahrprobe).

Kursleiter:
Fahrlehrer mit Zusatzausbildung.

Modell „Kraftfahrseminare“ (Bundesvereinigung der Fahrlehrerverbände)
Zielgruppe:
Kraftfahrer mit 9–13 Punkten im Verkehrszentralregister (ohne junge und ohne alkoholauffällige Kraftfahrer).

Zuweisung:
Über Empfehlung der Verkehrsbehörden.

Kursform und -inhalt:
Vorausgehender Fahrtest, vier Gruppengespräche zu je 135 min, nachfolgender Fahrtest (Defizite beim ersten Fahrtest, Regelwissen, Einstellung gegenüber Verkehrsvorschriften und Fahrphysik).

Kursleiter:
Fahrlehrer mit Zusatzausbildung.

Sicherheitstraining (Deutscher Verkehrssicherheitsrat)
Zielgruppe:
Insbesondere junge Pkw-Fahrer.

Zuweisung:
Freiwillige Teilnahme.

Übergeordnetes Lehrziel:
Gefahrenerkennen, -vermeiden und -bewältigen.

Kursform und -inhalt:
Ein Tag medienunterstützter Unterricht, Gruppendiskussion und Fahrtraining (Wahrnehmungstraining, Gefahrenlehre, Fahrphysik, Erleben von Gefahrensituationen).

Kursform und -inhalt:
13 Doppelstunden Gruppengespräche innerhalb von sieben Wochen (Lebensstilanalyse bezogen auf Trinken und Fahren, Alkohol als „Problemlöser").

Kursleiter:
Diplompsychologen.

Verhaltenspsychologisches Modell (BAST)
Zielgruppe:
Mehrfach alkoholauffällige Kraftfahrer, denen die Fahrerlaubnis entzogen wurde.

Zuweisung:
Freiwillige Teilnahme.

Übergeordnetes Lehrziel:
Analyse und Aufbau von Selbstkontrolle in den Verhaltensbereichen Trinken und Fahren.

Kursform und -inhalt:
13 Doppelstunden Gruppenbehandlung innerhalb von sieben Wochen (Analyse eigenen Verhaltens, Erstellung individueller Verhaltensziele, Selbstkontrollverfahren, Informationen, Hausaufgaben).

Kursleiter:
Diplompsychologen

Modell „LEER" (Technischer Überwachungsverein Hannover)
Zielgruppe:
In Leer/Ostfriesland beheimatete Personen mit wiederholtem Fahrerlaubnisentzug.

Zuweisung:
Durch Verkehrsbehörden, Teilnahme freiwillig.

Lehrziele:
Abbau von Selbsttäuschungen über den Umfang des Fahrens unter Alkoholeinfluß,
Bewußtmachen der Nutzlosigkeit guter Vorsätze ohne Training verhaltensmodifizierender Reaktionsweisen,
Erkennen von konfliktauslösenden Situationen und Problemen,
Entwickeln geeigneter Abwehrstrategien, Zuwachs an Informationen über die Gefährlichkeit des Alkohols am Steuer.

Kursform und -inhalt:
Vier Doppelstunden Gruppengespräche an zwei aufeinanderfolgenden Wochenenden (Analyse des Trink-/Fahrverhaltens, Informationen über Alkohol im Straßenverkehr, Erprobung von Selbstbeobachtungs- und Selbstkontrollmaßnahmen).

Kursleiter:
Diplompsychologen.

Modell „MAINZ 77" (Technischer Überwachungsverein Rheinland)
Zielgruppe:
Erstauffällige Alkoholtäter.

Zuweisung:
Freiwillige Teilnahme mit Aussicht auf Verkürzung der Sperrfrist für die Wiedererteilung der Fahrerlaubnis.

Kursleiter:
Instruktor mit Spezialausbildung.

Auch in Österreich und in der Schweiz wurden Nachschulungsprogramme für alkoholauffällige Kraftfahrer entwickelt.

7.4.5 Kurse für auffällige Kraftfahrer in Österreich

Modell „STEIERMARK" (Schützenhöfer 1979)
Zielgruppe:
Kraftfahrer mit Alkoholauffälligkeiten, jedoch ohne Leistungs- und gravierende Persönlichkeitsmängel.

Zuweisung:
Über Zuweisung durch die Verkehrsbehörden zur verkehrspsychologischen Eignungsuntersuchung, Teilnahme freiwillig mit Aussicht auf eine Wiedererteilung der Fahrerlaubnis bei positivem Trainingserfolg.

Übergeordnetes Lehrziel:
Nicht vollständige Alkoholabstinenz, sondern Koordination von Trinken und Fahren.

Kursform und -inhalt:
6mal 2–3 h Gruppentrainingssitzungen (Aufarbeiten von Lernhindernissen, Bewußtmachen und Kontrollieren des eigenen Trinkverhaltens, Veränderungen von unrealistischen Zielsetzungen und Scheinanpassung, Analysieren der bisherigen „Auslösersituationen", Erlernen alternativer Verhaltensweisen und Erprobung in der Gruppe und in der realen sozialen Umwelt).

Kursleiter:
Psychologen.

„Problemorientiertes Training für Kraftfahrer" (Klebel et al. 1978)
Zielgruppe:
Inhaftierte Verkehrsstraftäter (überwiegend Alkoholauffällige).

Übergeordnetes Lehrziel:
Verringerte Auffälligkeitswahrscheinlichkeit.

Kursform und -inhalt:
6mal 2 – 2½ h Gruppensitzungen, zwei Einzelgespräche, eine Abschlußsitzung für mehrere Gruppen gemeinsam (Selbsteinschätzung als Autofahrer, Prinzip des vorausdenkenden Fahrens, körperliche und seelische Verfassung beim Autofahren, Alkohol und Autofahren, Analyse der eigenen Trink- und Fahrgewohnheiten, gezielte Änderung eigener Trink- und Fahrgewohnheiten).

Kursleiter:
Psychologen.

7.4.6 Kurse für auffällige Kraftfahrer in der Schweiz

„Informationskurs „Alkohol und Straßenverkehr" (vgl. Studach u. Leber 1977)
Zielgruppe:
Kraftfahrer mit zweimaligem Entzug der Fahrerlaubnis wegen Alkoholauffälligkeit.

Zuweisung:
Durch die Verkehrsbehörden mit Aussicht auf vorzeitige Wiedererteilung der entzogenen Fahrerlaubnis im Fall erfolgreicher Teilnahme.

Übergeordnetes Lehrziel:
Intensivere Auseinandersetzung mit dem Problem „Alkohol am Steuer".

Kursform und -inhalt:
Ein Halbtag Informationskurs, ein Halbtag Gruppengespräche. (Wie ist es zur ersten Fahrerlaubnisentziehung gekommen? Was habe ich dabei erlebt? Wie hat meine Umgebung darauf reagiert? Habe ich Konsequenzen gezogen? Warum und unter welchen Umständen ist es zum Rückfall gekommen? Wie groß war meine persönliche „Dunkelziffer" zwischen den beiden Delikten?)

Kursleiter:
Psychologen.

7.4.7 Zur Frage der Wirksamkeit von Nachschulungsprogrammen

Der Nachweis einer erfolgreichen systematischen Verhaltensbeeinflussung gelingt im Bereich der Kraftfahrernachschulung nicht weniger schwer als in den meisten anderen Bereichen pädagogischer Tätigkeiten. Die gezielte Veränderung eines Teilsystems bzw. bestimmter Systemeinheiten scheint hier wie dort mit so schwer überschaubaren Veränderungen des Gesamtsystems verbunden zu sein, daß dafür auch die Möglichkeiten moderner Versuchsplanung kaum ausreichend sind. Und selbst dort, wo die Versuchsplanung angemessen erscheint, ergeben sich immer wieder unvorhersehbare Hindernisse in der konsequenten Beibehaltung der festgelegten experimentellen Bedingungen. Dies gilt z.B. für das **Problem der Teilnahmeverweigerer,** durch die das Randomisierungsprinzip unterlaufen und ein unbekannter systematischer Fehler ermöglicht wird (vgl. Peck 1976).

So sind die Ergebnisse von Wirksamkeitsüberprüfungen auch auf diesem Gebiet sehr uneinheitlich und scheinen mit dem Differenziertheitsgrad des Versuchsplans und mit Größe und Zusammensetzung der Stichproben zu variieren. Zusammenfassende Darstellungen der Ergebnisse von Wirksamkeitsuntersuchungen betonen daher immer wieder einerseits die methodischen Schwächen und andererseits die geringe Vergleichbarkeit der Ergebnisse solche Untersuchungen. Manche dieser Einwände beziehen sich auf die fehlende Abgrenzung festgestellter Wirkungen von **Hawthorne-Effekten** (z.B. Kaestner 1972). Selbst wenn eine nachgewiesene Wirkung auf diesen Effekt zurückzuführen wäre, müßte dies kein Argument gegen das Programm sein; vielmehr könnten aus diesem Sachverhalt insofern ökonomische Folgerungen abgeleitet werden, als der inhaltliche Aufwand von Nachschulungsprogrammen zugunsten eines gezielten Hawthorne-Effekts verringert werden könnte.

In ihrem Sammelreferat über die Wirksamkeit verschiedener amerikanischer driver-improvement-Programme kommen Peck u. Harano im Jahr 1975 noch zu einem beschränkt positiven Ergebnis, indem sie – unter Einbeziehung von Ergebnissen vorausgegangener Sammelreferate von Kaestner (1968) und Goldstein (1973) – eine Tendenz zur Verringerung von Verkehrsverstößen (traffic violations) als Folge von allen Arten von driver improvement (Warnbrief, Einzel- und Gruppengespräch) annehmen. Als Beispiele für derartige Wirkungen wird auf folgende Untersuchungen hingewiesen: Kaestner et al. 1967, McBride u. Peck 1970 (Warnbriefe), Coppin et al. 1965a–c, Kastelle u. LeSueur (1965; zit. nach Peck 1976), Owens 1967, Harano u. Peck 1971, Kaestner u. Speight 1974 (Gruppengespräche), Coppin et al. 1965, Henderson u. Kole 1967, Kaestner u. Syring 1967, Marsh 1973, Goldstein 1973, Peck u. Harano 1975 (Einzelgespräche).

Auswirkungen auf die Anzahl der Unfälle konnten zwar vereinzelt nachgewiesen werden, jedoch erwiesen sich diese im allgemeinen nur als kurzfristig und waren nach etwa einem Jahr nicht mehr feststellbar (Marsh 1973, Kaestner u. Syring 1967).

Demgegenüber konnten Peck et al. (1979) als Ergebnis einer besonders groß und experimentell angelegten Analyse der Wirksamkeit der Nachschulungen von 129 verschiedenen driver-improvement-Schulen mit insgesamt über 14000 Verkehrsauffälligen keine gesicherten Unterschiede in der Häufigkeit von Verkehrsverstößen oder Unfällen gegenüber der nach dem Zufallsprinzip gebildeten Kontrollgruppe feststellen. Auch die von Kaestner (1972) gezogenen Schlußfolgerungen bezweifeln die Rechtfertigung des Aufwands an driver-improvement-Programmen in den USA im Verhältnis zu deren Wirksamkeit.

Der Versuch einer Beurteilung der **wenig einheitlichen Ergebnisse von Wirksamkeitsuntersuchungen** amerikanischer Nachschulungsprogramme legt die Vermutung nahe, daß die Unterschiedlichkeit der Ergebnisse u.a. durch die Wahl der Kriterien mitbestimmt sein könnte. Denn es fällt auf, daß dabei in den allermeisten Fällen Unfälle und Verkehrsverstöße zugrundegelegt werden – Kriterien, deren geringe Reliabilität diese als wenig brauchbar erweist. Auch in diesem Zusammenhang wäre zu überlegen, ob es nicht sinnvoller wäre, „intermediate criteria" anstatt „ultimate criteria", also z.B. „sicheres Fahrverhalten" (vgl. Shaoul 1976) zu verwenden.

Um zu beurteilen, ob eine Nachschulung überhaupt eine und ggf. welche Auswirkung hat, empfiehlt es sich auch, zwischen **kursbezogenem und verkehrsbezogenem Erfolg** zu unterscheiden und auch innerhalb dieser beiden Erfolgsbereiche **subjektive und objektive Auswirkungen,** jeweils im Vorher-/Nachher-Vergleich an Versuchs- und Kontrollgruppen ermittelt, zu unterscheiden (Eheim 1977). Demgegenüber kann sicherlich eingewendet werden, daß es letztlich ausschließlich auf objektive, verkehrsbezogene Wirkungen ankomme; das mag pragmatisch gesehen richtig, u. U. aber nicht nur wissenschaftlich unbefriedigend, sondern auch unter pragmatischem Gesichtspunkt voreilig sein. Denn es erscheint immerhin möglich, daß über eine differenzierende Analyse von Teilwirkungen und daraus sich ergebende Programmänderungen eine Annäherung an die letztlich interessierende Wirkungsform erreicht werden kann.

Ein Beispiel dafür bieetet eine durchgeführte Wirksamkeitsuntersuchung des erwähnten Sicherheitstrainings (Seydel u. Beetz 1977). Im Rahmen eines Vorher-Nachher-Vergleichs an einer Versuchs- ($n = 64$) und einer Kontrollgruppe ($n = 77$) konnten spezifische Auswirkungen des Sicherheitstrainings auf verschiedene Kriteriumsvariablen nachgewiesen werden, so z.B. auf Antizipation und Angepaßtheit des Fahrverhaltens (Rückspiegelbenützung, Lenkradhaltung), erfaßt durch systematische Beobachtung durch Mitfahrer auf standardisierter Fahrstrecke, und auf Verkehrswissen. Hingegen zeigten sich in den Verhaltensmerkmalen rechtzeitige Richtungsanzeige, Verhältnis zwischen aktivem und passivem Überholen, Bremsbereitschaft, Abstand zum Vordermann sowie in den Bereichen der Sicherheits- bzw. Gefahrenlehre, die innerhalb des Trainings keine konkreten Verhaltenskonsequenzen enthalten, keine Auswirkungen des Trainings. Daraus wird die Folgerung abgeleitet, daß jene Lerninhalte der Gefahrenlehre die besten Erfolgsaussichten haben, die auch mit praktischen Übungen verbunden werden.

Das häufig beklagte Fehlen einer einheitlichen Theorie des Verkehrsverhaltens kann als ein weiterer Erklärungshinweis für die uneinheitlichen Ergebnisse von Wirksamkeitsuntersuchungen sein. Denn dieser Mangel kann sich nicht nur auf den Entwurf und die Entwicklung eines Nachschulungsprogramms entscheidend auswirken, sondern auch auf das jeweilige Beurteilungsmodell bzw. Beurteilungsverfahren in der Wirksamkeitsanalyse. In diesem Zusammenhang ist auch die neuerdings stärker betonte **Orientierung an sozialpsychologischen, insbesondere sozialen Lerntheorien** zu erwähnen. Risser u. Schmidt (1978) erwarten verbesserte Möglichkeiten zur Verhaltensänderung durch solche kognitiven Beeinflussungsmaßnahmen, die die Zusammenhänge zwischen kognitiven Vorgängen und beobachtbarem Verhalten, wie sie in den theoretischen Ansätzen von Bem (1972) und Fishbein (1967) dargestellt werden, stärker berücksichtigen. Diese Annahme wurde in einem Nachschulungsexperiment von Risser (1976) überprüft. Die Versuchspersonen der Versuchsgruppe mußten dabei in Kleingruppen, in denen auch „falsche" Versuchspersonen anwesend waren, Aussagen über bestimmte Einstellungen zum Abstandhalten, Mitfahren und zu einer situativen und vorschriftsmäßigen

Geschwindigkeitsanpassung sowie Aussagen über subjektive Normen bezüglich dieser Fahrverhaltensweisen beurteilen. Dabei gaben die „falschen" Versuchspersonen verkehrsangepaßte Beurteilungen ab, bevor die „naiven" Versuchspersonen ihre Beurteilungen abgaben. Der Kontrollgruppe wurde während der gleichen Zeit ein Vortrag zu den gleichen Fahrverhaltensweisen geboten. Da für diese Versuchspersonen keine äußere Rechtfertigung ihrer Beurteilungen erkennbar war, wäre nach Bem als subjektive Begründung dafür die persönliche Einstellung anzunehmen und in weiterer Folge ein entsprechend angepaßtes Verkehrsverhalten zu erwarten. Die verhaltensmäßigen Auswirkungen wurden im Rahmen einer Vorher-Nachher-Fahrprobe im Abstand von zwei Wochen überprüft. Die Veränderungen waren in allen Merkmalen bei der Versuchsgruppe größer als bei der Kontrollgruppe, die Unterschiede erreichten jedoch nicht ein signifikantes Ausmaß.

Zur Frage, welche **Methoden im Rahmen von Nachschulungsprogrammen** in Betracht kommen, wird von Schmidt u. Schützenhöfer (1976) darauf hingewiesen, daß die Mehrzahl der klinisch-psychologischen Behandlungsformen anwendbar sind: Verhaltenstherapie, Lernen am Modell, Gesprächstherapie, gruppendynamische Trainingsformen, Selbstkontrolltechniken. Viele der mit diesen Methoden verbundenen grundsätzlichen Probleme wirken sich hier wie dort aus. Noch stärkeres Gewicht als im klinischen Bereich ist hier auf objektive Wirksamkeitskriterien zu legen, da ein ausschließlich subjektiver Erfolg einer Nachschulung keine ausreichende Rechtfertigung der betreffenden Methode darstellen kann.

7.5 Zusammenfassung

Mit „verkehrspsychologischer Sicherheitswerbung" wird jener Bereich der pädagogischen Verkehrspsychologie bezeichnet, der sich auf die gezielte Beeinflussung der Einstellungen von erwachsenen Verkehrsteilnehmern bezieht.

Verkehrssicherheitswerbung unterscheidet sich von den meisten Formen der **Produktwerbung** dadurch, daß sich ihr Inhalt nicht direkt auf ein entsprechendes Bedürfnis bezieht, da das Sicherheitsbedürfnis keine übergeordnete und ausschlaggebende Funktion für die Verhaltenssteuerung im Straßenverkehr hat. Vielmehr besteht die besondere Schwierigkeit der Verkehrssicherheitswerbung in dem gegensätzlichen Verhältnis zwischen dem dominierenden Motiv des Zielerreichens und dem Sicherheitsmotiv. Die für das aktuelle Verkehrsverhalten wirksamen Bedürfnis- bzw. Motivhierarchien sind in hohem Maß situationsabhängig.

Eine aussichtsreiche Sicherheitswerbung muß eine Reihe von Gesichtspunkten berücksichtigen: Festlegung des Zielverhaltens, Festlegung der Zielgruppen, Motivierung, Information vs. Motivation, Inhalt und Form, Aktivierung der Zielgruppe, Medienwahl, zeitliche Planung, Wirksamkeitsbeurteilung.

Mit **„Verkehrserziehung"** wird jener Bereich der pädagogischen Verkehrspsychologie bezeichnet, der sich auf die gezielte Beeinflussung des Verkehrsverhaltens von Kindern und Jugendlichen bezieht. Dabei erscheinen Verkehrserziehungsmaßnahmen umso aussichtsreicher, auf je mehr vorausgegangene Verkehrserziehungseinflüsse sie sich stützen können. Daraus ergeben sich einerseits die Notwendigkeit der Kontinuierlichkeit in der Verkehrserziehung und andererseits die unterschiedlichen Erfolgsaussichten jeder Form von pädagogischer Verkehrspsychologie in Abhängigkeit vom generationsspezifischen Ausmaß erfahrener Verkehrserziehung.

Für die **Verkehrserziehung von Kindern** wurden verschiedene, nach Altersgruppen differenzierende Trainingsprogramme entwickelt. Im Sinn einer „integrativen Funktion" der Verkehrserziehung ist der Bereich der Erziehung von Kindern zu verkehrssicherem Verhalten zu ergänzen durch den Bereich des defensiven Verhaltens der Erwachsenen gegenüber Kindern und durch den Bereich des Modellverhaltens Erwachsener.

Die wichtigste Zielgruppe für die **Verkehrserziehung von Jugendlichen** sind junge motorisierte Zweiradfahrer, deren Verkehrsverhalten vor allem durch fehlende bzw. geringe Fahrpraxis und jugendspezifische Risikoneigung bestimmt wird. Die Verkehrserziehung dieser Zielgruppe ist auf Einstellungsänderung durch Vermittlung von Kenntnissen und Einsichten sowie durch Auseinandersetzung mit Konfliktsituationen ausgerichtet.

Die **Fahrausbildung** wäre unter psychologischem Gesichtspunkt hinsichtlich ihrer **Lehrziele zu erweitern** und hinsichtlich ihrer **Lehrmethoden zu modernisieren.** Aus beiden Gesichtspunkten ergibt sich die Zweckmäßigkeit eines **gestuften Ausbildungssystems,** das den verschiedenen Lernphasen in differenzierender Weise Rechnung trägt. Möglichkeiten der **Fahrerweiterbildung,** die vorläufig noch auf freiwilliger Grundlage in Anspruch genommen werden können, bieten sich mit ihren Formen des Wahrnehmungs-, Defensiv- und Gefahrentrainings dafür an. Bei der Beurteilung der Ergebnisse aus Wirksamkeitsuntersuchungen von Aus- und Weiterbildungsprogrammen ist einerseits auf sehr uneinheitliche Befunde hinzuweisen und andererseits der Kosten-Nutzen-Gesichtspunkt zu berücksichtigen.

Nachschulungen auffällig gewordener Kraftfahrer erfolgen in Form von **Warnbriefen, Einzelinterviews** und **Gruppeninterviews** und setzen im allgemeinen die systematische Registrierung der Auffälligkeitshäufigkeiten einzelner Verkehrsteilnehmer voraus. In den letzten Jahren wurden mehrere, nach Zielgruppen und Methoden unterschiedliche Kursprogramme für auffällige Kraftfahrer in der Bundesrepublik Deutschland, in Österreich und in der Schweiz entwickelt. Für die Beurteilung der Wirksamkeit von Nachschulungsprogrammen gelten die gleichen Vorbehalte wie im Fall der Aus- und Weiterbildung; hier wie dort empfehlen sich nach unterschiedlichen Wirksamkeitskriterien differenzierende Formen der Analyse.

8 Psychologische Erklärungshypothesen für das Verkehrsverhalten

Sofern man bereit ist, eine psychologische „Theorie" als einheitliches, umfassendes System von Aussagen zur Beschreibung, Erklärung und Vorhersage von Grundformen des Verhaltens und/oder Erlebens zu verstehen, muß eingeräumt werden, daß es zur Zeit **noch keine Theorie des Verkehrsverhaltens** gibt. Die Anzahl übergreifender Erklärungsversuche für das Verkehrsverhalten erscheint ziemlich gering einerseits in bezug auf die Fülle vorliegender Forschungsergebnisse und andererseits im Vergleich zu anderen Bereichen der Psychologie, in denen nicht selten ein Mißverhältnis zwischen der Anzahl von „Theorien" und dem Grundstock gesicherten Einzelwissens vorzuliegen scheint. Neuerdings werden aber auch in der Verkehrspsychologie zunehmend Versuche von Interpretationen des Verkehrsverhaltens zur Diskussion gestellt, die zwar sicherlich auch nicht den hohen Ansprüchen einer Theorie gerecht, wohl aber als übergreifende Erklärungshypothesen betrachtet werden können.

Dabei sollen hier solche Erklärungsansätze berücksichtigt werden, die sich auf das Gesamtkontinuum des Verkehrsverhaltens, vom Normalverhalten bis zum Unfallverhalten, beziehen, während die ausschließlich auf das Fehlverhalten bezogenen Hypothesen hier nicht behandelt werden sollen, zumal sie im Zusammenhang mit dem Problem der Fahreignung erörtert wurden.

Ein gemeinsames Merkmal mehrerer Erklärungshypothesen ist die Betonung des Zusammenwirkens gegensätzlicher Kräfte im Rahmen eines Systems, dessen Funktionsfähigkeit durch ein annäherndes Gleichgewicht zwischen diesen Kräften erhalten bleibt.

8.1 Das Modell der subjektiven Wahrscheinlichkeitsfunktion

In dem Erklärungsmodell von Mendelsohn (1964, zit. nach Wilde et al. 1971), **„subjective-probabilistic functional theory"** genannt, werden zwei voneinander abhängige Wahrscheinlichkeitssysteme angenommen: einerseits die Wahrscheinlichkeit des objektiven Risikos der betreffenden Verkehrssituation und andererseits die subjektiv eingeschätzte Unfallwahrscheinlichkeit. Der Korrelationshöhe zwischen beiden Wahrscheinlichkeiten entspricht die Wahrscheinlichkeit eines Unfalls: je größer die Diskrepanz in einer der beiden möglichen Richtungen, desto größer die Wahrscheinlichkeit eines Unfalls. Für Maßnahmen der Sicherheitserhöhung käme es demnach darauf an, die Korrelation zwischen subjektiven und tatsächlichen Unfallwahrscheinlichkeiten in den verschiedenen Situationen zu maximieren.

Die Annahme eines ausschließlich *korrelativen* Zusammenhangs zwischen den beiden Wahrscheinlichkeiten scheint den Gültigkeitsbereich dieser Hypothese einzuschränken. Denn die tatsächliche Unfallwahrscheinlichkeit kann auch dann verringert werden, wenn *nur* die äußeren Situationsbedingungen verbessert werden, ohne daß gleichzeitig auch die subjektive Unfallwahrscheinlichkeit verändert wird. Gewichtiger erscheint aber der Einwand, daß die Wahrscheinlichkeit objektiver Risiken kaum isoliert denkbar ist, sondern immer nur in Verbindung mit individuellen Verhaltensweisen, die sich aus subjektiven Risikoschätzungen ergeben können: Die physikalisch definierbaren äußeren Verkehrsbedingungen sind für sich noch keine Gefahrensituation; zu diesen können sie erst durch ein bestimmtes Verhalten werden. Wilde et al. (1971) halten dieser Hypothese entgegen, daß sie die Möglichkeit einer Veränderung der subjektiven Wahrscheinlichkeiten ausschließlich durch Umgebungsbedingungen berücksichtigt, nicht aber auch durch individuelle Bedingungen. Dennoch enthält die Hypothese von Mendelsohn Grundannahmen, die in mehreren der noch zu erwähnenden Hypothesen enthalten sind.

8.2 Das Risiko-Geschwindigkeits-Modell

Das *„risk speed model"* von Taylor (1964) stellt den Zusammenhang von subjektivem Risiko und Fahrgeschwindigkeit in den Mittelpunkt der Erklärung des Fahrverhaltens: Je mehr das Risiko subjektiv wahrgenommen wird, desto stärker wird die Geschwindigkeit herabgesetzt. Taylor stützt diese Annahme auf Untersuchungen der galvanischen Hautreaktion (galvanic skin response = GSR; psychogalvanische Reaktion = PGR) an Fahrern in unterschiedlichen Verkehrssituationen. Die dabei gefundenen Ergebnisse interpretiert der Autor in der Weise, daß die PGR das vom Fahrer wahrgenommene subjektive Risiko widerspiegelt und daß das Führen eines Kraftfahrzeugs eine selbstgesteuerte Aufgabe sei: Der Fahrer versucht, das von ihm tolerierte subjektive Risiko bzw. das damit verbundene emotionale Spannungsniveau durch Anpassung eines Geschwindigkeitsverhaltens konstant zu halten. In Kurzform besagt die Hypothese von Taylor, daß das Produkt aus subjektiv wahrgenommenem Risiko und Geschwindigkeit konstant bleibt.

Auch wenn die Hypothese viele Verhaltensweisen im motorisierten Straßenverkehr zu erklären vermag, so dürfte die allzu einseitige Beschränkung des Fahrverhaltens auf das Geschwindigkeitsverhalten doch auch den Gültigkeitsbereich der Hypothese erheblich einschränken. Denn einerseits wird sie sich nur auf solche Verkehrssituationen beziehen lassen, bei denen die Fahrgeschwindigkeit frei gewählt werden kann, obwohl Untersuchungen von Hulbert (1957) und Preston (1969) zeigten, daß ein wesentlicher Anteil der PGR von Kraftfahrern auf das Verhalten anderer Fahrer bezogen ist, und dies auch dann, wenn kaum Möglichkeiten zur Geschwindigkeitsänderung bestehen. Andererseits weisen Wilde et al. (1971) auf die Fälle sog. „Flucht nach vorn" hin (z.B. in Form zusätzlicher Beschleunigung bei zunehmend kritischer werdendem Überholvorgang), für die der angenommene Zusammenhang nicht zu gelten scheint. Auf eine wichtige Beschränkung des Risiko-Geschwindigkeits-Modells weisen Cownie u. Calderwood (1966, zit. nach Näätänen u. Summala 1976) hin: Sie betonen die Bedeutung von Rückkoppelungswirkungen, die den Zusammenhang zwischen subjektivem Risiko und Geschwindigkeit relativieren; d.h., die Lernwirkungen jedes einzelnen erfahrenen Zusammentreffens von subjektivem Risiko und gefahrener Geschwindigkeit können die Risiko-Geschwindigkeit-Beziehung der nächsten ähnlichen Situation beeinflussen. Dadurch wird zwar nicht der eigentliche Kern der Hypothese in Frage gestellt, weil erfahrungsabhängige Veränderungen des subjektiven Risikos durchaus mit ihr vereinbar sind; aber es wird damit klargestellt, daß es dabei nicht auf die absolute Geschwindigkeit, sondern auf die Geschwindigkeits*änderung* ankommt.

8.3 Die Risikokompensationshypothese

Die Risikokompensationshypothese von Wilde (1974) geht von ähnlichen Überlegungen aus wie die Hypothese von Taylor, nachdem auch dieser Autor (Ganton u. Wilde 1971, zit. nach Wilde 1974) in eigenen Untersuchungen feststellen konnte, daß die Schätzung des eingegangenen Risikos bei jedem Fahrer, unabhängig von den objektiven Verkehrssituationen, im Durchschnitt konstant blieb. Demnach ergibt der Betrag der in der Umgebung wahrgenommenen Gefahr, bezogen auf den Betrag der persönlichen Vorsicht, eine konstante Größe: das akzeptierte Risiko.

Abbildung 56 veranschaulicht ein **Motivations- und Kognitionsmodell des Fahrverhaltens** (Wilde 1974, S. 231), innerhalb dessen die Funktion der Risikokompensation deutlich gemacht wird: „Der Fahrer nimmt Informationen aus der Umgebung über die Bewegungen des eigenen und der anderen Fahrzeuge auf. Aufgrund dieser Informationen antizipiert er fortlaufend mögliche Alternativen der Zustandsänderungen in der Umge-

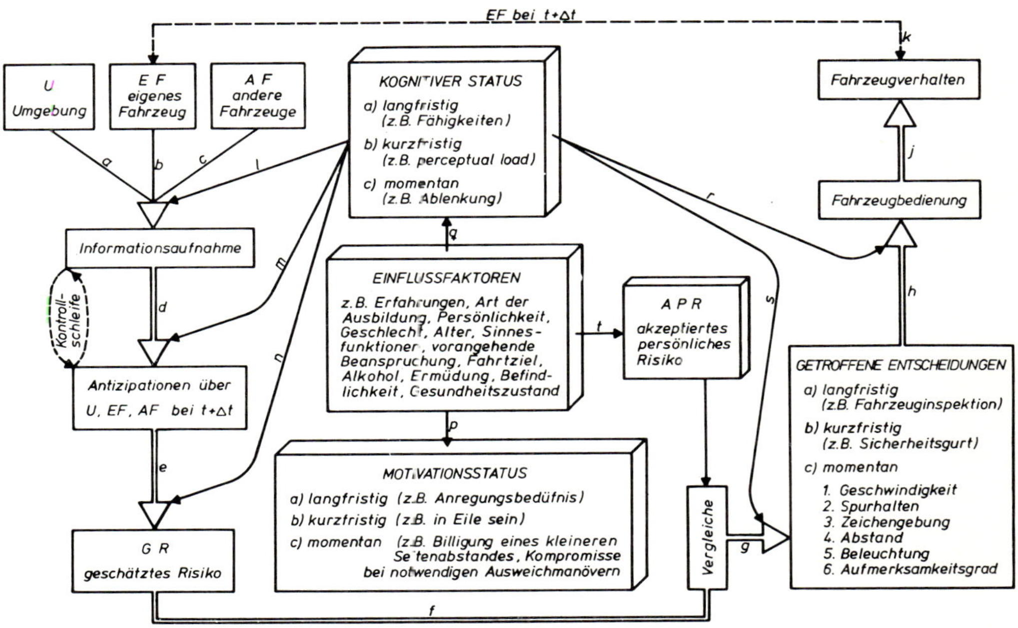

Abb. 56. Motivations- und Kognitionsmodell des Fahrverhaltens. (Nach Wilde 1974, S. 231)

bung beim eigenen und den anderen Fahrzeugen. Die von ihm aufgestellten Hypothesen können durch weitere sensorische Informationen verifiziert werden und führen zu einem gegebenen Niveau subjektiv geschätzter Gefährlichkeit. Ist diese Gefährlichkeit größer als die von ihm akzeptierte, trifft er eine Entscheidung, die das subjektive Risiko vermindern soll; entsprechend dieser Entscheidung führt er mit seinem Fahrzeug ein bestimmtes Manöver aus; sodann beginnt der nächste Regelkreis des Verhaltens. In Abhängigkeit vom motivationalen und kognitiven Status des Fahrers können in jeder Phase Fehlverhaltensweisen auftreten, die zu einer erhöhten Unfallwahrscheinlichkeit führen. Faktoren, die die Eigenschaften (langfristige, kurzfristige und momentane) des Fahrers beeinflussen, nehmen das Zentrum des Diagramms ein; einige Beispiele sind angeführt" (Wilde 1974, S. 231) (Abb. 56).

Für die Kennzeichnung der Risiko-Kompensations-Hypothese erscheint es wichtig, darauf hinzuweisen, daß dem Begriff des **tolerierten (akzeptierten) Risikos** die Funktion einer persönlichkeitsspezifischen Disposition zukommt. Es handelt sich dabei um den individuellen, relativ situationskonstanten Ausprägungsgrad jenes Risikos, das der Einzelne einzugehen bereit ist. Aus der Annahme dieser individuellen Konstante ergeben sich schwerwiegende Folgerungen für alle Arten von Sicherheitsmaßnahmen; denn innerhalb der individuellen Risikobereitschaft besteht demnach die Tendenz, Minderungen der objektiven Gefahr durch das Verhalten wieder zu kompensieren: „Ein merkbarer Rückgang der Unfälle aufgrund bestimmter Maßnahmen würde den Autofahrern nach einer gewissen Zeit das Gefühl geben, daß „die Straßen nicht mehr so gefährlich sind wie früher"; man brauche darum auch nicht mehr so vorsichtig zu sein. Die Unfälle würden erneut zunehmen. Größere Sicherheit kann darum auf lange Sicht nur erreicht werden, wenn es gelingt, das Risiko herabzusetzen, das der Einzelne einzugehen bereit ist" (Wilde 1974, S. 234).

8.4 Das Modell der subjektiven und objektiven Sicherheit

Das Erklärungsmodell der subjektiven Sicherheit (SS) und objektiven Sicherheit (OS) (Klebelsberg 1971, vgl. auch Klebelsberg 1977) geht von einer **Differenzierung des Sicherheitsbegriffs** aus und stellt der subjektiv erlebten Sicherheit (Sicherheitsgefühl) solche Formen der Sicherheit gegenüber, die physikalisch meßbar sind (z. B. Beschleunigungs-, Fliehkräfte, Haftreibung). Das Erklärungsmodell geht von zwei Annahmen aus:

- Sicherheit im übergeordneten Sinn hängt nicht allein von SS und nicht allein von OS ab, sondern stets von Wechselbeziehungen zwischen beiden Sicherheitskomponenten und deren gegenseitiger Relativierung.
- Angepaßtes Verkehrsverhalten wird dadurch gewährleistet, daß die OS mindestens gleich groß oder aber größer ist als die SS; jedenfalls würde das einer erhöhten SS entsprechende Verhalten zu einer Überschreitung physikalischer Grenzwerte führen.

Beispiele für verschiedene mögliche Konstellationen von SS und OS:

1. SS = OS:
   a) Durchfahren einer Kurve mit derjenigen Geschwindigkeit, die dem physikalischen Grenzwert entspricht; es tritt weder ein kritisches Ereignis ein, noch besteht irgendeine Sicherheitsreserve, die fahrphysikalischen Möglichkeiten werden voll ausgenützt.

b) Verminderung der OS durch Schneeglätte bei gleichzeitiger entsprechender Verminderung der SS; die fahrphysikalischen Möglichkeiten werden voll ausgenützt, aber nicht überschritten.
c) Erhöhung der OS durch Verbesserung straßenbaulicher Bedingungen bei gleichzeitiger Anhebung der SS („gut ausgebaute Straße"); die fahrphysikalischen Möglichkeiten werden zwar verbessert, ihre sicherheitssteigernde Funktion aber durch veränderte Fahrweise wieder aufgehoben.

2. SS > OS:
   a) Falsch antizipierte Kurve mit der Folge trügerischen Sicherheitsgefühls; physikalischer Grenzwert wird überschritten.
   b) Verminderung der OS durch Schneeglätte ohne entsprechende Herabsetzung der SS; physikalischer Grenzwert wird überschritten.
   c) Erhöhung der OS durch Verbesserung straßenbaulicher Bedingungen bei gleichzeitiger Überschätzung des damit verbundenen Sicherheitsgewinns; Kurve ist gefährlicher als *vor* dem Ausbau.
3. SS < OS:
   a) Hoher subjektiver Gefährlichkeitseindruck der Kurve bei relativ hohem physikalischem Grenzwert; es besteht Sicherheitsreserve.
   b) Auswirkungen der durch Schneeglätte verminderten OS werden noch stärker eingeschätzt, als es der tatsächlichen Herabsetzung des physikalischen Grenzwerts entspricht; es besteht Sicherheitsreserve.
   c) Erhöhung der OS durch Verbesserung straßenbaulicher Bedingungen, ohne daß deren sicherheitserhöhende Funktion erkannt wird (z. B. durch bestimmte Materialarten der Fahrbahnoberfläche); echter Sicherheitsgewinn.

In anologer Weise läßt sich das Modell der SS und OS nahezu auf alle möglichen Fälle des Verkehrsverhaltens anwenden und den Überlegungen zur möglichen Verhaltensbeeinflussung durch ergonomische, pädagogische oder Werbemaßnahmen zugrunde legen. Andererseits kann es aber auch zu einer erheblichen Relativierung in der Beurteilung des Wirkungsgrades solcher Maßnahmen beitragen. Denn es ergibt sich daraus, daß sich Begriffe wie **„die sichere Straße" oder „das sichere Fahrzeug" als Fiktion** erweisen, solange bei solchen Beurteilungen nicht die jeweiligen Rückwirkungen jener Teilsysteme auf das Teilsystem Fahrer mit der Systemfunktion SS berücksichtigt werden. Unter diesem Gesichtspunkt wären auch Schwerpunktsetzungen bei systematischen Versuchen zur gezielten Beeinflussung des Gesamtsystems Straßenverkehr zu überdenken. Denn angesichts der Relativität des unmittelbaren Nutzens von Verbesserungen der OS kann es u. U. ökonomischer erscheinen, überhöhte SS systematisch (z. B. durch bestimmte Formen von Sicherheitstraining, vgl. Abschn. 7.4.4) abzubauen als in einseitiger Weise äußere Verhaltensbedingungen (des Fahrzeugs und/oder der Straße) immer noch weiter zu verbessern, ohne zu wissen, welche Rückwirkungen damit verbunden sind.

Allerdings wird die Bedeutung der Folgerungen aus diesem Erklärungsmodell auch davon abhängen, mit welcher Ausgangslage im Verhältnis von SS und OS nicht nur im individuellen Einzelfall, sondern bei der Mehrheit der Verkehrsteilnehmer zu rechnen ist. Denn in Fällen wie den oben unter 1. c) und 2. c) beschriebenen Beispielen wird eine Anhebung der SS umso kritischer sein können, je geringer die objektive Sicherheitsreserve ist, bzw. umso unkritischer, je stärker die OS in der Ausgangslage gegenüber der SS überwiegt. Für eine in diesem Sinn ungünstige Ausgangslage sprechen jene empirischen Befunde (vgl. Abschn. 3.6.14, 3.6.22), die auf eine verbreitete Tendenz der Kraftfahrer zur Selbstüberschätzung und zur Unterschätzung des objektiven Risikos im Straßenverkehr hinweisen. Auch wenn diese Befunde hauptsächlich aus Einstellungsuntersuchungen stammen, entsprechen ihnen doch auch bestimmte Befunde aus Verhaltensanalysen, die ein gewissermaßen **„kollektives" Fehlverhalten** erkennen lassen (z. B. in Form von Abstandhalten in Kolonnen, Fahrgeschwindigkeit bei Abblendlicht und Nebel). Unter diesem Gesichtspunkt erscheint primär die Korrektur überhöhter SS notwendig und erst sekundär eine Erhöhung der objektiven Sicherheitsbedingungen.

Trotz mancher Ähnlichkeit dieser Erklärungshypothese mit der Risiko-Kompensations-Hypothese besteht zwischen beiden doch ein eher grundsätzlicher Unterschied: Die Risiko-Kompensations-Hypothese ist insofern überwiegend individuumsorientiert, als sie von einer individuell konstanten Risikobereitschaft ausgeht und das Verhalten in der konkreten Situation primär unter dem Gesichtspunkt des individuellen Ausprägungsgrades dieser situationskonstanten Risikobereitschaft interpretiert. Das hypothetische Modell der SS und OS geht demgegenüber nicht von einem individualtypischen Verhältnis der beiden Sicherheitskomponenten aus, sondern von einer jeweils situationsspezifischen Form der Wechselbeziehung der beiden Komponenten; es orientiert sich somit stärker an der Situation und weniger am Individuum.

8.5 Verkehrsverhalten als Risikoverhalten

Verkehrsverhalten kann auch als Risikoverhalten interpretiert werden, so wie dies bereits im Zusammenhang mit dem Kriterium der Verkehrsangepaßtheit (s. Abschn. 3.2.2.6) versucht worden ist. Demnach ist Verkehrsverhalten nicht als interindividuell unterschiedlich riskantes Verhalten zu verstehen, sondern *grundsätzlich* als Risikoverhalten; d. h. als Verhalten in Risikosituationen. **Risikofreies Verkehrsverhalten** erweist sich im Sinn dieser Interpretation deshalb **als Fiktion,** weil die Bedingungen des Straßenverkehrs nur ein Verhalten ermöglichen, das dadurch zu kennzeichnen ist, ob und in welchem Ausmaß es durch die Leistungs-(L-) oder durch die Sicherheits-(S-)Tendenz (Krammel 1955) gesteuert wird. Aufgrund vorliegender experimenteller Befunde (Klebelsberg 1969) ist anzunehmen, daß das individuelle Verhalten in Risikosituationen nicht primär von einem persönlichkeitsspezifischen Überwiegen der L- oder der S-Tendenz abhängt, sondern in erster Linie vom übergeordneten **Risikoverhaltensstil.** Dabei läßt sich ein anpassender von einem vorgefaßten Stil unterscheiden. Der anpassende Risikoverhaltensstil ist mit Persönlichkeitsmerkmalen der Wahrnehmungsflexibilität, Sensibilität und Urteilsselbständigkeit verbunden und stellt eine Form der Verhaltenssteuerung dar, bei der es primär von der konkreten Risikosituation abhängt, ob die L- oder die S-Tendenz dominiert. Demgegenüber erfolgt die Verhaltenssteuerung beim vorgefaßten Risikoverhaltensstil durch Entscheidungsvorgänge, die weitgehend situationsunabhängig sind und mehr durch überdauernde Verhaltenstendenzen bestimmt werden (vgl. Abb. 57).

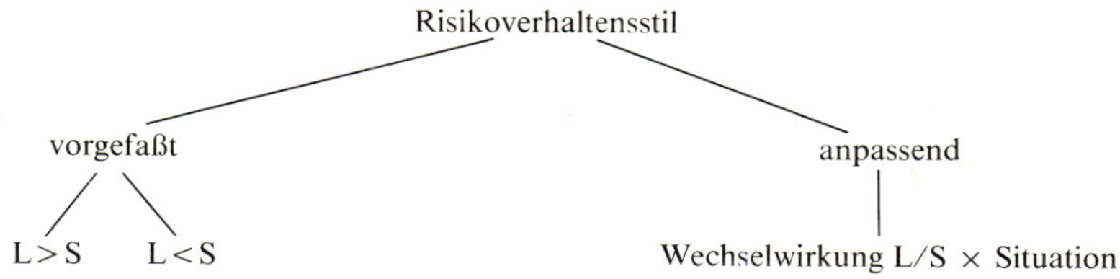

Abb. 57. Arten der Verhaltenssteuerung bei unterschiedlichen Risikoverhaltensstilen

Anhand des Schemas in Abb. 57 können die möglichen Risikoverhaltensstilarten näher erläutert werden (vgl. Klebelsberg 1977).

Beim vorgefaßten Risikoverhaltensstil handelt es sich im einen Fall (L > S) um eine relativ situationskonstante Form der Verhaltenssteuerung, bei der die S-Tendenz gewissermaßen „aus Prinzip" der L-Tendenz untergeordnet und im Extremfall die Gefahr um der Gefahr willen aufgesucht wird. Im entgegengesetzten Fall (L < S) wird die S-Tendenz prinzipiell übergeordnet; sie würde im Extremfall zum Verzicht auf eine Teilnahme am Straßenverkehr führen.

Da die meisten Untersuchungen zum Risikoverhalten eher für eine **situationsspezifische Variabilität** als für eine individuelle Konstanz des Risikoverhaltens sprechen, kommt dem anpassenden Risikoverhaltensstil eine größere Bedeutung zu. Hier wird die Entscheidung über den Konflikt zwischen L- und S-Tendenz nicht primär individuumsabhängig getroffen, sondern sie ist in erster Linie das Ergebnis einer Wechselwirkung dieses Konflikts mit den jeweiligen situativen Bedingungen.

Unter dem Gesichtspunkt des Risikoverhaltensstils lassen sich die beiden vorher erwähnten Erklärungsversuche, die Risikokompensationshypothese und das Modell der SS und OS, zusätzlich kennzeichnen bzw. unterscheiden. Die Risikokompensationshypothese wäre dabei mehr dem vorgefaßten Risikoverhaltensstil zuzuordnen, weil es sich auch bei der „Höhe des Risikos, das der Einzelne einzugehen bereit ist", um eine weitgehend situationsunabhängige Größe handelt. Das Modell der SS und OS wäre hingegen mehr dem anpassenden Risikoverhaltensstil zuzuordnen. In diesem Zusammenhang erscheint es nicht nur ungleich schwieriger, sondern auch unökonomischer, eine Verbesserung der Funktionsfähigkeit des Gesamtsystems durch Veränderungen tief verwurzelter persönlichkeitsspezifischer anstatt situativer Verhaltensbedingungen anzustreben.

8.6 Das Modell der subjektiven Risikokontrolle

Das Modell der subjektiven Risikokontrolle **(„subjective riskmonitor")** von Näätänen u. Summala (1974) hat viele Gemeinsamkeiten mit dem Modell der subjektiven und objektiven Sicherheit. Diese subjektive Risikokontrolle hängt einerseits von der subjektiven Wahrscheinlichkeit eines bestimmten Ereignisses und andererseits vom Grad der subjektiven Bedeutsamkeit dieses Ereignisses für den Fahrer ab. Der Ausdruck „subjective risk*monitor*" anstatt „subjective risk" wird von den Autoren deshalb verwendet, um

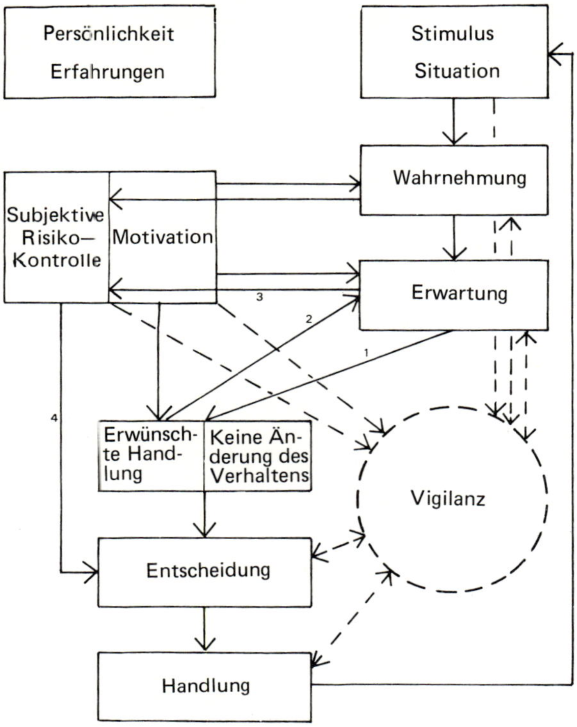

Abb. 58. Flußdiagramm der wichtigsten Bedingungen für das Entscheidungsverhalten des Kraftfahrers. (Nach Näätänen u. Summala 1976, S. 187)

auch auf jene sehr häufigen Situationen angewandt werden zu können, in denen das subjektive Risiko gleich Null ist – im Gegensatz zu solchen Auffassungen, wonach der Fahrer auf der Ebene eines bestimmten Grades an subjektivem Risiko handelt (Näätänen u. Summala 1976). Die subjektive Risikokontrolle bildet einen zentralen Begriff innerhalb eines Flußdiagramms, durch das die wichtigsten Bedingungen für das (Entscheidungs-)Verhalten dargestellt werden (Abb. 58).

In der Normalsituation (Normalverhalten) trifft der Fahrer nur solche Entscheidungen, die nicht mit einem subjektiven Risiko verbunden sind. Sobald die subjektive Risikokontrolle aktiviert wird, kann es auf dem Weg über bestimmte Entscheidungen zu Verhaltensänderungen kommen, durch die die Ursache für die Risikowahrnehmung beseitigt wird. Im allgemeinen ist nach Auffassung der Autoren eine **zu hohe subjektive Risikoschwelle** anzunehmen. Als mögliche Ursachen dafür werden genannt:

- Wahrnehmungs- und kognitive Vorgänge (Unterschätzung von Geschwindigkeiten, Unterschätzung physikalischer Kräfte, Überschätzung eigener Fahrfertigkeit, Verdrängung negativer Erfahrungen);
- Abbau subjektiven Risikos im Lauf der Erfahrungsbildung;
- subjektive Leichtigkeit der Fahraufgabe;
- geringeres subjektives Risiko in der Rolle des Selbstfahrers als in der Rolle des Mitfahrers;

- geringe subjektive Repräsentation der Ungewißheit künftiger Situationen infolge einseitiger Erwartungen;
- geringe Verkehrsüberwachung;
- negatives Modellernen;
- geringe Gewichtung von Verkehrsproblemen in der Öffentlichkeit;
- Stärke nichtverkehrsbezogener Verhaltensmotive.

Die subjektive Risikoschwelle ist nach Auffassung der Autoren aber nicht nur zu hoch, sondern auch sehr änderungsresistent. Daraus folgern sie, daß es näherliegend ist, die äußeren Bedingungen für das Verkehrsverhalten zu ändern, als zu versuchen, den Verkehrsteilnehmer bzw. den Fahrer zu ändern. Das Ziel entsprechender Maßnahmen ist eine **Verringerung der Diskrepanz zwischen objektivem und subjektivem Risiko.** Hier münden – abgesehen von terminologischen Unterschieden – die beiden Modelle der SS und OS und der subjektiven Risikokontrolle in durchaus gleichartige Vorstellungen von den Folgerungen, die sich aus den Modellen für die Orientierung von Verkehrssicherheitsmaßnahmen ergeben.

8.7 Die Homogenitätshypothese

> Die Homogenitätshypothese (Klebelsberg 1971) bietet Erklärungsmöglichkeiten für das Verkehrsverhalten, die insbesondere für Fragen der Straßengestaltung bedeutsam werden können. „Homogenität" bzw. „Heterogenität" bedeuten dabei Einheitlichkeit bzw. Uneinheitlichkeit von Verhaltensbedingungen in örtlicher, zeitlicher und individueller Hinsicht; d.h., es kann sich dabei sowohl um Merkmale der Straßen- und Fahrbahngestaltung als auch um Motivations- und sonstige individuelle Verhaltensbedingungen handeln. Je größer die Heterogenität subjektiver oder objektiver Verhaltensbedingungen ist, desto mehr Möglichkeiten bestehen für Überschneidungen oder Konflikte verschiedener individueller Verhaltenstendenzen; und desto mehr wird die Antizipierbarkeit konkreter Verhaltensweisen erschwert.

Kunert (1970) spricht in diesem Sinn von „Einengung der Verhaltensvarietät des einzelnen Fahrzeugs zur Erleichterung individueller Informations- und Regelungsprozesse" (S. 23). Aus seinen kybernetisch orientierten Überlegungen zur Verkehrsregelung zieht Kunert (1970) folgende Konsequenz: „Alle Maßnahmen, die geeignet sind, das Verhaltensrepertoire der Verkehrsteilnehmer zu reduzieren bzw. die Unbestimmtheit dieses Repertoires durch Einführung von Redundanz zu verringern, erleichtern sowohl die Kommunikationsvorgänge und selbständigen Regelungsvorgänge im Straßenverkehr als auch notwendige Steuermaßnahmen von außen. Sie sichern hohe und sichere Verkehrsleistungen" (S. 22f.). Durch Homogenisierung der Verhaltensbedingungen im Straßenverkehr ergeben sich vor allem folgende Möglichkeiten eines Sicherheitsgewinns:

- verbesserte Wahrnehmungs- und Antizipationsbedingungen (z. B. Wahrnehmbarkeit von Fahrzeugen in Abhängigkeit von verschiedenen Zeitpunkten des Einschaltens der Fahrzeugbeleuchtung in der Dämmerung; Wahrnehmbarkeit unterschiedlicher Verzögerungsmöglichkeiten des Vorderfahrzeugs);
- Verringerung der Handlungsalternativen und damit Erleichterung von Entscheidungsvorgängen (z. B. durch das Spurführungsprinzip an großräumigen Knotenpunkten);
- Entschärfung des Konkurrenzprinzips (z. B. durch Geschwindigkeitsbeschränkungen).

Mit der Homogenisierung des Verkehrsablaufes ist im allgemeinen auch eine **Beruhigung des Verkehrsablaufs** verbunden, so z. B. eine Verringerung der Überholvorgänge infolge eingeschränkter Streuung der Geschwindigkeiten durch eine Geschwindigkeitsbeschränkung. Durch Einschränkungen der Vielfalt von Fußgängerwegen läßt sich für Kinder das Erlernen richtiger Verhaltensweisen erleichtern. Durch Vereinheitlichung von Bedienungseinrichtungen an Kraftfahrzeugen lassen sich manche Verhaltensfehler vermeiden (z. B. unterschiedliche Schlösser bei Sicherheitsgurten). Aber auch eine Homogenisierung individueller Verhaltenstendenzen im Straßenverkehr, d. h. der Verzicht auf persönliche „Profilierung" durch normabweichendes Verhalten und die **Bereitschaft, so zu fahren wie die anderen,** kann sich sicherheitsfördernd auswirken.[6]

8.8 Verkehrsverhalten als Funktion der Motorisierungsentwicklung

Schließlich kann das Verkehrsverhalten noch als Funktion der allgemeinen Motorisierungsentwicklung interpretiert werden. „Motorisierungsentwicklung" kann dabei sowohl im allgemein-historischen Sinn, als auch im Hinblick auf individuelle Verlaufsformen verstanden werden. Deutliche Veranschaulichungen von Auswirkungen des Motorisierungsalters auf das Verkehrsverhalten sind durch Vergleiche von Ländern oder auch von verschiedenen Regionen innerhalb von Ländern möglich, so z. B. zwischen den USA und Westeuropa oder aber zwischen Stadtbezirken, Industrieregionen und entlegenen Landbezirken. Relativ unabhängig von der jeweiligen Vergleichsebene erscheint es möglich, die Motorisierungsentwicklung durch drei übergeordnete Entwicklungstendenzen zu kennzeichnen.

[6] Die Homogenitätshypothese eignet sich jedoch nicht als ideologisches Argument für die Forderung nach Beseitigung von individuellen Unterschieden zugunsten einer klassenlosen Gesellschaft. Da der Straßenverkehr nicht als Selbstzweck zu verstehen ist, sondern als Verhaltensbereich, der dazu beiträgt, Voraussetzungen für individuelle Entfaltungs- und Differenzierungsmöglichkeiten zu schaffen, würde eine solche Argumentation die instrumentelle Funktion des Straßenverkehrs verkennen. Individualisierungsmöglichkeiten innerhalb des Straßenverkehrs müßten gar nicht erst im Sinn der Homogenitätshypothese überwunden werden, wenn es nicht auf Individualisierungsmöglichkeiten außerhalb des Straßenverkehrs ankäme.

8.8.1 Entwicklung von der Symbolfunktion zur instrumentellen Funktion des Kraftfahrzeugs

Das Anfangsstadium der – allgemeinen und individuellen – Motorisierungsentwicklung wird vorherrschend unter dem Gesichtspunkt des Kapazitätskriteriums erlebt. Das „Auto-Mobil" ist dabei repräsentativ für neue, bis dahin nicht erfahrene Möglichkeiten der Überwindung von Raum und Zeit. Das Kraftfahrzeug wird in diesem Sinn als Symbol für eine neue Form von Selbständigkeit, Unabhängigkeit, Freiheit und Leistungsentfaltung und deshalb auch als Prestigeträger erlebt. Diese Erlebnisformen sind geprägt durch **intensive Faszinationswirkungen**, die vom Kraftfahrzeug ausgehen und eine außerordentliche subjektive Wertigkeit des Kraftfahrzeugs herbeiführen (vgl. dazu Black 1966, Berger et al. 1974, Oppermann u. de Matos 1976). Diese Bedingungen begünstigen die Identifizierungstendenzen des Fahrers mit seinem Fahrzeug, so daß die Leistungsfähigkeit des Fahrzeugs als persönliche Leistungsfähigkeit erlebt werden kann. Dadurch können dann beispielsweise Vorrang- oder Überholsituationen als Situationen des persönlichen Vorrangs oder des persönlichen Überholens bzw. Überholtwerdens erlebt werden. In dieser Phase, die z. B. am Beginn des individuellen Motorisierungsalters, also bei jungen Fahranfängern, besonders deutlich in Erscheinung tritt, steht das Sicherheitskriterium deutlich im Hintergrund.

Mit zunehmendem Motorisierungsalter werden Symbolfunktionen und Faszinationswirkungen des Kraftfahrzeugs immer schwächer, während die Funktion des **Kraftfahrzeugs als Gebrauchsgegenstand** zunehmend in den Vordergrund rückt. Die Identifizierung weicht zunehmender Distanzierung, die Faszination wird durch Kosten-Nutzen-Überlegungen ersetzt. Die Annahme liegt nahe, daß mit solchen Einstellungsänderungen ein Verkehrsverhalten mit abgeschwächter Ich-Beteiligung verbunden ist, was zu einer Homogenisierung beitragen kann. Als Beispiel wäre auf die Unterschiede von Einstellung und Verhalten gegenüber Geschwindigkeitsbeschränkungen in den USA und in der Bundesrepublik Deutschland hinzuweisen.

8.8.2 Entwicklung vom Individualverhalten zum Sozialverhalten

Diese Entwicklungstendenz ergibt sich zunächst allein schon aus der im Verlauf der Motorisierung zunehmenden Verkehrsdichte. Neben dieser äußerlichen Bedingungsveränderung scheinen sich aber auch Einstellungen gegenüber dem Straßenverkehr als Bereich sozialen Verhaltens mit fortschreitendem Motorisierungsalter zu verändern. Die erwähnten Faszinationswirkungen begünstigen zunächst eine betonte Ich-Perspektive, aus der der Straßenverkehr als Möglichkeit der Befriedigung egozentrischer Ansprüche gesehen und die damit verbundenen Erfolgsaussichten als eine Frage der persönlichen Selbstdurchsetzung betrachtet werden; der andere Verkehrsteilnehmer wird dabei in erster Linie als Behinderung beim Erreichen dieser Ziele erlebt. Mit zunehmender Erfahrung scheint sich die realistischere Einsicht durchzusetzen, daß die Funktionsfähigkeit des Gesamtsystems Straßenverkehr nur durch einen teilweisen **Verzicht auf Individualisierungsansprüche** im weitesten Sinn aufrecht erhalten werden kann, während die Forcierung solcher Ansprüche mit großer Wahrscheinlichkeit zu einer Blockierung dieser Funktionsfähigkeit führen kann. Der andere Verkehrsteilnehmer wird auf diesem Weg nicht mehr primär zum Objekt emotionaler Reaktionen auf die durch ihn bedingten Behinderungen ichbezogenenen Zielerreichenwollens; sondern er wird als einzukalkulierendes gleichberechtigtes Element des Gesamtsystems in der eigenen Verhaltenssteuerung so antizipiert, daß die eigenen Ziele letztlich besser erreicht werden können als ohne antizipierende Bezugnahme auf das Verhalten anderer Verkehrsteilnehmer. Diese Annahme liegt auch der Propagierung des sog. „partnerschaftlichen Verhaltens" im Straßenverkehr zugrunde (vgl. DVR 1971).

8.8.3 Entwicklung von der subjektiven Sicherheit zur objektiven Sicherheit

Diese Entwicklung erscheint als Ergebnis elementarer Lernvorgänge im Umgang mit konkreten Situationen des Straßenverkehrs. Dabei spricht vieles für eine allgemeine Tendenz zur Unterschätzung des objektiven Risikos (vgl. Abschn. 3.6.12, 3.6.22), die – durch Mangel an Erfahrung mit subjektivem Risiko (Näätänen u. Summala 1976) – insbesondere bei jungen Fahranfängern zu dem verbreiteten Mißverhältnis zwischen subjektiver und objektiver Sicherheit führt. Erst mit zunehmener Erfahrung, in deren Folge der trügerische Lerneffekt **„negativen Lernens"** (Seydel 1973), d. h. der positiven Verstärkung sicherheitsbeeinträchtigenden Verhaltens, durchschaut wird, entwickelt sich eine differenziertere Wahrnehmung des objektiven Risikos und damit eine Möglichkeit zur Herabsetzung der subjektiven Risikoschwelle bzw. zur Erhöhung der objektiven Sicherheit. Es wird dabei zunehmend deutlicher erkannt und im konkreten Verhalten berücksichtigt, daß **objektive Sicherheit nur als Funktion der subjektiven Sicherheit** zu verstehen und keinesfalls eine absolute Größe ist.

Einer derartigen Erklärungshypothese kann entgegengehalten werden, daß der Anteil von Straßenverkehrstoten an der jeweiligen Gesamtbevölkerung im Lauf der Jahrzehnte ständig zunimmt und beispielsweise in Schweden für jeden dritten Einwohner im Lauf seines Lebens Verletzungen durch zumindest einen Verkehrsunfall zu erwarten sind (Gunnarsson u. Lindström 1970; zit. nach Näätänen u. Summala 1976). In Verbindung mit den internationalen Angaben bezüglich der auf den jeweiligen Motorisierungsstand bezogenen Anzahlen von Verkehrstoten wird aber erkennbar, daß die zunehmende Personenschadenshäufigkeit in erster Linie auf den zunehmenden Umfang der Motorisierung zurückzuführen ist, daß aber in qualitativer Hinsicht das motorisierte Verkehrsverhalten einen fortschreitenden positiven Lerneffekt in Form einer beständigen Abnahme des **relativen Unfallindex,** ausgedrückt als Anteil der Verkehrstoten am Kraftfahrzeugbestand, erkennen läßt. Daraus läßt sich aber auch die Annahme ableiten, daß

Abb. 59 a, b. Anteil von Straßenverkehrstoten an der jeweiligen Gesamtbevölkerung eines Landes ▶ seit 1930. (Nach Näätänen u. Summala 1976, S. 4–5)

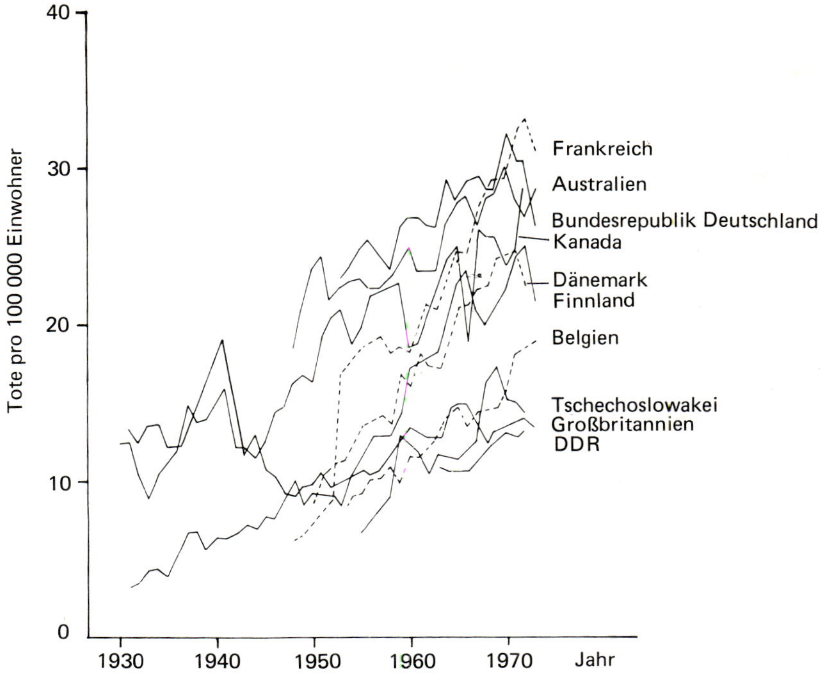
40
30
20
10
0
Tote pro 100 000 Einwohner
1930
1940
1950
1960
1970
Jahr
Frankreich
Australien
Bundesrepublik Deutschland
Kanada
Dänemark
Finnland
Belgien
Tschechoslowakei
Großbritannien
DDR

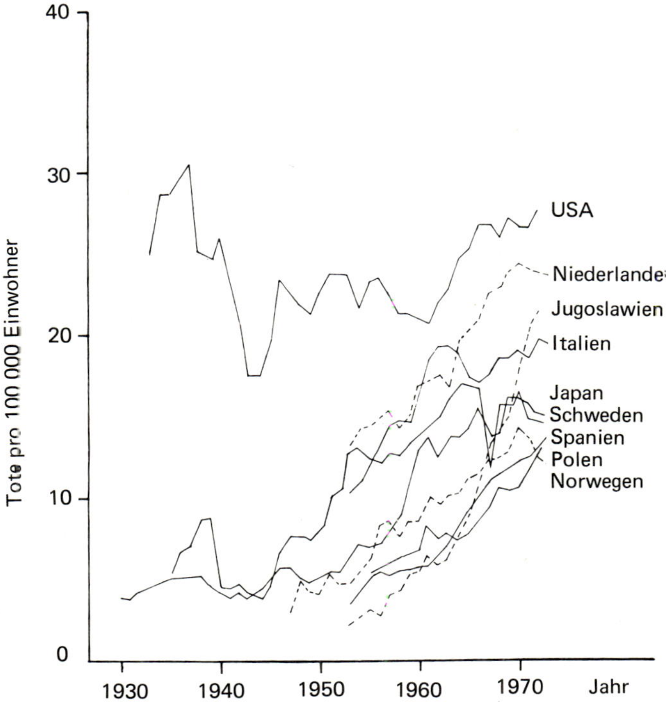
40
30
20
10
0
Tote pro 100 000 Einwohner
1930
1940
1950
1960
1970
Jahr
USA
Niederlande
Jugoslawien
Italien
Japan
Schweden
Spanien
Polen
Norwegen

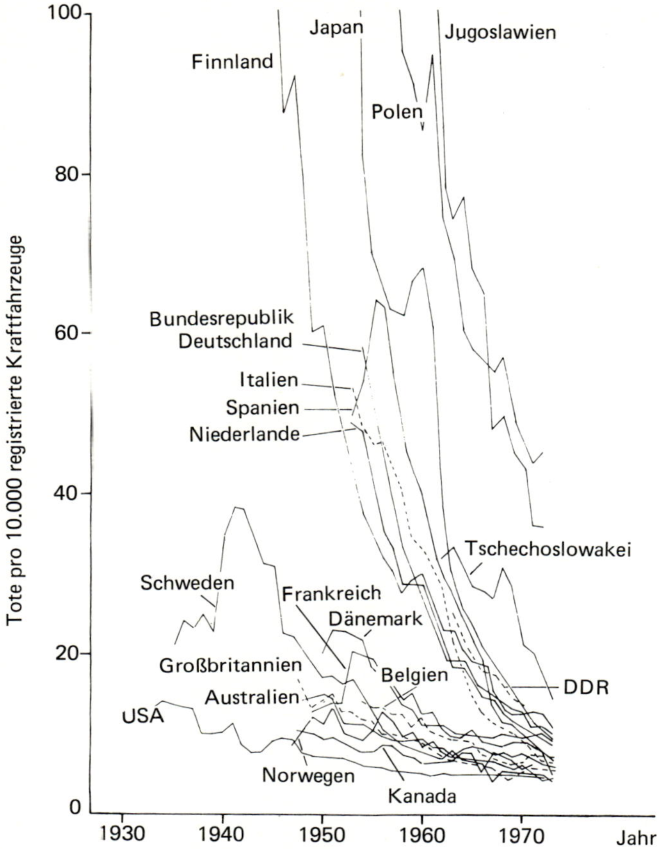

Abb. 60. Anteil von Straßenverkehrstoten an der Anzahl zugelassener Kraftfahrzeuge in der Zeit von 1930–1973. (Nach Näätänen u. Summala 1976, S. 6)

mit zunehmender Sättigung des Motorisierungsbedürfnisses der erwähnte positive Lerneffekt zunehmend stärker zum Tragen kommen dürfte, während dieser bis Anfang der 80er Jahre offensichtlich nicht ausreichte, um den gegenläufigen Effekt eines weiteren Anstiegs der bevölkerungsbezogenen Unfallwahrscheinlichkeit zu verhindern (vgl. dazu Abb. 59 und 60).

Der **hypothetische Charakter aller derartigen Erklärungsansätze** ist offenkundig und wirft die Frage nach deren Sinn auf. Ihre Bedeutung kann in zwei Hinsichten gesehen werden. Einerseits versuchen sie, aus der Fülle vorliegender empirischer Forschungsergebnisse zusammenfassende Folgerungen im Hinblick auf übergeordnete Interpretationsgesichtspunkte zu ziehen; gleichzeitig bieten derartige Erklärungshypothesen eine mögliche Grundlage für spezielle Arbeitshypothesen, die ihrerseits wieder empirisch überprüft werden können. Insofern kann solchen Erklärungsversuchen in gewissem Sinn eine **forschungsökonomische Funktion** zugesprochen werden.

Andererseits können derartige Erklärungsansätze eine Funktion der angewandten Psychologie erfüllen, indem sie dem Praktiker verbesserte Orientierungsmöglichkeiten und Entscheidungshilfen anbieten, wenn es in der Praxis darum geht, grundsätzliche

Beurteilungsstandpunkte gegenüber grundsätzlichen Fragen des Verhaltens im Straßenverkehr zu beziehen. Damit kann dem Praktiker auch konkretes Handeln gegenüber konkreten Aufgaben erleichtert werden, ohne daß er sich selbst der Mühe unterziehen muß, die Fülle vorliegender Einzelergebnisse in eigenen Interpretationsversuchen zusammenzufassen.

8.9 Zusammenfassung

Erklärungshypothesen für das Verkehrsverhalten können Grundlagen für empirisch zu überprüfende spezielle Arbeitshypothesen bilden und für die Praxis Orientierungshilfen über allgemeine Standpunkte zu grundsätzlichen Fragen des Verkehrsverhaltens bieten.

Mehreren Erklärungsversuchen sind bestimmte Annahmen über die **Beziehung zwischen objektiven und subjektiven Risiko- bzw. Sicherheitsbedingungen gemeinsam.** Am deutlichsten wird dies für die Erklärungsmodelle der **Risikokompensation,** der **subjektiven** und **objektiven Sicherheit** und der **subjektiven Risikokontrolle.** Demnach führt die individuelle Risikobereitschaft dazu, Verminderungen der objektiven Gefahr durch das Verhalten wieder zu kompensieren; andererseits kann angenommen werden, daß das Zusammenwirken subjektiver und objektiver Sicherheitsbedingungen primär situationsspezifisch ist. Diese situationsspezifische Bedeutsamkeit hängt von der subjektiven Wahrscheinlichkeit der Situation und deren subjektiver Bedeutsamkeit für das Individuum ab. Eine gemeinsame Folgerung solcher Erklärungsmodelle ist die Relativierung von Sicherheitsbegriffen, die sich nur auf einzelne Teilsysteme beziehen.

Durch die gegenläufigen Wirkungen von Leistungs- bzw. Kapazitäts- und Sicherheitstendenzen ist das **Verkehrsverhalten** grundsätzlich auch **als Risikoverhalten** zu interpretieren. Dabei lassen sich Arten des Risikoverhaltens unterscheiden, die einerseits stärker individuumsorientiert, andererseits mehr situationsorientiert sind; die sich daraus ergebenden jeweiligen Konsequenzen für praktische Fragestellungen sind allerdings sehr unterschiedlich.

Die **Sicherheit des Verkehrsverhaltens** läßt sich auch **als Funktion der Homogenität bzw. Homogenisierung von örtlichen, zeitlichen und individuellen Verhaltensbedingungen** interpretieren. Dem liegt die Annahme zugrunde, daß eine Homogenisierung vor allem zur Verbesserung von Wahrnehmungs- und Antizipationsbedingungen, zur Verringerung von Handlungsalternativen und zur Entschärfung des Konkurrenzverhaltens beitragen kann.

Wird das Verkehrsverhalten unter dem Gesichtspunkt der **Motorisierungsentwicklung** betrachtet, so sind verschiedene Entwicklungstendenzen anzunehmen: eine Veränderungstendenz der Funktion des Kraftfahrzeugs **vom Faszinationsobjekt und Prestigesymbol zum Gebrauchsgegenstand;** eine weitere **Tendenz des Perspektivenwechsels,** durch den in zunehmendem Maß erkannt wird, daß sich die Funktionsfähigkeit des Straßenverkehrs auch für den einzelnen Verkehrsteilnehmer um so besser auswirkt, je mehr er in seiner Verhaltenssteuerung das Verhalten anderer Verkehrsteilnehmer berücksichtigt; und schließlich die Tendenz einer **Annäherung von subjektiver und objektiver Sicherheit,** wobei die objektive Sicherheit zunehmend als Funktion der subjektiven Sicherheit erkannt wird und u.a. auch dieser positive Lerneffekt in der beständigen Abnahme des relativen Unfallindex einen Niederschlag findet.

9 Literatur

Abele, G. Die Leistungsfähigkeit des Kraftwagenlenkers und die Analyse der Fahrweise. *Deutsche Zeitschrift für die gesamte gerichtliche Medizin,* 1957, *55,* 386–398.

ADAC. *Die Unfallsituation von Kindern.* München: ADAC, 1971.

ADAC. *Verkehrsunfälle, Kinderunfälle 1972.* Mitteilung der Hauptabteilung Verkehr, 1973 (a), 11.

ADAC. Das Konzept des ADAC-Bildungsplans für Verkehrserziehung in der Schule. *Schriftenreihe Jugendverkehrserziehung,* 1973 (b), Heft 11.

Ajzen, I. & Fishbein, M. Attitudes and normative variables as predictors of specific behaviors. *Journal of Personality and Social Psychology,* 1973, *27,* 41–57.

Allen, B. L., Shin, B. T. & Cooper, P. J. *Analysis of traffic conflicts and collisions.* Faculty of Engineering, McMaster University, 1978; zit. n. Teply, 1978.

Anderson, J. W. *An abstract of „The effectiveness of traffic safety material in influencing the driving performance of the general driving population".* State of California, Department of Motor Vehicles: Highway Research Report B0155 CAL-DMV-RSS-77-57, 1977.

Anderson, W. G. *In-Car instruction: Methods and content.* A manual for teachers in driver and traffic safety education. Reading: Addison-Wesley, 1968.

Attwood, D. A. The effect of head light glare on vehicle detection at dusk and dawn. *Human Factors,* 1979, *21,* 35–45.

Babarik, P. Automobile accidents and driver reaction patterns. *Journal of Applied Psychology,* 1968, *52,* 49–54.

Babkov, V. F. *Die Wahrnehmung der Straße durch den Fahrer als neuer Faktor im Entwurf von Straßenbauprojekten.* Erste internationale Konferenz über das Fahrverhalten in Zürich, SM 7. Zürich, 1973.

Bach, H., Bickel, H. & Biehl, B. Validierung von Testverfahren zur Fahrer-Auslese am Unfallkriterium. *Zeitschrift für Verkehrssicherheit,* 1975, *21,* 27–38.

Baker, W. T. An evaluation of the traffic conflicts technique. *Highway Research Record,* 1972, *384,* 1–8.

Barnes, T. H. & Price, S. F. *Drug use and driving.*Toronto: Addiction Research Foundation, 1974.

Baron, M. L. & Williges, R. C. Transfer effectiveness of a driving simulator. *Human Factors,* 1975, *17,* 71–80.

Barrett, G. V. Review of automobile simulator research. *Proceedings of the international symposium on psychological aspects of driver behaviour at Noordwijkerhout,* I. 1. Voorburg: Institute for Road Safety Research SWOV, 1971, 1–20.

Barrett, G. V. & Thornton, C. L. Relationship between perceptual style and driver reaction to an emergency situation. *Journal of Applied Psychology,* 1968, *52,* 169–176.

Barrett, G. V., Thornton, C. L. & Cabe, P. A. Relation between embedded figures test performance and simulator behavior. *Journal of Applied Psychology,* 1969, *53,* 253–254.

Bartenwerfer, H. *Psychische Beanspruchung und Ermüdung.* In: A. Mayer & B. Herwig (Hrsg.), *Betriebspsychologie.* Handbuch der Psychologie, Bd. 9, 2. A. Göttingen: Hogrefe, 1970.

Barthelmess, W. *Fahrprüfung – Fahrverhalten – Fahrsicherheit.* Faktor Mensch im Verkehr, Heft 20. Köln: Tetzlaff, 1973.

Barthelmess, W. Zur Methodik der Fahrprobe – Konsequenzen aus einem Fahrprobenexperiment. *Informationen und Mitteilungen der Sektion Verkehrspsychologie des Berufsverbandes Deutscher Psychologen,* 1975, *6,* 27–41.

Barthelmess, W. Erfahrung und Risiko. Ein theoretischer Beitrag zur Erfahrungsbildung des Verkehrsteilnehmers. *Technische Überwachung,* 1976, *17,* 282–286.

Bellis, W. R. Development of an effective rumble strip. *Traffic Engineering,* April 1969, pp. 22–25; zit. n. Hulbert in Forbes (1972).

Belt, B. L. Driver eye movement as a function of low alcohol concentration. *Engineering Experiment Station Technical Report,* The Ohio State University. Columbus, 1969.

Bem, D.J. *Self perception theory.* In: L. Berkowitz (Ed.) *Advances in experimental and social psychology.* New York: Academic Press 1972.

Benda, H. von. Die Skalierung der Gefährlichkeit von Verkehrssituationen. *Bericht über den 30. Kongreß d. Deutschen Gesellschaft für Psychologie in Regensburg 1970,* Bd. 2. Göttingen: Hogrefe, 1976.

Benesch, H. *Die gegenwärtigen Berufsgebiete der Angewandten Psychologie.* In: H. Benesch & F. Dorsch (Hrsg.), *Berufsaufgaben und Praxis der Psychologen.* München: Reinhardt, 1971.

Benninghaus, H. *Ergebnisse u. Perspektiven der Einstellungs-Verhaltens-Forschung.* Meisenheim am Glan: Hain, 1976.

Bereza-Kudrycki, W. *Rand-, Mittelmarkierungen.* Vortrag bei der Vortragsveranstaltung „Bodenmarkierung im Straßenbau" des Kuratoriums für Verkehrssicherheit. Vervielfältigter Tagungsbericht. Wien: Kuratorium für Verkehrssicherheit, 1978.

Berger, H.J., Bliersbach, G. & Dellen, R.G. Psychologische Grundlagen für das Verhältnis von Pkw-Fahrern zum Sicherheitsgurt. Eine quantifizierte Motivstudie. In: Bundesanstalt für Straßenwesen (Hrsg.) *Psychologische Forschung zum Sicherheitsgurt und Umsetzung ihrer Ergebnisse.* Köln: Bundesanstalt für Straßenwesen, 1974.

Bergius, R. *Sozialpsychologie.* Hamburg: Hoffmann u. Campe, 1976.

Biehl, B. *Sicherheit und Verhalten von Fußgängern. Stand der Forschung und Bibliographie 1969–1974.* Köln: Bundesanstalt für Straßenwesen, o.J.

Biehl, B. Simulatoren – ein Fortschritt für die Erforschung des Verkehrsverhaltens? *Zeitschrift für Verkehrssicherheit,* 1976, *22,* 3–6.

Biehl, B. Kombinationseffekte von Alkohol und Tranquilizern auf die Fahrtüchtigkeit von Kraftfahrern. *Hefte zur Unfallkunde,* 1978, *130,* 203–210.

Biehl, B., Fischer, G.H., Häcker, H., Klebelsberg, D. & Seydel, U. A comparison of the factor loading matrices of two driver behavior investigations. *Accident Analysis and Prevention,* 1975, *7,* 161–178.

Biehl, B., Fuhrmann, J. & Seydel, U. Untersuchungen zur Wahrnehmbarkeit und Lesbarkeit von unterschiedlich gestalteten Kennzeichentafeln. Kleine Fachbuchreihe, Heft 7. Wien: Kuratorium f. Verkehrssicherheit, 1969.

Biehl, B., Hoskovec, J., Klinger, P., Pour, J. & Stikar, J. The measurement of fluency of driving. Kleine Fachbuchreihe, Heft 7. Wien: Kuratorium f. Verkehrssicherheit, 1969.

Biehl, B., Klebelsberg, D. & Seydel, U. Einstellungen und Verhalten gegenüber Geschwindigkeitsbeschränkungen auf Autobahnen. *Zeitschrift für Verkehrssicherheit,* 1970, *16,* 247–292.

Billion, C.E. Community study of the characteristics of drivers and driver behavior related to accident experience. *Highway Research Board Bulletin,* 1958, *172,* 36–94.

Bissell, H.H. *Traffic gap acceptance from a stop sign.* University of California, Berkeley: Institute of Transportation and Traffic Engineering, 1960; zit. n. Evans & Herman (1976).

Bitzl, F. Erfahrungen mit zeitweisen Geschwindigkeitsbeschränkungen auf überlasteten Bundesautobahnen. *Straßenbau Verkehrstechnik u. Verkehrssicherheit,* 1965, *36,* 425.

Björkman, M. An exploratory study of predictive judgements in traffic situations. *Scandinavian Journal of Psychology,* 1963, *4,* 65–76.

Black, S. *Man and motor cars.* London: Secker & Warburg, 1966.

Blomgren, G.W. & Scheuneman, T.W. *Psychological resistance to seat belts.* The Traffic Institute, Northwestern University, Evanston/Illinois, 1961; zit. n. Bundesanstalt für Straßenwesen, 1974.

Blumenthal, M. (ed.) *The Denver Symposion on mass communications research for safety.* Washington: National Safety Court, 1964; zit. n. Wilde et al. (1971).

Böcher, W. Anwendungsmöglichkeiten von Lerntheorie und Verhaltenstherapie in der Verkehrspädagogik (Teil II). *Zeitschrift für Verkehrssicherheit,* 1968, *14,* 157–166.

Böcher, W. *Die Praxis des Lernens am Beispiel des Fahrschulunterrichts.* 2. A. Bonn: Kirschbaum, 1973.

Böcher, W. *Vorsicht – Umsicht – Rücksicht.* Bonn-Bad Godesberg: Kirschbaum, 1975 (a).

Böcher, W. Über den Stellenwert der sogenannten Sicherheits- und Gefahrenlehre in einer umfassenden Verkehrserziehungskonzeption. *Zeitschrift für Verkehrserziehung,* 1975 (b), *4,* 4–13.

Böcher, W. Probleme des jungen Fahranfängers und Konsequenzen für eine erweiterte Konzeption der Fahrausbildung. *Informationen und Mitteilungen der Sektion Verkehrspsychologie des Berufsverbandes Deutscher Psychologen,* 1977, *9,* 149–160.

Böcher, W., Buch, M. & Ochel, J. *Untersuchungen über Formen, Entstehungsweise und Beeinflussungsmöglichkeit von unangepaßt-rücksichtslosen Verhaltensweisen im Straßenverkehr bei Kraftfahrern und Fußgängern.* Köln: TÜV Rheinland, 1973.

Böcher, W., Koch, H. & Walter, K. Verkehrserziehung – Alibi oder pädagogische Chance? In: Böcher, W. & Walter, K. (Hrsg.) *Verkehrserziehung und ihre Grenzgebiete,* Bd. 1. Bonn: Schriftenreihe der Deutschen Verkehrswacht, 1978.

Böcher, W. & Scholz, F. Einstellungen von Kraftfahrern zur Geschwindigkeitsbeschränkung und Richtgeschwindigkeit auf Bundesautobahnen. In: W. H. Tack (Hrsg.) *Bericht über den 29. Kongreß der Deutschen Gesellschaft für Psychologie in Salzburg 1974,* Bd. 1. Göttingen: Hogrefe, 1975.

Böhm, H. *Alte Menschen als Fußgänger im Straßenverkehr.* Bonn: Bundesverkehrswacht, 1966.

Bongard, A.-E. & Winterfeld, U. *Verkehrswissen und Verkehrsverständnis bei fünf- bis sechsjährigen Kindern.* Köln: Bundesanstalt für Straßenwesen, 1977.

Borkenstein, R. F., Crowther, R. F., Shumate, R. P., Ziel, W. B. & Zylman, R. *The role of the drinking driver in traffic accidents.* Department of Police Administration, Indiana University. Indianapolis, 1964.

Bosch (Hrsg.) *Kraftfahrtechnisches Taschenbuch,* 18. Aufl., 1978.

Bott-Bodenhausen, K. *Das Wahrnehmen von Handlungszielen anderer Verkehrsteilnehmer.* Diss. Univ. München, 1972.

Box, P. C. Intersections. Chapter Four. In: *Traffic control and roadway elements, their relationships to highway safety.* rev. ed. Highway Users' Federation for Safety and Mobility (USA), 1970; zit. n. Wilde (1974).

Braun, W. Langzeitliche Veränderung in der Dauer der praktischen Fahrausbildung. *Zeitschrift für Verkehrssicherheit,* 1978, *24,* 150–155.

Brehm, J. W. *A theory of psychological reactance.* New York: Academic Press, 1966.

Breinbauer, W. & Höfner, K. J. *Die jugendlichen Kraftfahrer.* Wien: Kuratorium für Verkehrssicherheit, 1974.

Breinbauer, W., Höfner, K. J. & Schmidt, L. *Stellenwert des Autos in der Meinung der Kraftfahrer und in der Automobilwerbung.* Wien: Kuratorium für Verkehrssicherheit, 1976.

Brezina, E. H. Traffic accidents and offences: An observational study of the Ontario driver population. *Accident Analysis and Prevention,* 1969, *1,* 373–395.

Briggs, G. E. Driving as a skilled performance. In: *Driver behavior cause and effect. Proceedings of the Second Annual Traffic Safety Research.* Symposium of the Automobile Insurance Industry, Northbrook. Washington: Insurance Institute for Highway Safety, 1968.

Broda, E. *Ludwig Boltzmann.* Wien: Deuticke, 1955.

Brown, I. D. Measuring the „spare mental capacity" of car drivers by a subsidiary auditory task. *Ergonomics,* 1962, *5,* 247–251.

Brown, I. D. Effect of a car radio on driving in traffic. *Ergonomics,* 1965, *8,* 475–479.

Brown, I. D. & Poulton, E. C. Measuring the „spare mental capacity" of car drivers by a subsidiary task. *Ergonomics,* 1961, *4,* 35–40.

Brown, I. D., Simmons, D. C. V. & Tickner, A. H. Measurement of control skills, vigilance and performance on a subsidiary task during 12 hours of car driving. *Ergonomics,* 1967, *10,* 665–673.

Bubb, H. Verbesserung der Geschwindigkeitsregelung im Kraftfahrzeug durch die Anzeige des Bremsweges. *Zeitschrift für Verkehrssicherheit,* 1976, *22,* 109–119.

Bubb, H. Analyse der Geschwindigkeitswahrnehmung im Kraftfahrzeug. *Zeitschrift für Arbeitswissenschaft,* 1977, *31,* 103–111.

Buchtala, W. & Möllers-Oberück, G. *Soziale Bewertung von Verkehrsverhalten.* Berlin: Gesellschaft für Verkehrsrecht, 1976.

Buckner, D. N. & McGrath, J. J. (Eds.) Vigilance: A symposium. New York, McGraw-Hill, 1958.

Büschges, G. Probleme der Wirksamkeitsuntersuchungen. In: Bundesanstalt für Straßenwesen (Hrsg.) *Symposium 77.* Köln: Bundesanstalt für Straßenwesen, 1977.

Buikhuisen, W. *Kriminologische und psychologische Aspekte der Trunkenheit im Straßenverkehr.* Medizinisch-Psychologisches Institut des Technischen Überwachungs-Vereins Hannover e. V. Hannover, 1971.

Buikhuisen, W. & Jongman, R. W. Der Einfluß des Alkohols auf das Wahrnehmen von Verkehrssituationen. *Faktor Mensch im Verkehr,* Heft 9. Frankfurt: Tetzlaff, 1971.

Bundesanstalt für Straßenwesen (Hrsg.) *Psychologische Forschung zum Sicherheitsgurt und Umsetzung ihrer Ergebnisse.* Köln: Bundesanstalt für Straßenwesen, 1974.

Bundesanstalt für Straßenwesen (Hrsg.) *Typische Fahrverhaltensweisen von Fahranfängern und Möglichkeiten gezielter Nachschulung*. Köln: Bundesanstalt für Straßenwesen, 1975.

Bundesanstalt für Straßenwesen (Hrsg.) *Erlebnis- und Verhaltensformen von Kindern im Straßenverkehr*.Unfall- u. Sicherheitsforschung Straßenverkehr, Heft 4. Köln: Bundesanstalt für Straßenwesen, 1976 (a)

Bundesanstalt für Straßenwesen (Hrsg.) *Einführung in den motorisierten Straßenverkehr*, Bd. 1–3. Köln: Bundesanstalt für Straßenwesen 1976 (b).

Bundesanstalt für Straßenwesen (Hrsg.) *Typische Fehlverhaltensweisen von Fahranfängern und Möglichkeiten gezielter Nachschulung*. Köln: Bundesanstalt für Straßenwesen 1977.

Bundesanstalt für Staßenwesen (Hrsg.) *Einführung in den motorisierten Straßenverkehr* (EMS). Ein pädagogisches Programm für die 14–18-Jährigen. Köln: Bundesanstalt für Straßenwesen 1978.

Bundesanstalt für Straßenwesen (Hrsg.) Fahrerleistungsmeßfahrzeug. Ein Testwagen zur Unfallforschung. *Informationsblatt bei der Internationalen Verkehrs-Ausstellung* Hamburg, 1979.

Burg, A. Characteristics of drivers. In: T. W. Forbes (ed) *Human factors in highway traffic safety research*. New York: Wiley, 1972.

Burkardt, F. *Untersuchungen über die Wirkung geringer Alkoholmengen auf psychische Funktionen, die für das Kraftfahren von Bedeutung sind*. Diss. Universität Köln, 1964.

Burkardt, F. Fahrbahn, Fahrzeug und Fahrverhalten. In: Hoyos, C. Graf (Hrsg.) *Psychologie des Straßenverkehrs*. Bern: Huber, 1965.

Burkardt, F. Arbeitssicherheit. In: A. Mayer & B. Herwig (Hrsg.) *Betriebspsychologie*. Handbuch der Psychologie, Bd. 9. 2. A. Göttingen: Hogrefe, 1970.

Burkhardt, F. *Beurteilung der Kraftfahrzeugabstände auf Bundesautobahnen*. Diss. Technische Hochschule Stuttgart, 1966.

Buttiglieri, M., Brunse, A. J. & Case, H. W. Effects of alcohol and drugs on driving behaviors. In: T. W. Forbes (ed) *Human factors in highway traffic safety research*. New York: Wiley, 1972.

Byrne, D. Repression – sensitization as a dimension of personality – In: Maher, B. A. (Hrsg.) *Progress in experimental personality research*. Vol. 1. New York: Wiley, 1964.

Camenzind, J., Hürlimann, F. W. & Kägi, B. Konfliktstelle Fußgängerstreifen. *Zeitschrift für Verkehrssicherheit*, 1978, *24*, 14–20; 52–58.

Campbell, B. J. Who really causes accidents? *Traffic Safety*, 1971, *12*, 22–24; zit. n. Kunkel (1975).

Campbell, B. J. & Levine, D. Accident proneness and driver license programs. *Bericht über die Erste internationale Konferenz über das Fahrverhalten in Zürich* (IDBRA), PS 3, 1–12, 1973.

Campbell, D. T. Reform as experiments. *American Psychologist*, 1969, *24*, 409–429; zit. n. Büschges (1977).

Carmichael, G. V. & Hugunin, E. Experiment in „Commentary Driving". *Traffic Digest and Review*, 1956, *4*, 13–16.

Carroll, P. S., Carlson, W. L., McDole, T. L. & Smith, D. W. *Acquisition of information on exposure and on non-fatal crashes*. Vol. 1. Exposure survey considerations. Ann Arbor: Highway Safetey Research Institute, University of Michigan. 1971; zit. n. OECD (1975).

Cattell, R. B. An objective test of character-temperament. *Journal of Social Psychology*, 1944, *19*, 99–114.

Clayton, A. B. The effects of psychotropic drugs upon driving-related skills. *Human Factors*, 1976, *18*, 241–252.

Cobb, P. W. The limit of usefulness of accident rate as a measure of accident proneness. *Journal of Applied Psychology*, 1940, *24*, 154–159.

Cohen, J., Dearnaley, E. J. & Hansel, M. The risk taken in crossing a road (1955). Reprinted in: W. Haddon, E. A. Suchman & D. Klein (eds) *Accident research*. New York: Harper & Row, 1964.

Colbourn, C. J. Perceived risk as a determinant of driver behavior. *Accident Analysis and Prevention*, 1978, *10*, 131–141.

Comrey, A. L. A factor analysis of variables related to driver training. *Journal of Applied Psychology*, 1958, *42*, 218–221.

Conley, J. A. *The construction and testing of a new written driver license examination for the state of Illinois*. Diss. University of Illinois, 1969; zit. n. Conley et al. (1976).

Conley, J. A. & Smiley, R. Driver licensing tests as a predictor of subsequent violations. *Human Factors*, 1976, *18*, 565–574.

Conner, R. E. *Traffic signals and accidents on rural state highways in Ohio*. Ohio Department of Highways, 1960; zit. n. Wilde (1974).

Coppin, R.S., Ferdun, G.S. & Peck, R.C. *The teen-aged driver:* An evaluation of age, experience, driving exposure and driver training as they relate to driving record. Sacramento: Department of Motor Vehicles, 1965.

Coppin, R.S., Marsh, W.C. & Peck, R.C. *A re-evaluation of group driver improvement meetings.* Sacramento: California Department of Motor Vehicles, Report No. 17, 1965.

Coppin, R.S., Peck, R.C., Lew, A. & Marsh, W.C. *The effectiveness of short individual driver improvement sessions.* Sacramento: California Department of Motor Vehicles, Report No. 22, 1965.

Cownie, A.R. & Calderwood, J.H. Feedback in accident control. *Operational Research Quarterly,* 1966, *17,* 253–262.

Crawford, A. The overtaking driver. *Ergonomics,* 1963, *6,* 153–170.

Crottaz, R. Linienführung der Straße.In: H. Ursprung (Hrsg.) *Sicherheit im Straßenverkehr,* Frankfurt: S. Fischer, 1974.

Curry, G.A., Hieatt, D.J. & Wilde, G.J.S. *Task load in the motor vehicle operator:* A comparative study of assessment procedures. Kingston: Department of Psychology, Queen's University, 1975.

Dannick, L.J. Influence of an anonymous stranger on a routine decision to act or not to act: An experiment in conformity. *Sociological Quarterly,* 1973, *14,* 127–134; zit. n. Gerber (1978).

Dellen, G.G. Zur subjektiven Einschätzung der Fahrtüchtigkeit bei „alkoholisierten" Kraftfahrern und zum Problem der „kritischen Selbstüberprüfung". *Kölner Informationen zur Verkehrssicherheit,* 1977, *1,* 10–28.

Denton, G.G. A subjective scale of speed when driving a motor vehicle. *Ergonomics,* 1966, *9,* 203–210.

Denton, G.G. *The influence of visual pattern on perceived speed.* RRL Report No. 409. Crowthorne: Road Research Laboratory, 1971; zit. nach Rutley (1975).

De Silva, H.R. Application of driver clinics. *Journal of Psychology,* 1938, *6,* 223–241.

Deutscher Verkehrssicherheitsrat (Hrsg.) Der Partnerschaftsgedanke im Straßenverkehr. Bonn: Deutscher Verkehrssicherheitsrat, 1971.

Deutscher Verkehrssicherheitsrat (Hrsg.) *Sicherheitstraining für Pkw-Fahrer.* Bonn, 1980.

Dewar, R.E., Ells, J.G. & Mundy, G. Reaction time as an index of traffic sign perception. *Human Factors,* 1976, *18,* 381–392.

Dickinson, L.V. & Hall, J.W. Factor analysis of pedestrian accidents. *Transporation Research Record,* 1976, *605,* 35–41.

Diekmeyer, V. *Kind und Unfall: Verkehrssoziographie für München 1966.* München, 1968.

Dilling, J. Fahrverhalten von Kraftfahrzeugen auf kurvigen Strecken. *Straßenbau, Verkehrstechnik u. Verkehrssicherheit,* 1973, Heft 151, 1–35.

Dilling, J. & Sömen, H.D. *Belastung und Beanspruchung von Kraftfahrern.* Schriftenreihe der Deutschen Verkehrswissenschaftlichen Gesellschaft e.V., Band B 31. Köln: Eigenverlag, 1976.

Dobbins, D.A., Tiedemann, J.G. & Skordahl, D.M. Vigilance under highway driving conditions. *Perceptual and Motor Skills,* 1963, *16,* 38.

Dönhoff, K. Fahren unter Alkoholeinfluß – Eine experimentelle Untersuchung der Auswirkung mittlerer Alkoholmengen auf das Fahrverhalten. *Faktor Mensch im Verkehr,* Heft 3. Darmstadt: Tetzlaff, 1970.

Dolphin, J., Kennedy, L., O'Donnel, S. & Wilde, G.J.S. *Factors influencing pedestrian violations.* Queen's University, Department of Psychology. Kingston, 1970.

Domhan, M. Fahrbahnmarkierungen zur Führung, Ordnung und Regelung des Verkehrs. *Zeitschrift für Verkehrssicherheit, Sonderausgabe A,* 1979, 52–58.

Doob, A.N. & Gross, A.E. Status of frustrator as an inhibitor of horn-honking responses. *Journal of Social Psychology,* 1968, *76,* 213–218.

Dorsch, F. *Geschichte und Probleme der angewandten Psychologie.* Bern: Huber, 1963.

Dreyer, D. & Janke, M. The effects of range versus non-range driver training on the accident and conviction frequencies of young drivers. *Accident Analysis and Prevention,* 1979, *11,* 179–198.

Drösler, J. Zur Methodik der Verkehrspsychologie. In: Hoyos, C. Graf (Hrsg.) *Psychologie des Straßenverkehrs.* Bern: Huber, 1965.

Durth, W. Die optischen Informationen als Kriterien für die Gestaltung der Überholstrecke. *Straßenbau, Verkehrstechnik u. Verkehrssicherheit,* 1971, *15,* 31–32.

Dvorak, A. *Mehrdimensionaler Ansatz zur Überprüfung der Unfallneigungshypothese.* Diss. Universität Wien, 1976.

Dvorak, H. & Linke, J. Häufigkeit und Fahrlässigkeit von Unfällen als Kriterien zur Testvalidierung. Ergebnisse einer Bewährungskontrolle von Eignungstests bei Lokomotivführern der Deutschen Bundesbahn (DB). *Zeitschrift für Verkehrssicherheit,* 1976, *22,* 59–63.

Eberstein, B. *Fahrverhalten und Persönlichkeit.* Eine empirische Untersuchung über den Einfluß persönlicher Einstellungen auf das Fahrverhalten. Diss. Univ. Salzburg, 1967.

Echterhoff, W. *Psychologische Erprobungsstudie mit dem Fahrerleistungsmeßfahrzeug.* Bericht zum Forschungsprojekt 7401 der Bundesanstalt für Straßenwesen. Köln: Bundesanstalt für Straßenwesen, 1979 (a).

Echterhoff, W. Untersuchung kurzzeitiger Handlungsabläufe bei Kraftfahrern. In: Hoyos, C. Graf (Hrsg.) *Belastung und Beanspruchung am Steuer eines Kraftfahrzeuges* – Untersuchungen mit Meßfahrzeugen. Köln: Bundesanstalt für Straßenwesen, 1979 (b).

Edwards, D.S. & Hahn, C.P. *The use of filmed driver behavior in the study of accidents:* The first year's findings. Washington, D.C.: American Institutes for Research, 1964 (AIR-C80-7/64-TR).

Edwards, D.S., Hahn, C.P. & Fleishman, E.A. Evaluation of laboratory methods for the study of driver behavior: Relations between simulator and street performance. *Journal of Applied Psychology,* 1977, *62,* 559–566.

Eheim, W.P. Zur Evaluation von Weiterbildungskursen für Automobilisten. *Schweizerische Zeitschrift für Psychologie und ihre Anwendungen,* 1977, *36,* 327–335.

Eklund, K. *The conspicuity of traffic signs and factors affecting it.* Reports from Talja No. 6. Helsinki: The Central Organization for Traffic Safety (Talja), 1968.

Ellinghaus, D. & Welbers, M. *Repräsentativbefragung zum Thema „Alkohol und Fahrer".* Köln: Bundesanstalt für Straßenwesen, 1977.

Ellingstad, V.S. A factor analytic approach to the driving task. *Behavioral Research in Highway Safety,* 1970, *1,* 115–125.

Engels, K. Grenzwerte der Querbeschleunigung – nur ein Problem der Verkehrstechnik? *Kölner Informationen zur Verkehrssicherheit,* 1976, *2,* 15–17.

Engels, K. Die Ermittlung der Reaktionsdauer im realen Unfallgeschehen. In: Bundesanstalt für Straßenwesen (Hrsg.) Kongreßbericht 1979 der Deutschen Gesellschaft für Verkehrsmedizin. Köln: Bundesanstalt für Straßenwesen, 1979.

Erke, H. Psychologische Untersuchungen zum Überquerungsverhalten der Fußgänger in Abhängigkeit von Farb- und Formmerkmalen von Kraftfahrzeugen. *Zeitschrift für Verkehrssicherheit,* 1975, *21,* 173–182.

Erke, H. & Zimolong, B. *Verkehrskonflikte im Innerortsbereich.* Eine Untersuchung zur Verkehrskonflikt-Technik. (Unfall- und Sicherheitsforschung Straßenverkehr, Heft 15). Köln: Bundesanstalt für Straßenwesen, 1978.

Ernst, R., Gleue, A.W., Klebelsberg, D., Lenz, K.-H., Rothengatter, W. & Wiedemann, R. *Auswirkungen einer Richtgeschwindigkeit im Vergleich zu einer Höchstgeschwindigkeit von 130 km/h auf Autobahnen.* Köln: Bundesanstalt für Straßenwesen, 1977.

Evans, L., & Herman, R. Note on driver adaptation to modified vehicle starting acceleration. *Human Factors* 1976, *18,* 235–240.

Eye, A. von & Hussy, W. Zum Beitrag von Variablen der kognitiven Komplexität für die Identifikation verkehrspsychologischer Risikogruppen. *Schweizerische Zeitschrift für Psychologie und ihre Anwendungen,* 1979, *38,* 58–70.

Farber, E. Passing behavior on public highways under daytime and nighttime conditions. *Highway Research Record,* 1969, *292,* 11–23. zit. n. Shinar (1978).

Fergenson, P.E. The relationship between information processing and driving accidents and violation records. *Human Factors,* 1971, *13,* 173–176.

Fhanér, G. & Hane, M. Seat belts: Opinion effects of law-induced use. *Journal of Applied Psychology,* 1979, *64,* 205–212.

Finlayson, H.M. *Children's road behavior and personality.* TN 739. Crowthorne: Transport and Road Research Laboratory, 1972.

Fischer, H. Gesichtsfeldmorphologie des Fahrzeugführers. In: Ursprung, H. (Hrsg.) *Sicherheit im Straßenverkehr.* Frankfurt: S. Fischer, 1974.

Fischer, H. & Cohen, A.S. *Leistungsmöglichkeiten von Kindern im Straßenverkehr.* Entwicklung der Wahrnehmung bei Kindern in ihrer Relevanz zum Verkehrsverhalten. Bericht zum Forschungsprojekt 7509. Köln: Bundesanstalt für Straßenwesen, 1978.

Fischer, H. & Studach, H. Bewertung von Kursteilnehmern an unfreiwillig besuchten Fortbildungskursen für Automobilisten. *Zeitschrift für Verkehrssicherheit,* 1977, *22,* 88–94.

Fishbein, M. A behavior theory approach to the relations between beliefs about an object. In: M. Fishbein (ed.): *Readings in attitude theory and measurement.* New York: Wiley, 1967.

Flanagan, J.C. The critical incident technique. *Psychological Bulletin,* 1954, *51,* 327–358.

Forbes, T.W. Driver characteristics and highway operation. *Traffic Engineering,* 1953, *24,* 49–51.

Forbes, T.W. General approach and methods. In: Forbes, T.W. (ed.) *Human factors in highway traffic safety research.* New York: Wiley, 1972 (a).

Forbes, T.W. Visibility and legibility of highway signs. In: Forbes, T.W. (ed.) *Human factors in highway traffic safety research.* New York: Wiley, 1972 (b).

Forbes, T.W. (ed.) *Human factors in highway traffic safety research.* New York: Wiley, 1972 (c).

FORFA *Fehlverhaltensweisen im Verkehr.* Unveröffentlichter Forschungsbericht, Braunschweig, 1961.

Frank, D. *Differentielle Psychopharmakologie.* Diss. Universität Innsbruck, 1979.

Frankenhaeuser, M. Drug effects on emotions. Relevance to driving accidents. In: S. Israelstam & S. Lambert (eds.) *Alcohol, drugs, and traffic safety.* Toronto: Addiction Research Foundation, 1975.

Franzke, H.-G. Ein Fahrsimulator für Straßenverkehr bei verbesserter Sichtinformation. *Zeitschrift für Verkehrssicherheit,* 1976, *22,* 13–18.

Frieling, E. & Hoyos, C. Graf. *Fragen zur Arbeitsanalyse* (FAA). Handbuch und Frageheft. Bern: Huber, 1978.

Fuhrmann, E. *Untersuchungen zu Straßenverkehrsunfällen mit Kindern in einer Großstadt.* Diss. Universität Hamburg, 1967; zit. n. Heinrich & Langosch, 1976.

Fuhrmann, J. *Prüfung einer Methode zur Erfassung des Verhaltens von Kraftfahrern und Fußgängern an Überwegen.* Kleine Fachbuchreihe, Band 7. Wien: Kuratorium für Verkehrssicherheit, 1969.

Fuhrmann, J. *Verkehrspsychologische Testleistungen alkoholauffälliger Fahrer.* Kleine Fachbuchreihe, Band 11. Wien: Kuratorium für Verkehrssicherheit, 1972.

Funatsu, T. Measurement and management of performance of man-machine system. *IATSS (International Association of Traffic and Safety Sciences) Research,* 1978, *2,* 74–85.

Galizio, M., Jackson, L.A. & Steele, F.O. Enforcement symbols and driving speed: The overreaction effect. *Journal of Applied Psychology,* 1979, *64,* 311–315.

Galsterer, H. *Belastung und Beanspruchung von Kraftfahrern.* I. Teil: Die Analyse verschiedener Verkehrssituationen als Basis zur Beanspruchungsmessung. FP 7708/1 der Bundesanstalt für Straßenwesen. München: Institut für Erziehungswissenschaften der Technischen Universität, 1979.

Ganton, N. & Wilde, G.J.S. *Verbal ratings of estimated danger by drivers and passengers as a function of driving experience.* Queen's University, Department of Psychology. Kingston: 1971.

Gebhardt, F. Über die Ähnlichkeit von Faktormatrizen. *Psychologische Beiträge,* 1968, *10,* 591–599.

Gebhardt, F. & Müller, H. *Ähnlichkeitsrotation von Faktormatrizen.* Statistische Programme des Deutschen Rechenzentrums: Programm-Information PI/33. Darmstadt: 1969; zit. n. Biehl et al. (1975).

Georgoutsacos, S. *Selbsteinschätzung und Fahrverhalten.* Eine empirische Untersuchung zur Aufdeckung sozialspezifischer Selbsteinschätzungstendenzen des Verkehrsverhaltens. Diss. Universität Wien 1978.

Gerber, W.-D. *Der Erwachsene als Vorbild im Straßenverkehr:* Einstellungen und Verhalten. Frankfurt: Lang, 1978.

GETAS (Gesellschaft für angewandte Sozialpsychologie) *Konkurrenz- und Anerkennungsverhältnisse auf der Straße in Abhängigkeit von Fahrzeug und Fahrer.* Köln: Bundesanstalt für Straßenwesen, 1974.

Gheri, M.F. *Unterschiede im Erkennen von Verkehrszeichen in Abhängigkeit von deren Bedeutung.* Kleine Fachbuchreihe, Heft 7. Wien: Kuratorium für Verkehrssicherheit, 1969.

Gibbs, W.L. Driver gap acceptance at intersections. *Journal of Applied Psychology,* 1968, *52,* 200–204.

Giese, F. Methoden der Wirtschaftspsychologie. In: Abderhalden, E. (Hrsg.) *Handbuch der biologischen Arbeitsmethoden,* Bd. 2. Berlin: Springer 1927; zit. n. Dorsch, (1963).

Glennon, J.C., Glauz, W.D., Sharp, M.C. & Thorson, B.A. Critique of the traffic-conflict technique. *Transportation Research Record,* 1977, *630,* 32–38.

Goldstein, L.G. Youthful drivers as a special safety problem. *Accident Analysis and Prevention,* 1972, *4,* 153–189.

Goldstein, L.G. *Driver improvement: A review of research literature.* Sacramento: California Traffic Safety Education Task Force, Department of Education, 1973.

Goodenough, D.R. A review of individual differences in field dependance as a factor in auto safety. *Human factors,* 1976, *18,* 53–62.

Gordon, D.A. & Mast, T.M. Driver's judgement in overtaking and passing. *Human Factors,* 1970, *12,* 341–346; zit. n. Shinar.

Graf, C.P. & Krebs, M.J. *Headlight factors and nighttime vision.* Minneapolis, Minn. Honeywell, Inc., Report No.765RC13, April 1976; zit. n. Shinar (1978).

Grayson, G.B. *Observation of pedestrian behavior at four sites.* Report 670. Crowthorne: Transport and Road Research Laboratory, 1975.

Greenshields, B.D. Investigating traffic, highway events in relation to driver-actions. *Traffic Quarterly,* 1961, *15,* 664–676.

Greenshields, B.D. Driving behavior and related problems. Highway Research Record, 1963, *25,* 14–32.

Greenshields, B.D. & Platt, F.: Development of a method of predicting high-accident and high violation driver. *Journal of Applied Psychology,* 1967, *51,* 205–210.

Greenwood, M. & Woods, H.M. A report on the incidence of industrial accidents upon individuals with special reference to multiple accidents. *British Industrial Fatigue Research Board,* 1919, *4.*

Greenwood, M. & Yule, G.U. An inquiry into the nature of frequency distributions representative of multiple happenings with particular reference to the occurrence of multiple attacks of disease or repeated accidents. *Journal of the Royal Statistical Society,* 1920, *83,* 255–279.

Grimm, H.G. Die Beeinflussung des Nachfahrverhaltens durch Voranzeige des Straßenverlaufs mit Hilfe von Straßenrandmarkierungen. Diss. Technische Univ. München, 1978.

Groeben, N. & Sader, M. Verkehrsdichte und Unfallhäufigkeit. *Zeitschrift für Verkehrssicherheit,* 1968, *24,* 35–48.

Groll, E. *Experimentelle Untersuchungen über Zusammenhänge zwischen Aufmerksamkeit, Vigilanzleistung und Aktivierungsvorgängen.* Diss. Univ. Wien, 1963.

Grow, N. *The literature of aging pedestrians and drivers:* A bibliography, 1962–1972. North Carolina Symposium on Aging and Highway Safety. University of North Carolina Highway Research Center, 1972; zit. n. Biehl (o.J.).

Gubser, F. & Spörli, S. Teilsimulation in der verkehrspsychologischen Forschung. *Neue Zürcher Zeitung* v. 29.7. 1970.

Gunnarson, S.O. & Lindström, S. *Vägen till trafiksäkerhet.* Halmstad, Schweden: Raben & Sjögren, 1970; zit. n. Näätänen & Summala (1976).

Günther, R. *Die Rolle von Erziehungspersonen in der vorschulischen Verkehrserziehung.* Köln: Bundesanstalt für Straßenwesen, 1979.

Günther, R. & Limbourg, M. Dimensionen der Verkehrswelt von Kindern. In: Bundesanstalt für Straßenwesen (Hrsg.): *Erlebnis- und Verhaltensformen von Kindern im Straßenverkehr,* Teil A, 13–80. Köln: Bundesanstalt für Straßenwesen, 1975.

Günther, R. & Limbourg, M. *Dimensionen der Verkehrswelt von Kindern.* Köln: Bundesanstalt für Straßenwesen, 1976.

Haas, I. & Reker, K. Einfluß von Lebensalter und Fahrerfahrung auf die Unfallbelastung und sicherheitsrelevante Einstellungen. *Zeitschrift für Verkehrssicherheit,* 1976, *22,* 119–130.

Hacker, W. *Allgemeine Arbeits- und Ingenieurpsychologie.* Berlin: VEB Deutscher Verlag der Wissenschaften, 1973.

Haddon, W., Suchman, E.A. & Klein, D. *Accident research.* New York: Haper & Row, 1964.

Häcker, H. *Experimentelle Untersuchungen über den Zusammenhang zwischen Aufmerksamkeit und Fahrverhalten.* Meisenheim: Hain, 1971.

Häcker, H. *Belastung und Beanspruchung:* Eine Analyse des Konstrukts unter Berücksichtigung bisheriger Untersuchungsstrategien, FP 7401/2 der Bundesanstalt für Straßenwesen. Tübingen: Bundesanstalt für Straßenwesen, 1976.

Häkkinen, S. *Estimation of distance and velocity in traffic situations.* Reports from the Inistitute of Occupational Health, No.3. Helsinki: Institute of Occupational Health, 1963.

Häkkinen, S. *Traffic accidents and driver characteristics.* A statistical and psychological study. Helsinki: Suomalaisen Kirjalisuuden Kirjapaino, 1958.

Häkkinen, S. *Perception of highway traffic signs.* Reports from Talja, No. 1. Helsinki: The Central Organization for Traffic Safety (Talja), 1965.

Häkkinen, S. Large scale field experiments on driver behaviour. *Zeitschrift für Verkehrssicherheit,* 1974, *20,* 75–94.

Häkkinen, S. Traffic accidents and professional driver characteristics: A follow-up study. *Accident Analysis and Prevention,* 1979, *11,* 7–18.

Häkkinen, S., Nyyssönen, R. & Rauhala, V. Use of traffic conflict technique for estimation of accident potential. In: International Driver's Research Association (ed.) *Erste Internationale Konferenz über das Fahrverhalten,* WP2. Zürich: 1973.

Hampel, B. *Möglichkeiten zur Standardisierung der praktischen Fahrprüfung.* Vortrag bei der 21. Fortbildungsveranstaltung der Sektion Verkehrspsychologie des BDP am 1.10. 1976 in Hannover.

Hampel, B., Erprobung eines audiovisuellen Prüfungssystems des TÜV Rheinland – Ergebnisse und Konsequenzen. In: B. Hampel (Hrsg.) *Entwicklungen und Konzepte für die Fahrerlaubnisprüfung.* Reihe Mensch – Fahrzeug – Umwelt, Band 4. Köln: TÜV Rheinland 1977.

Harano, R. M. *The relationship between field dependence and motor vehicle accident involvement.* Masters thesis, Sacramento State. College, 1963; zit. n. Goodenough (1976).

Harano, R. M. & Peck, R. C. *The effectiveness of a uniform traffic school curriculum for negligent drivers.* Sacramento: California Department of Motor Vehicles, Report No. 37, 1971.

Harrass, J. A. & Mourant, R. R. Continuous tracking with heads-up presentation in automobile driving. *Proceedings of the 14th Annual Meeting of the Human Factors Society,* San Francisco, 1970; zit. n. Shinar (1978).

Harrer, S., Neubauer, O. & Hosemann, A. Kraftfahreignung Farbsinngestörter aus ophthalmologischer Sicht. In: G. Harrer& A. Zängl (Hrsg.) *32. Van Swieten-Tagung.* Wien: Verlag der Österreichischen Ärztekammer, 1978.

Harrington, D. M. *The young driver follow-up study: An evaluation of the role of human factors in the first four years of driving.* California Department of Motor Vehicles, Report No. 38, 1971.

Hartmann, E. *Vorgang und Zeitverlauf bei Blickbewegungen mit Berücksichtigung der Akkomodationszeiten.* Referat gehalten anläßlich des Kolloquiums der Lichttechnischen Gesellschaft „Reaktionszeiten von Kraftfahrzeugführern", 1978, Berlin; zit. n. Engels (1979).

Hartwig, H. Zum Entwicklungsstand der motorischen, sensorischen und intellektuellen Fähigkeiten des Vorschulkindes unter dem Aspekt seiner Teilnahme am Straßenverkehr. *Ärztliche Jugendkunde,* 1969, *59,* 345–365.

Hauber, A. R. Aggression in traffic situations. *The Voice of Pedestrians,* 1976, *VI,* 129–137.

Hayward, J. C. Near-miss determination through use of a scale of danger. *Highway Research Record,* 1972, *384,* 24–34.

Hebenstreit, B. von *Verkehrssicherheitslehre.* München: TÜV Bayern, 1977.

Hebenstreit, B. von, Heinrich, H. C., Klebe, W., Kroj, G., Spoerer, E., Schneider, W., Walther, R., Winkler, W. & Wuhrer, H. *Kurse für auffällige Kraftfahrer.* Modellversuche in der Bundesrepublik Deutschland. Köln: Bundesanstalt für Straßenwesen, 1978.

Heinrich, H. C. & Langosch, I. Einfluß der Informiertheit auf das Verhalten von Kindern im Straßenverkehr. In: Bundesanstalt für Straßenwesen (Hrsg.) *Erlebnis- und Verhaltensformen von Kindern im Straßenverkehr,* Teil B. Köln: Bundesanstalt für Straßenwesen, 1975.

Heinrich, H. C., & Langosch, I. Analyse der Zielgruppe zur Verkehrserziehung im Sekundarbereich nach Einstellungen, Interessen und Motiven. In: Bundesanstalt für Straßenwesen (Hrsg.) *Einführung in den motorisierten Straßenverkehr,* Band I. Köln: Bundesanstalt für Straßenwesen, 1976.

Heinrich, H. C., Kroj, G., & Pfafferott, I. *Schulische und außerschulische Verkehrserziehung.* Stand und Planung der Forschungsaktivitäten der Bundesanstalt für Straßenwesen. Köln: Bundesanstalt für Straßenwesen, 1978.

Helander, M. Vehicle control and driving experience: A psychphysiological approach. *Zeitschrift für Verkehrssicherheit,* 1977, *23,* 6–11.

Henderson, H. I. & Kole, T. New Jersey driver improvement clinics: An evaluation study. *Traffic Safety Research Review,* 1967, *11,* 98–105.

Henriksson, N. G. & Nilsson, A. Importance of labyrinthine and other sensory information for normal driving. In: Busley D. F. (ed.): *Recent Advance in Aerospace Medicine.* (1970); zit. n. Bubb (1977).

Herms, B.S. Pedestrian crosswalk study: Accidents in painted and unpainted crosswalks. *Highway Research Record,* 1972, *406,* 1–13.

Herrin, G.D. & Neuhardt, J.B. An empirical model for automobile driver horizontal curve negotiation. *Human Factors,* 1974, *16,* 129–133.

Hick, W. On the rate of gain of information. *Journal of Experimental Psychology,* 1952, *44,* 11–26.

Hildebrandt, F. *Das Verhalten der Fußgänger beim Überschreiten der Fahrbahn.* Eine faktorenanalytische Studie. Opladen: Westdeutscher Verlag, 1967.

Hills, A. & Burg, A. *A reanalysis of California driver vision data: General findings.* Transport Road Research Laboratory, TRRL Report 768.

Höfner, K. *Fahrverhaltens- und Persönlichkeitsanalyse jugendlicher Mopedfahrer.* Eine Gegenüberstellung von unwissentlicher und wissentlicher Beobachtung des Fahrverhaltens. Diss. Universität Wien, 1967.

Höfner, K.J. Fahrverhaltens- und Persönlichkeitsanalyse jugendlicher Mopedfahrer. *Zeitschrift für Verkehrsrecht,* 1972, *17,* 344–352.

Höfner, K.J. Geschwindigkeitsbegrenzungen. Überblick über den derzeitigen Stand der Forschung. Wien: Kuratorium für Verkehrssicherheit, 1973.

Höfner, K.J. Die Probleme des jugendlichen Kraftfahrers. *Zeitschrift für Verkehrsrecht,* 1974, *19,* 52–63.

Höfner, K.J., Hosemann, A. & Michalik, C. Ursachen von Verkehrsverstößen. Wien: Kuratorium f. Verkehrssicherheit, 1977.

Höfner, K.J. & Hoskovec, J. Registrierung der Blickbewegungen. *Zeitschrift für Verkehrssicherheit,* 1972, *19,* 223–241.

Höfner, K.J. & Hoskovec, J. Registrierung der Blickbewegungen beim Autofahren – bisherige Forschungen. *Zeitschrift für Verkehrssicherheit,* 1973, *20,* 222–241.

Höfner, K.J. & Schützenhöfer, A. Konfliktforschung im Straßenverkehr. *Verkehrsjurist des ARBÖ,* 1978, *39,* 18–24.

Hogg, R. *A study of motorists' attitudes to speed restrictions and their enforcement.* Transport and Road Research Laboratory, Digest of Report SR 276, 1977.

Hosemann, A. Kraftfahreignung und Farbuntüchtigkeit. In: G. Harrer & A. Zängl (Hrsg.) *32. Van Swieten-Tagung.* Wien: Verlag d. Österreichischen Ärztekammer. 1978 (a).

Hosemann, A. *Leitwirkungen und Fahrverhalten aus psychologischer Sicht.* Vortrag bei der Vortragsveranstaltung „Bodenmarkierung im Straßenbau" des Kuratoriums für Verkehrssicherheit. Vervielfältigter Tagungsbericht. Wien: 1978 (b).

Hoskovec, J. & Biehl, B. *Fahrsimulatoren für Forschungszwecke.* Kleine Fachbuchreihe, Bd. 8. Wien: Kuratorium für Verkehrssicherheit, 1970.

Hoskovec, J. Pour, J. & Stikar, J. Experimentelle Untersuchungen auf dem Gebiet der Fahrerschulung mit Hilfe von Fahrtrainern in der Tschechoslowakei. *Zeitschrift für Verkehrsrecht,* 1972, *17,* 183–190.

Hoyos, C. Graf. Über den Zusammenhang von Verkehrsunfällen und Verkehrsverstößen im Straßenverkehr. *Psychologie und Praxis,* 1961, *5,* 49–58.

Hoyos, C. Graf (Hrsg.) *Psychologie des Straßenverkehrs.* Bern: Huber, 1965.

Hoyos,C. Graf Psychologische Aspekte der Sichtweite. *Straßenbau, Verkehrstechnik u. Verkehrssicherheit,* 1971, *15,* 34–35.

Hoyos, C. Graf. *Arbeitspsychologie.* Stuttgart: Kohlhammer, 1974.

Hoyos, C. Graf (Hrsg.) *Belastung und Beanspruchung am Steuer eines Kraftfahrzeuges* – Untersuchungen mit Meßfahrzeugen. Köln: Bundesanstalt für Straßenwesen, 1979.

Hoyos,C. Graf & Pupka, M. von *Motivorientierte Aspekte der Verkehrspsychologie.* Köln: Bundesanstalt für Straßenwesen, 1977.

Huguenin, R.D. *Zur Konzeption der Aus- und Weiterbildung von Auto- und Motorradfahrern.* Erster Zwischenbericht. Bern: Konferenz für Sicherheit im Straßenverkehr, o.J.

Huguenin, R.D. *Einstellungen (Attitüden) und Trinkverhalten von Automobilisten.* Bern: Schweizerische Beratungsstelle für Unfallverhütung (BfU), 1978.

Huguenin, R.D. *Zweite Validierung der psychologischen Gruppenuntersuchung nach „Beck".* BfU-Report, No. 2, Bern: Schweizerische Beratungsstelle für Unfallverhütung, (BFU), 1979.

Hulbert, S. Drivers' GSRs in traffic. *Perceptual and Motor Skills,* 1957, *7,* 305–315.

Hulbert, S. Effect of driver fatigue. In: T.W. Forbes (ed.) *Human factors in highway traffic safety research.* New York: Wiley, 1972.

Hulbert, S. & Wojcik, C. Driving task simulation. In: T.W. Forbes (ed.) *Human factors in highway traffic safety research*. New York: Wiley, 1972.

Hurst, P.M. Consistency in driver risk taking. *Behavioral Research in Highway Safety,* 1971, *2,* 73–82.

Hyman, R. Stimulus information as a determinant of reaction time. *Journal of Experimental Psychology,* 1953, *45,* 188–196.

IATSS Project Team Social speed and its indexing. *IATSS Research,* 1980, *4,* 3–16.

Irk, F. Kriminalsoziologie des Verkehrsverhaltens. *Zeitschrift für Verkehrssicherheit,* 1975, *21,* 19–26.

Irving, A. & Rutley, K.S. Some driving aids and their assessments. In: Institute für Road Safety Research (SWOV) (ed.) *Proceedings of the Symposium on psychological aspects of driver behaviour,* II. 1.B. Noordwijkerhout: SWOV, 1971.

Iseler, A. & Perrez, M. (Hrsg.) *Relevanz in der Psychologie*. München: Reinhardt, 1976.

Jäger, R., Berbig, E., Geisel, B., Gosslar, H., Hagen, J., Liebich, W. & Schafheutle, R. *Mannheimer Biographisches Inventar (M-B-I)*. Göttingen: Hogrefe, 1973.

Janke, W. *Experimentelle Untersuchungen zur Abhängigkeit der Wirkung psychotroper Substanzen von Persönlichkeitsmerkmalen*. Frankfurt: Akademische Verlagsgesellschaft, 1964.

Jensch, M., Spoerer, E. & Utzelmann, H.D. *Verkehrsverhaltenslehre*. Köln: Bundesanstalt für Straßenwesen, 1978.

Jex, H.R., DiMarco, R.J. & Wade, A.R. *Impairment of moderate versus heavy drinkers in simulated driver tests*. Paper presented at the 10th Annual Conference on Manual Control, Wright-Patterson AFB. Ohio: April 1974; zit. n. Shinar (1978).

Johannsen, G. Nebenaufgaben als Beanspruchungsmeßverfahren in Fahrzeugführungsaufgaben. *Zeitschrift für Arbeitswissenschaft,* 1976, *30,* 45–50.

Johansson, G. & Backlund, F. Drivers and road signs. *Ergonomics,* 1970, *13,* 749–759.

Johansson, G. & Rumar, K. *Drivers' brake-reaction times*. University of Uppsala, Department of Psychology, Report No. 26. Uppsala: University of Uppsala, 1965.

Johansson, G. & Rumar, K. Drivers and road signs: A preliminary investigation of the capacity of car drivers to get information from road signs. *Ergonomics,* 1966, *9,* 57–62.

Johansson, G. & Rumar K. *Drivers' brake reaction times. Human Factors,* 1971, *13,* 23–27.

Jones, H.V. & Heimstra, N.W. Ability of driver to make critical passing judgments. *Highway Research Record,* 1966, *122,* 89–92.

Jones, M.H. *California driver training evaluation study:* Final Report to the Legislature of the State of California. Los Angeles: University of California, School of Engineering and Applied Sciences, 1973.

Joscelyn, K.B. & Donelson, A.C. *Drugs and highway safety:* Research issues and information needs. The *HSRI Research Review,* 1978, *9,* 2–17.

Kaestner, N. Research in driver improvement – The state of the art. *Traffic Quarterly,* 1968, *22,* 497–520.

Kaestner, N. Human abilities and driver improvement. In: T.W. Forbes (ed.) *Human factors in highway traffic safety research*. New York: Wiley, 1972.

Kaestner, N. & Speight, L. *Oregon study of driver license suspensions*. Salem: Oregon Department of Transportation, 1974.

Kaestner, N. & Syring, E.M. Accident and violation reduction through brief driver improvement interviews. *Traffic Safety Research Review,* 1967, *11,* 121–124.

Kaestner, N., Warmoth, E.J. & Syring, E.M. Oregon study of advisory letters: The effectiveness of warning letters in driver improvement. *Traffic Safety Research Review,* 1967, *11,* 67–72.

Kahneman, D., Ben-Ishai, R. & Lotan, M. Relation of a test of attention to road accidents. *Journal of Applied Psychology,* 1973, *58,* 113–115.

Kaiser, A. *Fahrverhalten und Persönlichkeit*. Untersuchungen zum Überholen, Verhalten an Sperrlinien und Geschwindigkeitsbegrenzungen. Diss. Universität Tübingen, 1969.

Kaluger, N.A. & Smith, G.L. Driver eye-movement patterns under condition of prolonged driving and sleep deprivation. *Highway Research Record,* 1970, *336,* 92–106.

Kastelle, C.G. & LeSueur, C.M. *An evaluation of the Pierce county pilot program in driver improvement utilizing the group method*. Olympia: Washington State Department of Motor Vehicles, 1965; zit. n. Peck (1976).

Katz, A., Zaidel, D. & Elgrishi, A. An experimental study of driver and pedestrian interaction during the crossing conflict. *Human Factors,* 1975, *17,* 514–527.

Kaukinen, R. *Overtaking in the dark and in daylight*. Reports from Liikenneturva, No. 12. Helsinki: Eigenverlag, 1972.
Kaukinen, R. *Overtaking at nighttime*. Reports from the Department of Psychology, University of Tampere, No. 14. Tampere: University of Tampere, 1967; zit. n. Häkkinen, 1974.
Kaukinen, R. *Overtaking at daylight*. Reports from Talja, No. 21. Helsinki: The Central Organisation for Traffic Safety (Talja), 1970; zit. n. Häkkinen, 1974.
Keller, R. & Graf, U. W. Die Problematik der Evaluation methodischer Ansätze zur Verbesserung der Fahrerausbildung. *Informationen und Mitteilungen der Sektion Verkehrspsychologie des Berufsverbandes Deutscher Psychologen*, 1977, *9*, 169–178.
Kemmler, R. Psychotraining für Autofahrer. In: *ADAC-Motorwelt*, 1974, *7*, 66–70.
Kemp, R. N., Nelson, I. D., Staughton, G. C. & Wilkins, H. A. *A preliminary report on an on-the-spot-survey accidents*. Crowthorne: Transport Road Research Laboratory, 1972; zit. n. Schneider, 1977.
Kendzia, R. Der Einfluß verschiedener Variablen auf das Kurvenfahren von Pkw-Fahrern. *Zeitschrift für Verkehrssicherheit*, 1972, *18*, 110–115.
Kenning, J. *Untersuchungen über die Beziehungen zwischen Verkehrsunfällen und Verkehrsverstößen*. Diss. Univ. Köln, 1968; zit. n. Undeutsch, 1969.
Kielholz, P. Alkohol, Drogen und Fahrtüchtigkeit. In: H. Ursprung (Hrsg.) *Sicherheit im Straßenverkehr*. Frankfurt: S. Fischer, 1974.
Klebel, E., Michalke, H. & Schmidt, L. Driver Improvement. Erste Erfahrungen mit einem Driver-Improvement-Programm für alkoholauffällige Verkehrsstraftäter. *Zeitschrift für Verkehrsrecht*, 1978, *23*, 77–89.
Klebel, E., Michalke, H. & Schmidt, L. Entwicklung des problemorientierten Trainings für alkoholauffällige Kraftfahrer und erste Erfahrungen bei der Anwendung. *Verkehrsjurist des ARBÖ*, 1979, *40/41*, 9–11.
Klebelsberg, D. *Versuche mit getarnter Verkehrsüberwachung*. Kleine Fachbuchreihe, Band 5. Wien: Kuratorium für Verkehrssicherheit, 1963 (a).
Klebelsberg, D. *Eine Methode zur empirischen Ermittlung des „psychologischen Vorrangs" an Straßenkreuzungen und -einmündungen*. Kleine Fachbuchreihe, Band 5. Wien: Kuratorium für Verkehrssicherheit, 1963 (b).
Klebelsberg, D. *Zebrastreifen in Längs- oder Querrichtung?* Kleine Fachbuchreihe, Band 5. Wien: Kuratorium für Verkehrssicherheit, 1963 (c).
Klebelsberg, D. Analyse des Verkehrsverhaltens. In: Hoyos, C. Graf (Hrsg.) *Psychologie des Straßenverkehrs*. Bern: Huber, 1965.
Klebelsberg, D. Wie verwendet der Kraftfahrer die Beleuchtung seines Kraftfahrzeuges? In: Kuratorium für Verkehrssicherheit (Hrsg.) *Probleme der Straßen- und Kraftfahrzeugbeleuchtung*. Wien: Kuratorium für Verkehrssicherheit, 1968.
Klebelsberg, D. *Risikoverhalten als Persönlichkeitsmerkmal*. Bern: Huber, 1969.
Klebelsberg, D. Homogenität und Sicherheit. *Proceedings of the International Congress of Applied Psychology*, Lüttich, 1971 (a), 1469–1474.
Klebelsberg, D. Subjektive und objektive Sicherheit im Straßenverkehr als Aufgabe für die Verkehrssicherheitsarbeit. *Schriftenreihe der Deutschen Verkehrswacht*, 1971 (b), 51, 3–12.
Klebelsberg, D. Risikoverhalten. In: Dorsch, F. (Hrsg.) *Psychologisches Wörterbuch*, 9. A. Bern: Huber, 1976 (a), S. 514.
Klebelsberg, D. Spezifische Einstellungen und Verhaltensformen von jugendlichen und heranwachsenden Kraftfahrern. In: *Einführung in den motorisierten Straßenverkehr*, Bd. I, zweiter Teilbericht; Forschungsberichte der Bundesanstalt für Straßenwesen. Köln: 1976 (b).
Klebelsberg, D. Das Modell der subjektiven und objektiven Sicherheit. *Schweizerische Zeitschrift für Psychologie und ihre Anwendungen*. 1977 (a), *36*, 285–294.
Klebelsberg, D. Psychologische Erklärungshypothesen für das Verkehrsverhalten. *Informationen und Mitteilungen der Sektion Verkehrspsychologie des Berufsverbandes Deutscher Psychologen*, 1977 (b), *9*, 3–13.
Klebelsberg, D. Risiko und Risikoverhalten im Straßenverkehr. *Zeitschrift für Verkehrsrecht*, 1979, *24*, 378–381.
Klebelsberg, D. Einstellungen und Verhaltenstendenzen von Verkehrsteilnehmern. In: Daimler-Benz AG (Hrsg.) *Verkehr, Umwelt, Zukunft*. Stuttgart-Untertürkheim: Daimler-Benz, 1980.
Klebelsberg, D. Funktionsvariabilität von Einstellungen. In: W. Michaelis (Hrsg.) *Bericht über den*

32. Kongreß der Deutschen Gesellschaft für Psychologie in Zürich 1980. Göttingen: Hogrefe, 1981.

Klebelsberg, D., Biehl, B., Fuhrmann, J. & Seydel, U. *Fahrverhalten – Beschreibung, Beurteilung und diagnostische Erfassung.* Kleine Fachbuchreihe, Wien: Kuratorium für Verkehrssicherheit, 1970.

Klebelsberg, D. & Kallina, H. Wieviele Verkehrszeichen können gleichzeitig wahrgenommen werden? *Kriminalistik,* 1960, *14,* 353.

Klebelsberg, D. & Kallina, H. Wieviele Verkehrszeichen können gleichzeitig wahrgenommen werden? *Zentralblatt für Verkehrsmedizin, Verkehrspsychologie u. angrenzende Gebiete,* 1961, 1, 20–22.

Klebelsberg, D. & Schibalski, F. *Methodische Ansätze zur Erfassung des sicherheitsrelevanten Verkehrsverhaltens an Knotenpunkten.* Forschungsprojekt 7319 der Bundesanstalt für Straßenwesen in Köln. Köln, Mannheim, Innsbruck: Bundesanstalt für Straßenwesen, 1976.

Klebelsberg, D., Pilsz, W. & Schibalski, F. *Analyse des Fahrverhaltens in Kurven.* Forschungsprojekt 7518/2 der Bundesanstalt für Straßenwesen. Innsbruck: Bundesanstalt für Straßenwesen, 1979.

Klein, D. & Waller, J. A. *Causation, culpability and deterrence in highway crashes.* U.S. Department of Transportation, Washington, D.C., 1970.

Klinger, P. *Das V-Gerät, seine Wirkungsweise und Anwendungsmöglichkeiten.* Kleine Fachbuchreihe, Band 7. Wien: Kuratorium für Verkehrssicherheit, 1969.

Klonoff, H. Marijuana and driving in real-life situations. *Science,* 1974, *86,* 317–323; zit. n. Shinar (1978).

Knighting, F. A., Colborne, H. V. & Grayson, G. B. *A pilot study of child pedestrians in an residential area.* TN 736. Crowthorne: Transport and Road Research Laboratory, 1972.

Knoflacher, H. Altersspezifische Unfallumstände. *Zeitschrift für Verkehrssicherheit,* 1979, *25,* 131–134.

Knoflacher, H. & Schrammel, E. *Einfluß der Fahrbahnlängsmarkierung auf das Fahrverhalten der Fahrzeuglenker.* Verkehrtechnischer Informationsdienst, Wien: Kuratorium für Verkehrssicherheit, 1975.

König, I. *Streß und Verkehrsunfälle* (Versuch einer Feststellung von Zusammenhängen mittels eines Fragebogens). Diss. Universität Innsbruck, 1974.

Kogan, N. & Wallach, M. A. *Risk taking.* New York: Holt, 1964.

Kraftfahrtechnisches Taschenbuch. Bosch (Hrsg.) 18. Aufl. Stuttgart: Bosch, 1978.

Krammel, F. *Risikolust, Anspruchsniveau und Intelligenz bei Unfällen.* Phil. Diss., Universität Wien, 1955.

Kretschmer, E. & Weichert, D. *Drivers' attitudes and opinions study.* Köln: Bundesanstalt für Straßenwesen, 1977.

Krohne, H. W. Persönlichkeitstheorie. In: T. Herrmann, P. R. Hofstätter, H. P. Huber & F. E. Weinert (Hrsg.) *Handbuch psychologischer Grundbegriffe.* München: Kösel, 1977.

Kroj, G. Führerscheinprüfung – Differentialdiagnose oder lehrzielorientierte Messung? In: Technischer Überwachungsverein Rheinland (Hrsg.) *Entwicklungen und Konzepte für die Fahrerlaubnisprüfung.* Köln: TÜV Rheinland, 1977.

Kroj, G. & Pfafferott, I. Ziele, Befunde und Konsequenzen psychologischer Untersuchungen zum Sicherheitsgurt. In: Bundesanstalt für Straßenwesen (Hrsg.): *Psychologische Forschung zum Sicherheitsgurt und Umsetzung ihrer Ergebnisse,* Köln: Bundesanstalt für Straßenwesen, 1974.

Kroj, G. & Pfafferott, I. Forschung zur empirischen Grundlegung der Verkehrspädagogik. *Zeitschrift für Verkehrssicherheit,* 1975, *21,* 196–198.

Kroj, G., Pfeiffer, G. *Der Kölner Fahrverhaltens-Test (K-F-V-T).* Faktor Mensch im Verkehr, Heft 21. Frankfurt: Tetzlaff, 1973.

Kroj, G. & Spoerer, E. Der Einfluß der Wahrnehmung fremden Fahrverhaltens auf das eigene Fahrverhalten – ein Feldexperiment. *Zeitschrift für Verkehrssicherheit,* 1974, *20,* 8–20.

Küting, H. J. *Belastung und Beanspruchung des Kraftfahrers.* Literaturübersicht zum Stand der Forschung. Hannover: TÜV, 1976.

Kunert, H. Kybernetische Aspekte der Verkehrsregelung. *Mitteilungsblatt des Medizinisch-Psychologischen Instituts für Verkehrs- und Betriebssicherheit beim Technischen Überwachungs-Verein Stuttgart,* 1970, *19,* 20–24.

Kunkel, E. Die Einschätzung der relativen Gefährlichkeit verschiedener Verkehrsdelikte. *Zeitschrift für experimentelle und angewandte Psychologie,* 1966, *8,* 581–595.

Kunkel, E. Reaktionsverhalten und Fahrtauglichkeit. *Mitteilungsblatt des Medizinisch-Psychologischen Instituts beim Technischen Überwachungsverein Stuttgart,* 1970 (a), *19,* 25–39.

Kunkel, E. Reaktionsverhalten und Fahrtauglichkeit. *Zeitschrift für experimentelle und angewandte Psychologie,* 1970 (b), *17,* 488–536.

Kunkel, E. *Unfallneigung im Straßenverkehr.* Köln: TÜV Rheinland, 1973.

Kunkel, E. *Kriminalität und Fahreignung.* Köln: TÜV Rheinland, 1975 (a).

Kunkel, E. *Fahrerfahrung – Lebensalter – Fahreignung.* Köln: TÜV Rheinland, 1975 (b).

Kunkel, E. *Akten- und Explorationsanalyse. Theoretischer Teil.* Köln: TÜV Rheinland, 1975 (c).

Kunkel, E. *Akten- und Explorationsanalyse. Praktischer Teil:* Alkoholauffällige Kraftfahrer. Köln: TÜV Rheinland, 1975 (d).

Kunkel, E. *Biographische Daten und Rückfallprognose bei Trunkenheitstätern im Straßenverkehr.* Köln: TÜV Rheinland, 1977.

Kunkel, E. *Die Bedeutung der biographischen Daten für die Fahreignungsprognose.* Köln: Medizinisch-Psychologisches Institut des Technischen Überwachungsvereins Rheinland, 1978.

Landesverkehrswacht Nordrhein-Westfalen *Reaktionsuhr.* Remagen: System Verkehrsverlag, o.J.; zit. n. Engels (1979).

Lauer, A.R. A criterion for classification of automobile drivers. *Proceedings of the Iowa Academy of Science,* 1957, *64,* 542–545.

Lauer, A.R., Suhr, V.W. & Allgaier, E. Development of a criterion for driving performance. *Highway Research Board Bulletin,* 1958, *172,* 1–8.

Laurell, H. *Effects of small doses of alcohol on driver performance in emergency traffic situations.* Report No. 68 A. Linköping: National Swedish Road and Traffic Research Institute, 1975.

Lefkowitz, M., Blake, R.R. & Mouton, J.S. Status factors in pedestrian violations of traffic signs. *Journal of Abnormal and Social Psychology,* 1955, *51,* 704–710.

Lewin, K. *Principles of topological psychology.* New York: McGraw, 1936.

Liedemit, F. Informationsverarbeitung im Straßenverkehr und die Funktion des Kurzzeitgedächtnisses. *Verkehrsmedizin und ihre Grenzgebiete,* 1977, *24,* 10–30.

Limbourg, M. & Goderbauer, R. Analyse von Unfällen älterer Fußgänger im Straßenverkehr. *Zeitschrift für Verkehrssicherheit,* 1978, *24,* 145–150.

Limbourg, M. & Günther, R. Dimensionen der Verkehrswelt von Kindern. *Zeitschrift für Verkehrssicherheit,* 1975, *21,* 200–202.

Limbourg, M. & Günther, R. Erleben und Verhalten von 4–9jährigen Kindern im Straßenverkehr. *Zeitschrift für Verkehrserziehung,* 1977, *1,* 3–9.

Limbourg, M. & Günther, R. Trainingsprogramm für Eltern zur Verkehrserziehung von Kleinkindern. In: Bundesanstalt für Straßenwesen (Hrsg.) *Unfall- und Sicherheitsforschung Straßenverkehr,* Köln: Bundesanstalt für Straßenwesen, 1979.

Ling, G.M. Interaction between alcohol and drugs, and their realtionship to driving. *Conference on Medical, Human and Related Factors Causing Traffic Accidents Including Alcohol and Other Drugs.* 1973; zit. n. Shinar; 1978.

Lisper, H., Dureman, I., Ericsson, S. & Karlsson, N.G. Effects of sleep deprivation and prolonged driving on a subsidiary auditory reaction time. *Accident Analysis and Prevention,* 1971, *2,* 335–341.

Lister, R.D. *The reaction time of drivers in moving and stationary vehicles.* RRL Report RN/1324/RDL. Crowthorne: Road Research Laboratory, 1950.

Little, A.D. *The state of the art of traffic safety:* A comprehensive review of existing information. New York: Praeger, 1970.

Loo, R. Role of primary personality factors in the perception of traffic signs and driver violations and accidents. *Accident Analysis and Prevention,* 1979, *11,* 125–127.

Lutze, J. Zur Beurteilung von Verkehrsproblemen durch erfahrene Kraftfahrer. *Zeitschrift für Verkehrssicherheit,* 1975, *21,* 90–102.

McBride, R.S. & Peck, R.C. Modifying negligent driving behavior through warning letters. *Accident Analysis and Prevention,* 1970, *2,* 141–174.

McCormick, E.J. *Human factors engineering,* 3.A., New York: McGraw Hill, 1970.

McCormick, E.J., Jeanneret, P.R. & Mecham, R.R. A study of job characteristics and job dimensions as based on the Position Analysis Questionnaire (PAQ). *Journal of Applied Psychology,* 1972, *56,* 347–368.

McFarland, R.A. & Moseley, A.L. *Human factors in highway transport safety.* Boston: Harvard School of Public Health, 1954.

McGuire, F. L. Personality factors in highway accidents. *Human Factors,* 1976, *18,* 433–444.
Mach, N. *Der Führerschein – ein Instrument zur Unfallverhütung.* Technischer Überwachungsverein Stuttgart, Feb. 1960, 5–9.
Mackie, A. M. Study of different appeals to motivate the audience. In: Veilig Verkeer Nederland (ed.) *Efficiency and effectiveness of road safety campaigns.* Hilversum: Verkehr Nederland, 1972.
Mackworth, N. H. & Morandi, A. J. The gaze selects informative details within pictures. *Perception and Psychophysics,* 1967, *2,* 547–552.
Mäki, M., Linnoila, M., Idanpaan-Heikkila, J. & Isomeri, J. Information concerning drugs and driving received by customers of pharmacies. *Accident Analysis and Prevention,* 1979, *11,* 117–124.
Mallach, H. J. & Seitz, J. Angaben von Alkoholtätern über ihre Arzneimitteleinnahme und deren Überprüfung. *Blutalkohol,* 1975, *12,* 337–347.
Marbe, K. Über Unfallversicherung und Psychotechnik. *Praktische Psychologie,* 1923, *4,* 257–263.
Marek, J. & Sten, T. *Traffic environment and the driver.* Driver behavior and training in international perspective. Springfield: Thomas, 1977.
Marsh, W. C. *Modifying negligent driving behavior: Evaluation of selected driver improvement techniques* – A second year follow-up. Sacramento: California Department of Motor Vehicles, Report No. 36, 1973.
Martin, G. L. & Heimstra, N. W. The perception of hazard by children. *Journal of Safety Research,* 1973, *5,* 238–243.
Maslow, A. H. *Motivation and personality.* 2nd ed. New York: Harper & Row, 1970.
Maukisch, H. & Pfeiff, E. Kognition von Verkehrs-Gefahrenquellen bei tatauffälligen und unauffälligen Kraftfahrern. *Problem und Entscheidung,* Heft 16. München: Institut für Psychologie, 1976.
Mayer, A. & Herwig, B. (Hrsg.) Betriebspsychologie. In: K. Gottschaldt et al. (Hrsg.) *Handbuch der Psychologie.* Band 9. 2. Aufl. Göttingen: Hogrefe, 1970.
Mayer, R. E. & Treat, J. R. Psychological, social and cognitive characteristics of high-risk drivers: A pilot study. *Accident Analysis and Prevention,* 1977, *9,* 1–8.
Mehalel, D. & Hakkert, A. S. *The influence of signalisation and installation of a flashing green signal light on the number of injury accidents at intersections.* Report No. 74/13. Haifa: Road Safety Center, Technion Research and Development Foundation, 1975; zit. n. Shinar (1978).
Mendelson, H. A. (ohne Titel, 1964); zit. n. Wilde et al. (1972).
Merkel, J. Die zeitlichen Verhältnisse der Willenstätigkeit. Philosophische Studien, 1885, *2,* 73–127.
Merten, K. Kommunikationsprozesse im Straßenverkehr. In: Bundesanstalt für Straßenwesen (Hrsg.) *Symposion 77.* Köln: Bundesanstalt für Straßenwesen, 1977.
Metrevelli, S. *Beurteilung des Verhaltens am Unfallort.* Kurzbericht zum Forschungsprojekt 7344 der Bundesanstalt für Straßenwesen. Kiel: SIFKU-Institut, 1979.
Michalik, C. *Der Einfluß der Adaptation auf die Geschwindigkeitsschätzung von Kraftfahrern.* Kleine Fachbuchreihe, Band 11. Wien: Kuratorium für Verkehrssicherheit, 1972.
Michalik, C. *Effektivitätsuntersuchung eines neu entwickelten Verkehrserziehungs-Programms für Kindergärten* (unveröffentlicht). Wien: Kuratorium für Verkehrssicherheit, 1975.
Michalik, C. Fahrschulausbildung und Führerscheinprüfung. *Informationen und Mitteilungen der Sektion Verkehrspsychologie des Berufsverbandes Deutscher Psychologen,* 1977, *9,* 161–168.
Mihal, W. L. & Barrett, G. V. Individual differences in perceptual information processing and their relation to automobile accident involvement. *Journal of Applied Psychology,* 1976, *61,* 229–233.
Miller, G. A., Galanter, E. & Pribram, K. H. *Plans and the structure of behavior.* London: Holt, Rinehart & Winston, 1960. Dt.: *Strategien des Handelns.* Pläne und Strukturen des Verhaltens. Stuttgart: Klett, 1973.
Miller, R. B. *Psychological considerations in the design of training equipment.* USAF, WACD, TR 54–563, 1954; zit. n. McCormick, E. J. (1970).
Mischel, W. Toward a cognitive social learning reconceptualization of personality. *Psychological Review,* 1973, *80,* 252–283.
Mittenecker, E. *Methoden und Ergebnisse der psychologischen Unfallforschung.* Wien: Deuticke, 1962.
Mittenecker, E. Wie groß ist die „Unfallneigung" der Straße? *Psychologische Beiträge,* 1966, *9,* 288–293.

Mittenecker, E. Psychologie des jugendlichen Mopedfahrers. *Beiträge zur Jugendkunde,* Band 11. Wien: Verlag für Jugend und Volk, 1967.

Mittenecker, E. & Raab, E. *Informationstheorie für Psychologen.* Göttingen: Hogrefe, 1973.

Molen, H. van der *Factors influencing ignoration of traffic lights at pedestrian crossings* (unveröffentlicht). Groningen: 1977; zit. n. Gerber (1978).

Molt, W. *Psychologie der Verkehrsverursachung und der Wahl des Verkehrsmittels.* Schriftenreihe des Instituts für Straßenbau und Verkehrsplanung Universität Innsbruck (o.J.).

Mortimer, R.G. Car and truck rear lighting and signaling: The application of research findings. *Proceedings of the symposium on psychological aspects of driver behaviour in Noordwijkerhout,* 1971, Vol. 2, II.1.B. Voorburg: Institut for Road Research SWOV, 1971.

Mortimer, R.G. Drug use and driving by a university student sample. *Proceedings of the 20th Conference of the American Association for Automotive Medicine.* Atlanta: American Association for Automotive Medicine 1976; zit. n. Shinar (1978).

Moser, L. Das Reaktionsverhalten bei Stör- und Schreckreizen. *Zeitschrift für Verkehrssicherheit,* 1969, *15,* 3–11.

Moser, L. *Das Bild des Vielfachtäters im Straßenverkehr.* Schlußbericht zur Auswertung der Vielfachtäterkartei. Köln: Bundesanstalt für Straßenwesen, 1974.

Moser, L. *Unvermeidbare Fußgängerunfälle aus psychologischer Sicht.* Buchreihe der Arbeits- und Forschungsgemeinschaft für Straßenverkehr und Verkehrssicherheit, 29, 1976, 77–95.

Moskowitz, H. & DePry, D. Differential effect on auditory vigilance and divided-attention tasks. *Quarterly Journal of Studies on Alcohol,* 1968, *29,* 54–63.

Moskowitz, H. & Sharma, S. Effects of alcohol on peripheral vision as a function of attention. *Human Factors,* 1974, *16,* 174–180.

Moskowitz, K., Ziedman, K. & Sharma, S Visual search behavior while viewing driving scenes under the influence of alcohol and marijuana. *Human Factors.* 1976, *18,* 417–432.

Mourant, R.R. & Rockwell, T.H. Strategies of visual search by novice and experienced drivers. *Human Factors,* 1972, *14,* 325–335.

Mourant, R.R., Rockwell, T.H. & Rackoff, N.J. Drivers' eye movements and visual workload. *Highway Research Record,* 1969, *292,* 1–10; zit. n. Shinar (1978).

Müller, A. *Der Trunkenheitstäter im Straßenverkehr der Bundesrepublik Deutschland.* Frankfurt: Lang, 1976.

Müller, A. & Brickenkamp,R. *K-F-P 30. Kurz-Fragebogen für Problemfälle.* Göttingen: Hogrefe, 1970.

Munden, J.M. *The relation between a driver's speed and his accident rate.* TRRL-Report LR 88. Crowthorne: Transport and Road Research Laboratory, 1967.

Munsch, G. Physical maturity and mature driving. In: H.B. Wulff & E. Forsberg (eds.) *Proceedings of the 2nd Congress of the International Association for Accident and Traffic Medicine.* Vol. 2. Stockholm, Malmö: Skanetriyck, 1966.

Näätänen, R. & Summala, H. *Road-user behavior and traffic accidents.* Amsterdam: North-Holland 1976.

Newbold, E.M. *A contribution to the study of the human factor in the causation of accidents.* Reports of the Industrial Health Research Board London No. 34, H.M. Stationery Office, 1926; zit. n. Mittenecker, 1962.

Newbold, E.M. Practical applications of the statistics of repeated events, particularly to industrial accidents. *Journal of the Royal Statistical Society,* 1927, *90,* 487; zit. n. Mittenecker (1962).

O'Day, J. (Ed.) Driver behavior – Cause and effect. In: Insurance Institute for Highway Safety (ed.) *Proceedings of the Automobile Insurance Industry.* Washington: Insurance Institute for Highway Safety, 1968.

Odescalchi, P., Rutley, K.S. & Christie, A.W. *Time taken to read a traffic sign and its effect on the size of lettering necessary.* Road Research Laboratory Note No. LN/98/90, KSR.AWC, 1962.

OECD (Organisation for Economic Co-operation and Development) *Young driver accidents.* A report prepared by an OECD road research group. Paris, OECD, 1975.

Oerter, R. *Moderne Entwicklungspsychologie.* Donauwörth: Auer, 1976.

Okamoto, Y. Children as observed in traffic accidents. *IATSS* (International Association of Traffic and Safety Sciences) *Research* 1978, 2, 119–126.

Older, S.J. & Grayson, G.B. *Perception and decision in the pedestrian task.* Report 49 UC. Crowthorne: Transport and Road Research Laboratory, 1974.

Older, S.J. & Spicer, B.R. *Traffic conflicts – development in accident research.* TRRL – Report LR 514. Crowthorne: Transport and Road Research Laboratory, 1974.

Older, S.J. & Spicer, B.R. Traffic conflicts – development in accident research. *Human Factors,* 1976, *18,* 335–350.

Olson, P.L. Aspects of driving performance as a function of field dependance. *Journal of Applied Psychology,* 1974, *59,* 192–196.

Olson, P.L. & Rothery, R.W. Driver response to the amber phase of traffic signals. *Operations Research* 1961, *9,* 650–663; zit. n. Shinar (1978).

Oppermann, R. & De Matos, M. Analyse des Verkehrsverhaltens und Verkehrserlebens von Jugendlichen bei der Teilnahme am motorisierten Straßenverkehr. In: Bundesanstalt für Straßenwesen (Hrsg.) *Einführung in den motorisierten Straßenverkehr,* Band III. Köln: Bundesanstalt für Straßenwesen, 1976.

Oswald, W.D. Grunddimensionen der Straßenverkehrseignung – Ergebnisse einer mehrdimensionalen Validierungsstudie. *Mitteilungsblatt des Med.-Psycholog. Instituts beim Technischen Überwachungsverein Stuttgart,* 1970, *19,* 49–52.

Owens, C.N. Report on a three-year controlled study of the effectiveness of the Anaheim-Fullerton municipal court driver improvement school. *Municipal Court Review,* 1967, *7,* 7–14; zit. n. Peck (1976).

Peck, R.C. Toward a dynamic system of driver improvement program evaluation. *Human Factors,* 1976, *18,* 493–506.

Peck, R.C. & Harano, R.M. *State driver improvement analysis.* Driver improvement literature review (Task I). Sunnyvale, California: Public Systems Incorporated, Contract No. DOTHS-4-00967, 1975.

Peck, R.C., Kelsey, S.L., Ratz, M. & Sherman, B.R. *The effectiveness of accredited traffic violator schools in reducing accidents and violations.* Department of Motor Vehicles, State of California, Research Report CAL-DMV-RSS-79-71, 1979.

Pelz, D.C. & Schuman, S.H. *Young drivers: Road behaviour and motivations.* Ann Arbor: University of Michigan, Highway Safety Research Institute, 1969.

Perkins, S.R. & Harris, J.I. Traffic conflict characteristics: Accident potential at intersections. *Highway Research Record,* 1968, *225,* 35–43.

Perrine, M.W. Alcohol, drugs, and driving: Relative priorities for basis and applied research. In: Addiction Research Foundation (ed.) *Proceedings of the 6th International Conference on Alcohol, Drugs, and Traffic Safety.* Toronto: Addiction Research Foundation of Ontario, 1975.

Perrine, M.W. Die Identifizierung von hochgefährdeten Trinker-Fahrern. *Kölner Informationen zur Verkehrssicherheit,* 1977, *1,* 31–35.

Pfafferott, I. Deutsche Automobilwerbung 1954–1970. *Zeitschrift für Verkehrssicherheit,* 1971, *17,* 180–191.

Pfafferott, I. Tendenzwende in der Automobilwerbung. *Zeitschrift für Verkehrssicherheit,* 1973, *19,* 185–190.

Pfafferott, I. Zum Aussagewert verschiedener Kraftfahrerstichproben. *Zeitschrift für Verkehrssicherheit,* 1975, *21,* 116–126.

Pfafferott, I. Einführung in den motorisierten Straßenverkehr. *Zeitschrift für Verkehrssicherheit,* 1978, *24,* 131–134.

Pfundt, K. *Unfälle mit Fußgängern.* Bericht über Untersuchungen von Fußgängerunfällen. Köln: HUK-Verband, 1969.

Pfundt, K. Fahrunfälle in Kurven. *Der Verkehrsunfall,* 1978, *17,* 163–171.

Planek, T.W., Condon, M.E., Fowler, R.C. *An investigation of the problems and opinions of aged drivers. Rep. 5/68.* Chicago: National Safety Council, 1968.

Planek, T.W. & Fowler, R.C. Traffic accident problems and exposure characteristics of the aging driver. *Journal of Gerontology,* 1971, *26,* 224–230.

Preston, B. Insurance classifications and drivers' galvanic skin response. *Ergonomics,* 1969, *12,* 437–446.

Quenault, S.W. *Development of the method of systematic observation of driver behaviour.* RRL Report LR 213. Crowthorne: Ministery of Transport, 1968.

Quenault, S.W. & Fuhrmann, J. Fahrverhaltensbeobachtung und Fahrerklassifikation im Straßenverkehr. *Zeitschrift für Verkehrssicherheit,* 1969, *15,* 248–261.

Raymond, S., Risk, A.W. & Shaoul, J.E. *An evaluation of driver education as a road safety measure.* Paper presented at the 1st International Conference on Driver Behaviour, Zürich, Okt. 1973.

Reinfurt, D.W., Levine, D.N. & Johnson, W.D. *Radar as a speed deterrent: An evaluation.* Chapel Hill: Highway Safety, Research Center, University of North Carolina, 1973; zit. n. Shinar (1978).

Rella, E. *Trainingsprogramm für das rechtzeitige Erfassen von Gefahrensituationen.* Diss. Universität Wien, 1976.

Richter, B. Ein dynamischer Fahrsimulator zur Untersuchung des Systems Fahrer-Fahrzeug-Straße. *Zeitschrift für Verkehrssicherheit,* 1976, *22,* 8–12.

Richter, R. & Hobi, V. Die Auswirkungen einmal und langfristig applizierter Psychopharmaka auf die Fahrtüchtigkeit. *Informationen und Mitteilungen der Sektion Verkehrspsychologie des Berufsverbandes Deutscher Psychologen,* 1977, *9,* 54–62.

Richter, R.L. & Hyman, W.A. Research note: Driver's brake reaction times with adaptive controls. *Human Factors,* 1974, *16,* 87–88.

Riemersma, J.B.J., Biesta, P.W. & Wildervanck, C. *Fatigue and stress due to prolonged driving and changing task demands.* Warrendale: Society of Automative Engineers, 1977.

Risser, R. *Versuch einer Verhaltensänderung bei Autofahrern.* Diss. Universität Wien, 1976.

Risser, R. & Schmidt, L. Versuch einer Anwendung neuerer sozialpsychologischer Theorien in einem Trainingsprogramm für Kraftfahrer. *Zeitschrift für Verkehrssicherheit,* 1978, *24,* 20–25.

Rockwell, T.H. Skills, judgement, and information acquisition in driving. In: T.W. Forbes (ed.) *Human factors in highway traffic safety research.* New York: Wiley, 1972.

Rockwell, T.H., Ernst, R.L. & Rulon, M.J. *Research on visual requirements in night driving.* National Academy of Sciences, Highway Research Board, NCHRP Reports 1970, 99; zit. n. Höfner & Hoskovec (1972).

Rockwell, T.H., Overby, C. & Mourant, R.R. Drivers' eye movements: An apparatus and calibration. *Highway Research Record,* 1968, *247,* 29–41.

Rockwell, T.H. & Snider, J.N. *An investigation of variability in driving performance on the highway.* In: Project RF 1455 Final Report, Columbus, Ohio. The Ohio State University, Systems Research Group, 1965; zit. n. Bubb (1977).

Rohracher, H. *Einführung in die Psychologie,* 10. Aufl. Wien: Urban & Schwarzenberg, 1971.

Rosemann, A. Einfluß von Rückleuchtensystemen auf die Bremsreaktionszeit von Kraftfahrzeugfahrern. *Zeitschrift für Verkehrssicherheit,* 1977, *23,* 145–151.

Rosemann, A. *Verteilung, Vergleich und Beeinflussung der Bremsreaktionszeit.* Referat gehalten anläßlich des Kolloquiums der Lichttechnischen Gesellschaft „Reaktionszeiten von Kraftfahrzeugführern". Berlin; 1978; zit. n. Engels (1979).

Rosenfeldt, H. Anwendungsmöglichkeiten des mentalen Trainings in der Kraftfahrer-Schulung. *Informationen und Mitteilungen der Sektion Verkehrspsychologie des Berufsverbandes Deutscher Psychologen,* 1976, *8,* 34–46.

Rumar, K., Berggrund, U., Jernberg, P. & Ytterbom, U. Driver reaction to a technical safety measure – tudded tires. *Human Factors,* 1976, *18,* 443–454.

Rutley, K.S. Control of drivers' speed by means other than enforcement. *Ergonomics,* 1975, *18,* 89–100.

Sader, M. *Lautheit und Lärm.* Göttingen: Hogrefe, 1966.

Safford, R.R. & Rockwell, T.H. Performance decrement in twenty-four hour driving. *Highway Research Record,* 1967, *163,* 68–79.

Salvatore, S. Estimation of vehicular velocity under time limitation and restricted conditions of observation. *Highway Research Record,* 1967, *195,* 66–74.

Salvatore, S. The ability of elementary and secondary school children to sense on coming car velocity. *Journal of Safety Research,* 1974, *6,* 118–125.

Sandels, S. Kinder im Straßenverkehr. *Zeitschrift für Verkehrssicherheit,* 1971, *17,* 79–89.

Sandels, S. *Children in traffic.* London: Elek, 1975.

Sanders, A.F. Expectancy: Application and measurement. *Acta Psychologica,* 1966, *25,* 293–313.

Schalkhammer, H. *Experimentelle Untersuchungen über Aufmerksamkeitsschwankungen.* Diss. Univ. Wien, 1952.

Schenk, J. & Rauscher, A. Zur Persönlichkeit von Verkehrsunfällern. *Psychologie und Praxis,* 1979, *22,* 179–186.

Schleiermacher, B. Auffällige Beziehungen in der Statistik für verschiedene Überquerungsarten. *Kölner Informationen zur Verkehrssicherheit,* 1976, *2,* 6–11.

Schmidt, F. & Tiffin, J. Distortion of drivers' estimates of automobile speed as a function of speed adaptation. *Journal of Applied Psychology,* 1969, *53,* 536–539.

Schmidt, L. *Effektivitätskontrolle der Alkohol-Schwerpunktaktion 1973.* Wien: Kuratorium für Verkehrssicherheit, 1974.

Schmidt, L. & Schützenhofer, A. Driver-Improvement – Verbesserung des Verkehrsverhaltens auffälliger Kraftfahrer. *Zeitschrift für Verkehrsrecht,* 1976, *22,* 250–255; 279–288; 312–317.

Schmidt, L. *Kurzfassung eines Vortrages über die Umfrage „Verkehrssicherheit"* (unveröffentlicht). Wien: Kuratorium für Verkehrssicherheit, 1979.

Schmidtke, H. *Die Ermüdung.* Symptome, Theorien, Meßversuch. Bern: Huber, 1965.

Schmidtke, H. *Ergonomie 1.* Grundlagen menschlicher Arbeit und Leistung. München: Hanser, 1973.

Schmidtke, H. *Ergonomie 2.* Gestaltung von Arbeitsplatz und Arbeitsumwelt. München: Hanser, 1974.

Schmidtke, H. & Micko, H.Ch. *Untersuchungen über die Reaktionszeit bei Dauerbeobachtung.* Forschungsberichte des Landes Nordrhein-Westfalen, Nr. 1360. Köln, Opladen: Westdeutscher Verlag, 1964.

Schnadt, H. & Schübbe, E. *Verhalten von Fußgängern an Signalanlagen.* Köln: TÜV Rheinland, 1975.

Schneider, W. & Schubert, G. Die Begutachtung der Fahreignung. In: U. Undeutsch (Hrsg.) *Handbuch der Psychologie.* Band 11. Göttingen: Hogrefe, 1967.

Schneider, W. Psychische Ursachen und Hintergrundsbedingungen bei Unfallverläufen. *Zeitschrift für Verkehrssicherheit,* 1977 (a), *23,* 140–145.

Schneider, W. Bestandsaufnahme und Entwicklungsaspekte der Fahrerlaubnisprüfung. In: Technischer Überwachungsverein Rheinland (Hrsg.): *Entwicklungen und Konzepte für die Fahrerlaubnisprüfung.* Köln: TÜV Rheinland, 1977 (b).

Schoppert, D.W., Moskowitz, K., Burg, A. & Hulbert, S. Some principles of freeway directional signing based on motorists' experiences. *Highway Research Board Bulletin,* 1960, *244,* 30–87.

Schubert, G. & Edler, G. *Methoden zur Beobachtung des Fahrverhaltens.* Zweiter Bericht zum Forschungsauftrag des Bundesministeriums für Gesundheitswesen. Vervielfältigter Forschungsbericht. Köln: 1965.

Schubert, G. & Spoerer, E. *Untersuchungsverfahren zur Begutachtung von Kraftfahrern.* Vervielfältigter Forschungsbericht. Köln: 1968.

Schützenhöfer, A. Modell „Steiermark" – Einstellungs- und Verhaltenstraining für alkoholauffällige Kraftfahrer. *Zeitschrift für Verkehrssicherheit,* 1979, *25,* 190–191.

Schulze, P. Sachstandsdarstellung über Quantifizierungsmethoden zur Bestimmung psychischer Beanspruchungsgrade in Abhängigkeit von Qualität, Intensität und Einwirkdauer physikalisch definierbarer Belastungen. *Wehrpsychologische Untersuchungen,* 1980.

Schweizerische Beratungsstelle für Unfallverhütung (BfU) Pressebulletin v. 13.6. 1979.

Schwenkmezger, P. *Risikoverhalten und Risikobereitschaft.* Weinheim: Beltz, 1977.

Seydel, U. Die Beeinflussung des Fahrverhaltens durch Leit- und Randlinien auf Freilandstraßen. *Zeitschrift für Verkehrssicherheit,* 1967, *12,* 256–259.

Seydel, U. Gelerntes Fahrverhalten. *Zeitschrift für Verkehrserziehung,* 1973, *4,* 4–8.

Seydel, U. Literatur zur Fahreignungsdiagnostik. *Informationen und Mitteilungen der Sektion Verkehrspsychologie des Berufsverbandes Deutscher Psychologen,* 1976, *8,* 112–126.

Seydel, U. & Beetz, E. *Wirksamkeitsanalyse zum Sicherheitstraining des Deutschen Verkehrssicherheitsrates.* Köln: Bundesanstalt für Straßenwesen, 1978.

Seydel, U. Beetz, E. & Erler, R. Fahrverhaltensbeobachtungen an Omnibusfahrern eines großstädtischen Verkehrsbetriebes. *Zeitschrift für Verkehrssicherheit,* 1977, *23,* 59–64.

Shaoul, J. The use of intermediate criteria for evaluating the effectiveness of accident countermeasures. *Human Factors,* 1976, *18,* 575–586.

Shinar, D. *Psychology on the road.* The human factor in traffic safety. New York: Wiley, 1978.

Shinar, D., McDowell, E., Rackoff, N.J. & Rockwell, T.H. Search behavior. *Human Factors,* 1978, *20,* 553–559.

Shinar, D., McDowell, E.D. & Rockwell, T.H. *Improving driver performance on curves in rural highways through perceptual changes.* Interim Report Project EES 428. Ohio State University, 1973.

Shinar, D., McDowell, E.D. & Rockwell, T.H. Eye movements in curve negotiation. *Human Factors,* 1977, *19,* 63–72.

Siemens Automatische Glatteiswarnung – Anzeige der Ankunftszeit – rechtzeitige Erinnerung an Ausfahrten und Abzweigungen – elektronischer Diebstahlschutz. *Zeitschrift für Verkehrssicherheit,* 1979 (a), *25,* 209.

Siemens Bordcomputer. *Zeitschrift für Verkehrssicherheit,* 1979 (b), *25,* 209.

Signori, E. I. & Bowman, R. G. On the study of personality factors in research on driving behavior. *Perceptual and Motor Skills,* 1974, *38,* 1067–1076.

Slavik, M. M. The enforcement of traffic law-criteria for success. *Transport and Traffic,* 1979, *11,* 2–22.

Slovic, P., Fischhoff, B. & Lichtenstein, S. Accident probabilities and seat belt usage: A psychological perspective. *Accident Analysis and Prevention,* 1978, *10,* 281–286.

Snyder, M. G. & Knoblauch, R. L. *Pedestrian safety:* The identification of precipitating factors and possible countermeasures. Silver Spring, Md.: Operations Research, Report No. FH-11-7312, 1971; zit. n. Shinar (1978).

Sömen, H. D. *Täterklassifikation und Rückfallprognose beim Verkehrsdelikt Trunkenheit am Steuer.* Diplomarbeit, Psychologisches Institut Universität des Saarlandes. Saarbrücken: 1970.

Sömen, H. D. Täterklassifikation und Rückfallprognose beim Verkehrsdelikt Trunkenheit am Steuer. *Zeitschrift für Verkehrssicherheit,* 1975, *21,* 77–89.

Sömen, H. D. Die Forschungskonzeption der Bundesanstalt für Straßenwesen zur Fahrerausbildung und -prüfung. *Informationen und Mitteilungen der Sektion Verkehrspsychologie des Berufsverbandes Deutscher Psychologen,* 1977, *9,* 138–148.

Spoerer, E. Driver Improvement, Möglichkeiten der Rehabilitierung von verkehrsauffälligen Kraftfahrern. *Faktor Mensch im Verkehr,* Heft 9. Frankfurt: Tetzlaff, 1972.

Spoerer, E. Typische Fehlverhaltensweisen von Fahranfängern. In: Bundesanstalt für Straßenwesen (Hrsg.): *Typische Fehlverhaltensweisen von Fahranfängern und Möglichkeiten gezielter Nachschulung.* Köln: Bundesanstalt für Straßenwesen, 1977.

Spoerer, E. Analyse von Explorationen zum Verkehrs- und Unfallgeschehen. In: H. Böhm & W. Schneider (Hrsg.) *Verkehrsteilnehmergruppen und Verkehrserziehungsmittel.* Unveröffentlichte Vervielfältigung des Ministeriums für Wirtschaft, Mittelstand und Verkehr des Landes Nordrhein-Westfalen, 1965 (Forschungsgemeinschaft „Der Mensch im Verkehr“, Köln); zit. n. Schneider, W. (1977).

Spoerer, E. *Einführung in die Verkehrspsychologie.* Darmstadt: Wissenschaftliche Buchgesellschaft, 1979.

Spoerer, E. & Utzelmann, H. D. *Erleben und Verhalten von Fußgängern und Autofahrern am Zebrastreifen.* Kurzfassung der Schlußberichte für die Forschungsprojekte 7313 und 7324 der Bundesanstalt für Straßenwesen. Köln: Bundesanstalt für Straßenwesen 1976; zit. n. Gerber (1978).

Spörli, S. Moderatortechnische und faktorenanalytische Analyse von Fahrverhaltens-Beurteilungsprozessen. *Zeitschrift für Verkehrssicherheit,* 1974, *20,* 188–196.

Spolander, K. *One year with right-hand traffic.* The National Swedish Road Safety Board, Report No. 11, 1968; zit. n. Fhaner & Hane, 1979.

Steenhuis, D. W. Eine Untersuchung über den generalpräventiven Effekt der Strafzumessung bei Trunkenheit am Steuer. *Informationen und Mitteilungen der Sektion Verkehrspsychologie des Berufsverbandes Deutscher Psychologen,* 1977, *9,* 14–32.

Stegemann, J. *Leistungsphysiologie.* Physiologische Grundlagen der Arbeit und des Sports. Stuttgart: Thieme, 1971.

Stegen, H.-E. Zur Frage des Schuldverhaltens einzelner Verkehrsteilnehmergruppen bei Straßenverkehrsunfällen in Hamburg 1969–1972. *Hamburg in Zahlen: Monatsschrift des Statistischen Landesamtes der Freien und Hansestadt Hamburg,* 1974, *6,* 163–175; zit. n. Haas u Reker (1976).

Stewart, J. R. & Campbell, B. J. *The statistical association between past and future accidents and violations.* Chapel Hill: University of North Carolina, Highway Safety Research Center, 1972; zit. n. Campbell & Levine (1973).

Stieg, F. B. White is better: White vs. yellow center lines. *Traffic Engineering,* 1972, *42,* 26–30.

Studach, H. & Cohen A. Augenbewegungen des Autofahrers beim Befahren von Kurven. *Informationen und Mitteilungen der Sektion Verkehrspsychologie des Berufsverbandes Deutscher Psychologen,* 1977, *9,* 75–98.

Studach, H. & Leber, W. Gruppengespräche im Rahmen des Informationskurses über „Alkohol und Straßenverkehr“. *Schweizerische Zeitschrift für Psychologie und ihre Anwendungen,* 1977, *36,* 312–316.

Summala, H. How does it change safety margins if overtaking is prohibited: A pilot study. *Accident Analysis and Prevention,* 1980, *12,* 95–103.
Summala, H. & Näätänen, R. Perception of highway traffic signs and motivation. *Journal of Safety Research,* 1974, *6,* 150–154.
Svenson, O. Risks of road transportation in a psychological perspective. *Accident Analysis and Prevention,* 1978, *10,* 267–280.
Syvänen, M. *Effect of police supervision on the perception of traffic signs and driving habits.* Reports from Talja No. 6. Helsinki: The Central Organization for Traffic Safety (Talja), 1968.
Syvänen, M. *Effect of police supervision on driver behaviour.* Reports from the Department of Psychology, University of Tampere, No. 54. Tampere: University of Tampere, 1971; zit. n. Häkkinen (1974).
Taylor, D. H.: Driver's galvanic skin response and the risk of accident. *Ergonomics,* 1964, *7,* 439–451.
Taylor, N. C. & Russell, J. T. The relationship of validity coefficients to the practical effectiveness of tests in selection: Discussion and tables. *Journal of Applied Psychology,* 1939, *23,* 565–578.
Teply, S. Comparative traffic behavior. *Traffic Engineering and Control,* 1978, *19,* 569–571.
Thomae, H., Knorr, D. & Mathey, F. J. *Einstellungen und Verhaltensweisen älterer Fußgänger in der Großstadt.* Ein Beitrag zur Unfallforschung. Stuttgart: Kohlhammer, 1977.
Tillmann, W. A. & Hobbs, G. E. The accident-prone automobile driver: A study of the psychiatric and social background. *American Journal of Psychiatry,* 1949, *106,* 321–331.
Tränkle, U. Geschwindigkeitsbeschränkung und Fehlverhalten. *Faktor Mensch im Verkehr,* Heft 28. Darmstadt: Tetzlaff, 1978.
Tränkle, U. Untersuchungen zur Belastung und Beanspruchung des Kraftfahrers durch Langzeitfahrten auf Autobahnen. In: Hoyos, C. Graf (Hrsg.) *Belastung und Beanspruchung am Steuer eines Kraftfahrzeugs – Untersuchungen mit Meßfahrzeugen.* Köln: Bundesanstalt für Straßenwesen, 1979.
Treat, J. R., Tumbas, N. S., McDonald, S. T., Shinar, D., Hume, R. D., Mayer, R. E., Stansifer, R. L. & Castellan, N. J. *Tri-level study of the causes of traffic accidents.* Reports No. DOT-HS-034-3-535-77 (TAC), Indiana University, March 1977; zit. n. Shinar (1978).
Turtola, K. *Perception of simultaneously presented traffic signs.* Reports from the Department of Psychology, University of Tampere, No. 42. Tampere: University of Tampere, 1969; zit. n. Häkkinen (1974).
Undeutsch, U. Psychologische Richtlinien einer wirksamen Werbung für Verkehrssicherheit. *Die Sicherung des Menschen im Straßenverkehr,* Bd. VIII. Köln: Arbeits- u. Forschungsgemeinschaft für Stadtverkehr und Verkehrssicherheit, 1961.
Undeutsch, U. *Ergebnisse psychologischer Untersuchungen am Unfallort.* Forschungsbericht des Landes Nordrhein-Westfalen Nr. 1087. Köln, Opladen: Westdeutscher Verlag, 1962.
Undeutsch, U. Die Auffassungsfähigkeit für Verkehrszeichen. *Zeitschrift für Verkehrssicherheit,* 1963, *9,* 212–225.
Undeutsch, U. Verkehrsvorschriften psychologisch betrachtet. *Deutsches Autorecht,* 1966, *35,* 319–326.
Undeutsch, U. Verkehrspsychologie. *Schriftenreihe der Deutschen Verkehrswissenschaftlichen Gesellschaft,* 1969, *51,* 541–564.
Undeutsch, U. Sichtbar und doch nicht gesehen – Psychologie der Erfassung von Verkehrszeichen. *Zeitschrift für Verkehrssicherheit, Sonderausgabe* A, 1979, 7–14.
Undeutsch, U., Pfeiffer, G., Welzel, U. & Friedeler, A. Leitlinien für Aufklärungs- und Werbeaktionen zur Vermeidung des Führens von Kraftfahrzeugen in alkoholbeeinflußtem Zustand. *Faktor Mensch im Verkehr,* Heft 23. Darmstadt: Tetzlaff, 1976.
Utzelmann, H. D. Tempowahl und -motive. *Faktor Mensch im Verkehr,* Heft 24. Darmstadt: Tetzlaff, 1976.
Utzelmann, H. D. Merkmale des Fahrverhaltens und ihre Zuordnung zu motivationalen Bedingungen. In: Bundesanstalt für Straßenwesen (Hrsg.) *Symposion 77.* Köln: Bundesanstalt für Straßenwesen, 1977.
Valavuo, T. *Verkehrsverhalten der Kinder und die schulische Verkehrserziehung.* Diss. Universität Innsbruck, 1976.
Vanecek, E. Die Unfallneigungshypothese – kritisch betrachtet. *Hefte zur Unfallheilkunde,* 1978, *130,* 131–134.

Verband der Haftpflicht-, Unfall- und Kraftverkehrsversicherer (HUK-Verband) *Ursachen und Begleitumstände der Verkehrsunfälle mit schwerem Personenschaden in der Bundesrepublik Deutschland.* Hamburg: HUK, 1973.

Verkehrspsychologisches Institut des Kuratoriums für Verkehrssicherheit, Wien. Die Trainierbarkeit von verkehrsrelevantem Blickverhalten in der Fahrausbildung. *Verkehrspsychologischer Informationsdienst,* 1978, *26,* 11–14.

Verron, H. Rationale und emotionale Motive bei der Wahl des Verkehrsmittels im Berufsverkehr. *Zeitschrift für Verkehrssicherheit,* 1978, *24,* 163–166.

Walbeehm, T.B. *De „Brockenmaker"*; engl. *The accident-prone driver.* London: 1960; zit. n. Undeutsch (1969) u. Schneider & Schubert (1967).

Waller, J.A., Lamborn, K.R. & Steffenhagen, R.A. Marijuana and driving among teenagers. *Accident Analysis and Prevention,* 1974, *6,* 141–161.

Wanderer, U. & Weber, H. Verkehrsunfälle unter der Lupe – Unfallforschung am Unfallort. *VDI-Nachrichten,* 1976, *6,* 4; zit. n. Schneider, 1977.

Wargo, M.J. Human operator response speed, frequency and flexibility: A review and analysis. *Human Factors,* 1967, *9,* 221–238.

Watts, G.R. *The development of rumble areas as a driver alerting device.* TRRL Supplementary Report 291. Crowthorne: Transport and Road Research Laboratory, 1977.

Watts, G.R. & Quimby, A.R. *Aspects of road layout that affect drivers' perception and risk taking.* Laboratory Report 920. Crowthorne: Transport and Road Research Laboratory, 1980.

Weber, H. Fahrsimulatoren in der verkehrspsychologischen Forschung. *Zeitschrift für Verkehrssicherheit,* 1971, *18,* 90–98.

Welzel, U. Die Rückfallprognose bei Trunkenheitstätern. *Faktor Mensch im Verkehr,* Heft 25. Darmstadt: Tetzlaff, o.J.

Wilde, G.J.S. *The effect of modelling upon traffic light violation by pedestrians.* Kingston: Queen's University, Department of Psychology, 1969.

Wilde, G.J.S. Wirkung und Nutzen von Verkehrssicherheitskampagnen. Ergebnisse und Forderungen – ein Überblick. *Zeitschrift für Verkehrssicherheit,* 1974, *20,* 227–238.

Wilde, G.J.S. Social interaction patterns in driver behavior: An introductory review. *Human Factors,* 1976, *18,* 477–492.

Wilde, G.J.S., Cake, L.J. & McCarthy, M.B. *An observational study of driver behaviour at signalized railroad crossings.* CIGGT Report No. 75-16. Ontario: Queen's University, 1976.

Wilde, G.J.S., L'Hoste, J., Sheppard, D. & Wind, G. *Road safety campaigns: Design and evaluation.* Paris: OECD, 1971.

Wilde, G.J.S., O'Neill, B. & Cannon, D. *A psychometric investigation of drivers' concern for road safety and their opinions of various measures for accident prevention.* Unveröffentlichter Forschungsbericht. Ontario: Queen's University, 1975.

Williams, A.F. & O'Neill, B. On-the-road driving records of license race drivers. *Accident Analysis and Prevention,* 1974, *6,* 263–270.

Winkler, W. Lebensalter und Verkehrsverhalten. In: Hoyos, C. Graf (Hrsg.) *Psychologie des Straßenverkehrs.* Bern: Huber, 1965.

Winkler, W. *Sicherheits-Training im Vorschulalter.* Zur Theorie und Praxis der vorschulischen Verkehrserziehung. Braunschweig: Rot-Gelb-Grün-Verlag, 1974 (a).

Winkler, W. Verkehrsteilnahme und Verkehrseinstellungen alternder Kraftfahrer. *Mitteilungsblatt des Med.-Psycholog. Instituts für Verkehrs- und Betriebssicherheit beim Technischen Überwachungs-Verein Stuttgart,* 1974 (b), *21,* 39–42.

Winkler, W. *Systembedingungen des Fahranfängers.* Teilbericht zum Forschungsprojekt 7406 der Bundesanstalt für Straßenwesen. Köln: Bundesanstalt für Straßenwesen, 1975.

Witt, H. Experimentelle Untersuchungen mit einem Fahrsimulator zur Überprüfung der Wirksamkeit von Voranzeigen des Straßenverlaufs durch Fahrbahnmarkierungen. *Zeitschrift für Verkehrssicherheit,* 1976, *22,* 19–27.

Wlcek, F. *Belastbarkeit und Fahrverhalten.* Diss. Universität Wien, 1977.

Wollenhaupt, B. *Untersuchungen über die Auswirkungen von Werbung der Kraftfahrzeughersteller auf die allgemeine Sicherheitseinstellung.* Teil 1: Ergebnisse einer Kraftfahrerbefragung. Forschungsbericht. Köln: TÜV Rheinland, 1973.

Woodworth, R.S. & Schlosberg, H. *Experimental psychology,* 3rd edn. London: Methuen, 1954.

World Touring and Automobile Organization (OTA) (Hrsg.) *Proceedings of the 12th International Study Week*. Traffic Engineering and Safety. London: OTA, 1975.

Zelinka, F. F. *Führerscheinbesitz, Lebensalter und Unfallgeschehen – ein soziales Phänomen in der modernen Verkehrsgesellschaft*. Buchreihe der Arbeits- u. Forschungsgemeinschaft für Straßenverkehr u. Verkehrssicherheit, Bd. XXIII. Köln: Arbeits- und Forschungsgemeinschaft für Straßenverkehr und Verkehrssicherheit, 1974.

Zelinka, F. F. *Begleitende Untersuchung über die Auswirkungen einer Aufklärungsaktion des Bundesministers für Verkehr zum Sicherheitsgurtproblem*. 3. Zwischenbericht: Vorerhebung. Köln: Bundesanstalt für Straßenwesen, 1974; zit. n. Moser (1974).

Zelinka, F. F. Führerscheinbesitz, Lebensalter und Unfallgeschehen. *Informationen u. Mitteilungen der Sektion Verkehrspsychologie des Berufsverbandes Deutscher Psychologen*, 1975, *7*, 7–13.

Zuberbühler, C. Schweizerische Erhebungen zur Wahl von Projektierungsgeschwindigkeiten. *Straßenbau, Verkehrstechnik und Verkehrssicherheit*, 1971, *15*,18.

Zuercher R. Communications at pedestrian crossings. *Proceedings of the International Conference on Pedestrian Safety*. Haifa: Michlol, 1976.

Zwahlen, H. T. Distance judgment capabilities of children and adults in a pedestrian situation. *Zeitschrift für Verkehrssicherheit*, 1975, *21*, 104–114.

Zylman, R. Analysis of studies comparing collision-involved drivers and non-involved drivers. *Journal of Safety Research*, 1971, *3*, 116–128.

10 Namenverzeichnis

11 Sachverzeichnis